楚漢志
초 한 지

학술편수관

시작하는 말

 항우(項羽)가 용맹과 고집의 화신이라면, 유방(劉邦)은 인덕과 포용의 상징이라 할 수 있을 것이다. 또한 항우가 인간미 넘치는 단순 직선형이라면, 유방은 능수능대한 임기응변형에 가깝다. 이 두 영웅이 불꽃을 튀기며 펼치는 천하 쟁투는 시대를 뛰어넘어 오늘의 현실에서도 흔히 볼 수 있는 모습들이다.
 병불염사(兵不厭詐)라는 말에서 알 수 있듯이 싸움에 정도(正道)는 없다. 정도는 필패(必敗)로 이어지게 마련이기 때문이다. 속고 속이는 권모술수의 세계에서는 이기는 자만이 살아남을 수 있다. 상대를 죽이지 않으면 내가 죽음을 당할 뿐이다.
 그러나 그 속을 맥맥히 흐르는 하나의 진리는 있다. 그것은 한마디로 '순리(順理)'가 아닐까 한다. 순리야말로 바로 하늘의 뜻일 것이다.
 이 책 〈초한지(楚漢誌)〉는 난세 영웅들의 갖가지 인간상을 통해 순리가 무엇이며 어떻게 하는 것이 순리에 따르는 것인가에 대한 구체적인 해답을 줄 것이라고 믿는다.
 장량의 지략(智略)과 한신의 용병(用兵), 그리고 범증의 책모(策謀)는 읽는 이들의 손에 땀을 쥐게 하는 동시에 그 속에 순리에 대한 해답을 얻을 열쇠가 숨겨져 있다.
 신의와 배신이 엇갈리고 용력과 지혜가 한데 어울리며 빚어내는 냉혹한 승부의 세계는 얼음보다도 차고 불꽃보다도 뜨겁다. 〈초한지〉가 중국 역사 소설 중에서 '가장 차갑고도 뜨거운 소설'로 일컬어지는 이유가 바로 여기에 있다.
 사실(史實)을 바탕으로 한 중국 역사 소설을 시대적 배경에 따라 나눈다면, 〈초한지〉는 〈열국지(列國誌)〉와 〈삼국지(三國志)〉의 중간쯤에 해당된다.

따라서 오늘날 가장 많이 읽히는 소설 중의 하나인 〈삼국지〉를 제대로 이해하려면 먼저 〈초한지〉, 나아가서는 〈열국지〉를 읽는 것이 바람직하다고 할 수 있다.

지나간 한 시대를 깊고 폭넓게 이해함으로써 그것에서 얻은 지식과 경험으로 오늘의 삶을 더욱 풍요롭게 할 수 있다면, 그보다 더 큰 보람은 없을 것이다.

평역자 이언호

차 례

- 제1편 **천하대란(天下大亂)**
  1. 이상한 꿈 … 11
  2. 실패한 거사(擧事) … 18
  3. 서산일락(西山日落) … 30
  4. 간신(奸臣)의 득세 … 42
  5. 참사기의(斬蛇起義) … 44
  6. 역발산 기개세(力拔山氣蓋世) … 58
  7. 모여드는 인재들 … 68

- 제2편 **대의명분(大義名分)**
  1. 초국재립(楚國再立) … 77
  2. 운명적인 만남 … 82
  3. 집극랑(執戟郞) 한신(韓信) … 84
  4. 최초의 격돌 … 86
  5. 연전연승(連戰連勝) … 93
  6. 지록위마(指鹿爲馬) … 103
  7. 이사(李斯)의 말로 … 107

- 제3편 **양웅쟁공(兩雄爭功)**
  1. 동서양로(東西兩路) … 119
  2. 관인대도(寬仁大度) … 122
  3. 자중지란(自中之亂) … 136
  4. 함양성(咸陽城) 입성 … 147
  5. 항우의 위약(違約) … 156

6. 홍문연(鴻門宴)의 검무 … 168
  7. 초패왕(楚霸王) 항우 … 183

• 제4편 **절치부심(切齒腐心)**

  1. 뜻밖의 논공행상 … 191
  2. 소절잔도(燒絕棧道) … 197
  3. 동분서주(東奔西走) … 202
  4. 의제(義帝)의 죽음 … 217
  5. 대장부의 기개 … 220
  6. 명신(名臣) 소하(蕭何) … 224
  7. 대장단(大將壇) … 237

• 제5편 **용쟁호투(龍爭虎鬪)**

  1. 파초대원수(破楚大元帥) … 243
  2. 위장공사(僞裝工事) … 249
  3. 한왕친정(漢王親征) … 253
  4. 동정북진(東征北進) … 259
  5. 함양성 수복(收復) … 274
  6. 장량의 설득 공작 … 282
  7. 유인지계(誘引之計) … 293
  8. 한왕의 동정(東征) … 296
  9. 팽성 대전(彭城大戰) … 303
  10. 선후지책(善後之策) … 312

• 제6편 **건곤일척(乾坤一擲)**

  1. 배수(背水)의 진(陣) … 333
  2. 반간지계(反間之計) … 346
  3. 사항계(詐降計) … 357

4. 항왕(項王)의 철군 … 362
5. 반전(反轉)의 반전 … 367
6. 물실호기(勿失好機) … 373
7. 제왕(齊王)이 된 한신 … 386
8. 모사쟁공(謀士爭功) … 389
9. 광무산(廣武山) 대전 … 397
10. 허울 좋은 휴전 … 404

• 제7편 **천하통일(天下統一)**

1. 배신과 회유 … 417
2. 다시 감도는 전운 … 420
3. 대출전(大出戰) … 423
4. 사면초가(四面楚歌) … 437
5. 오강자문(烏江自刎) … 449
6. 황제즉위(皇帝卽位) … 453
7. 토사구팽(兎死狗烹) … 457
8. 적송자(赤松子) … 465
9. 한신(韓信)의 최후 … 468
10. 권력무상(權力無常) … 470

제1편 천하대란(天下大亂)

1. 이상한 꿈
2. 실패한 거사(擧事)
3. 서산일락(西山日落)
4. 간신(奸臣)의 득세
5. 참사기의(斬蛇起義)
6. 역발산 기개세(力拔山氣蓋世)
7. 모여드는 인재들

제1편 천하대란(天下大亂)

1. 이상한 꿈

　진(秦)나라 왕 정(政)은 한·조·위·연·초·제의 6국을 차례로 정복하여 천하를 통일하자 자신이 삼황오제(三皇五帝)보다 뛰어난 천자(天子)라며 칭호를 '시황제(始皇帝)'라 일컫게 하였다.
　"짐의 발아래 굽히지 않는 것이 있는가!"
　시황제는 한 손으로 안상(案上)을 치며 입속말로 중얼거렸다.
　사실 그러했다. 이제 천하는 모두 그의 것이고 그의 말 한마디는 바로 나라의 법이 되었다. 그의 앞에 거칠 것이라고는 아무것도 없었다.
　때는 양춘가절. 날씨는 따뜻하고 하늘은 푸르고 새들은 즐겁게 지저귀고 있었다. 모든 것이 태평하고 안락하기만 했다.
　그러한 그에게도 한 가지 걱정은 있었다. 앞으로 천하를 호령하면서 향락할 일은 많고 세월은 무궁한데 인생의 수명은 한정이 있으니 이것이 그로서는 생각할수록 억울하고 분했다.
　그래서 지난해에 이른바 방사(方士)라고 일컫는 서복(徐福)으로 하여금 동남동녀(童男童女) 각 5백 명을 데리고 동해 바다의 삼선산(三仙山)을 찾아 장생불사의 약을 구해 오라고 한 지도 벌써 1년이 지났다. 그런데 아무런 소식이 없자 견디다 못해 노생(盧生)이라는 자를 시켜 서복의 행방을 알아 오라고 했더니 이 또한 열흘이 다 되도록 소식이 없었다.

'과연 장생불사하는 약이 있긴 있는 걸까?'

시황제는 왠지 맥이 탁 풀리면서 노곤한 춘곤증이 온몸을 휩싸는 느낌이었다.

그 때 갑자기 '우르르 꽝!' 하고 천지를 진동하는 소리와 함께 하늘로부터 붉은 해가 현경전(顯慶殿) 마당에 뚝 떨어졌다. 시황제가 깜짝 놀라 어쩔 줄 모르고 있을 때 어디서 나타났는지 한 청의 동자(靑衣童子)가 쫓아와 그 해를 안고 달아나려 했다.

그럴 참에 이번에는 남쪽으로부터 홍의 동자(紅衣童子)가 달려오며 호통을 쳤다.

"그건 네가 손댈 것이 아니니 거기에 두고 썩 물러가라!"

"고얀 놈! 네가 감히 내 힘을 당할 수 있겠다고 덤비느냐!"

청의 동자는 고리눈을 부릅뜨고 다가오는 홍의 동자를 난타하기 시작했다. 홍의 동자는 옷이 찢기고 유혈이 낭자하건만 그래도 넘어지지 않고 일흔 두 번을 얻어맞기만 하다가 최후의 일격으로 청의 동자를 쓰러뜨렸다.

그러고는 땅 위에 떨어져 있는 해를 주워 안고 유유히 남쪽으로 돌아가는데 그의 발밑에서 구름이 일어나고 안개가 자욱해져서 이내 보이지 않았다. 다만 오색 찬연한 무지개가 안개와 구름 속에서 아름답게 빛날 뿐이었다. 하도 눈이 부시고 황홀하여 시황제는 크게 놀라 깨었다.

'상서롭지 못한 꿈이로다. 천하가 남의 것이 된다는 불길한 징조가 아니고 무엇인가.'

그의 머리속에 천 가지 생각과 만 가지 의심이 구름처럼 뭉게뭉게 피어오르기 시작했다. 연전연승에 욱일승천하던 그가 오늘과 같은 기묘한 좌절감을 맛보기는 처음이었다.

이 때 근시가 들어와 아뢰었다.

"폐하, 서복의 행방을 알러 갔던 노생이 돌아왔다 하옵니다."

"뭐? 노생이 돌아왔다고? 지금 바로 환궁하겠으니 즉시 입궐하라고 하라."

시황제는 다소 기분이 밝아지는 것을 느꼈다. 설령 노생이 불사약을 가지고 오지는 못했을지라도 뭔가 기쁜 소식을 가지고 왔을 것 같아서였다.

그는 수레에 올라 서둘러 함양궁(咸陽宮)으로 돌아왔다.

"어째서 혼자 왔느냐?"

간단명료한 것을 좋아하고 결과를 중시하는 시황제는 계하에 꿇어 엎드린 노생을 못마땅한 얼굴로 내려다보며 물었다.

"황공하옵니다. 신을 죽여 주옵소서."

"서복의 행방이 묘연하더냐?"

"동해의 창파가 망망하여 알 길이 없어 폐하께옵서 구하시는 불사약을 신이 직접 구해 보고자 태악(太岳)에 들어가 천신만고 끝에 동화(東華)의 산정에서 신선을 만나 뵈었습니다."

노생은 잠시 말을 멈추었다.

"계속하라."

시황제의 얼굴이 자기도 모르게 어두워졌다.

"신이 그 신선에게 두 번 절하고 폐하의 명을 받들어 온 뜻을 간곡하게 말했더니 '하늘이 정한 바 있거늘 사람이 어찌 그것을 바꾸려 하느뇨' 하면서 곁에 있는 큰 바윗돌을 밀어서 치워 버리고 그 아래 큰 구렁에서 책 한 권을 꺼내 주면서 '이것을 시황제 폐하께 전해 드려라' 하고는 눈을 감고 영영 대답이 없어 책만 가지고 돌아왔사옵니다."

노생은 품안에서 책을 꺼내어 근시에게 전했다. 시황제가 받아서 보니 겉장의 '천록비결(天錄秘訣)'이란 글자만은 알아보겠으나 책 속에 쓰인 글은 도무지 그 뜻을 알 수 없는 글자였다.

"그만 물러가라."

시황제는 노생을 물리치고 승상 이사(李斯)를 불러 책에 쓰인 글자를 풀어서 알아 가지고 오라고 명했다.

이튿날 조례가 끝나자 이사가 아뢰었다.

"황공한 말씀이옵니다만 '망진자호(亡秦者胡)'라는 글자가 있는 것만은 확실히 알았사오나 그밖의 글자는 모두 과두문자로 적혀 있어 풀 수가 없었나이다."

이사는 글의 뜻이 너무도 엄청난 것이어서 감히 고개를 들지 못하고 온몸을 부들부들 떨었다.

"망진자, 호라…. 진을 망하게 하는 자는 호라는 말이지."

시황제의 빠른 머리는 얼른 북쪽 오랑캐를 떠올렸다.

'그렇다! 이들을 막기 위한 장성(長城)을 수축(修築)해야겠구나.'

그러나 정작 나중에 진나라를 망하게 한 것은 북쪽 오랑캐가 아니고 시황제 바로 지근(至近)에 있었음을 누가 알았으랴.

시황제는 먼저 장군 몽렴으로 하여금 30만 대군을 이끌고 호족(胡族)인 흉노를 치게 한 다음에 감숙·섬서·산서·하북에 그 전부터 세워져 있던 성벽을 구슬을 꿰듯 모조리 연결시키는 유사 이래 최대의 대역사(大役事)를 일으켰다.

"오랑캐가 감히 깨뜨리지 못하고 넘어오지 못하게 하려면 성벽이 두텁고 높아야 할 것인즉 성의 높이를 6장(丈), 폭을 6장으로 하여 북방 만 리에 쌓도록 하라!"

시황제는 승상 이사와 장군 몽렴을 불러 이같이 명령을 내리면서 군사와 인부 80만 명을 장성 수축 공사에 동원하라 했다.

이 만리장성 하나만 해도 백성들이 부역을 치르느라 죽을 지경인데

직도(直道)라 불리는 토목 공사까지 겹쳤다. 직도란 것은 넓고 곧은 군사 도로로서 구원군(九原郡)에서 진나라 도성 함양의 서북쪽 백여 리 지점에 있는 운양(雲陽)까지 연결된 180리의 도로였다.

이 직도가 완성되자 시황제는 더욱 위엄을 갖추기 위해 동쪽으로 바다를 메우고 서쪽으로 조궁(朝宮)을 짓도록 했다. 흔히 아방궁(阿房宮)으로 널리 알려진 이 호화찬란한 궁궐은 그 길이만도 3백 리나 되는 것이었다.

만조백관들의 조례를 받기 위한 이 조궁은 그 전전(前殿)을 산기슭인 아방촌(阿房村)이라는 곳에 짓게 하였는데 아방이라는 땅 이름이 그대로 궁궐의 이름이 되어 더욱 유명해졌다.

그러나 이것만으로는 시황제의 직성과 불안이 풀리지 않았다. 천하를 손아귀에 쥐고 영원히 보존하려면 모든 백성들의 입을 틀어막고 눈으로는 자기만 보게 하고 귀로는 자기 호령만 듣게 해야겠다고 생각했다.

그는 소리쳐 이사를 불러들이고는 노기 띤 어조로 말했다.

"짐이 생각하는 것이 바로 천하의 법일 것이오. 그런데 이른바 선비란 놈들이 감히 정사를 논하고 시비와 곡직을 따지므로 백성들의 마음이 흔들리고 있으니 이를 엄금토록 해야 할 것이오."

"지당하신 분부시옵니다. 먼저 〈시경(詩經)〉〈서경(書經)〉 그리고 제자백가(諸子百家)의 책들은 모조리 불사르게 하시고 유생들 수십 명을 본보기로 죽여서 그 시체를 저잣거리에 내다 놓는 기시형(棄市刑)에 처하시옵소서. 책을 끼고 다니는 자는 허리를 끊고 두 사람 이상이 모여서 시국을 논하는 자는 목을 자르며 불평을 말하는 자는 혀를 잘라 버리소서."

"그 말이 옳다."

시황제는 즉시 이를 법령으로 포고하였다.

이것이 진시황 34년의 일이다. 의약(醫藥)과 복서(卜筮)와 농사(農事)

에 관한 것을 제외한 천하의 서책들을 모두 거두어 불태웠고 본보기로 끌려온 선비 20여 명을 기시형에 처했다.

그러자 이듬해인 진시황 35년에 노생(盧生)과 후생(侯生) 등의 유생들이 가혹한 학정을 비방하면서 달아나고 말았다.

시황제는 크게 노하여 엄명을 내렸다.

"짐을 비방하는 학자와 유생들을 모조리 잡아들여라!"

이리하여 마침내 달아난 노생과 후생 등을 잡으면서 함께 끌려온 460여 명의 학자와 유생들을 모두 한 구덩이 속에 생매장해 버리니 서책을 불사른 분서(焚書)와 유생을 묻어 버린 갱유(坑儒)를 두고 '분서갱유(焚書坑儒)'라 일컬었다.

이처럼 가혹한 형벌과 학문의 말살을 보다 못한 태자 부소(扶蘇)가 나아가 아뢰었다.

"폐하께서 지금 시서(詩書)를 불사르게 하시고 유생들을 생매장하시는 것은 천하를 그르치는 처사이오니 가혹한 법을 폐하도록 하소서."

태자의 말은 옳고 태도는 의연했다.

"네가 감히 짐의 뜻을 거스르려고 하다니 너도 공자의 법을 따르는 자냐?"

시황제는 눈을 부릅뜨고 용상을 두드리며 말했다.

"공자의 법이 아니오라 천하를 편안하게 하는 법을 따를 뿐입니다."

"아니, 뭐라고?"

시황제는 크게 노하여 이사를 돌아보았다.

"승상, 태자를 함양궁에 둘 수 없으니 몽렴 장군의 군감(軍監)으로 북방의 상군(上郡)으로 보내시오."

그러고는 소매를 떨치고 일어나 안으로 들어가 버렸다.

그 후로 만리장성을 쌓는 일도 순조롭게 잘 진행되고 여산의 아방궁도 공사에 착수했으며 동해를 메워 육지를 늘리는 일도 시작했고 오령(五嶺)을 축조하는 공사도 한창이었다.

말 많은 유생들을 땅에 파묻어 죽이고 전국의 책들을 불살라 버리며 자기에게 간하는 태자 부소도 멀리 쫓아 버렸으니 이제 그의 귀에 거슬리는 말을 하는 자도 없고 눈에 보기 싫은 것은 아무것도 없었다.

그런데 이상했다. 마음은 유쾌하지 못하고 머리속은 복잡하기만 했다. 그는 생각해 보았다. 까닭이 무엇일까? 그 해답은 그리 어렵지 않게 나왔다. 그것은 바로 태자 부소의 말이었다.

"천하를 편안하게 하는 법을 따를 뿐입니다."

철없는 놈의 발칙한 망발이라고 치부하면서도 이상하게 늘 귀에 남아 있는 이유를 알 수 없었다.

'함양궁을 떠나 천하를 순행(巡行)하면서 심기를 일전토록 하는 것이 좋을 듯하다.'

한 번 마음먹으면 곧장 실행으로 옮기는 것이 그의 성미였다. 그는 즉시 이사를 불러 어명을 내렸다.

"순행할 준비를 서두르도록 하오."

시황제가 타고 다니는 수레는 지난해 두 번째 순행까지만 해도 부거(副車)를 한 대만 사용했는데 이번에는 모두 네 대를 사용하도록 명하였다.

때는 늦은 봄. 함양궁 안의 꽃도 지고 잎이 무성해 갈 무렵에 시황제는 궁을 나섰다. 때마침 산동 지방에서는 몇 해를 두고 계속된 흉년으로 백성들은 굶주림에 시달리고 있었다. 초근목피(草根木皮)로 하루하루를 연명하는데 시황제의 행차는 하루에 수만 금을 쓰니 원성이 높고 민심이 흉흉했다.

그러나 시황제에게 이만한 원성쯤은 아랑곳할 바가 못 되었다. 3백 명의 장사로 편성된 어림군(御林軍)이 전후좌우로 엄중히 호위하는 가운데 황포(黃布)로 지붕을 덮은 화려한 수레 다섯 채가 일렬로 나란히 나아가고 있었다.

그 중 네 채는 빈 수레였다. 시황제는 세 번째 수레에 타고 있었다. 승상 이사와 장군 왕전이 수레 뒤를 바특하게 따랐다.

시황제의 행렬은 함곡관을 넘어 섬서 땅을 지나 이윽고 하남(河南)의 양무현으로 향하였다.

2. 실패한 거사(擧事)

하남은 17년 전까지만 해도 한(韓)나라 땅이었다. 그 하남 땅 천산(淺山)이라는 조그만 마을의 어느 주막에 대여섯 명의 동네 노인들이 모여 앉아서 분분히 떨어지는 낙화(落花)를 보며 술잔을 기울이고 있었다.

"세월이 흐르는 물과 같다더니 과연 이화가 어제 같거늘 벌써 녹음일세그려."

그 중의 한 노인이 탄식 섞인 목소리로 중얼거렸다.

"이를 말인가. 홍안의 미소년이 어제 같은데 백발 노인이 웬 말인가."

또 한 노인이 자기 술잔에 스스로 술을 따라서 단숨에 마시며 한숨을 쉬었다. 그러자 다른 한 노인이 뼈 있는 말을 했다.

"노형들의 탄식은 내 마음에 들지 않소그려. 이 어려운 세상에 어찌 음풍영월만 읊조리고 있단 말이오?"

"어허, 이 사람. 보아하니 큰일 낼 사람이구먼. 우어자기시(偶語者棄市)란 말도 듣지 못했는가. 쓸데없는 말을 하다간 붙들리어 죽고 말 걸세."

맨 처음 말했던 노인이 불안한 얼굴로 쳐다보며 반은 혼잣말로 중얼거렸다.

"허어, 그렇게 들었소이까?"

좌중은 잠시 침묵 속에 빠져들었다.

이 때 방 안의 한쪽 구석에서 노인들의 말을 듣고만 있던 웬 젊은이가 무릎으로 한 걸음 다가앉았다. 머리에는 관(冠)을 쓰고 소매가 긴 도포를 입었는데, 얼굴은 관옥 같고 눈은 호수처럼 맑고 깊었다.

"노인들께서 말씀을 아끼시니 후생(後生)이 몇 말씀 드리고자 합니다. 지금 세월은 한마디로 강폭 무도한 세월입니다. 사내는 농사를 지을 수 없고 여인은 길쌈을 하지 못하며 가족은 흩어져 각기 제 할 일을 못하고 있습니다. 이는 다름이 아니라, 북으로는 만리장성을 수축하고 남으로는 오령을 축조하며 동해를 메우는 일방으로 아방궁을 짓고 있기 때문입니다. 어디 그뿐입니까. 시서를 불사르고 죄 없는 선비를 마구 잡아 죽이니 이것이 강폭 무도한 세월이 아니고 무엇이겠습니까."

젊은이의 말이 여기에 이르자 맨 처음 세월의 유수함을 한탄하던 노인이 자리에서 일어났다.

"나는 먼저 가오. 공연히 같이 붙들려 가 죽기는 싫으이."

그러자 다른 노인들도 자리에서 일어나 버렸다.

"여보게, 같이 가세."

그의 뒤를 따라 밖으로 나와서는 작별 인사도 하는 둥 마는 둥 하고 뿔뿔이 흩어졌다. 이 광경을 바라보고 섰던 젊은이가 하늘을 쳐다보며 껄껄 웃었다.

"시황제의 광폭함이 이 지경에까지 이르렀구나."

바로 그 때 젊은이에게 말을 거는 사람이 있었다.

"황송합니다만 귀공께서는 혹시 멀리 사람을 보내시어 저를 이곳까지 찾아오도록 하신 장 선생이 아니신지요?"

젊은이가 고개를 돌려보니 8척 장신에 상모가 당당한 웬 장사(壯士)

가 자기를 내려다보고 있었다.

"장사께서는 어디서 오셨습니까?"

젊은이가 긴장된 얼굴로 물었다.

"저는 동방 만리 창해군(蒼海郡)에서 왔습니다."

장사의 대답을 듣자 젊은이는 목소리를 낮추고 말했다.

"저의 성은 장(張)이고 이름은 량(良)이며 자는 자방(子房)이라 합니다. 여기서는 이목이 번다하니 저쪽으로 가시지요."

장량은 장사의 앞장을 서서 주막을 나와 조그만 언덕의 푸른 잔디 위로 안내했다. 장사를 자기보다 조금 높은 곳에 앉히고는 공손한 어조로 말했다.

"제가 창해군으로 심복 동지를 보내어 천하의 의인(義人)을 구해 보라고 보낸 지가 벌써 3년이 되었습니다. 장사의 존함은 무엇인지요?"

"저의 성은 여(黎)이고 이름은 홍(洪)인데 창해 바닷가에 살고 있어 사람들이 창해공(蒼海公)이라고 부릅니다. 장사라고 불릴 만한 힘이 있다고는 생각지 않습니다만 능히 백 근 철퇴를 마음대로 쓸 수 있어 천하의 대의를 위해 이 한 몸을 바치고자 했는데 작년에 장 선생께서 저희 나라로 보내신 고 씨(高氏)를 만나 말씀을 듣고 이곳으로 온 것입니다."

장사의 말 속에는 결연한 의지가 담겨 있었다.

"먼길에 고생이 많으셨습니다. 동방의 창해군은 역사가 깊은 단군 조선의 땅이라 의인 장사가 많다 하므로 고 씨를 보냈던 것입니다. 존형을 뵈오니 십분 마음이 든든합니다만 고 씨는 어디로 갔으며 존형은 언제 이곳에 오셨습니까?"

"작일 고 씨와 함께 의양(宜陽)으로 가 선생 댁을 찾았으나 선생은 계시지 않고 또한 고 씨는 병환이 나 촌보를 옮기기가 곤란한 정도여서 댁으로 가 복약하시라 하고 저만 선생의 행방을 찾아 이곳까지 오게 되었습니다."

"오, 그러셨군요."

"조금 전에 하도 시장해서 주막에 들러 요기를 하고 있을 때 시황제의 강폭 무도함을 당당하게 설파하는 선생의 비범한 용모와 거동을 보고 혹시나 하고 여쭈어 본 것입니다. 다행히 이렇게 만나 뵙게 되어 기쁘기 한량없습니다. 하하하."

장사는 말을 마치고 유쾌하게 웃었다. 장량도 따라서 웃다가 얼굴빛을 고치고 말했다.

"지금 진나라 왕이 천하를 아우르고 스스로 시황제라 칭하고 있지만 그것은 잠시 약탈을 한 것일 뿐 천하의 뜻있는 자들은 모두 시황제에게 복수를 하고자 절치부심하고 있습니다. 이러한 때에 창해공께서 한번 용력(用力)하시어 시황제를 죽이신다면 창해공의 덕은 육국의 백성들이 앙모할 것이고 창해공의 이름은 청사에 길이 빛날 것입니다. 만일에 창해공의 일신에 불행한 일이 일어나더라도 창해공의 집으로 천금을 보내 후고의 염려가 없도록 할 것입니다."

"저는 후고를 염려하지도 않고 천금을 바라지도 않습니다. 다만 천하의 대의를 위해 무도한 자를 제거해 버리고자 할 따름입니다."

듣고 나자 장량은 일어나 두 번 절하고 말했다.

"창해공의 높은 의기는 하늘을 찌르고도 남음이 있습니다그려."

장량의 눈에 감격의 눈물이 글썽했다. 장사는 황망히 일어나 마주 절하며 말했다.

"이 모두가 대의를 위해서 하는 일이니 선생께서는 과도히 비감치 마십시오."

뜻있는 지사와 용기 있는 장사는 몇 마디 말을 나누지 않고도 쉽게 의기투합했다. 장량은 여홍의 손을 잡아 이끌고 객주를 찾아가 그를 편히 쉬게 한 후 말했다.

"불편하시더라도 창해공께서는 여기서 휴식을 하고 계십시오. 시황제가 이번에 동순(東巡)하는 길이 이 곳 하남 땅인지라 지금쯤 어디까지 와 있는지 제가 염탐해 오겠습니다."

"예, 그럼 저는 기다리고 있겠습니다."

다음날 아침 일찍 장량은 객주로 여홍을 찾았다. 여홍은 조금도 흐트러짐이 없는 단정한 자세로 방에 앉아 있었다.

"내일 한낮쯤 시황제가 박랑사(博浪沙)를 지나갈 예정이라고 합니다."

장량의 말을 듣자 여홍은 말없이 몸을 일으켰다.

두 사람은 장사꾼 모양으로 변복을 하고 걸어서 길을 갔다. 말을 빌려 타거나 수레를 타고 갈 수도 있으나 사람들의 눈에 띄지 않게 하기 위해서였다.

여홍은 백 근 철퇴를 기다란 나무 상자에 넣어 베 보자기로 싼 채 어깨에 둘러메고는 성큼성큼 걸었다.

꼬박 50리를 걸어서 박랑사 언덕 아래에 도착한 두 사람은 그 날 밤 그 곳에서 잤다. 이튿날 날이 밝자 그들은 언덕 위로 올라갔다. 박랑사 넓은 들판이 손바닥 보듯 한눈에 내려다보였다.

장량은 초조한 마음으로 이젠가 저젠가 하며 시황제의 행차가 나타나기를 기다렸다. 여홍도 철퇴가 든 나무 상자를 어루만지며 언덕 아래를 향해 큰 눈을 이리저리 굴리고 있었다.

해가 하늘 한가운데에 걸렸을 즈음에 드디어 시황제의 행차가 모습을 드러내었다. 개미떼같이 길고 긴 행렬이 황색기를 휘날리면서 꼬리에 꼬리를 물고 이어졌다. 이렇게 많은 군사와 시종들을 거느리고 다니노라면 하루에 없어지는 돈이 10만 금이라는 말도 결코 헛된 말이 아닐 듯싶었다.

"창해공, 저기 오는 수레가 저렇게 많으니 어느 것이 시황제가 탄 수레인지 얼른 구별을 못하겠구려."

장량이 다소 당황한 어조로 말하자 여홍은 나무 상자를 자기 앞으로 가까이 끌어당기며 대답했다.

"선생, 조그만 참으시오. 좀 더 가까이 올 때까지 기다려 봅시다."

두 사람이 이렇게 말을 나누고 있는 사이에 어느덧 행렬은 바로 눈 아래로 닥쳐왔다. 위세 당당한 어림군이 엄중히 호위하는 가운데 황라산(黃羅傘)으로 지붕을 가린 시황제의 수레는 한 대가 아니고 똑같은 수레가 다섯 대나 잇대어서 각각 여덟 필의 말이 끌고 있었다.

'시황제는 저 다섯 대의 수레 중 어느 수레에 탔을까?'

장량과 여홍의 가슴은 터질 듯했다.

"장 선생, 이거 도무지 판단이 서지 않습니다그려."

한동안 뚫어져라 수레를 쏘아보고 있던 장량이 중얼거리듯 말했다.

"의심 많은 시황제가 자기를 해칠까 보아 저렇듯 용의주도하게 몸을 감추었지만 제가 보기에는 둘째 수레에 타고 있을 것 같습니다."

장량이 대답하자 여홍이 고개를 돌이키며 물었다.

"어째서 그렇게 보십니까?"

"첫째와 꼬리와 한가운데는 사람이 노리기 쉬운 곳입니다. 그러고 보면 둘째와 넷째밖에 없는데 시황제의 기질상 꼬리 쪽인 넷째보다는 둘째에 탔으리라고 여겨집니다."

"알겠습니다. 그럼 저 둘째 수레를 박살내겠습니다!"

여홍은 말을 마치자 상자 속에서 철퇴를 꺼내 쥐었다.

"창해공, 이제 이별이 되겠구려. 하지만 후사는 염려 마십시오."

장량이 여홍의 한 손을 잡으며 떨리는 목소리로 말했다.

"장 선생! 안녕히 계십시오."

두 사람은 무성한 회나무 아래에서 굳게 두 손을 마주잡고 작별 인사를 나누었다.

이윽고 여홍은 내닫기 시작했다. 언덕 위로부터 질풍처럼 내리닫으면서 어림군들이 발길에 채여 나뒹구는 것도 모르는 듯 벽력같은 호통 소리와 함께 황라산으로 가린 둘째 수레를 백 근 철퇴로 내리쳤다. 수레는 깨강정이 부서지듯 산산조각이 났다.

그런데 어인 일인가. 시황제의 시체는 어디에도 보이지 않았다. 텅 빈 수레만이 가루가 되었을 뿐이었다.

여홍은 다시 철퇴를 고쳐 들고 그 다음 셋째 수레를 박살내려고 했다. 그러나 그 순간 어림군들이 벌떼처럼 달려들어 창칼로 찔러 거꾸러뜨리고는 잔뜩 결박해서 수레바퀴에 매었다.

시황제의 명령에 의해 장군 왕전이 여홍을 신문하기 시작했다.

"너는 어디에 사는 누구이며 어떤 자의 사주를 받고 흉행을 저질렀느냐?"

온몸이 피투성이가 된 여홍은 분연히 고개를 쳐들고 대답했다.

"나는 오직 천하의 대의를 위하여 무도한 자를 제거하려 했을 뿐이다. 그 이상 대답할 말이 없으니 나에게 아무것도 묻지 말라."

그러나 노련한 왕전은 조금도 노하는 빛을 보이지 않고 똑같은 말을 되풀이해서 물었다.

"바른 대로만 대면 너의 목숨을 살려줄 수도 있다."

여홍은 입을 다물고 잠시 말이 없었다. 그러다가 별안간 한 소리 크게 지르며 수레바퀴에 자기의 머리를 부딪치자 그의 머리는 두 조각이 나고 말았다.

언덕 위 회나무 아래에 몸을 숨긴 채 이 광경을 내려다보고 있던 장량은 멀리서 허리를 굽혀 길게 여홍에게 절을 하고서 눈물을 뿌리며 그곳을 떠났다. 실패로 끝난 거사에 대한 통분한 마음과 함께 여홍에 대한 측은한 생각으로 그의 가슴은 미어지는 것만 같았다.

'이제 어디로 간단 말인가? 천하가 비록 넓어도 내가 갈 곳은 어디에도 없구나. 게다가 진나라의 끄나풀들이 여홍의 공모자를 찾느라고 혈안이 되어 있겠지.'

무려 14년 동안이나 노심초사하면서 계획해 오던 진시황 암살이 그렇듯 허사가 되고 보니 장량은 깊은 절망감에 빠졌다. 그저 발길 닿는 대로 하염없이 걷고 있던 그는 문득 한 친구를 생각해 내었다. 호북(胡北)의 하비라는 마을에 살고 있는 항백(項伯)을 찾아가 그곳에 잠시 몸을 숨기고 있는 것이 좋겠다고 생각했다.

항백은 평범한 장사꾼 행색을 하고 찾아온 장량을 반가이 맞아 주었다. 항백은 초(楚)나라 장군 항연(項燕)의 아들로 한(韓)나라의 5대 재상 가문인 장량과는 오래 전부터 막역한 사이였다.

장량은 며칠 동안 항백의 집에 머물면서 묵은 정담을 나누기도 하고 현하의 정세를 논하기도 했다.

그러던 어느 날 동네 어귀에 있는 다리 위로 홀로 나가 무심히 먼 산을 바라보며 생각에 잠겨 있을 때였다. 황혼이 짙게 깔린 다리 위로 누런 도포를 입은 한 노인이 지나가다 신발 한 짝을 다리 아래로 떨어뜨리고는 장량을 향해 말했다.

"젊은이, 저 신을 좀 집어 다오."

장량은 말없이 다리 아래로 내려가 노인이 떨어뜨린 신을 집어다가 노인 앞에 꿇어앉아서 신겨 주었다. 노인은 일어나 그대로 걸어갔다. 장량은 노인의 뒷모습을 바라보았다. 두어 걸음 걸어가더니 노인은 신에 묻은 진흙을 떨어내려는 듯 발끝을 흔들다가 또 다리 아래로 신발 한 짝을 떨어뜨리고는 뒤를 돌아보며 말했다.

"젊은이, 신을 좀 집어 다오."

그제야 장량은 노인의 얼굴을 유심히 보았다. 흰 수염이 가슴에까지 길게 늘어졌고 머리 또한 눈빛같이 흰데 관옥 같은 얼굴은 신선의 풍모가 여실했다.

장량은 또 아무 말 없이 신을 집어다가 노인의 발에 신겨 주었다. 노인은 다시 걷기 시작했다. 이 날은 비가 오고 난 뒤인지라 땅바닥이 꽤 질었다.

노인은 대여섯 걸음쯤 걸어가다가 또 한 짝을 다리 아래에 떨어뜨리고는 조금 전과 똑같은 어조로 말하는 것이었다.

"젊은이, 신을 좀 집어 다오."

장량은 속으로 괴이한 노인이구나 하면서도 두말 않고 신을 집어다가 역시 꿇어앉아서 노인의 발에 신기었다. 노인은 신을 신겨 주는 장량을 내려다보면서 말했다.

"너는 마땅히 가르칠 만한 젊은이로구나. 네가 배우기를 원하느냐?"

"예."

장량은 그대로 꿇어앉은 채 공손하게 대답했다.

"오늘부터 닷새 후에 저기 마주보이는 나무 아래로 아침 일찍 나오너라. 내가 너에게 줄 것이 있다."

말을 마치자 노인은 몸을 돌려 저만큼 걸어가는데 이제는 신을 흔들지도 않고 백학처럼 가볍게 훨훨 멀어져 갔다. 장량은 기이하게 생각하면서 항백의 집으로 돌아왔으나 친구에게 그 이야기는 하지 않았다.

어느덧 노인과 약속한 날이 되자 장량은 해가 뜨기 전에 노인이 지정한 나무 아래로 갔다. 노인은 벌써 와 앉아 있었다.

"네가 어른한테 위약을 하다니 그래서야 어디 쓰겠느냐. 오늘부터 닷새 되는 날 아침 일찍 다시 이리로 나오너라."

그러고는 그대로 가 버렸다.

장량은 하릴없이 발길을 돌려 집으로 오면서 생각했다. 처음부터 노인에게는 거스르지 못할 위엄과 압박감이 느껴졌다. 그와 동시에 그 노인이 무언가 커다란 가르침을 내려 줄 것만 같은 예감이 들었다.

'고매한 이인(異人)임에 틀림없다.'

장량은 이렇게 생각하고 다음 닷새 되는 날에는 더 일찍 나가야겠다고 다짐했다.

그러나 약속한 두 번째 날에도 노인이 장량보다 먼저 나와 있었다.

"네 어찌 어른과 위약하기를 이다지 심하게 하느냐. 그대로 물러가라. 그리고 닷새 후에 다시 이리로 나오너라."

장량은 무안하여 절하며 사죄했다.

다시 닷새가 되는 날에는 아예 그 전날 저녁부터 나무 아래로 가서 밤을 새우는 것이 낫겠다 생각하고 초저녁부터 가서 앉아 있었다.

밤이 점점 깊어 가면서 이지러진 달이 중천에 걸리고 만뢰(萬籟)가 구적(舊蹟)한데 소슬한 밤바람이 이따금 나무 사이로 불어왔다. 장량은 하염없이 하늘만 쳐다보고 앉아서 노인을 기다리고 있었다.

얼마나 시간이 흘렀을까. 첫닭이 울려면 아직도 멀었는데 희미한 달빛 아래 노인의 모습이 나타났다. 머리에는 높다란 관을 쓰고 몸에는 소매가 긴 도포를 입었으며 한 손에 키보다 큰 대나무 지팡이를 짚은 채 가까이 다가오고 있는 노인의 모습은 이 세상 사람 같지 않았다.

"음, 오늘은 네가 나보다 먼저 와 있을 줄을 내가 알았다. 하하하."

장량이 일어나 절하는 동안 노인은 유쾌하게 웃었다.

"선배님, 배우고자 합니다. 가르쳐 주십시오."

장량은 말을 채 맺기도 전에 목이 메었다.

5대 정승의 명문으로 한나라의 갑족이던 그의 집안이 왕실과 함께 망해 버린 지도 어언 10년. 그 동안 집안을 돌보지 않고 오로지 진시황에 대한 복수의 일념으로 살아온 자기 심중을 열어 줄 사람은 이 노인뿐이라는 생각이 들었다.

"저 하늘을 보아라. 얼마만큼 크다고 생각하느냐?"

노인은 장량의 말에는 대답을 하지 않고 지팡이를 들어서 하늘을 가리키며 물었다. 장량은 잠시 머뭇거리다가 지팡이가 가리키는 곳을 쳐다보며 겨우 대답했다.

"무한하고 무변하여 그 끝이 없으니 얼마만큼 큰지 알 수 없습니다."

"그럴 것이리라. 광대무변한 천지 사이에 티끌과 같은 인생이 무엇을 안다 하리요. 그런데 네가 하고자 하는 일이 대체 무엇이더냐?"

노인이 지팡이를 내리고 다시 물었다.

"스승님, 저의 부조(父祖)가 한왕의 녹을 먹어 왔는지라 광폭 무도한 시황제에게 원수를 갚고 천하를 바로잡아 보고자 할 뿐입니다."

장량은 간절히 호소하듯 말했다.

"내 그런 줄 알았다. 지나온 너의 잘못은 때를 모른 탓이었다. 창해역사의 힘을 빌려 진시황을 죽이려다 실패한 것도 바로 그 때문이었다."

이 말을 듣고 장량은 깜짝 놀랐다. 아무도 모르게 은밀히 행한 그 일을 이 노인이 어떻게 아는가 싶었다. 그러나 감히 묻지 못하고 있는데 노인은 말을 계속했다.

"때를 알면 이치를 알고 이치를 알면 운명을 안다. 봄날은 비록 추워도 싹이 트고 가을날은 비록 따뜻해도 단풍이 지는 법이다. 천하의 이치가 이러하니 때가 되면 자연히 네 뜻하는 바가 이루어질 날이 올 것이다."

노인의 유량한 음성이 달빛 아래 더욱 위엄 있게 들렸다. 장량은 벅찬 감격으로 노인의 말을 경청하고 있었다.

노인은 잠시 말을 멈추고 한 손을 품안에 넣어 무언가를 찾더니 책 3

권을 주었다.

"자, 이것을 너에게 준다. 이 속에 세상의 모든 이치가 다 들어 있으니 부지런히 읽고 또 읽어라."

장량은 무릎을 꿇고 두 손으로 공손히 받았다.

"내가 진실로 너에게 말한다. 먼저 너를 알고 그 다음에 남을 알며 끝으로 때를 알아라. 네가 만일 이같이 한다면 제나라 왕을 섬긴 노중련(魯仲連)보다도 월나라 왕을 도운 범려보다도 너의 이름이 일월같이 빛나리라. 나는 이제 너에게 주려고 했던 말과 물건을 다 전했으니 이만 돌아가겠다."

노인은 천천히 몸을 움직였다.

"스승님, 이대로 가시다니 너무 허전하옵니다. 존함은 누구시온지, 어느 때 또다시 찾아뵙게 되올는지요?"

장량은 손을 내밀어 노인의 옷소매를 붙들듯 하면서 안타깝게 말했다. 노인은 돌아서려던 몸을 멈추고 땅에 꿇어앉은 장량을 보며 말했다.

"앞으로 10년 후에 너는 반드시 크게 이룰 것이다. 그리고 13년 후에는 천곡성(天谷城) 동쪽에다 한 사람의 왕을 장사 지내게 되리라. 그 때 너는 한쪽 빈터에서 누런 빛이 나는 돌덩어리를 보게 될 것이다. 그 누런 돌덩어리가 바로 지금의 나다."

노인은 말을 마치자 홀연히 사라졌다.

장량은 사방을 휘둘러보았으나 노인의 간 곳을 알 수 없었다. 망망한 하늘에는 이지러진 달이 호젓이 걸려 있고 먼 곳에서 첫닭의 울음소리가 들려 왔다.

장량은 무언가 숙연한 감정을 가슴 가득히 느끼며 그의 손에 들려 있는 3권의 책 위로 눈길로 돌렸다. 〈황제소서(黃帝素書)〉〈육도(六韜)〉〈삼략(三略)〉세 권이었다. 책 거죽에는 이같이 씌어 있었다.

'이제 협기(俠氣)는 그만두고 더욱 깊이 정진하리라.'

장량은 3권의 책을 조심스럽게 포개어 품에 간수한 후 그 곳을 떠났다. 문득 그의 머릿속에 황색 도포를 입은 노인의 모습과 철퇴를 들고 내닫는 창해 역사의 모습이 엇갈렸다.

"창해공, 면목이 없소. 공의 큰 뜻은 내 평생을 두고 반드시 이루고야 말 것이오."

장량의 두 눈에 눈물이 주르르 흘러내리고 있었다.

3. 서산일락(西山日落)

박랑사의 흉변이 있은 후로 시황제는 천하 순행을 중지했다. 그러나 현경전 꿈에 나타난 청의 동자와 홍의 동자를 생각하면 그대로 가만히 있을 수가 없었다.

한시바삐 이를 완전히 제거해 버리지 않으면 광채가 떠올랐던 동남방에서 청의와 홍의의 두 동자가 나타나 난을 일으키게 될지도 모른다는 생각이 그의 머릿속을 떠나지 않았다.

드디어 진시황 37년, 그는 호북·호남·강소·절강 지방 등의 동남방을 샅샅이 순행하여 가슴에 남아 있는 야릇한 응어리를 말끔히 걷어내기로 결심했다.

왕기(王氣)가 일어났던 곳을 향하여 시황제의 수레는 길게 꼬리를 물고 나아가고 있었다. 행렬이 지나가는 곳에는 인마와 수레로 인해 황진(黃塵)이 구름처럼 뭉게뭉게 일어났다.

메마르고 거친 땅을 지나 행렬이 서주(徐州) 지경에 들어서면서부터 다른 지방과는 달리 산야가 온통 푸르고 풍성해 보였다.

그 옛날 초(楚)나라 땅이었던 이 곳은 오곡이 무르익어 황금 들판을 이루었고 바야흐로 백과(百果)가 영글어 탐스럽게 주렁주렁 나무에 매달려 있었다.

시황제의 수레가 동남쪽 길로 접어들어 얼마쯤 가다가 패현(沛縣)에 당도했을 때 그토록 오랫동안 찾던 서기(瑞氣)가 하늘에 어리어 있었다.

'이것이 바로 내가 찾아 없애려던 왕기가 아닌가.'

시황제는 급히 승상 이사를 불렀다.

"짐이 전날에 본 동남방의 왕기가 바로 이것이다. 온 천하를 돌다가 이제야 찾았으니 경은 군사들을 풀어 샅샅이 뒤지도록 하라. 조금이라도 귀인의 티가 나거나 남달라 보이는 놈이 있으면 노유를 불문하고 잡아 죽여 후환이 없도록 하라!"

이사는 어림군을 풀어 고을의 집이란 집은 모두 이 잡듯이 뒤지면서 찾았으나 왕기는커녕 귀인 비슷한 놈조차 보이지 않았다. 그저 무디고 순박한 농부들에 어쩌다 망나니 같은 텁석부리 젊은이만 보일 뿐이었다.

이사가 머리를 조아리며 시황제에게 아뢰었다.

"하늘에 뜨는 상서로운 구름에는 서운(瑞雲)·경운(慶雲)·제운(霽雲)이 있사온데 폐하께서는 상서로운 구름의 광채를 보신 것이옵니다. 이 모두가 폐하의 후덕하심을 기리는 상서로운 징조일 뿐이지 어찌 새로운 왕기가 있을 수 있겠나이까."

"흐음, 그래?"

시황제는 마음이 느긋해졌다. 이사의 말을 듣고 보니 그도 그럴 것 같았다. 그렇지 않다면 온 마을을 샅샅이 다 뒤졌는데 왕기를 타고났을 법한 놈이 한 놈도 보이지 않을 수가 있겠는가.

시황제는 다시 한 번 서기로 가득한 하늘을 쳐다보다가 이사의 말을 옳게 여겼던지 이윽고 어가를 나아가게 했다.

그러나 바로 이 고을에 후일 천하를 삼킬 영웅이 있었으니 성은 유(劉)요 이름은 방(邦)이며 자는 계(季)였다. 아직 때를 만나지 못한 그는 허구한 날 술이나 마시고 계집이나 밝히며 나날을 보내고 있었다. 다만 상을 잘 보기로 유명한 여문(呂文)이란 자가 그의 인물됨을 알아보고 자기 큰딸을 주었건만 그의 술타령과 계집질은 변함이 없었다.

그런 까닭으로 고을 사람들은 모두 그를 하잘것없는 비렁뱅이 정도로 알아오던 터라 이사의 주목을 받을 까닭도 없었지만 그 날 마침 출타중이라 고을에 있지도 않았던 것이다.

시황제의 행렬은 그 다음날 한낮쯤 되어 회계(會稽) 땅에 가 닿았다. 이곳은 유서 깊은 고장으로 월나라 왕 구천(句踐)이 오나라 왕 부차(夫差)에게 패한 곳이기도 하고 시황제 자신이 초나라를 멸망시킨 뒤 군(郡)을 설치한 곳이기도 했다.

시황제가 회계 땅에 들어서자 수많은 백성들이 나와서 그의 행렬을 맞았다. 이들은 길게 줄지어 늘어서 있으면서도 반기는 기색은커녕 하나같이 차갑고 냉랭한 얼굴들이었다.

이윽고 시황제의 긴 행렬이 회계 고을에 들어 한복판에 있는 정자(亭子) 거리로 다가올 때쯤이었다.

"저놈이 우리 초나라 땅을 넘어가나 봐라!"

갑자기 우렁찬 목소리가 줄지어 서 있는 사람들의 귓전을 울렸다. 모두들 깜짝 놀라 그 쪽을 바라보니 8척 장신에 기골이 웅대한 웬 젊은이가 칼을 빼어 들고 서 있었다. 시퍼런 검광(劍光)이 햇빛에 번득였다.

이 사람이 누구인가? 그가 바로 힘은 산을 뽑고 기운은 세상을 덮는다는 역발산(力拔山) 기개세(氣蓋世)의 천하 장사 항우(項羽)였다. 항우의 이름은 적(籍)이고 우(羽)는 그의 자(字)였는데 사람들은 모두 그를 스스럼없이 항우라고 불렀다.

"이 칼로 저놈의 목을 베어 회왕(懷王)과 조부의 원수를 갚고 초나라를 다시 일으켜 세우리라!"

회왕은 초나라의 왕으로 진나라 재상 장의(張儀)의 술수에 걸려 원통하게 죽은 사람이고 조부는 초나라의 마지막 대장인 그의 할아버지 항연(項燕)을 말한다.

그런데 바로 그 때였다. 언제 나타났는지 항우의 칼 든 손을 덥석 잡는 사람이 있었다. 신장이 7척은 넘어 보이는 늠름한 장한(壯漢)이었다. 항우의 숙부 항량(項梁)이었다.

"그만두어라!"

그의 목소리는 작았지만 천근의 무게가 있었다.

"숙부님, 여기까지 웬 일이십니까?"

항우가 허리를 굽히며 공손하게 말했다.

"지금 여기서는 안 된다! 창해공의 꼴이 되고 만다."

항량은 젊은 조카 항우를 타일렀다. 항우는 아버지를 일찍 여의었기 때문에 어릴 때부터 항량을 아버지같이 따랐다.

"아닙니다, 숙부님. 저는 창해공과는 다릅니다. 한칼에 모조리 쓸어 버리겠습니다."

"부질없는 짓! 천하를 잡으려면 좀더 때를 두고 기다려야 한다. 알겠느냐?"

말을 마치자 항량은 먼저 저만큼 걸어갔다. 항우는 아버지나 다름없는 숙부의 말을 거역할 수 없었다. 잠시 묵묵히 서 있던 항우도 마침내 그의 뒤를 따라갔다.

그 때 황진이 뽀얗게 일면서 시황제의 행렬이 이쪽으로 다가오고 있었다. 항우가 노리고 있던 나루터 쪽이었다.

항우와 항량이 이미 떠난지라 그 일을 알 리 없는 시황제는 자신의 동남방 순행 마지막 목적지인 남쪽 회계 고을을 둘러보고는 일로 환궁 길에 올랐다.

행렬이 동군(東郡)에 이르렀을 때였다. 하늘에서 유성이 떨어졌는데 그 돌 위에 '시황제사이지분(始皇帝死而地分)'이라는 일곱 자가 새겨져 있었다. 시황제가 죽고 나서 땅이 나누어지리라는 뜻이었다.

이를 본 시황제는 불같이 노했다.

"이는 필시 어떤 불측한 자가 장난한 짓임에 틀림없으니 어서 잡아서 갈가리 찢어 죽여라!"

어림군을 풀어 샅샅이 뒤졌으나 범인을 잡지 못하자 시황제는 그 근처의 백성들을 모조리 잡아들이게 했다. 6백여 호의 죄 없는 백성들이 줄줄이 끌려 왔다.

"저놈들을 모조리 태워 죽여라!"

시황제의 명령 한마디에 6백여 호 2천여 명의 무고한 백성들이 참혹한 죽음을 당하고 사람 타는 냄새는 근처 백 리까지 근 열흘을 두고 가시지 않았다.

시황제의 행렬이 태주(兌州)에 이르자 어느덧 날이 저물었다. 그는 행차를 멈추게 하고 그 밤을 그 곳에서 편히 쉬기로 했다.

수라상을 물리고 수레에서 내려온 시황제는 한가하게 거닐며 승상 이사로부터 장성 수축 공사에 관한 보고를 들었다. 성벽의 너비가 열 명이 말을 타고 나란히 달릴 수 있을 정도로 넓다는 말을 듣고 그는 몹시 기뻐했다.

"장성이 완성되면 북방 오랑캐 걱정이 없어지리라."

시황제는 혼잣말처럼 중얼거렸다.

"폐하의 성덕은 장성보다 더 강하온데 북방 오랑캐가 무슨 염려가 되오리까."

이 때 뒤에 모시고 섰던 근시 조고(趙高)가 늙은 얼굴에 교활한 눈을 빛내며 아첨을 했다. 시황제는 만족한 듯 빙그레 웃었다.
"그대의 말이 옳도다."
밤하늘의 별들을 한참 동안 바라보다가 승상과 근시를 물리치고 수레에 올라 잠자리에 들었다.
얼마나 지났을까, 망망한 창해에 홀연 용신(龍神)이 나타나더니 맹렬한 기세로 자기를 향해 덮쳐 왔다. 그는 기를 쓰고 도망하려 했지만 사지가 얼어붙은 듯 꼼짝을 할 수 없었다.
'이러다간 내가 죽는다.'
시황제는 꿈속에도 이렇게 생각하며 혼신의 힘을 다해 이리저리 몸을 피하고 있는데 이번에는 용신보다도 훨씬 더 크고 빠른 붉은 용이 하늘로부터 내리꽂히는가 싶더니 한입에 꿀꺽 자기를 삼켜 버리는 것이었다.
"으악!"
시황제는 외마디 소리를 지르며 눈을 떴다. 온몸에 땀이 비 오듯 하고 심신이 혼몽하여 정신을 차릴 수 없었다.
그는 길게 한숨을 쉬었다. 돌아누울 기력마저 없을 만큼 극도로 쇠잔해져 와상(臥床)에서 혼자 괴로워하다가 날이 밝을 무렵에 행차를 재촉하였다. 한시바삐 불길한 이 땅을 떠나고 싶어서였다.
수레가 하북성 사구(沙丘) 땅의 별궁인 평대(平臺)에 이르렀을 때 시황제는 자기의 생명을 다했다는 예감을 느끼었다.
"승상 이사를 들게 하라."
이사가 얼굴이 흙빛이 되어 침상 곁에 부복하자 시황제는 힘없는 목소리로 입을 열었다.
"아마도 짐의 수명이 다했나 보오. 지난해에 동해를 메우게 한 것이 용신의 노여움을 사서 하늘의 붉은 용을 불렀소. 이는 피할 수 없는 업

보라 내 병은 회복하기 어려울 것이오. 짐이 만일 붕하거든 상군(上君)에 가 있는 태자 부소로 하여금 제위를 잇게 하여 천하를 잃지 않게 해 주오. 태자 부소는 명철인자(明哲仁慈)하여 능히 대임을 감당할 수 있을 것이오."

시황제의 유촉(遺囑)을 듣고 이사는 온몸을 떨면서 아뢰었다.

"천하 만민이 성수무강(聖壽無疆)하시기를 비옵는데 신이 불초하여 성려(聖慮)하심이 극하시오니 그 죄 만 번 죽어 마땅하옵니다."

"아니오. 짐은 경의 충심을 알고 있소. 경은 짐의 유언을 경홀히 생각하지 말고 지금 이른 말을 속히 기록하도록 하오."

시황제는 거듭 유언을 남겨 그대로 유조(遺詔)를 받아쓰게 하고서 길이 눈을 감으니 그의 향년은 50세. 진시황 37년(기원전 210년) 7월 병인일이었다.

일세를 소란케 하던 그는 6국의 백성들이 이를 갈고 미워하는 가운데 그토록 소원하던 불사약은 구경도 하지 못하고 물거품이 사라지듯 마침내 이 세상에서 사라져 버린 것이다.

시황제의 붕어를 아는 사람은 이사와 조고 그리고 공자 호해(胡亥)와 측근의 내관 5명뿐이었다.

이사와 조고는 의논 끝에 국상을 비밀에 부치기로 했다. 시황제의 죽음이 알려지면 어떤 흉측한 변괴가 일어날지 모르기 때문이었다.

황제의 시중을 드는 내관은 계속 어가 곁을 모시고 있고 식사 때가 되면 전과 다름없이 황제의 수레에도 수라상이 왔다.

때는 마침 한여름이라 찌는 듯한 더위로 시체 썩는 냄새를 염려하여 시황제의 시신을 온량거(溫涼車)에 모셨다. 온량거는 수레의 양편에 창문이 달린 어가로 창문을 열면 시원하고 닫으면 따뜻해지는 수레였다.

행렬은 정형(井陘)을 거쳐 구원(九原)에 이르렀다. 그러나 아직도 함양까지는 멀었다. 이 때쯤 더위가 맹위를 떨쳐 온량거에서 시체 썩는 냄새가 코를 찔렀다.

그러자 조고가 황제의 명령이라 사칭하고 그 지방의 장바닥에서 포어(鮑魚: 생선 젓갈)를 있는 대로 구하여 수레마다 가득 실어 시체 썩는 냄새를 감추었다.

이러한 가운데 시황제의 행렬은 쉬지 않고 함양을 향해 나아가고 있었다. 행렬이 사구(沙丘)에서 함양까지 가는 25일 동안 실로 경천동지(驚天動地)할 사건이 일어났으니 이로 인하여 역사의 물줄기는 전혀 엉뚱한 방향으로 흘러가고 말았다.

조고는 온량거에 시신을 모시고 가는 도중 은밀히 승상 이사를 찾아와서 참으로 뜻밖의 말을 했다.

"대저 권세가 없어지면 지체가 몰락하고 황금도 없어지며 필경에는 목숨마저 위태롭게 됩니다. 그런 연유로 이제 폐하의 유조를 고쳐 태자 부소를 폐하고 차자 호해로서 대위(大位)를 계승케 함이 어떠하겠습니까?"

너무도 엄청난 말에 이사는 온몸을 사시나무처럼 떨면서 말했다.

"그, 그게 무슨 말이오? 신하된 자로서 어찌 감히 선제(先帝)의 유조를 고칠 수 있단 말씀이오?"

이사는 놀라움과 두려움으로 말끝도 채 맺지를 못했다. 그럴수록 조고는 더욱 차갑게 눈빛을 번득이며 윽박지르듯 말했다.

"그러면 승상의 재주와 지혜를 몽렴 장군의 그것과 비교해서 어느 편이 태자 부소의 신임을 받을 것인가를 생각해 보셨습니까?"

조고의 칼날 같은 질문을 받고 이사는 얼굴을 붉히며 대답했다.

"내가 몽렴 장군을 따르지 못합니다."

이사의 대답을 듣자 조고는 틈을 주지 않고 압박을 계속했다.

"그러기에 드리는 말씀입니다. 태자 부소는 명석한 데다 결단력 또한 대단한 사람입니다. 게다가 승상과는 전부터 사이가 좋지 못했으니 그가 황위에 오르면 승상은 틀림없이 내침을 당하고 몽렴 장군이 승상에 기용될 것이 분명합니다. 그 때 승상께서는 일개 서인(庶人)이 되어 끝내는 목숨조차 보존하지 못하게 될 터이니 이를 어찌 미리 깨닫지 못하십니까?"

조고의 말을 듣고 이사는 고개를 푹 수그리며 주저하였다.

"그 말씀도 일리가 있지만 어찌 선제 폐하의 유조를…."

조고는 한 걸음 더 육박해 들어갔다.

"처지는 저도 마찬가지입니다. 선제의 유조를 그대로 받들면 승상의 일신이 위태롭고 유조를 고치면 일신이 편안해집니다. 그러니까 둘 중 하나를 택하시라는 말씀입니다."

이사는 말없이 생각에 잠겨 고민하는 듯하더니 마침내 고개를 끄덕였다.

"옳은 말씀이오."

그러자 조고는 숨 돌릴 틈도 없이 이사를 이끌고 호해가 있는 수레로 찾아가서 지금 자기들이 의논하고 온 일을 말하고 승낙을 구하였다.

호해는 듣고 나자 평소의 그답지 않게 분명한 어조로 말했다.

"아무리 용상이 좋기로서니 형을 폐하고 아우가 서는 것은 패륜이요 부친의 유언을 거역하는 것은 불효이며 남의 지위를 빼앗는 것은 불인이니 이치를 거스르고 법을 어기는 일은 차마 못하겠소."

조고는 등골이 오싹하도록 싸늘한 한기를 느꼈다. 자칫 일이 잘못되는 날에는 그의 목숨은 없는 것이나 마찬가지였다. 그는 혼신을 다하여 호해를 설득하기 시작했다.

"은나라의 탕왕이나 주나라의 무왕도 군주를 시해했지만 천하의 사람들은 그들을 불충이라고 비난하기는커녕 옳은 일을 했다고 칭송하지 않았습니까. 또한 위군(衛君)은 부친을 살해했습니다만 위나라에서 그를 덕망이 높은 임금으로 받들었으며 공자도 이를 두고 불효라는 평가를 내리지 않았습니다. 조그마한 절조를 지키다가 천하 대사를 망치고 작은 의리에 구애되어 멀리 도모하는 바가 없다면 이는 현명치 못한 일이라고 합니다. 때는 놓치지 말아야 하며 권세는 남에게 맡기어서는 안 되는 법입니다. 지금 결단치 못하고 주저하시다가는 나중에 후회막급일 것입니다."

전후의 사리가 어긋나는 모순투성이 논리였으나 지극히 달콤한 조고의 말을 듣자 호해는 원래의 호해답게 제법 길게 한숨을 내쉬며 말했다.

"나는 잘 모르겠소. 경들이 잘 의논해서 하도록 하오."

조고와 이사를 번갈아 바라보는데 이는 두 사람의 뜻을 좇겠다는 의미였다.

호해 앞을 물러나온 조고와 이사는 그 길로 시황제의 유조를 고쳐 쓰기 시작했다. 동시에 태자 부소에게 보내는 시황제의 거짓 조서(詔書)도 작성되었으니 그 요지는 다음과 같았다.

> 장자 부소는 우러러 덕을 받들지 못하고 강토를 넓히어 공을 세우지도 못하면서 감히 비방하는 말을 뇌까리고 크게 광역(狂易)하였으니 부자의 정리로는 가긍(可矜)한 바 있으나 나라의 법으로는 용서치 못한다. 이에 호해로서 태자를 삼고 부소는 한낱 서인으로 만들어 사약과 단도로써 자결케 하는 바이다. 장군 몽렴 또한 군대를 이끌고 변방에 있으면서 나라의 위엄을 떨치지 못하고 짐의 아들 부소의 행적을 바로잡지 못하니 인신(人臣)으로서 불충을 범하였노라. 이에 자결을 명하노니 군대의 지휘는 부장 왕리(王離)에게 위임할지어다.

이 조작된 조서를 그 날로 조고의 식객인 염락(閻樂)에게 주어 태자 부소에게 보냈다. 사자인 염락 역시 아직 시황제가 죽은 것을 모르고 있었기 때문에 승상 이사가 건네주는 조서를 황제의 조서로 알고 급히 상군(上郡)으로 달렸다.

부소는 황제의 조서를 받아 보고 너무도 원통한 나머지 눈물을 줄줄 흘리며 곧장 내실로 들어가 그대로 자결하려 했다. 이를 보고 몽렴이 부소를 제지하였다.

"잠깐 고정하십시오. 폐하께서는 지금 도성(都城: 함양)을 떠나 계십니다. 중간에 무슨 간계가 있는지 모를 일이니 이 조서만 믿고 자결하시는 건 안 될 일입니다. 폐하께 한 번 사면을 청해 보십시오. 사실이라면 자결은 그 때 하셔도 늦지 않을 것입니다."

몽렴은 이리 말하고는 칼을 빼어 사자를 벨 듯이 하며 추달해 보았다. 그 진가(眞假)를 판별하기 위해서였다. 그러나 시황제의 죽음을 알지 못하는 사자는 얼굴색 하나 변하지 않았다. 몽렴은 아무래도 납득이 가지 않았지만 황제 폐하의 사자를 그 이상 추달할 수 없는 일이었다.

부소는 이 광경을 침통한 얼굴로 바라보다가 이윽고 말했다.

"장군, 그만두시오. 부왕께서 보내신 사자임이 틀림없습니다. 이제 부왕께서 죽음을 명하셨으니 아들 된 자는 오로지 그 명에 따를 뿐입니다. 사면을 청하는 것도 떳떳하지 못한 일입니다."

말을 마치자 부소는 눈 깜짝할 사이에 황제가 내린 단도로 목을 찔러 자결해 버리고 말았다. 시뻘건 선지피가 내실에서 대청 마루 쪽으로 튀어 나왔다. 뒤이어 대청에서도 깊은 신음 소리와 함께 또 한 줄기의 피가 솟구쳐 나왔다. 장군 몽렴의 자결이었다.

두 사람의 자결을 확인한 사자가 돌아와 조고에게 보고를 올리자 조고는 뛸 듯이 기뻐했다.

"내 이제 더 무엇을 근심하랴."

조고의 보고를 들은 호해 또한 빙그레 미소를 지었다. 그의 얼굴에 안도하는 표정이 역력했다. 다만 이사는 스스로 가책이 되는지 얼굴이 홍당무가 되어 어쩔 줄을 몰라 했다.

이 같은 흑막을 누구 한 사람 낌새도 채지 못하게 잘도 연출한 이들 일행은 시황제의 시신을 모신 어가를 앞세우고 마침내 함양궁에 입성하였다.

이어서 국상이 선포되고 이사와 조고는 그들이 고쳐 쓴 황제의 유조에 따라 호해를 2세 황제로 공포하였다.

그리고 같은 해 9월, 시황제의 장례는 함양의 동남방에 있는 여산에 모시어졌다. 이 곳은 시황제가 불사약을 구하려 했던 때보다 훨씬 이전에 묘소로 정해 둔 곳이었다.

그 동안 수십 년을 두고 70여만 명의 인원이 동원되어 일찍이 역사상 유례를 찾아볼 수 없는 대역사가 진행되어 왔었다. 그랬기에 시황제가 7월에 죽어서 9월에 묻힐 때까지 했던 장례의 공사는 이 거대한 묘역의 마무리 작업에 지나지 않았다.

주위 80리에 깊이 50척의 땅을 파 정전(正殿)·침전(寢殿)을 축조하고 침전 속에 시황제의 시체가 들어 있는 석관을 안치할 곳에는 호를 파서 그 속에 물 대신 수은을 가득 부어 마치 깊은 연못 가운데 석관이 놓인 것처럼 보였다.

침전 내부의 동서에는 진주(眞珠)를 거대한 가마솥 크기로 엮어 해와 달처럼 걸었다. 정전과 내전에는 온갖 보화와 갖은 재보를 늘어놓은 외에 자식이 없는 후궁과 평소에 시황제의 귀염을 받던 궁녀들을 순장하였다.

뿐만 아니라 능묘 안의 비밀이 새어 나갈 것을 염려한 나머지 묘도(墓道)의 중문(中門)을 불시에 닫아 그 속에서 일하던 수많은 일꾼들을 모조리 생매장하고 말았다.

이처럼 시황제 한 사람의 유택(幽宅)을 위해 수만의 보옥과 수십만의 피땀이 바쳐졌던 것이다.

4. 간신(奸臣)의 득세

혼군(昏君) 아래에는 간신이 있는 법이다. 2세 황제 아래에서 조고는 낭중령(郞中令) 자리에 있으면서 승상인 이사를 능가하는 무소불위(無所不爲)의 권세를 휘둘렀다. 대신들은 말할 것도 없고 황족들까지도 조고 앞에서는 벌벌 떨면서 무릎걸음을 걸었다.

어느 날 조고가 2세 황제에게 아뢰었다.

"대저 명군의 조건은 신인을 등용하고 신분이 천한 자를 과감하게 발탁하며 가난한 자에게 부를 주고 숨은 인재를 발굴하는 일, 이 네 가지입니다. 폐하께서 제위에 오르신 지 얼마 되지 않아 아직 천하 인심이 잡히지 않은 데다 공자나 황족 중에서도 불측한 생각을 품는 자가 없지 않사옵니다. 바라옵건대 법을 엄히 하고 조정을 쇄신하여야 폐하의 존위가 선황제에 못지 않게 위광을 떨칠 수 있을 것이옵니다."

조고의 말은 그럴 듯했지만 기실은 조정 안팎을 모두 자기 사람으로 갈아 치우려는 간계에 불과했다. 그러나 어리석은 2세 황제는 그 말에 솔깃했다. 그렇지 않아도 아직 21세의 어린 나이에 황제가 된 그로서는 일말의 불안이 없을 수 없었다.

"참으로 옳은 말씀이오."

황제의 체통도 잊은 듯 2세 황제는 크게 입을 벌리고 무릎까지 치면서 조고의 말에 찬동을 표했다.

이리하여 조정 안팎에 피바람이 불기 시작했다. 먼저 촉(蜀) 땅으로 귀양 보냈던 몽렴 장군의 일족들을 깡그리 주살했다. 평소에 못마땅하고 눈에 거슬리던 자들은 하찮은 하급 벼슬인 삼랑관(三郎官)까지 없는 죄를 뒤집어씌워 처참하게 죽였다.

2세 황제와 한 핏줄을 나눈 공자와 황족들도 차례로 죽어 나갔다. 두(杜) 땅에 가 있던 여섯 명의 공자가 한꺼번에 참살되고 공자인 장려(將閭)와 그의 두 형제도 내실에서 체포되었다.

"우리에게 무슨 죄가 있다는 거냐?"

장려가 눈을 부릅뜨고 형리에게 물었다.

"죄목은 모릅니다. 다만 죽이라는 명령을 받았을 뿐입니다."

형리가 고개를 떨어뜨리며 대답했다.

"2세 황제의 기량(器量)이 기껏 이것밖에 되지 않는단 말인가. 진(秦)의 천하도 오래 가지는 못하겠구나."

장려의 탄식과 함께 3형제는 한자리에서 차고 있던 칼로 자결하고 말았다.

이로써 공자 12명과 선황의 후궁에게서 태어난 22명의 자녀들이 모두 몰살을 당했다. 이와 함께 선황의 총신이나 이에 연루된 신하와 관리들의 억울한 죽음까지 합하면 그 수효가 얼마인지 모를 지경이었다.

망국을 재촉하는 듯 2세 황제는 또 엉뚱한 짓을 벌였다.

"선제께서는 대궐이 협소하여 조궁(朝宮)을 짓게 하셨소. 그런데 조궁의 전전(前殿)인 아방궁의 완공도 보지 못하고 승하하셨으니 짐이 이 공사를 완공하여 위엄을 천하에 떨칠까 하오."

"지당하신 분부이옵니다. 폐하의 위광이 만세를 이어 갈 것이옵니다."

조고는 2세 황제의 비위를 잘도 맞추었다.

이리하여 화려함의 극치를 이룬 아방궁 공사가 다시 시작되었다. 이와 함께 변경의 오랑캐를 토벌하기 위한 군대까지 일으키게 되어 전국에 대동원령이 내려졌다.

　백성들은 부역과 징병에 시달리고 궁전 축조 경비와 군량미를 대느라 죽지 못해 사는 꼴이었다.

　이처럼 학정(虐政)이 갈수록 더해지자 전국에서 반란이 일어났다. 그 중 초나라에서 봉기한 진승(陳勝)과 오광(吳廣)은 그 세력이 다른 지방에서 일어난 반란을 단연 압도했다.

　"왕후장상(王侯將相)에 씨가 따로 있다더냐!"

　"백성을 못 살게 구는 황제는 마땅히 죽여야 한다!"

　원래 남의 집 하인 출신인 진승과 오광은 절친한 친구 사이였다. 그들이 내건 구호는 폭정과 굶주림에 시달리는 백성들을 크게 고무시켰다.

　그들은 기현(祈縣)을 점령하여 무기와 군량을 장악한 뒤 동쪽의 여러 고을들을 차례로 공략해 나갔다.

　진나라를 급속도로 무너뜨리는 도화선에 불이 붙었다. 그것은 마른 들판의 불길처럼 번져 나가 천하는 바야흐로 다시 혼란의 도가니 속으로 빠져들고 있었다.

5. 참사기의(斬蛇起義)

　이같이 천하가 시끄러울 때 유방(劉邦)은 패현(沛縣)의 풍읍(豊邑)에서 한낱 사상(泗上)의 정장(亭長)으로 있었다. 정(亭)은 당시의 가장 작은 말단 지방 행정 단위로 그 곳의 우두머리란 가장 미미한 관직이었다.

　태어날 때 지붕 위에 상서로운 서기가 가득하였고 용의 상을 타고 태어났다는 그도 32세가 되어서야 겨우 정장이라는 벼슬을 하게 된 것이었다.

그러나 원래 놀기 좋아하고 술과 계집이라면 사족을 못 쓰는 그인지라 관청의 일 따위는 안중에도 없었다. 그러다 보니 위아래의 관리들은 모두 그를 우습게 알았다.

어느 날 여문(呂文)이라는 자가 패현의 현령(縣令) 집에 빈객으로 와 있어 이 곳 관리라면 모두 예물을 갖추어 찾아가야 했다.

유방도 정장 자리를 지키려면 현청(縣廳)에 나가 예물을 바치지 않을 수 없었다. 그는 내키지 않는 걸음으로 터덜터덜 현청으로 향했다.

"진상 금액이 일천 전(一千錢) 미만인 사람은 저기 말석으로 가 앉으시오."

형리의 우두머리로 있는 소하(蕭何)가 공공연하게 큰 소리로 말할 만큼 이 곳의 현령이나 관리들은 모두 부패해 있었다.

유방이 비록 정장 벼슬에 있다고는 하나 술값마저 외상으로 달고 있는 처지라 천 전은커녕 백 전도 지닌 것이 없었다. 그러나 그는 뱃심좋게 소하 앞에 나가 진상금 장부에 '축의금 1만 전(一萬錢)'이라고 크게 써서 올렸다.

여문이 깜짝 놀라 유방을 상좌에 앉게 하자 곁에 있던 소하가 여문에게 가만히 귀띔을 해 주었다.

"저건 터무니없는 허풍입니다. 저 사람은 원래 그런 사람이지요."

그러나 유방은 보란 듯이 태연하게 상좌에 버티고 앉았다. 여문이 유방에게 가만히 말했다.

"이 사람은 소싯적부터 관상 보기를 좋아해서 오늘날까지 많은 사람들의 관상을 봐 왔습니다만 귀공과 같이 좋은 상을 보기는 처음이외다. 앞으로 크게 귀히 되실 몸이오니 항상 자중자애(自重自愛)하십시오. 마침 이 사람에게 딸이 있사오니 데려다가 종년으로라도 부려 주신다면 고맙겠소이다."

"감히 청하지는 못하오나 진실로 제가 바라는 바입니다."
이리하여 유방은 여문의 사위가 되었다.

유방은 처음부터 이렇다 할 포부라든가 큰 뜻을 가진 사람은 아니었다. 그저 자기가 용의 상을 타고 났고 훗날 크게 귀히 될 상이라 하니 그저 뭔가 될지도 모른다는 막연한 기대감을 가지고 있을 뿐이었다.

이러한 그에게 일생일대의 전환점이 될 만한 일이 일어났다. 그 지방에서 징집된 장정들을 인솔해 여산의 시황제 능묘 공사에 가게 된 것이다.

패현의 한낱 이름 없는 정장으로서 유방은 현령의 명령에 따라 수백 명의 장정들을 거느리고 함양까지 수천 리 길을 떠났다.

그런데 하루가 가고 이틀이 지나 10여 일 가는 동안에 장정들이 거의 다 도망을 가 버리고 서른 남짓 남았다. 이건 예삿일이 아니었다. 이대로 여산으로 갔다가는 자기 목부터 달아날 것이 뻔했다.

유방은 생각 끝에 장정들을 모아 놓고 말했다.

"너희들은 현령의 명령에 따라 여산에 부역하러 가지만 그 곳에 한 번 가면 언제 살아서 고향으로 돌아올지 알 수가 없다. 이미 도망을 간 자들은 오히려 살 수 있으나 나를 따라가 봤자 고생이나 실컷 하다가 헛되이 죽을 뿐이다. 그러니 지금 도망을 가라."

장정들은 깜짝 놀라 물었다.

"도망하면 우리들이야 살겠지만 정장님은 어찌 하시렵니까?"

"너희들이 도망해 버린 다음에야 나 혼자서 함양까지 무엇 하러 가겠는가. 나도 도망해 버리는 수밖에."

이렇게 말하고 나서 유방은 옆구리에 차고 있던 술병을 들어 술을 마시기 시작했다.

장정들은 번갈아 서로 얼굴을 마주 보며 눈치를 살피다가 하나 둘 저 갈 데로 흩어져 갔다. 그 중에서 10여 명만 유방을 혼자 두고 가기가 어려웠던지 그 자리에 머물러 함께 술을 마시며 탄식과 원망을 늘어놓았다.
"이런 몹쓸 세상은 빨리 망해 버려야 돼!"
"죽일 놈은 간신 조고놈이라는구먼!"
"황제란 놈도 마찬가지야! 그런 얼간이가 어디 있어!"
두 사람 이상이 모여 시국을 논하기만 해도 허리를 잘라 죽이는 진나라의 법도 잊은 양 그들은 감히 황제에게까지 입에 담지 못할 욕설을 퍼부어 댔다.
이윽고 밤이 이슥해지자 남은 장정들도 길을 나섰다. 오던 길로 곧장 되돌아가기는 아무래도 마음에 켕겨 그들은 늪 지대의 작은 소로로 접어들었다.
그런데 불과 5리도 채 가지 못했을 때 그들은 소스라치게 놀랐다. 길이가 30자에 굵기가 절구통만 해 보이는 큰 구렁이가 길을 가로막고 있었다.
그들은 기겁을 하고 되돌아와 객주에 누워 있는 유방에게 그 이야기를 했다. 듣고 나자 유방은 벌떡 자리에서 일어났다.
"대장부가 가는 길을 감히 구렁이 따위가 가로막다니 그냥 둘 수 없다."
그러고는 즉시 객주집을 나서는 것이었다. 사람이 완전히 달라진 것 같았다. 평소의 그답지 않게 분연히 칼을 빼 들고 앞장서서 걸어가는 그의 모습을 보고 장정들은 모두 놀라움을 금치 못했다.
유방이 그 곳으로 가 보니 과연 엄청나게 큰 구렁이 한 마리가 똬리를 튼 채 길을 가로막고 있었다. 그는 조금도 두려워하는 빛이 없이 앞으로 다가들어 한칼에 구렁이를 두 토막으로 잘라 버렸다. 그러고는 아직도 꿈틀거리는 구렁이 몸뚱이를 칼끝으로 찍어 길 옆으로 치우고는 말했다.

"자, 이제 염려 없으니 빨리 고향으로 돌아가거라."

아까부터 놀라움과 두려움으로 몸을 떨고 있던 장정들은 이 말을 듣자 유방이 보통 사람이 아니라고 여기기 시작했다. 주색이나 밝히는 게으름뱅이 유방이 아니었다. 어느 누구도 당할 수 없는 담력과 다른 사람을 위해 위험도 무릅쓰는 용기 있는 호걸이었다. 이렇게 생각한 그들은 모두 유방 앞으로 모여들었다.

"고향으로 가지 않겠습니다. 수하에 거두어 주십시오."

그들은 의논이나 한 것처럼 일제히 꿇어앉아 유방을 쳐다보며 이구동성으로 말했다.

"그럴 수야 있나. 집으로들 돌아가서 얼마 동안은 숨어 있어야지. 지금 진나라의 법이 어떤지 알지 않는가."

유방은 그들을 말렸으나 장정들은 막무가내였다.

"아닙니다! 우리들은 정장님을 모시고 무엇이든 하겠습니다!"

이렇게 외치자 유방은 한참 생각에 잠겼다가 결심한 듯이 말했다.

"그럼 하는 수 없다. 당분간 이 곳에 함께 숨어 있기로 하자."

남은 장정들은 모두 12명이었다. 유방은 그들을 데리고 망탕산(芒碭山) 연못가의 마을로 다시 돌아갔다.

그러고 보니 기묘하게도 이 곳은 유방에게 인연이 있는 산이었다. 그는 일찍이 시황제가 동남방의 왕기를 찾아 순행하고 있을 때 그것이 혹시 자기와 관계되는 일일지도 모른다는 막연한 두려움 때문에 아무도 모르게 혼자 이 곳으로 와 몸을 숨긴 적이 있었다.

유방을 비롯한 12명의 장정들은 연못가의 으슥한 수풀 속에 아무렇게나 얼기설기 초옥(草屋)을 한 채 지어 놓고 그 안에서 함께 지냈다. 유방이 그들을 거느리는 어른이요 대장이었다.

며칠이 지나서였다. 큰 구렁이가 길을 막고 사람을 못 가게 했던 바로 그 자리에서 밤이면 늙은 노파의 울음소리가 들리기 시작했다. 길을 가던 한 젊은 사람이 울고 있는 노파를 발견하고 물었다.

"할머니는 이 밤에 무슨 일로 그렇게 울고 계시오?"

"유방이 내 아들을 죽였기 때문에 슬퍼서 우는 거라오."

그 때의 일을 소문으로 들어서 알고 있는 젊은이가 말했다.

"사람이 다니는 길을 막고 있던 구렁이를 없애 버렸으니 좋은 일을 한 것이오. 슬프기는 무엇이 슬프단 말이오?"

"아니라오. 그게 아니라오. 내 아들은 백제(白帝)의 아들로서 잠시 구렁이로 화신(化身)하여 나왔던 것인데 적제(赤帝)의 아들에게 무참히 죽었으니 내 어찌 울지 않을 수 있겠소."

이 말을 들은 젊은이가 이것은 필시 헛것이나 도깨비이리라 생각하고 칼을 뽑아 노파를 치려 한즉 노파는 그 자리에서 연기처럼 사라져 버렸다.

이 소문과 함께 유방이 구렁이를 베고 뜻을 세웠다는 '참사기의(斬蛇起義)'의 의거가 널리 알려졌다. 세상에 불평을 품고 울근불근하는 협객과 장정들이 꾸역꾸역 찾아오기 시작해 열흘이 못 되어 그 수가 5, 6백에 이르렀다.

이 때 8척 거구에 상모(相貌)가 괴위(魁偉)하고 위풍이 당당한 장한(壯漢)이 유방을 찾아와 넓죽 절을 하고는 너털웃음을 웃어댔다.

"아니, 자네는 번쾌가 아닌가?"

"형님, 안녕하셨습니까! 여기 계신 줄을 모르고 얼마나 찾아 헤맸는지 모릅니다."

번쾌는 유방과 같은 마을에 사는 개백정(犬白丁)이었다. 그런데 유방의 장인인 여문(呂文)이 그의 상을 한 번 보고는 당대에 장후(將侯)가 될 상이라 해서 둘째 딸을 번쾌에게 시집보냈다. 그래서 유방과 번쾌는 동서간이면서 사랑하기로는 친동생같이 하는 터이지만 오늘 이렇게 자기를 찾아올 줄은 참으로 뜻밖이었다.

"그런데 자네가 웬일로 나를 찾아왔는가?"

"형님! 이제 때가 온 것 같습니다."

번쾌가 커다란 입을 벌리고 싱글벙글 웃으면서 말했다.

"아니, 그게 무슨 말이냐?"

"현령이 진나라에 반기를 들려 하고 있습니다."

"뭐, 현령이 반기를?"

"예, 형님이 데리고 간 장정들이 모두 도망쳤다는 소식을 듣고 어차피 죽을 바에는 한 번 몸부림이라도 쳐 보겠다고 생각한 것이겠지요. 며칠 전 현청에 있는 소하(蕭何)가 급히 저를 부르기에 갔더니 형님이 수하에 수백 명을 거느리고 있다는 사실을 알고 형님과 합세하여 대사를 도모하자고 합디다."

"그래서 나를 데리러 왔단 말인가?"

유방이 놀라 마지않으며 물었다.

"그렇지요. 소하가 일러 주지 않았다면 형님이 여기 계신 줄을 제가 어떻게 알았겠습니까."

"하긴 그렇군. 그런데 어제까지 진나라의 녹을 먹고 있던 현령이 오늘 반기를 든다고 해서 사람들이 쉽게 따라 줄까?"

"그래서 형님 같은 분이 더욱 필요한 게죠. 명분도 세우고 힘도 얻기 위해서 말입니다."

"자네가 제법 거창한 말을 하고 있군."

유방의 입가에 웃음이 번졌다.

"형님! 농담할 때가 아닙니다. 시황제가 죽은 뒤로 지금 천하가 뒤흔들리고 있지 않습니까. 형님이 칼을 들고 일어서신다면 저도 따라서 칼을 들고 나서겠습니다."

번쾌의 의기는 결연하고 태도는 진지해 보였다.

유방은 입을 다물고 생각에 잠겼다. 광폭 무도한 시황제가 죽고 2세 황제가 들어선 후로 혹세와 부역은 날로 가중되어 백성들은 도탄 속에 빠지고 영웅호걸들은 사방에서 일어나고 있다. 지금 패현의 현령이 백성들을 도탄에서 구하기 위해 반기를 드는데 어찌 이를 보고만 있을 수 있겠는가. 언제까지나 이 곳 풍서 땅 연못가에 숨어만 있을 수도 없는 바에야 이번 기회에 나 하나를 바라보고 모여든 장정들을 데리고 현령의 반기에 합류하는 것이 좋지 않겠는가. 그리하여 의병이 되어 천하만민을 위해 한 목숨 던져 보는 것도 장부로서 떳떳한 일이 아니겠는가.

마침내 유방은 마음을 정하고 말했다.

"잘 알았네. 나는 이 곳 일을 수습하고 나중에 갈 터이니 자네가 먼저 내게 와 있는 장정을 2백 명쯤 데리고 현령한테 가 보게."

"장정들을 저에게 맡긴다고요? 그것 참 영광입니다. 그럼 제가 먼저 가서 형님이 승낙을 하셨다고 말씀드리겠습니다."

번쾌는 커다란 고리눈을 가늘게 뜨고 웃으면서 몹시 기뻐했다.

"그래, 현령께서 백성들을 위해 일어나신다면 비록 미력이나마 나도 보태겠다더라고 말씀을 전하게."

두 사람은 즉시 연못가에 모여 있는 장정들을 불러 패현의 현령을 도와서 의병에 가담하려는 뜻을 말했다. 장정들은 모두 환호성을 지르며 그에 찬성했다.

번쾌는 즉시 그 중에서 2백 명의 장정들을 뽑아 거느리고 성으로 들어갔다. 소하는 번쾌가 유방의 승낙을 얻어 건장해 보이는 수백 명의 장정들을 데리고 온 것을 보고 현령에게 보고했다.

현령은 번쾌를 불러들였다.

"네 이름이 무엇이냐?"

"번쾌올시다."
"지금까지 무엇을 했느냐?"
"개백정입니다."
"뭐, 개백정이라고?"

현령의 안색이 금세 변하였다. 그의 얼굴에 경멸하는 빛이 역력했다.

그와 동시에 번쾌도 현령의 오만하고 딱딱한 태도에 비위가 상했다. 생각 같아서는 자리를 박차고 그대로 뛰쳐나오고 싶었다.

'원, 세상에! 자기를 도와서 장차 목숨을 바치러 온 사람을 저렇게 용납할 줄 모르고서야.'

현령은 고리눈을 부릅뜨고 자기를 올려다보고 있는 번쾌를 심히 못마땅한 얼굴로 내려다보며 물었다.

"유방은 어찌하여 함께 오지 않았는가?"
"저의 형님이 저부터 먼저 가 보라 해서 저만 왔습니다."

번쾌의 음성은 더욱 뻣뻣했다.

현령은 잠시 생각하더니 번쾌 일행에게 물러가라 하였다. 번쾌는 잔뜩 굳은 얼굴로 구레나룻을 바람에 날리면서 밖으로 나가 장정들을 데리고 가 버렸다.

번쾌가 나가자 현령은 소하와 그의 옆에 서 있는 조참에게 성난 얼굴로 꾸짖듯이 말했다.

"자네들은 어디서 저 따위 무지막지한 부랑배를 불러들였는가? 자네들이 인물이라고 추천한 유방도 저들과 한통속일 게 뻔하지 않은가?"

"유방은 번쾌와는 다릅니다."

소하가 변명하려 하자 현령은 손을 저어 막았다.

"유방이란 놈이 번쾌 같은 개백정을 나에게 보낸 것은 나를 얕잡아보고 능멸하려는 짓이 아닌가?"

"아닙니다. 그럴 리가 있겠습니까."

"듣기 싫네! 자네들도 그놈과 똑같은 사람들이야. 나를 돕는 척하면서 부랑배를 끌어들여 가지고 나를 해치우려는 게 분명해!"

"천만에 말씀이올시다. 그건 오해이십니다."

"뭐, 오해? 내가 오해라고?"

현령은 한동안 분을 참지 못하다가 두 사람을 번갈아 보며 냉랭한 어조로 말했다.

"알았네. 그만 나가 보게. 내가 다시 조처를 하겠네."

소하와 조참은 별 수 없이 현령 앞에서 물러나올 수밖에 없었다. 문 밖에 나오자 조참은 소하의 귀에다 대고 말했다.

"여보게, 큰일났네."

"글쎄, 일이 좀 묘하게 돌아가는 것 같군."

소하가 입맛을 다시며 말했다.

"현령이 신변에 불안을 느끼는 모양이네. 그렇게 되면 그 교활한 놈이 지금까지 모의해 온 일을 하루아침에 뒤집어 버릴지도 모르지 않나."

"충분히 그러고도 남을 사람이지."

"그럼 어떻게 하면 좋을까?"

"오늘 밤으로 성을 벗어나야지. 어물거리다가는 현령 손에 우리 목이 달아나고 말지."

"그럼 어디로 도망을 가지?"

소하는 입을 다문 채 한참 동안 말이 없더니 길게 한숨을 쉬면서 말했다.

"지금 우리가 갈 곳이 유방밖에 더 있는가."

"유방한테로 간다?"

조참도 고개를 끄덕이며 동감을 표했으나 그도 역시 가볍게 한숨을 쉬었다. 아무리 지금 처지가 그렇다고는 하지만 게으름뱅이에 허풍쟁이요 게다가 술과 계집이나 밝히는 유방에게 몸을 의탁하러 간다고 생각하니 절로 한숨이 나왔던 것이다.

그 날 밤 날이 어두워지자 두 사람은 변복을 하고 성을 기어 넘었다. 부지런히 밤길을 걸어 풍서 땅의 연못가에 있는 유방의 막사에 도착한 것은 날이 훤히 밝을 무렵이었다.

사람을 시켜 유방에게 찾아온 뜻을 전하자 조금 있다가 한 어린아이가 나와서 두 사람을 인도했다.

"어서 오십시오. 이런 누추한 곳에 이처럼 찾아오시느라 얼마나 고생이 많으셨습니까?"

유방의 말씨는 부드럽고 다정했다.

소하와 조참은 서로 얼굴을 마주 보며 놀라움을 금치 못했다. 사람이 한 번 뜻을 세우면 저렇게 달라지는 것일까? 평소에 말대가리같이 길게 보이던 유방의 얼굴은 융준용안(隆準龍顔)의 귀인 모습으로 보였고 그의 허풍과 잡스러움은 관인후덕(寬仁厚德)한 장자(長者)의 풍모로 변해 있었다.

"감사합니다. 이렇게 일찍 찾아뵈어 도리어 송구스럽습니다."

두 사람은 약속이나 한 듯이 유방에게 깊이 허리를 굽혀 진심으로 존경을 표했다.

주객의 예가 끝나고 자리에 앉아 소하가 먼저 입을 열었다.

"패현의 현령은 의병을 일으키겠다고 하더니 이제 와서는 도리어 우리 두 사람에게 그 죄를 뒤집어씌워 우리를 해치려 합니다. 그래서 어젯밤 성을 넘어 이 곳으로 도망해 온 것입니다. 선생께서 '참사기의'하신 뒤로 선생의 덕을 사모하여 지사와 협객들이 사방에서 구름같이 모여들고 있다고 들었습니다. 우리 두 사람도 선생을 모시고 천하를 도모해 보고자 하는 마음으로 이렇게 찾아뵈었습니다."

듣고 나자 유방은 자리를 고쳐 앉으며 겸손하게 말했다.

"지나친 과찬의 말씀입니다. 저는 시황제의 능묘 공사에 부역꾼으로 나가다가 여의치 못하여 숲 속에 숨어 지내는 한낱 도망자에 불과한 몸입니다."

"아니올시다. 선생이야말로 도탄에 빠진 백성들을 구해 내실 분입니다. 우리 현의 현령은 그릇이 작고 능한 것이 없는 겁쟁이일 뿐입니다. 때는 바로 이 때입니다. 선생이 패현을 쳐서 빼앗도록 하십시오."

소하의 말이 채 끝나기 전에 조참이 거들었다.

"그렇습니다. 패현을 빼앗고 그 곳을 근거지로 삼아 군사들을 양성하고 힘을 길러 장차 천하를 도모하십시오."

유방은 한동안 깊이 생각에 잠기더니 이윽고 입을 열었다.

"두 분의 말씀은 잘 알겠습니다만 이 얼마 안 되는 사람을 가지고 어찌 패현을 빼앗을 수 있겠습니까?"

"염려 없습니다. 여기엔 5백 명의 장정들이 모여 있다고 들었습니다. 지금 성 안에는 군사가 고작 150명밖에 없습니다."

조참이 자신 있게 말했다.

"하지만 우리는 맨주먹입니다. 몽둥이나 가지고 저들의 창검과 싸울 수 있을지…."

유방은 지난날 덜렁대던 때와는 달리 몹시 신중했다. 이것이 소하에게는 오히려 든든하게 여겨졌다. 소하가 말했다.

"몽둥이만 가지고도 성을 빼앗을 수 있겠지만 그럴 필요도 없을 것 같습니다. 성에 있는 백성들은 모두 선생께서 뜻을 세우신 일을 알고 있으며 현령은 너무도 민심을 잃었습니다. 선생께서 격문을 써서 성 안으로 보내시면 그들이 먼저 들고일어나 현령을 처치하고 선생을 맞아들일 것입니다."
 유방은 마침내 소하의 의견대로 격문을 썼다.

> 성중(城中)의 백성들에게 고하노라. 바야흐로 천하가 어지러운 이 때 각처에서 뜻있는 영웅호걸들이 일어났도다. 이제 내가 대의와 의기로써 사람들을 모아 패현의 주인을 몰아내고 진나라를 무찌르고자 하노니 그대들은 모름지기 속히 성문을 열도록 하라. 만일 하늘의 뜻에 순종치 아니하고 거슬렀다가 성이 깨어지는 날에는 옥석(玉石)이 함께 부서질 것이니 그 때에 뉘우친들 무슨 소용이 있으랴!

 이 같은 격문을 여러 장 만들어 화살 끝에 매달아 패현의 성 밖에서 성 안을 향하여 쏘아 보냈다. 그 때 성 안의 백성들은 이미 저간의 사정을 소문으로 들어 잘 알고 있었다.
 유방이 참사기의하여 장정들을 모으고 있다는 소문과 현령이 진나라에 반기를 들려고 하다가 마음이 변하는 바람에 소하와 조참이 유방에게로 도망을 갔다는 사실까지 모두 알고 있었다.
 그들은 삼삼오오 모여서 서로 수군거렸다.
 "유방은 적제(赤帝)의 아들이라던가?"
 "그래, 그가 바로 시황제가 찾던 홍의 동자라는군."
 "그보다도 성이 깨어지면 어떡하지?"
 "일찌감치 성문을 열고 항복하는 수밖에 없지."
 그들의 수군거림은 삽시간에 공론으로 이어졌다. 성문을 열고 항복을 하려면 현령부터 먼저 처치해야 했다.
 그 날 밤 사방에서 모여든 군중들은 와 함성을 지르며 현청으로 몰려가 눈 깜짝할 사이에 현령을 죽이고 성문으로 달려 나갔다. 성문을 지키던 이졸(吏卒)과 군사들이 혼비백산하여 도망을 치자 군중들은 활짝 성문을 열고 유방 일행이 오기를 기다렸다.

이튿날 아침 유방은 소하·조참·번쾌와 함께 5백 장정들을 거느리고 성 안으로 들어갔다. 백성들은 남녀노소를 가리지 않고 길거리로 나와서 유방의 입성을 열렬히 환영했다.

소하와 조참이 유방을 현청으로 모시어 현령의 자리에 앉히려 하자 유방은 손을 저었다.

"내가 왜 그 자리에 앉는단 말이오?"

그러면서 그는 다른 자리를 찾아 앉았다.

"선생이 아니고 이 자리에 앉을 사람이 누구란 말씀입니까?"

소하가 재삼 권했다.

"아니오. 내가 어떻게 패현의 주인이 된단 말이오? 아무리 천하가 어지럽기로서니 나 같은 사람이 그 자리에 앉는다면 천하가 웃을 일이오. 달리 덕망이 높고 재주가 있는 사람을 주인으로 모시고 우리는 그 밑에서 그를 도와 주기로 합시다."

그러자 현청 마당으로 따라 들어온 노인들과 그 곳에 늘어서 있는 장정들이 일제히 외치기 시작했다.

"선생께서 이 곳 패현의 주인이 되어 주십시오!"

"성중의 백성들도 모두 선생을 주인으로 생각하고 있습니다!"

"선생께서 거절하시면 우리들은 모두 떠나겠습니다!"

소하와 조참이 허리를 굽히고 계속 청했다.

"백성들의 마음은 하늘의 뜻입니다. 선생께서는 더 이상 사양하지 마십시오."

유방은 하는 수 없다는 듯이 말했다.

"좋습니다. 여러분의 뜻을 받아들이겠습니다."

유방이 허락하자 현청 마당에 환호성이 물결쳤다. 장군이라도 된 듯 축담에 올라서서 장정들을 지휘하고 있던 번쾌는 커다란 입을 벌리고 연신 싱글벙글했다.

이윽고 성중 백성들이 현청 밖으로 나가자 장정들을 좌우의 공청에 들게 하여 편히 쉬도록 했다. 그리고 소하·조참 두 사람은 유방을 모시고 앞일을 의논하기 시작했다.

밖으로 교섭하는 일은 조참이 맡아 하고 안으로 살피는 책임은 소하가 전담하며 장정들을 지휘하고 훈련하는 일은 번쾌가 맡기로 했다.

이어서 황제(黃帝)에게 제사를 올리고 그들의 무운을 비는 치우제(蚩尤祭)도 지냈다. 황제라 함은 전설상의 오제(五帝) 중의 하나를 말하는 것이고 치우 역시 신농씨(神農氏) 시대에 최초의 무기를 만든 전설의 맹장이었다. 기치는 유방이 적제의 아들이라는 믿음에 따라 붉은 기를 쓰기로 했다.

이리하여 유방은 이 날부터 패현의 주인이라 해서 패공(沛公)으로 불렀다. 기원전 209년 9월, 시황제가 죽은 이듬해의 일이었다.

이로부터 하후영 등의 뛰어난 장수와 장정들이 구름처럼 모여들어 몇 달 지나지 않아 유방은 10만에 가까운 대군을 거느리게 되었다.

6. 역발산 기개세(力拔山氣蓋世)

이 무렵 항우(項羽)는 회계 마을에 살고 있는 항량의 집에 있었다. 항량은 그의 숙부로 항우를 친아들같이 사랑하였다. 그러나 그는 어려서부터 글공부에는 전혀 뜻이 없었다.

"글은 제 이름자나 쓸 수 있으면 족합니다."

항량은 이 같은 항우에게 검술을 익히게 했다. 그러나 항우는 그것도 조금 하다가 내팽개쳐 버렸다.

"숙부님, 검이란 건 결국 한 사람을 상대하는 검일인적(劍一人敵)입니다. 그까짓 것 배워 봤자 뭘 하겠습니까. 기왕 배울 바에는 만인을 상대로 하는 것이라야 합니다."

항량은 조카의 말을 듣고 고개를 끄덕였다.

사실 항우는 검이나 창에 대해 특별히 배운 바가 없는데도 휘두르는 창검을 당할 자는 아무도 없었다. 실로 만부부당(萬夫不當)의 용력이요 쾌도비검(快刀飛劍)의 창술이 아닐 수 없었다.

어느 날 회계 태수 은통(殷通)이 항량에게 급히 만나자는 전갈을 보내 왔다. 항량은 고개를 갸우뚱했다.

"태수가 왜 갑자기 나를 만나자고 하는 걸까?"

궁금해 하며 관아로 은통을 찾아갔다. 주객이 인사를 나누고 나자 은통이 은근한 목소리로 말했다.

"지금 진승과 오광의 반란군이 장강(長江: 양자강)의 서쪽 일대를 점거하여 그 세력이 요원의 불길처럼 번지고 있소. 여러 날을 두고 생각한 끝에 나도 이 반란에 가담하기로 결심을 했소. 선생께서 내 막하에 들어와 도와 준다면 일이 잘 풀릴 것 같은데 어떻게 생각하오?"

은통은 단숨에 말하고는 가만히 항량의 눈치를 살폈다.

항량은 그 전부터 은통의 사람됨을 잘 알고 있었다. 원래가 국량(局量)이 좁고 탐욕스럽기로 유명한 전형적인 오리(汚吏)였다. 하지만 그의 면전에서 그런 기미를 드러낼 수는 없었다.

"아니, 선생! 왜 아무 대답이 없소?"

항량이 입을 다물고 있자 은통은 안색이 달라지며 안절부절못했다. 자기가 한 말이 항량에게 거절당해 누설될까 벌써부터 겁이 난 것이다.

그러자 항량은 우선 듣기 좋은 말로 그를 안심시켰다.

"참으로 옳은 생각이십니다. 마땅히 봉기할 때가 왔지요."

항량은 그 정도로 대답해 주고 관아를 나와 집으로 갔다. 항우가 기다리고 있다가 궁금한 듯이 물었다.

"태수가 무슨 일로 불렀습니까?"

"음, 그가 진승과 오광의 반란군에 가담하겠다는군."

"네? 그 따위 오합지졸들이 뭘 하겠다고."

항우가 코웃음을 치고는 정색하고 물었다.

"숙부님 생각은 어떠하십니까?"

"대장부가 녹록하게 한 고을 태수 밑에서 그자를 돕는 졸개 노릇이야 할 수 있나. 게다가 우리 가문이 어떤 가문인데."

"옳은 말씀입니다. 제 생각도 같습니다."

항우가 눈을 빛내며 다음 말을 기다렸다.

"내일 너는 칼을 감추어 가지고 나와 함께 가자. 내가 태수와 이야기를 나누고 있을 때 틈을 보아 태수를 죽이고 회계 고을을 빼앗아 우리의 근거로 삼고 천하를 도모하도록 하자. 네 생각은 어떠냐?"

"여부가 있겠습니까."

항우는 크게 기뻐하며 찬성하였다.

이튿날 아침 일찍 항우는 항량을 따라 관아로 갔다. 은통은 조그만 체구에 몹시 교활하게 생긴 사내였다. 항우는 예를 갖추고서 항량의 뒤에 서서 기회만 노리고 있었다.

"진나라는 오래 가지 못할 테니 내가 그것을 알고 이제 반기를 들려는 거요. 선생께서 나를 도와 장군이 되어 달란 말이요."

은통의 말이 채 끝나기도 전에 항우가 품속에서 칼을 빼어 들고 앞으로 나오면서 소리쳤다.

"네 이놈! 나는 초나라 대장군 항연(項燕)의 후손으로 진나라와는 불구대천의 원수간이다. 너는 지금껏 진나라의 벼슬아치로 호의호식하다가 이제 형세가 바뀌었다고 진나라에 모반하려 하다니 네놈은 두 번 죽어 마땅한 놈이다.”

대갈일성으로 꾸짖기를 마치자 한칼에 은통의 목을 잘라 손에 들고는 관아의 마루로 나와 큰 소리로 외쳤다.

“내 이제 불충불의한 은통을 죽이고 나의 숙부 항량 어른을 회계의 태수로 모시고 초나라의 정통을 이어 대초국(大楚國)을 세우려 한다. 이에 불복하는 자는 앞으로 나오거라!”

항우의 우렁찬 목소리는 관아의 대들보를 울렸다. 만당(滿堂)이 쥐죽은 듯 잠잠했다.

이 때 마침 바깥일로 자리를 비웠던 아장 계포(季布)와 종리매(鐘離昧)가 돌아와 이 광경을 보고 앙연히 소리쳤다.

“그대는 어찌하여 나라의 명관(命官)을 함부로 죽이는가?”

“은통은 진나라의 녹을 먹어 오다가 모반하려 했으니 반신이요, 항량 어른은 초나라의 원수를 갚기 위해 일어서셨으니 의인이라, 은통을 죽이고 항량 어른을 태수로 세우는 것이 순리가 아니겠는가?”

항우의 말을 듣고 두 사람은 흠칫했다. 항연 장군의 아들 항량이라면 가히 초나라의 정통을 이을 만했고 은통은 어느 모로 보나 떳떳하지 못한 한낱 소인배에 불과하다는 생각이 들었다.

두 장수는 서로 마주 보다가 항량 앞으로 나아가 엎드렸다.

“저희 두 사람은 삼가 장군의 명을 받들도록 하겠습니다.”

그러자 지금까지 두려움에 떨면서 눈치만 살피고 있던 다른 관원들도 일제히 엎드리며 말했다.

“저희들도 항량 장군을 받들어 모시겠습니다.”

이렇게 해서 회계 고을은 삽시간에 항량을 태수로 하여 항우의 칼 아래 들게 되었다.

이 소문이 퍼져 나가자 이웃 고을은 물론이고 여러 곳에서 장정들이 몰려들어 불과 며칠 사이에 그 수가 몇 만을 헤아리게 되었다.

어느 날 계포와 종리매가 항우에게 진언했다.

"장차 천하를 도모하려면 장수와 군사가 많아야 합니다. 회계 땅 도산(塗山) 속에서 우영(于英)과 환초(桓楚)라는 두 장수가 8천 명의 군사를 기르고 있는데 이 사람들을 얻으면 크게 도움이 될 것입니다."

"좋소이다."

항우는 즉시 찬성하고 숙부 항량에게 그 일을 이야기한 다음 도산으로 향하였다.

서로 만나 인사가 끝나자 항우가 먼저 입을 열었다.

"진나라가 무도하여 영웅호걸들이 사방에서 일어나고 있는 가운데 나의 숙부 항량 어른과 나는 초나라를 다시 세우기 위해 일어섰소. 두 장군의 생각은 어떠하시오?"

환초가 대답했다.

"진나라가 무도한 것은 우리도 잘 알고 있소. 때가 되면 우리도 녹림총중(綠林叢中)에서 벗어나 산적 떼라는 오명을 씻고 대의를 위해 싸우고 싶습니다. 그러나 진나라는 아직도 막강하여 여간한 천하의 영웅이 아니고서는 깨뜨리지 못할 것이오. 우리들은 힘이 너무도 모자랍니다."

"힘? 힘이라고 하였소?"

항우가 싱긋 웃으면서 물었다.

"그렇소이다. 만일 장군께서 만부부당의 용력이 있다면 우리 두 사람도 장군의 수하에 들기로 하겠소."

"그렇다면 내 힘을 한 번 보시겠소?"

"만일 보여 주신다면 영광이겠습니다."

혈기 방장한 사나이들이어서 그들은 이야기를 나누는 사이에 무언가 서로 의기가 투합함을 느꼈다.

"그럼 무얼 가지고 시험을 해 보이리까?"

우영과 환초는 잠시 생각하더니 웃으면서 항우에게 말했다.

"이 산 아래로 내려가면 우왕묘(禹王廟)가 있는데 그 마당에 큰 가마솥이 있습니다. 그것을 한 번 들어 보이시겠습니까?"

"해 보지요. 갑시다."

항우가 자신 있게 대답하자 우영과 환초는 항우를 인도하여 우왕묘로 갔다. 과연 뜰 앞에 넓은 마당이 있고 그 마당 한옆에 엄청나게 큰 돌로 깎아 놓은 가마솥이 있었다. 높이가 일곱 자에 둘레가 다섯 자요 무게가 5,6천 근은 되어 보였다.

"이것이오?"

항우가 물었다.

"예, 그렇습니다. 장군께서 이 가마솥을 한 번 들었다가 다시 제자리에 놓는다면 당대는 물론 후대에도 당적할 자가 없는 천하제일의 장사로 불릴 것입니다."

항우는 곧 달려들어 솥을 떠밀어 넘어뜨린 다음에 솥발을 거머쥐고 두 손으로 가볍게 번쩍 들어올렸다. 세 번을 땅에 놓지도 않고 연달아 들어 올렸다 내렸다 하더니 다시 제자리에 사뿐히 내려놓았다. 땀도 흘리지 않았고 숨소리도 거칠지 않았다.

우영과 환초는 동시에 항우 앞에 꿇어 엎드려 절을 올리고 말했다.

"장군이야말로 하늘이 내리신 천신(天神)이십니다. 저희 두 사람은 목숨이 다하도록 장군을 따르겠습니다. 수하에 있는 8천 명 졸개들도 함께 거두어 주십시오."

"고맙소. 자, 그만 일어나시오."

항우가 두 사람을 일으켜 세우자 환초가 말했다.

"오늘은 여기서 하룻밤을 묵으십시오. 저희들이 밤새 준비하여 내일 아침 장군을 모시고 회계 고을로 가겠습니다."

"그건 좋도록 하오."

항우는 그 날 밤을 그 곳에서 묵고 이튿날 조반을 마친 후에 우영·환초와 함께 졸개들의 호위를 받으면서 도산을 출발했다.

일행이 산에서 내려와 한길로 접어들었을 때였다. 이 고장 사람들로 보이는 수십 명의 촌민들이 달려오더니 절을 올리고 길을 가로막았다.

맨 앞에 있는 우영이 물었다.

"웬 사람들이냐?"

그들 중의 하나가 두어 걸음 앞으로 나와 대답했다.

"저쪽 산 속에 큰 연못이 하나 있는데 그 못 속에는 옛날부터 큰 용 한 마리가 살고 있었습죠. 헌데 그 용이 검은 흑마가 되어 가지고는 날마다 마을로 내려와 울부짖곤 한답니다. 이 말의 울음소리가 어찌나 큰지 지붕이 흔들리고 집이 날아갈 듯해서 사람들이 살 수가 없습니다. 마침 항 장군께서 우왕묘의 가마솥을 번쩍번쩍 드시었다는 소문을 듣고 이 말을 처치해 주십사고 달려온 길입니다."

항우는 이 말을 듣고 말했다.

"어디 그 곳으로 한번 가봅시다."

항우가 연못에 이르자 과연 한 마리의 거대한 흑마가 물 가운데에서 뛰어나오더니 큰 소리로 울부짖으며 앞발을 쳐들고 길길이 날뛰었다.

항우는 타고 있던 말에서 내려 가만히 노리고 있다가 벽력같은 소리를 지르며 자기 앞으로 다가오는 흑마의 갈기를 움켜잡고 가볍게 몸을 날리어 말 등에 올라탔다.

흑마는 '히힝!' 하고 천지가 떠나갈 듯이 몇 차례 크게 울더니 맹렬한

속도로 달리기 시작했다. 항우는 갈기를 잡고 능숙하게 말을 몰았다.

　연못가를 50여 바퀴쯤 돌고 나자 흑마는 기운이 빠진 듯 전신에 땀을 흘리며 제대로 뛰지를 못했다. 항우는 그래도 말 등에서 내리지 않고 한참 동안 천천히 말을 몰았다. 이윽고 그토록 사납던 말이 이제는 완전히 보통 말같이 순하게 굴었다.

　그제야 항우는 말 등에서 내리며 중얼거렸다.

　"오늘 뜻밖에도 한 필 준마를 얻었군. 앞으로는 이 말을 타야지."

　항우가 걸어 나오자 촌민들은 일제히 이마를 땅에 대고 절을 하며 감사와 경의를 표했다.

　"장군께서 큰 적선을 하셨습니다."

　"장군은 과연 신인(神人)이십니다."

　이 때 그들 가운데서 한 노인이 걸어 나오더니 항우에게 읍하고 나서 공손한 어조로 말했다.

　"장군의 위명을 들은 지 오래입니다만 뵙기는 처음입니다. 오늘 이곳에 오시어서 이처럼 백성들의 고생을 덜어 주시니 감사하기 이를 데 없습니다. 바라옵기는 비록 누추하오나 저의 집에 들러 잠시 쉬시면 박주나마 한 잔 올리고자 합니다."

　"좋습니다."

　항우는 쾌히 응낙하고 우영·환초와 함께 노인의 집으로 갔다.

　노인의 집은 크지 않으나 촌마을에서는 제법 번듯한 집이었다. 노인의 인도로 자리를 잡고 앉자 노인이 먼저 자신을 소개했다.

　"저의 성은 우(虞)인데 마을에서 무슨 일이 있을 때는 저를 항상 맨 첫 자리에 내세우는 고로 사람들이 저를 일공(一公)이라 부릅니다. 그래서 일공이 저의 이름입니다."

　"참으로 좋은 이름을 가지셨습니다."

항우가 웃으면서 말했다.

이윽고 조촐하나마 정갈한 안주와 술이 나왔다. 우일공은 상 위에 주효가 놓이자 먼저 항우에게 권하고 다음으로 우영과 환초에게 술을 권하였다.

술이 두어 순배 돌고 난 뒤에 우일공이 항우를 보고 말했다.

"실례올시다만 항 장군의 연세가 올해 몇이신가요?"

"스물넷입니다."

"허어, 그러시면 성혼을 하셨겠군요?"

"아직 장가를 들지 못했습니다."

그러자 우일공은 반색을 하였다.

"장군께 청이 있습니다. 이 사람에게 딸자식이 하나 있는데 제법 재질이 총명하고 용모가 단아해서 통혼해 오는 곳이 많았지만 오늘까지 배필을 정하지 못하고 있습니다. 다행히 배필을 맞이하지 않으셨다니 이 사람의 딸을 장군께 드리고자 합니다만 의향은 어떠하신지요?"

항우는 뜻밖의 말을 듣고 소년처럼 얼굴이 붉어졌다.

"감사한 말씀입니다만 노인께서 애지중지하시는 규수에게 저 같은 사람이 마땅한 배필이 될 수 있을지 의문입니다."

우일공은 곧 안으로 들어가서 그의 딸 우희(虞姬)를 데리고 나왔다. 갑자기 방안이 밝아질 만큼 아름답고 청초한 자태라 우희에게서는 그윽한 향기가 풍기는 듯했다. 항우는 한눈에 보고 그만 정신을 빼앗긴 듯 바라보고 있었다.

"미거한 여식입니다만 장군의 마음에 합당하시거든 거두어 주십시오."

우일공의 말소리를 듣고서야 항우는 제정신을 찾았다. 그는 자리에서 일어나 우일공에게 큰절을 올리고 이어 허리에 차고 있던 전래의 가보인 초강검(楚江劍)을 풀어서 내주며 말했다.

"이것으로 제가 맹약의 증거를 삼으니 이 칼을 따님에게 주십시오."

"저의 청을 이렇게 들어 주시니 감사하기 이를 데가 없습니다. 자, 그럼 너는 장군께 예를 올리고 안으로 들어가거라."

우일공이 만면에 웃음을 띠고 말하자 우희는 아버지가 시키는 대로 항우에게 공손히 허리를 굽혀 인사를 했다. 항우도 몸을 일으켜 정중하게 답례를 했다.

우희가 보검을 받아 들고 안으로 들어가자 우영과 환초는 항우와 우일공을 축하했다.

"항 장군께서 보검으로 백년가약을 맹세하셨으니 오늘은 양가에 무한히 기쁜 날이올시다. 우 노인께서는 저희 두 사람에게 다시 한 잔을 주셔야겠습니다."

한동안 축배를 서로 나누다가 항우가 먼저 일어섰다.

"너무 오래 앉아 있을 수 없습니다. 밖에서 인마가 들레는 소리가 요란하니 이만 돌아가야겠습니다."

"그러면 아무 때고 적당한 날에 집의 여식을 데려가 주시기 바랍니다."

우일공은 문 밖에까지 따라 나와서 항우 일행을 배웅했다.

항우는 우영·환초와 함께 군사들을 이끌고 회계성으로 돌아와 숙부 항량에게 전후 사실을 보고하였다.

항량은 크게 기뻐했다.

"네가 이번 길에 일기당천(一騎當千)의 두 용장을 얻고 게다가 8천 명 군사들이 새로이 너의 수하에 들어왔으며 백년해로할 일생의 배필이 생긴 데다 하늘 또한 용마를 주셨으니 이는 참으로 좋은 징조가 아니겠느냐."

"그러하옵니다, 숙부님."

항우도 기쁨을 감추지 못하고 말했다. 항량이 말을 이었다.

"저 용마는 높이 일곱 자에 길이가 열 자는 실히 될 것 같구나. 말의 온몸이 숯을 칠한 듯 검으니 이름은 오추마(烏騅馬)라고 부르도록 해라. 천리 명마에 이름이 없어서야 되겠느냐."

며칠 후에 항량은 사람을 보내 우희와 우희의 오라비 되는 우자기(虞子期)까지 회계성으로 불러들였다. 그러고는 항우와 우희의 혼례를 치른 뒤에 우자기는 항우의 군중에 수군(隨軍) 부관으로 삼았다.

7. 모여드는 인재들

항량의 기세는 실로 욱일승천이었다. 각처에서 사람들이 밀물처럼 회계성으로 몰려들어 그 수가 10만을 넘었다. 회계성은 터질 것같이 좁아졌다.

항량은 항우와 부하 장수들을 모아 놓고 군사 회의를 열었다.

"이제 여기를 떠나야 할 때가 된 것 같다. 제장(諸將)들은 진나라를 치기 위한 출전 준비를 서두르도록 하라."

이어서 부서를 정했다. 항우·우영·환초가 선봉이 되고 항량은 계포·종리매와 함께 후군을 맡기로 했다.

군사가 출전한다는 소문이 나돌자 회계 고을 사람들이 관아로 몰려와 호소하였다.

"항 장군께서 떠나시면 이곳 백성들은 어찌 합니까?"

항량은 좋은 말로 그들을 위로하였다.

"나 역시 이 곳을 떠나기가 섭섭하오. 그러나 은통을 죽이고 회계성을 취한 일은 여기 머물러 있기 위한 것이 아니고 진나라를 쳐서 초나라를 다시 일으켜 세우기 위해서였소. 이대로 그냥 머물러 있으면 대사는 이루지 못하고 민폐만 커질 뿐이오."

항량은 감회에 젖은 듯 잠시 말을 끊었다가 계속했다.

"다음날 뜻을 이루고 나면 회계 고을의 백성들에게는 10년 동안 세금을 부과하지 않고 부역도 면해 줄 것이오. 여러분은 마음놓고 생업에 힘쓰기를 바라오."

항량의 말을 듣고서야 백성들은 안심하고 돌아갔다.

드디어 초국재립(楚國再立)의 깃발을 높이 든 항량의 대군은 진나라 정벌 길에 올랐다. 수많은 깃발이 나부끼는 가운데 오추마에 높이 올라타고 허리에 또 하나의 전래 가보인 초천검(楚天劍)을 찬 항우의 우뚝한 모습은 마치 전설 속의 용신(龍神)과도 같았다.

항우의 선봉군이 행군을 시작한 지 사흘째 되는 날 회하(淮河)를 막 건넜을 때였다. 척후가 급히 말을 달려 항우에게 보고했다.

"6만 쯤 되는 군사들이 앞을 가로막고 있습니다."

듣고 나자 항우는 대로하여 오추마를 급히 몰아 바람같이 앞으로 치달려 나갔다. 그러자 저만큼 앞에서 한 장수가 괴성을 지르며 이쪽으로 마주 달려 나왔다. 얼굴에 검푸른 자청(刺靑)이 가득한 험상궂게 생긴 장수였다. 기골도 거의 항우만큼이나 우람하였다.

이윽고 마주 달리던 말들이 멈추어 서자 항우가 소리쳐 물었다.

"넌 웬 놈이기에 감히 대군의 행진을 가로막는단 말인가?"

저편에서도 쇠북 소리 같은 목소리가 이내 울려 나왔다.

"나는 육안(六安)의 영포(英布)다. 자고로 군대가 나갈 때는 명분이 있어야 하는 법이다. 이것이 정병(正兵)이라는 것이다. 너희들 명분 없는 군대가 강을 건너서 무도한 진나라를 도와 천하의 의병들을 진압하려고 하니 내가 막고서 못 가게 하는 것이다."

"나는 초나라 대장군 항연의 손자 항우다. 초나라를 다시 세우기 위해 회계에서 의병을 일으켜 지금 무도한 진나라를 무찌르려 가는 길인데 어찌 네가 감히 명분 없는 군사라 하느냐?"

영포가 이 말을 듣고 잠시 얼떨떨해 있을 때 항우의 등 뒤에서 환초가 뛰어나오면서 고함을 쳤다.

"영 장군, 어서 말에서 내려 예를 갖추시오. 나도 항 장군에게 귀의하여 초나라의 신하가 되었소."

영포는 이 소리를 듣더니 즉시 말에서 뛰어내려 넙죽 절을 하고는 그대로 땅바닥에 엎드렸다. 지금까지 기세등등하게 길을 가로막던 사람과는 전혀 딴판이었다.

항우는 영문을 몰라 환초를 돌아보고 물었다.

"전부터 이 사람을 아는가?"

환초가 대답했다.

"예. 영 장군은 저와 잘 아는 사이입니다. 그의 무용(武勇)은 천하에 당할 자가 없습니다. 작년에 시황제의 능묘 공사에 부역꾼으로 나갔다가 도망하여 저의 집에 얼마 동안 숨어 있기도 했지요. 그 때 우리 두 사람이 약속하기를 좋은 주인을 만나 공을 세운 후에 부귀영화를 함께 도모하자고 했습니다. 요사이 그가 회남(淮南)으로 와서 장정들을 모으고 있다는 소문을 도산에 있을 때 듣고 사람을 보내 찾아보려던 참이었습니다. 그런데 지금 여기서 만나게 되어 참으로 다행입니다."

환초의 설명을 듣고 항우는 말에서 내려 영포를 붙들어 일으키며 말했다.

"장군이 그런 인물인 줄은 미처 몰라봤소."

영포는 이제야 자기의 주인을 만난 듯 감격하여 말했다.

"이 목숨이 다하도록 장군을 섬기겠습니다."

항우는 영포를 맞이해 환초와 함께 항량에게 갔다. 항량은 크게 기뻐하며 말했다.

"만 명의 군사를 얻기는 쉬워도 한 명의 장수는 얻기 어려운 법이오. 이제 무용이 뛰어난 영 장군이 우리에게 와 주었으니 백만 대군을 얻은 것이나 다름없소."

이어서 항량은 비록 행군하는 도중이지만 진중에서 조촐한 연회를 베풀고 영포를 환대하였다.

항량은 다시 행군을 계속하여 회남 땅에 들어가 군사들을 쉬게 한 뒤에 장수들을 모아 놓고 앞으로 진나라를 칠 계획을 의논하였다.

이 때 계포가 나서서 한 사람의 인물을 추천했다.

"이 곳에 범증(范增)이라는 은사(隱士)가 한 분 계십니다. 나이는 이미 칠순이 다 되었습니다만 흉중에 감춘 지모는 저 옛날의 손오(孫吳)에 못지 않은 사람입니다. 만약에 이 사람을 얻는다면 천하는 반년 안에 평정하실 수 있을 것입니다."

계포의 말을 듣자 항량은 무릎을 치면서 말했다.

"내가 여태까지 왜 그런 생각을 못했던고! 나도 그 이름을 들은 지 이미 오래로다. 그대는 속히 가서 범증 선생을 모시고 오도록 하라."

항량은 이렇게 명령하고서 많은 예물을 가져가도록 했다.

계포가 즉시 명령을 받들어 거소(居巢)라는 마을로 범증을 찾아갔으나 선생은 세속의 번다함을 피해 그 곳에서 30리쯤 떨어진 기고산(旗鼓山)에 묻혀 살고 있다고 했다.

계포는 다시 기고산으로 갔다. 울창한 수목 사이를 이리저리 감돌며 중턱쯤 올라가자 단풍이 우거진 속에 초가 삼간이 보이고 그윽한 거문고 소리가 한가롭게 울려 나왔다.

'범증 선생의 집이 분명하군.'

계포는 중얼거리며 뜰 앞까지 가서 방안을 넘어다보았다. 인기척을 느꼈는지 거문고 소리가 뚝 끊어지며 목소리가 들렸다.

"거기 찾아온 사람이 누구인고?"

계포는 즉시 가지고 온 예물을 방문 앞에 공손히 갖다 올리고 무릎을 꿇어 절을 올린 다음 뜰 아래에 엎드렸다.

"시생은 초나라 대장군 항연의 아들 항량 장군을 모시고 있는 계포라는 사람이올시다. 무도한 진나라를 무찌르기 위해 영웅들이 사방에서 일어나고 있는 가운데 항량 장군은 초나라를 다시 세우고 백성을 도탄에서 구하기 위해 군대를 일으켰습니다. 머릿속에는 손오(孫吳)의 갑병(甲兵)이 있고 가슴속에는 무궁한 궁리를 감추신 선생께서 칠순이 되어 오늘날까지도 초야에 묻혀 계시니 강태공이 문왕을 만나지 못한 것과 무엇이 다르겠습니까."

"과찬은 그만두시오."

범증이 계포의 말을 가로막았다.

"아니올시다. 선생께서는 오히려 손오를 능가하는 대재를 지니셨음을 항량 장군이 알고 오래 전부터 선생을 흠모하다가 마침내 시생에게 명하여 선생을 모셔 오라고 하여 이렇게 찾아뵈었습니다. 선생께서는 부디 이를 거절치 마시고 나오셔서 천하 만민을 도탄에서 구해 주시기를 간구하옵니다."

그러나 범증은 얼른 대답을 하지 않았다. 시황제에게 멸망한 초나라의 운수가 앞으로 어찌 될 것인지 천하 대세와 아울러 생각한 다음에 대답을 하리라고 그는 마음먹었다.

"이 물건들은 도로 가져가시오. 나는 지금 세속의 일에는 아무런 뜻이 없소이다."

그는 우선 이렇게 거절하였다.

"선생께서는 부디 재고해 주십시오. 도탄에 빠진 백성들이 불쌍하지 않습니까?"

계포는 눈물까지 글썽이며 간원했다.

"시황제에 못지 않게 잔학무도한 2세 황제를 원망하는 소리가 높은 이 때에 그를 무찌르기 위해 일어선 항량 장군이 그대를 보내시어 나를 부르심은 참으로 고마운 뜻인 줄 잘 알고 있소. 하지만 오늘 하루 더 생각해 보고 내일 대답하리다. 그리 알고 내일 다시 오시오."

범증이 내일로 결정을 미루었으나 계포는 움직이지 않았다.

"그럼 시생이 여기 앉아서 내일까지 기다리겠습니다."

범증은 땅바닥에 꿇어 엎드려 간청하는 계포의 정성에 감동하여 방 안으로 불러들였다.

"이리로 흙을 털고 올라오시오."

"감사합니다. 이제 승낙을 하시었으니 항 장군의 예물을 받아 주십시오."

이리하여 범증은 필경 항량의 예물을 받고 말았다. 하인을 불러 음식을 내어다 계포에게 대접하고 그 날 밤은 자기 집에서 쉬게 하였다.

밤이 깊어 계포가 잠들었을 때쯤 범증은 홀로 바깥으로 나와 하늘을 우러러 천문을 보았다. 성좌 한가운데에 있는 푸른 빛깔의 초성(楚星)이 밝게 빛나고 있었지만 어인 일인지 계속 불규칙하게 명멸하고 있었다.

범증은 서둘러 방으로 돌아와 산가지를 꺼내 들고 운수 타산을 시작했다. 이것은 하늘에 배열된 별과 사람이 살고 있는 땅의 움직임을 계산하여 나라의 앞날과 개인의 운명을 판단하는 술법이었다.

그는 한동안 산가지를 이리저리 움직이며 타산을 하다 말고 손을 놓았다.

"아뿔싸!"

손으로 발목을 움켜쥐며 쓴 입맛을 다셨다. 이것은 그가 잘못을 깨달고 뉘우칠 때 하는 버릇이었다.

'잘못했구나! 다시 일어난 초나라는 오래 가지 못하고 항 씨에게는 천운이 따르지 않는구나. 진정한 천하의 주인이 아닌 바에야 그가 아무리 나를 알아준다고 한들 무엇 하랴. 그러나 이미 예물을 받고 승낙을 해 버렸으니 이 노릇을 어찌할꼬?'

그는 한참 동안 계속 쓴 입맛을 다셨다.

'하지만 장부의 일언이 천금보다 중하거늘 내 어찌 마음을 고칠 것인가.'

마침내 항량에게 가기로 결심하였다.

제2편 대의명분(大義名分)

1. 초국재립(楚國再立)
2. 운명적인 만남
3. 집극랑(執戟郎) 한신(韓信)
4. 최초의 격돌
5. 연전연승(連戰連勝)
6. 지록위마(指鹿爲馬)
7. 이사(李斯)의 말로

제2편 대의명분(大義名分)

1. 초국재립(楚國再立)

이튿날 범증은 기고산의 초가 삼간을 뒤로 하고 계포의 안내를 받아 대초군(大楚軍)의 영문으로 항량을 찾아갔다. 항량은 멀리 영문 밖까지 나와 범증을 맞아들여 중군장(中軍帳) 상좌에 앉게 한 다음 정중하게 인사를 드렸다.

"선생의 고명은 오래 전부터 사모하여 왔습니다. 제가 마땅히 찾아뵈어야 할 것이지만 주야로 군무에 분망하여 진배(進拜)의 예를 결하고 말았습니다. 오늘 이같이 친히 왕림해 주시니 이보다 더 기쁘고 다행스런 일이 없습니다. 앞으로 이 사람이 어리석어 미처 깨닫지 못하는 점을 많이 깨우쳐 주시기 바랍니다."

항량이 이처럼 예를 다해서 말하자 범증도 깊이 허리를 굽히고 말하였다.

"장군께서는 초나라의 부흥을 위해서 의병을 일으키신 혁혁한 장군이시고 이 사람은 초목과 함께 썩어 가는 무재무덕(無才無德)한 한낱 늙은이에 불과한 몸입니다. 다행히 견마(犬馬)의 심부름이라도 시키신다면 왕업을 돕는 데 신명(身命)을 바치겠습니다."

항량은 기뻤다. 즉시 크게 연회를 베풀고 뭇 장수들과 함께 이 날을 축하했다. 자리가 한창 무르익었을 때 범증이 처음으로 항량에게 건의하였다.

 "일찍이 진(陳) 땅에서 진나라에 반기를 든 진승(陳勝)은 장이(張耳)와 진여(陳餘) 두 사람의 말을 듣지 않고 스스로 왕이 되었다가 필경에는 2세 황제가 보낸 장한(張邯)의 군대에게 대패한 후 자기 부하에게 암살당하고 말았습니다. 생각하면 진승의 패전과 죽음은 당연한 것이었습니다. 그는 모처럼 반진(反秦) 대열의 선봉이 되었으면서도 초왕의 자손을 왕으로 세우지 않고 일개 하인에 불과했던 자기가 스스로 왕이 됨으로써 민심이 따르지 않았기 때문입니다."

 "옳은 말씀이오."

 항량은 연신 고개를 끄덕였다. 범증은 하던 말을 계속했다.

 "이제 우리 대초국은 장군을 따라 다시 일어서고 있습니다. 장군께서 일어나시자 초나라 각지에서 장수와 장정들이 다투어 몰려오고 있습니다. 이는 장군이 초나라 대대의 장군 집안 출신인 데다 초나라의 왕통을 옛날처럼 재건시켜 줄 것이라고 기대하기 때문입니다. 장군께서 이 점을 깊이 명심하시어 서둘러 초왕의 후손을 찾아 대초국의 왕으로 추대하신다면 대의가 바로 서고 명분이 뚜렷하여 민심이 장군을 따를 것입니다."

 범증의 진언이 끝나자 항량은 깊이 감동한 듯했다.

 "선생의 말씀을 듣고 나니 어둠 속에서 밝은 해를 본 것 같습니다."

 그 자리에서 범증을 군사(軍師)로 임명하고 초왕의 후손을 어떻게 찾아낼 것인가 의논하기 시작했다.

 초나라의 마지막 왕인 부추(負芻)의 자손이 아직 살아 있을까? 진시황 24년에 초나라가 망했으니 그 동안 어언 15년의 세월이 흘렀다. 설혹 자손이 있다 치더라도 그들이 진나라 천하에 살면서 '내가 망국 초나라의 자손이오' 하고 드러낼 리는 만무했다.

그러나 어딘가에 분명 있기는 있을 것이다. 비록 행적은 묘연하지만 열심히 찾으면 못 찾을 것도 없을 것 같았다. 이같이 의논한 끝에 항량은 종리매에게 초왕의 후손을 찾아오라는 명령을 내렸다.

명령을 받은 종리매는 간소한 평복으로 갈아입고 소교(小校) 두 사람만 데리고 영문을 나와 시골길로 들어섰다. 초왕의 후손이 살아 있다면 번화한 현읍(縣邑)에는 있을 리 없고 필시 성 밖의 한적한 강촌이나 산간 벽지에 살고 있으리라고 생각되었다.

하루가 지나고 이틀이 지났건만 그럴싸해 보이는 사람조차 발견할 수 없었다. 사흘째 되는 날이었다. 넓고 넓은 장강의 물결이 출렁이는 강변의 조그만 마을에 10여 명의 아이들이 모여서 놀고 있는데 한 아이가 심하게 따돌림을 당하고 있었다.

종리매가 기이하게 여겨 다시 한 번 그 아이를 보니 미목이 청수하고 용모가 비범했다. 종리매는 그 아이에게 가서 슬며시 물어 보았다.

"저 아이들이 왜 너만 따돌리는 거지?"

아이는 종리매를 흘끗 한 번 쳐다보고는 말했다.

"저 애들은 모두 아버지가 있지만 나에게는 아버지가 없어요. 나 혼자서 양을 먹이고 있으면 공연히 내게로 와서 놀리곤 해요. 그래서 며칠 전에 몹시 화가 나서 '너희들은 모두 백성의 자식이지만 나는 왕의 자손이다'라고 했더니 그 뒤로는 나를 더욱 못 살게 굴어요. 어머니도 이 얘기를 듣고는 이사를 가야겠다고 했어요."

뜻밖의 말을 듣고 종리매는 다그쳐 물었다.

"네가 왕의 자손이라면 조상이 누구시냐?"

아이는 다시 한 번 종리매를 흘끗 바라보며 고개를 가로 저었다.

"그건 몰라요."

"그럴 리가 있나. 네가 숨기고 말을 안 하는 게지."

종리매는 애가 탔다.

"어머니가 그런 얘기는 아무에게도 하지 말라고 했어요."

아이는 말을 마치자 휙 돌아서서 달아나려고 했다. 종리매는 아이의 손을 꼭 붙들고 가만히 달래듯이 말했다.

"너는 얼굴이 참으로 잘생겼구나. 이 다음에 내가 너를 왕으로 만들어 줄지도 몰라."

아이는 이 말을 듣더니 한참 생각하다가 말했다.

"난 지금 열세 살인데 이 동네로 오기는 8년 전이래요. 어머니가 그 전에 '너는 초나라 회왕의 직손이니라' 말씀하시는 것을 들은 적이 있어요."

종리매는 기쁘기 한량없었다. 드디어 초나라의 직계 자손을 찾아낸 것이다.

"응, 그러냐? 그럼 나하고 같이 네 어머니가 계시는 곳으로 가자."

종리매는 아이를 말 위에 올려 앉히고 그가 살고 있다는 집을 찾아갔다. 아이와 그의 어머니는 그 집에서 더부살이를 하고 있었다.

집주인은 종리매 일행을 보고 겁부터 집어먹었다.

"무슨 일이십니까? 소인은 그저 농사나 짓는 농군에 불과합니다."

"염려 마시게. 자네한테 볼일이 있어 온 게 아닐세. 이 아이의 자당을 뵈오러 온 것이니까 안으로 들어가서 그 뜻을 여쭙게."

바깥의 일을 짐작했는지 깨끗한 새 옷으로 갈아입은 아이의 늙은 어머니가 집주인과 함께 나왔다. 어려운 생활 속에서도 본래 지닌 기품을 잃지 않은 의연한 모습이었다. 종리매는 공손히 인사를 드리고 말했다.

"아드님의 내력을 여쭈어 보려고 찾아뵈었습니다."

그러나 노부인은 의심하는 표정으로 종리매를 바라볼 뿐이었다.

"의심하실 것 없습니다. 왕실의 후손을 찾아서 초나라의 왕통을 다시 세우려는 항량 장군의 명령을 받아 온 것입니다. 말씀해 주십시오."

그제야 노부인은 자리에서 일어나 다시 안으로 들어가더니 오래 묵어서 땀에 절고 세월에 찌든 주머니 하나를 내어놓았다. 그 주머니 속에서 기름을 먹인 커다란 닥종이가 나왔다.

"이 글을 보시고 또 어새(御璽)를 보십시오."

노부인은 종이를 받들어 종리매에게 내밀었다.

종리매는 눈이 휘둥그레졌다. 거기에는 14자의 글씨와 함께 왕통 계보가 적혀 있고 희미하게 어새가 찍혀 있었다. 14자로 된 글씨는 다음과 같았다.

'초회왕적손미심(楚懷王嫡孫米心) 초태자부인위씨(楚太子夫人衛氏)'

곧 이 아이는 초(楚)나라 회왕(懷王)의 적손(嫡孫)인 '미심(米心)'이고 이 아이의 어머니는 초(楚)나라 태자(太子) 부추(負芻)의 부인(夫人) 위씨(衛氏)라고 적힌 회왕 때의 적손 책립 증표였다.

종리매는 그 자리에 꿇어 엎드려 이들 모자에게 두 번 절을 올린 다음 미심의 어머니에게 말했다.

"공께서는 이제 초나라의 왕이 되실 것입니다. 이 길로 회서(淮西)로 나아가 항량 장군을 만나 뵙고 대초왕으로 즉위하실 준비를 해야겠습니다."

종리매는 말을 세 마리 더 구해서 행장을 꾸려 노부인과 미심을 모시고 항량 장군의 영문을 향해 출발하였다.

항량을 비롯한 뭇 장수들은 모두 기뻐해 마지않았다. 즉시 길일을 택하여 미심의 즉위식을 거행하니 며칠 전까지만 해도 강촌의 이름 없는 집에서 심부름이나 하던 아이가 초나라 회왕(懷王)이 되었다.

그의 조부가 회왕이었음에도 불구하고 손자를 다시 회왕이라 한 것은 망국 왕실 후손의 존재를 세상 사람들에게 더욱 확실히 각인시키기 위함이었다.

미심의 모친은 왕태후라 높이고 항량은 무신군(武信君), 항우는 대사마 부장군, 범증은 그대로 군사, 영포는 편장군, 계포와 종리매는 도위, 환초와 우영은 각각 산기(散騎)로 임명되었다.

그 밖의 장수들에게도 각기 그 인물됨과 공로에 따라 직위가 내려졌다. 그리고 왕이 8년 동안 신세를 진 강촌의 집주인에게도 황금 5백 냥과 비단 10필을 내리었다.

2. 운명적인 만남

대초군(大楚軍)은 미심을 초왕(楚王)으로 세움으로써 천하에 그 대의명분을 드높이게 되었다. 이같이 대의가 분명해지고 명분이 크게 서자 사방의 영웅호걸들이 구름처럼 모여들기 시작했다.

맨 먼저 초나라 강하(江下) 땅의 장수 송의(宋義)가 군사 3만을 이끌고 찾아왔다. 항량은 송의를 회왕에게 알현시킨 다음 그에게 경자관군(卿子冠軍)이라는 칭호를 내렸다.

그로부터 며칠 뒤 항량이 주재하는 군사 회의에서 송의가 말했다.

"이곳 회서는 워낙 좁아서 도읍으로 할 만한 곳이 못 됩니다. 초나라 장수 진영이 군사 5천을 거느리고 있는 우이성(盱貽城)으로 도읍을 옮기는 것이 어떠하올지요. 그 곳은 서진(西進)하여 진나라를 칠 때 나아가서 공격하기 쉽고 물러서서 방어하기도 쉬운 요충지입니다."

송의의 말에 군사 범증도 고개를 끄덕이었다.

이리하여 항량은 도읍을 우이성으로 옮기기로 결정하고 이 일을 회왕에게 주달하는 한편 범증과 상의해서 진영을 재상으로 삼아 회왕을 보필하도록 하였다.

드디어 대초군은 회서를 떠나 회하의 하류에 있는 우이성을 향해 이동을 시작하였다. 수많은 기치 창검이 햇빛에 빛나는 가운데 15만 대군의 긴 행렬은 10리에 뻗쳤다.

이 행렬이 이틀 후 회하 가까이 갔을 때였다. 저만치 서너 마장 앞에 뽀얗게 홍진(紅塵)이 일고 창검이 번쩍이는 곳에 보랏빛 서기가 하늘을 찌르듯 가득하였다.

항량이 눈부신 듯 바라보고 있을 때 범증이 흠칫 놀라며 속으로 가만히 중얼거렸다.

'아아, 저 가운데 왕기(王氣)가 서려 있구나!'

이윽고 마주 오던 군대가 대초군 앞에 와서 멎었다. 양군이 일으키는 홍진이 서로 얽히면서 홍진만장한 가운데 한 장수가 말을 몰고 나왔다. 그는 대초군이라 쓰인 중군기 앞의 항량에게 가볍게 읍하고 말했다.

"패공 유방이라 합니다. 군사 10만을 이끌고 귀공의 대초군에 합류하러 왔습니다."

"오, 잘 오시었소. 먼길에 고생이 많으셨소."

항량은 크게 기뻤다. 송의의 군사 3만을 얻은 데 이어 또다시 유방의 군사 10만을 얻음으로써 23만의 대군이 되었다. 그는 유방을 인도하여 회왕을 알현케 한 다음 다시 행군을 계속했다.

이러는 동안 범증은 유방의 인물됨을 찬찬히 살펴보았다. 융준용안(隆準龍眼)에 요미순목(堯眉舜目)의 상이었다. 우뚝한 코와 용의 눈처럼 부리부리한 눈동자에 요 임금의 눈썹과 순 임금의 눈빛이라, 한마디로 제왕의 상이었다.

'이 사람이 바로 장차 천자가 될 왕재로다!'

범증은 생각할수록 원통하고 후회막급이었다. 그러나 이미 항량과 항우를 주인으로 모시고 있는 이상 이제 와서 유방이 아무리 제왕의 왕기를 타고났다 한들 주인을 바꿀 수는 없었다. 그것이 바로 범증이었다.

이 때 유방의 나이는 40세로 항우보다 연장이었다. 항우의 성격이 곧이곧대로 행하는 직정경행(直情徑行)인 데 비해 유방은 능소능대하는 만성우행(慢性迂行)의 사람이었다. 또한 항우가 초나라의 명문 출신인 데 비해 유방은 비천한 평민 출신이었다. 그러면서도 둘 모두 초나라 사람이라는 공통점이 있었다.

어쨌거나 이 때부터 두 사람은 왕기를 다투며 서로 묘하게 얽히고설키면서 파란만장한 역정을 전개하게 된다.

3. 집극랑(執戟郎) 한신(韓信)

대초군이 사수(泗水)의 강가에 영채를 세운 지 얼마 안 되어서였다. 회음(淮陰) 땅에 산다는 한신이라는 자가 허리에 길게 칼 한 자루를 차고 항량을 찾아와서 써 줄 것을 청원했다.

항량은 바짝 마른 체구에다 다소 거만해 보이는 한신이 마음에 들지 않아 쓰지 않으려 했다. 그러자 곁에 있던 군사 범증이 적극 권고하였다.

"이 사람이 겉으로는 비록 궁색하고 초라해 보이지만 가슴속에 깊은 지모를 간직하고 있는 듯하니 휘하에 막료로 두도록 하시지요."

항량은 마지못해 한신을 집극랑에 임명하였다. 겨우 졸개의 신분을 면한 위관(尉官) 벼슬이었다.

초라한 겉모습만큼이나 그의 반생은 궁색하고 비참하기 짝이 없었다. 집이 가난해서 사방으로 떠돌아다니다가 회음으로 와서 낚시질로 겨우 연명을 했다. 그러나 낚시질만으로는 굶주린 배를 채울 수가 없었다.

몹시 배가 고파 허덕이는 모양을 본 한 노파가 보다 못해 한 끼의 밥을 내주었다. 그는 배불리 먹고 나서 빨래하는 노파에게 말했다.
 "할머니, 고맙습니다. 훗날 할머니에게 반드시 보답을 하겠습니다."
 그러자 노파는 벌컥 화를 내며 말했다.
 "그만두시오. 사지가 멀쩡한 젊은 사람이 제 먹을 것 하나 변변히 마련하지 못하는 주제에 뭘로 어떻게 보답하겠다는 거요. 내 걱정일랑 말고 자기 앞가림이나 걱정하시오."
 창피를 당해도 여간 당한 것이 아니었다.
 한 번은 또 이런 일도 있었다. 그가 낚시질을 그만두고 회음의 백정 마을에 가서 살고 있을 때였다. 그 곳의 건달패 중 한 젊은 녀석이 그의 가는 길을 가로막고 섰다. 제 패거리를 믿고서 하는 짓이었다.
 "이봐, 네가 제법 잘난 듯이 칼을 길게 늘어뜨리고 다니지만 실상은 비겁한 겁쟁이가 틀림없다. 그렇지 않거든 어디 그 칼로 나를 찔러 봐라. 그럴 용기가 없으면 내 가랑이 밑을 기어 나가거라."
 한신은 잠시 그 젊은 놈을 바라보다가 무슨 생각에서인지 말없이 땅에 엎드려 그자의 가랑이 밑을 기어 나갔다.
 이제 한신이 대초군의 집극랑이 되었지만 이 소문은 이미 군사들 사이에서도 웃음거리가 되어 있었다. 다만 허부(許負)라는 사람만이 한신의 인물됨을 알아보고 그를 위로해 주었다. 그 때 젊은 패거리 속에 함께 있었던 사람이었다.
 "당신은 왕후(王侯)의 상을 타고났소. 뒷날 크게 귀히 될 것이니 용기를 잃지 마시오."

4. 최초의 격돌

초나라의 항량이 회왕을 세우고 도읍을 우이성으로 옮긴 후 유방 진영과 합세하여 진나라를 칠 준비를 하고 있다는 첩보가 함양성으로 들어왔다.

조고는 대경실색하여 급히 대장군 장한(張邯)을 불러들였다.

"초나라의 항량이 20만이 넘는 대군을 이끌고 진나라로 쳐들어올 것이라 하니 이대로 두었다가는 큰 화를 면치 못할 것이오. 장군은 즉시 출진하여 항량 일당을 소탕하도록 하오."

승상의 자리에 오른 조고의 명령은 왕명이나 마찬가지였다.

"삼가 승상의 명을 받들어 역적들을 소탕하고 오겠나이다."

장한은 머리를 조아려 읍한 뒤 물러나왔다.

장한은 사마흔·동예·이유 등 세 사람의 맹장과 함께 30만 대군을 거느리고 함곡관을 나왔다. 막상 출정하여 들어 보니 천하의 형세는 함양에서 듣던 것과는 전혀 판판이었다. 6국의 자손들이 다 각기 제 고장에서 벌 떼같이 일어나고 있음을 비로소 알게 되었다.

장한은 초나라를 치기 전에 먼저 가까운 위(魏)나라를 치기로 했다. 위왕 조구(趙咎)는 초나라와 제나라로 급히 구원을 청하는 한편 성문을 굳게 닫고 지켰다.

위왕의 구원 요청을 받은 제왕 전담은 곧 군대를 거느리고 위나라로 향했고 초왕 미심도 항량과 상의하여 항 씨 가문의 장수 항명(項明)으로 하여금 군사 3만을 거느리고 이를 구원케 했다.

그러나 제왕 전담은 매복계에 걸려 진나라 장수 사마흔에게 목이 달아났으며 항명 또한 이유의 칼 아래 죽음을 당하고 3만 군사까지 전멸하고 말았다.

대승을 거둔 장한은 승세를 휘몰아 위나라를 들이쳤다. 구원병을 잃은 위군은 30만 진나라 대군을 당할 수 없었다. 마침내 위나라 장수 위표(魏豹)는 위왕을 모시고 서문을 빠져 나와 초나라로 도망치고 말았다.

 위나라를 평정한 장한은 이어서 초나라를 치기 위해 동아(東阿)를 향하여 대군을 이끌고 진발하였다.

 급보를 접한 회왕은 무신군 항량을 비롯한 장수들을 모으고 어전 회의를 열었다. 장수 항명과 함께 3만의 군사를 일시에 잃은 뒤라 회의 분위기는 어느 때보다 가라앉아 있었다.

 "진나라 대장 장한이 승세를 이용하여 동아로 몰려오고 있다 하는데 무신군의 의향은 어떠한가?"

 회왕이 항량에게 물었다. 아직 나이는 어리지만 충분히 왕의 위의를 갖추고 있었다.

 "신이 나가서 먼저 장한을 죽인 뒤에 진나라의 항복을 받겠습니다."

 항량이 공손하지만 자신이 넘치는 목소리로 대답했다.

 어전에서 물러나온 항량은 항우·유방과 함께 20만 대군을 거느리고 동아를 향해 나아갔다. 하루가 지나지 않아 동아로부터 30리 떨어진 곳에 대초군의 진영을 설치하였다. 항우가 먼저 전군(前軍)을 이끌고 적진 가까이 이르자 말을 세우고 큰 소리로 외쳤다.

 "진장(秦將) 장한에게 할말이 있으니 썩 나오너라!"

 이 소리를 듣고 장한이 좌우에 제장들을 거느리고 마주 나와서 대꾸했다.

 "천병(天兵)이 여기에 이르렀거늘 어서 말에서 내려 항복할 생각은 않고 무슨 할말이 있다는 게냐?"

 항우가 껄껄 웃고 나서 우레 같은 소리로 꾸짖었다.

 "시황이 무도하더니 2세는 더욱 잔인 흉폭하고 조고 따위가 전권을 농단하니 천하의 영웅들이 모두 이를 갈며 일어나고 있다. 너는 지금 솥 속에 든 물고기인 줄을 모르느냐?"

말을 마치자 항우는 초천검을 높이 들고 오추마를 급히 몰아 곧장 장한에게로 덮쳐 들어갔다. 장한이 또한 삼지창을 휘두르며 마주 나왔다.

장검과 장창이 맞부딪치는 곳에 검광이 사방으로 흩어졌다. 초나라의 젊은 대장 항우와 진나라의 역전의 명장 장한이 어우러져 싸우기 30여 합에 이르자 장한의 창법이 어지러워지기 시작했다.

장한은 끝내 당해 내지 못할 것을 알고 급히 말 머리를 돌렸다. 항우가 놓치지 않으려고 오추마를 채쳐 몰았다. 이 때 이유가 그 틈새로 말을 몰고 나와 항우를 가로막았다.

"넌 또 웬 놈이냐?"

항우가 눈을 부릅뜨고 크게 호통을 치자 이유는 깜짝 놀라 주춤하며 뒤로 물러섰다. 이를 보고 사마흔과 동예 두 장수가 동시에 달려 나와 이유를 구원하려 했다.

그러나 항우는 조금도 어려워하지 않고 세 장수를 상대로 해서 싸웠다. 어우러져 싸우기 20여 합에 이르자 세 장수 또한 항우를 당하지 못하고 말 머리를 돌려 달아나기 시작했다.

이 때 항량은 영포·환초·우영 세 장수로 하여금 항우를 도와 진군을 들이치라 명령을 내렸다. 승세를 탄 초군이 풍우처럼 내달아 좌충우돌하니 진군으로서 죽은 자는 그 수효를 알 수 없었다.

장한은 크게 패하여 50여 리나 쫓겨 가서야 겨우 패군을 수습할 수 있었다. 장한은 비 오듯 땀을 흘리며 부하 장수들에게 말했다.

"비록 적장이지만 항우는 참으로 대단한 장수야. 내가 지금까지 수백 번을 싸웠지만 그런 장수는 처음이다. 아무래도 힘으로 이기기는 어렵겠다. 내 완병(緩兵)의 계교를 써서 적의 장수들이 교만해지고 군사들이

해이해진 틈을 타서 적을 쳐부숴야겠다."

항우는 첫 싸움에서 크게 이기고 본진으로 돌아와 무신군 항량에게 말했다.

"장한은 족히 두려워할 적이 아닌 것 같습니다. 군대를 나누어 치면 전승을 거둘 수 있을 것입니다."

"그래, 나도 그렇게 생각한다. 장한이란 자는 한낱 허명뿐인 장수에 불과해. 내일 싸움에서 한 놈도 남기지 않고 다 잡아 죽여야지."

호기롭게 말한 항량은 장수들에게 잔치를 베풀어 승전을 축하하고 그들의 노고를 치하했다.

이튿날 항량은 항우를 중군으로, 영포를 우군으로, 유방을 좌군으로 하여 북 치고 피리 불며 진나라 진영으로 물밀듯이 쳐들어갔다.

장한은 진을 버리고 도주하기 시작했다. 초군은 겨를을 주지 않고 그 뒤를 급히 쫓았다. 진군은 세 갈래로 나뉘어 장한은 정도(定陶)로, 사마흔과 동예는 복양으로, 이유는 옹구로 각각 퇴각하였다.

초군은 이를 보고 이편에서도 군대를 세 길로 나누어 추격전을 전개하였다. 항우는 이유를 추격하여 마침내 따라잡자 한칼에 이유를 베어 말 아래로 거꾸러뜨렸다.

패공 유방은 사마흔과 동예를 쫓아 하루 낮 하루 밤 동안 달려 3백 리를 추격하였다. 소하가 급히 유방에게 간했다.

"예로부터 병법에 궁구막추(窮寇莫追)라고 하지 않습니까. 만일 적이 도망을 하면서 복병을 숨겨 두었다가 역습을 하면 승패를 알 수 없을 것입니다."

"공의 말이 지당하오."

유방은 소하의 말을 옳게 여겨 추격을 멈추고 복양 못 미쳐 성양(城陽)이라는 곳에 진을 치고 주둔하였다.

한편, 영포는 퇴각하는 장한을 추격하여 정도성 밖에까지 이르렀다. 진군은 성문을 굳게 닫고 오로지 지키기만 할 뿐이었다. 영포가 백방으로 싸움을 걸어 보았으나 진군은 꼼짝도 하지 않았다.

이 때 항량이 영솔하는 후진이 영포의 진에 도착했다. 영포가 항량에게 적의 동정을 보고하자 항량은 역정을 냈다.

"적의 구원병이 오기 전에 성을 함락시키지 않고 세월만 천연하고 있단 말인가!"

"장한이 비록 한 번 싸움에 패했지만 원체 군세가 웅장하니 너무 서두를 수는 없을 것 같습니다."

영포도 물러서지 않고 자기의 의견을 말했다.

"자네가 대장으로서 어찌 그런 심약한 말을 하는가! 그런 소리는 다시 입 밖에 내지 말게!"

항량은 영포를 꾸짖어 물리치고 사다리를 무수히 만들어 성벽에 걸쳐 세우고 군사들로 하여금 성벽을 타고 올라가 성 안으로 뛰어들도록 명령했다.

그러자 성 안으로부터 철포와 화전(火戰)이 빗발처럼 쏟아지면서 사다리가 모조리 불에 타 버리고 말았다. 항량은 이에 물러서지 않고 수백 개의 충차(衝車)를 만들어 사방의 성문을 향하여 돌진하였다.

그러자 이번에는 성 위에서 쇠사슬에 거대한 쇠망치를 달아 던지는 바람에 충차가 모조리 깨어졌다. 그러는 사이에 초군의 희생자만 계속 늘어났다.

이 때 집극랑 한신이 항량 앞으로 와서 말했다.

"지금 적은 우리 군의 장수가 교만해지고 사졸들이 해이해지는 때를 엿보고 있는 듯합니다. 이는 이른바 완병지계(緩兵之計)이니 지금 성을 공격하는 것보다는 적의 역습에 대비하는 편이 좋을 듯하옵니다."

"뭐가 어째? 적이 역습을 한다고? 너 같은 게 무얼 안다고 감히 함부로 입을 놀려 군심을 현혹케 하느냐!"

항량은 불같이 노하여 금방이라도 칼을 빼어 한신을 칠 듯이 노려보았다. 이 때 경자관군 송의가 옆에 있다 말했다.

"부디 고정하십시오. 집극랑의 말에도 일리가 있으니 그의 간언을 버리지 마시기 바라옵니다."

항량은 입을 다물고 아무 말이 없었다. 너희들이 무얼 안다고 감히 그런 말을 하느냐는 빛이 얼굴에 역력히 감돌았다.

"술을 가져오너라!"

항량은 끝내 분을 삭이지 못하고 술을 청하였다. 부종하는 무리들이 서둘러 술과 안주를 대령하자 항량은 혼자 말없이 잔을 기울이기 시작했다.

송의는 항량의 군막에서 물러나왔다. 한신도 따라 나와 하늘을 우러러 탄식했다.

"초나라의 앞날이 어둠 속에 들겠구나."

그 날 밤 장졸들은 모두 맥이 풀려 있었다. 어떤 놈들은 지쳐서 잠이 들었고 술을 퍼마시는 놈들이 있는가 하면 노름을 하는 패거리들도 있었다.

이 때 성안에 있던 장한은 정병들을 가려 뽑아 입에 헝겊 한 조각씩을 물게 하고서 밤중에 가만히 성문을 열고 나왔다. 초군의 진영을 살펴보니 모두 잠든 듯 조용하기만 했다.

장한의 정예병들은 야음을 타 살금살금 초나라 진영으로 접근해 갔다. 마침내 진영 가까이 이르자 '꽝!' 하는 철포 소리와 함께 공격 명령이 내려졌다. 함성이 천지를 진동하는 가운데 장한의 정병들은 일제히 초나라 진영으로 짓쳐들어갔다.

뜻밖에 기습을 당한 초나라 진영은 삽시간에 뒤죽박죽이 되고 말았다. 눈을 비비면서 일어난 사졸들은 미처 병장기를 찾지 못하고 장수들은 갑옷조차 제대로 입을 겨를이 없었다.

 술에 대취하여 깊이 잠들어 있는 무신군 항량을 좌우의 호위군들이 부축하여 원문까지 나와서 겨우 말에 태우려 할 때였다.

 "적장은 달아나려 말라! 진나라 장수 손승(孫勝)이 여기 있다!"

 우레 같은 호통 소리와 함께 손승의 칼 아래 항량의 목이 선뜻 베어지고 말았다. 대장을 잃은 초군은 걷잡을 수 없는 혼란에 빠져들었다.

 "적은 얼마 안 된다! 두려워하지 말라!"

 송의와 영포가 칼을 높이 들고 이리 뛰고 저리 뛰면서 혼란을 진정시키려 했으나 소용이 없었다. 초군들끼리 서로 밟히고 채여 죽는 군사만도 부지기수였다. 초군의 시체는 들을 덮고 피는 흘러 내를 이루었다.

 패공 유방은 패전 소식을 듣고 군사들을 휘몰아 정도성을 향하여 가다가 패잔병을 이끌고 도망해 오는 송의와 영포를 만났다. 세 장수들은 의논 끝에 옹구 땅에 주둔하고 있는 항우에게 갔다.

 항우는 숙부 항량이 적의 칼에 전사했다는 말을 듣고 대성통곡했다.

 "내가 일찍 부모를 여의고 숙부님의 양육을 받아 오늘날 바야흐로 공을 세워 보답을 하려고 했는데 이렇듯 사별을 하게 되다니!"

 항우가 몸부림을 치며 통곡을 그치지 않자 범증이 그의 곁으로 가 조용히 말했다.

 "나라를 위하여 신명을 버렸으니 신자(臣子)로서 할 바를 다했다고 할 것입니다. 무신군이 비록 비명에 가셨으나 그분께서 이루어 놓으신 대초(大楚)의 기반은 청사에 기록되어 영원히 숭앙될 것입니다. 장군께서는 지금 어찌 맥을 풀고 넋을 놓아 통곡만 하고 계실 일이겠습니까."

 항우는 그 말을 듣자 비로소 통곡을 멈추고 범증이 권하는 대로 항량의 시신을 거두어 옹구 땅에 정중히 장례를 치렀다.

장례식을 마치자 항우는 군대를 이끌고 진류(陳留)로 갔다. 유방은 탕군(碭郡)에 머물러 그 곳을 지키기로 했다.

5. 연전연승(連戰連勝)

정도에서 야습으로 대초군을 쳐서 궤멸적 타격을 가한 장한은 그 승세를 몰아 황하를 건너 조나라의 근거지인 거록성(鉅鹿城)을 포위 공격했다. 다급해진 조왕 헐(歇)은 회왕에게 사신을 보내 구원을 청하였다.

이 무렵 회왕은 정도에서 무신군 항량이 죽고 대초군이 참패했다는 소식을 듣고 놀라움과 비탄에 빠져 있었다.

그는 주위의 권고에 따라 우이를 떠나 팽성(彭城)으로 급히 가서 진류에 머물러 있는 항우의 군사들을 모두 불러 들여 군사 회의를 소집했다.

회왕은 나이는 비록 어리지만 총명하고 생각이 깊었다. 그는 장수들이 다 모이자 조용히 입을 열었다.

"장한이 30만 대군으로 조나라의 거록성을 포위하여 한 달이 넘도록 공격을 멈추지 않아 성 안에는 이미 양식마저 떨어졌다고 하오. 조왕이 사신을 보내 급한 사정을 호소하고 구원을 청하니 이를 어찌 했으면 좋을지 의견들을 말해 보오."

회왕의 말이 끝나자마자 항우가 아뢰었다.

"급히 나가 구원해야 마땅합니다. 저놈들이 조나라를 쳐부순 다음에는 그 군대를 바로 우리 쪽으로 돌릴 것이 분명합니다. 특히나 놈들은 무신군을 죽이고 3만의 대초군을 몰살시킨 장한의 군사들입니다."

"항 장군의 말이 십분 지당합니다."

다른 장수들도 이구동성으로 찬동했다.

이리하여 회왕은 그 날로 대초군을 출병시키기로 결정하고 송의를 대장군으로, 항우를 부장군으로, 범증을 군사로 각각 임명하였다.

대장군이 된 송의는 무신군 항량이 전사하던 때의 일을 생각하며 적정(敵情)을 살펴본 결과 이번에는 역으로 자기가 완병지계를 쓰기로 결심했다. 그는 거록성에서 멀리 떨어져 있는 안양(安陽)에 진영을 설치하고 여러 장수들에게 이같이 명령을 내렸다.

"진군이 조나라를 포위한 지가 오래인지라 조만간 사기가 떨어지고 해이해지게 될 것이다. 그 때를 기다려 기습을 감행하면 전승을 거둘 수 있으리니 제장들은 내 명령이 있을 때까지 군대를 움직이지 말고 대기토록 하라!"

그로부터 10여 일이 지났으나 송의는 계속 꼼짝도 하지 않았다. 성미 급한 항우가 송의 앞에 나아가 항의하였다.

"우리들이 여기서 허송세월한 지 벌써 10여 일이 지났습니다. 그 동안 조나라 군사와 백성들로 굶어 죽은 자가 얼마인지 모르겠는데 언제까지 이렇게 기다리고만 있겠습니까?"

"허어, 그렇게 서두를 게 아니라니까! 대장군은 바로 나요. 부장군은 내 명령에 따르도록 하오!"

송의는 항우의 말을 막아 버렸다.

항우는 하릴없이 송의 앞을 물러나와 며칠을 더 기다렸다. 때는 동짓달 중순이라 날씨는 매섭게 찬데 때아닌 비까지 내려 군사들의 고생이 이만저만 아니었다.

항우가 이를 갈고 있는 중에 부하의 보고를 듣건대 송의가 저의 아들 송양(宋襄)을 비밀히 제나라로 보내 그 곳에서 높은 벼슬을 하게 하고 자기도 제나라로 가서 재상이 되려는 공작을 은밀히 진행시키고 있다

하였다.

항우는 마침내 분통이 터져 칼을 잡고 대장군 송의의 처소로 갔다. 송의는 병서를 뒤적이고 있다가 얼굴에 살기를 띠고 들어오는 항우를 보자 물었다.

"무슨 일로 오셨소?"

항우는 그 말에 대답하지 않고 두어 발자국 더 가까이 송의 앞으로 다가서면서 큰 소리로 말했다.

"초나라 대장군 송의가 모반하려 하므로 회왕의 밀명을 받들어 역적을 주살한다!"

말을 맺자마자 항우의 칼은 눈 깜짝할 사이에 송의의 목을 잘라 버렸다. 항우는 한 손에 피가 뚝뚝 떨어지는 송의의 머리를 들고 나와서 다시 큰 소리로 외쳤다.

"왕명에 의해 역적 송의를 주살하였다! 장졸들은 동요하지 말고 나의 명령을 따르도록 하라!"

이 때 종리매가 앞으로 나서며 말했다.

"애초에 초나라를 다시 일으킨 분은 장군의 숙부이신 무신군이었습니다. 저희들은 초지일관해서 장군을 따르겠습니다."

종리매의 말이 끝나자 모든 장졸들이 일제히 땅에 엎드리며 동조하였다.

"삼가 장군의 명을 받들겠습니다."

항우는 그 자리에서 즉시 자객을 밀파하여 제나라에 가 있는 송양마저 죽여 버리는 한편으로 환초를 회왕에게 사자로 보내 송의를 주살하게 된 전말을 자세히 고하게 하였다. 이리하여 회왕도 정식으로 항우를 대장군으로 임명하였다.

대장군의 자리를 명실상부하게 차지한 항우는 영포를 선봉대장으로 삼아 정병 2만여 기로 진군을 치게 하였다.

영포는 황하를 건너 질풍같이 쳐들어갔다. 장한은 사마흔과 동예에게 군대를 나누어 주면서 강변 남쪽에 진을 치고 영포의 군대를 막게 했다.

그러나 영포의 군대가 너무도 급히 진격해 와 사마흔과 동예는 미처 진을 칠 겨를도 없이 마주 나가 싸우게 되었다. 아직 전열도 제대로 갖추지 못한 데다 영포가 원체 영용하여 도저히 당할 수가 없었다.

사마흔과 동예는 마침내 수많은 무기와 식량을 버리고 그대로 달아나기 시작했다. 강장 밑에 약졸 없다는 말대로 정예한 영포의 군사들은 도망하는 진군을 여지없이 짓밟았다.

항우는 자기가 대장군이 된 후 제1전에서 대승을 거두어 크게 위엄을 떨치었다. 그는 곧 대군으로 하여금 강을 건너게 했다.

항우는 군사들이 모두 강을 건너자마자 실로 천만 뜻밖의 명령을 내렸다.

"타고 온 배들을 모조리 부수고 가마솥도 모두 깨뜨려라! 그리고 군량은 3일분만 남겨라!"

모든 장졸들이 영문을 몰라 어리둥절하고 있을 때 항우의 우렁찬 목소리는 계속 이어졌다.

"이제 우리 대초군에게는 승리 아니면 죽음밖에 없다. 그러니 반드시 이겨야 한다. 강을 건너 달아날 길은 없다."

장졸들은 항우의 이 같은 말에 처음에는 크게 당황하였으나 마침내 저마다 이를 악물고 결의를 다졌다. 그렇게 할 수밖에 없었던 것이다.

그러나 이 때 군사 범증이 종리매를 가만히 불러 말했다.

"항 장군이 결의를 다지기 위해 배를 부수고 군량도 3일분만 남기게 했으나 반드시 3일 안에 장한을 격멸한다는 보장이 없지 않소. 그러니 장군이 은밀하게 그에 대한 대비를 하도록 하오."

"선생의 생각이 참으로 옳습니다. 말씀대로 예비하겠습니다."

항우는 이런 사실을 알 턱이 없었다.

한편, 겨우 목숨을 건져 본진에 도착한 사마흔과 동예는 패전한 전말을 숨김없이 장한에게 보고했다. 듣고 나자 장한이 말했다.

"항우는 힘으로 잡을 수 있는 호락호락한 상대가 아니오. 내가 이에 대비해서 미리 생각해 둔 계책이 있으니 제장들은 따르도록 하오."

장한은 9명의 장수들에게 각각 일군씩 거느리고 정해 준 곳으로 가서 진을 치고 기다리도록 했다.

얼마 후 항우의 대초군이 성난 파도처럼 밀려오기 시작했다. 장한은 사마흔·동예 등의 제1진을 거느리고 마주 나갔다.

"내 숙부를 죽인 불구대천의 원수! 내 칼을 받아라!"

항우가 벽력같은 호통 소리와 함께 초천검을 번득이며 오추마를 급히 몰아 나가자 장한 역시 삼지창을 휘두르며 이에 맞섰다. 두 천하 맹장의 칼과 창이 맞부딪치기 50여 합에 이르자 장한의 창 쓰는 법이 점점 산란해졌다.

장한은 말 머리를 돌려 달아나기 시작했다. 항우가 그 뒤를 급히 쫓았다. 달아나고 쫓기를 5리쯤 했을 때 왕리(王離)가 장한을 대신해서 항우에게 달려들었다.

항우가 새로 나타난 장수를 상대로 10여 합을 싸우다가 짐짓 파탄을 보이니 왕리가 기회를 놓치지 않고 항우를 향해 힘껏 창을 내질렀다. 항우는 번개같이 창끝을 피하면서 왕리의 갑옷 허리띠를 거머쥐고 번쩍 들어서 내팽개쳐 버렸다. 초나라 군사들이 땅 위로 굴러 떨어진 왕리를 잡아 꽁꽁 묶어 버렸다.

장한은 멀찍이서 이 광경을 보다가 다시 말을 채쳐 달아나기 시작했다. 항우가 그 뒤를 쫓으려 할 때 이번에는 섭간(涉間)이 일군을 몰고 나왔다. 항우는 섭간을 상대로 두어 합 겨루다가 허리에서 철편(鐵鞭)을 꺼내 들고 섭간의 머리통을 내리쳤다.
 섭간은 급히 몸을 피했으나 철편에 어깨를 얻어맞고 말 위에서 굴러 떨어졌다. 초나라 군사들이 어깨가 부서져 반죽음이 된 섭간을 생포하려 하자 섭간은 스스로 목을 찔러 자결해 버리고 말았다.
 항우는 추격을 계속했다. 그의 초천검은 지칠 줄 모르고 진군을 이리 베고 저리 눕히면서 질풍같이 나아갔다. 이 때 뒤에서 급히 달려온 군사 범증이 겨우 항우 곁으로 가서 추격을 멈추게 했다.
 "장군께서는 적지에 너무 깊이 들어오셨습니다. 이미 날도 저물고 혹시 복병이 있을지도 모르니 더 나가지 마십시오."
 항우는 범증의 말을 옳게 여겨 그 자리에 전군을 머물게 했다. 범증이 다시 말했다.
 "아무래도 오늘 밤은 적의 야습에 대비해야 할 것 같습니다."
 "군사의 말씀이 내 뜻과 같습니다. 그럼 어떻게 대비를 해야 하겠습니까?"
 "장군은 염려 마십시오. 미리 계책을 정해 놓은 바 있습니다."
 이런 줄도 모르고 장한은 항우의 진으로부터 30여 리 떨어진 곳에 영채를 세우고 사마흔·동예 등과 군사 회의를 열었다.
 소각(蘇角)이 먼저 입을 열었다.
 "초군이 하루 종일 싸우느라 몹시 지쳐 있을 것이고 또 싸움에 이겼다고 방심하고 있을 것입니다. 특히 오늘 밤은 마음놓고 쉬고 있을 것이 분명합니다. 여기서 동쪽으로 가면 초나라 진영의 후방이 됩니다. 소장이 일군을 거느리고 초의 후방을 치고 장군께서 서쪽 길로 적의 전면을 공격하신다면 적은 동서 양면으로 협공당해 크게 무너질 것이 틀림없습니다."
 "참으로 좋은 계책이야."

장한은 크게 기뻐하며 소각의 계책을 받아들였다.
 삼경이 가까웠을 무렵이었다. 소각이 먼저 1만의 기병을 거느리고 영채를 떠났다. 멀리 동쪽 길로 우회해서 소리를 죽여 가며 초군의 영채에 당도해 보니 수많은 깃발들이 바람에 펄럭이는 가운데 초나라 군사들은 모두 깊이 잠들어 있는 것 같았다.
 소각은 크게 기뻐하며 군대를 휘몰아 영문에 불을 지르면서 초진 속으로 돌진해 들어갔다. 그런데 어인 일인가? 넓은 영내에는 사람의 그림자조차 보이지 않았다.
 "아차!"
 소각은 그제야 적의 계교에 빠진 것을 깨닫고 급히 말 머리를 돌려 퇴각하려 했으나 때는 이미 늦은 뒤였다. 사방에서 횃불과 함성이 동시에 일어나며 초군들이 벌 떼같이 시살해 들어왔다.
 완전히 독 안에 든 쥐 꼴이 되고 만 진나라 기병들은 추풍낙엽처럼 말 위에서 떨어져 죽어 갔다. 소각은 마음이 황황하여 말이 닫는 대로 채찍을 쳐 달아나는데 문득 한 장수가 크게 호통을 치며 그의 앞을 가로막았다.
 "이놈 필부야! 네 항우를 알아보겠느냐!"
 항우의 초천검이 달빛을 가르며 '싹둑!' 하고 소각의 머리를 베어 말 아래로 떨어뜨렸다.
 이 무렵 장한은 초진의 서쪽 길로 대군을 휘동해 오고 있었다. 그런데 홀연 요란한 철포 소리와 함께 초나라 군사들이 맹렬한 기세로 마주 짓쳐 오고 있었다. 생각지도 않았던 곳에서 기습을 당한 진군은 삽시간에 대오가 흐트러져 군사들은 도망치기에 바빴다.
 장한이 허물어진 전열을 수습하느라 안간힘을 쓰고 있을 때 한 장수가 큰 토끼를 휘두르며 그의 앞을 가로막았다.

"이놈, 장한아! 영포가 너를 기다린 지 오래다!"

얼굴에 커다랗게 먹청 문신을 한 영포의 모습은 밤중에 봐도 온몸이 오싹해질 정도로 흉물스러웠다.

두 장수가 한데 어우러져 40합이 넘도록 접전을 벌였으나 좀처럼 승부가 나뉘지 않았다. 장한은 진나라에서 제일가는 장수이지만 영포도 그에 못지 않은 용맹과 무예를 갖추고 있었다.

장한은 더 싸울 마음이 없었다. 진군의 대오가 허물어진 데다 사방에서 초군이 밀물처럼 몰려오고 있었다. 그는 마침내 말 머리를 돌려 달아나기 시작했다.

장한이 한참 정신없이 달리고 있을 때 마침 진장(秦將) 맹방(孟防)이 일군을 거느리고 와서 장한을 구하고 겨우 군사들을 수습하였다.

그러나 그것도 잠시뿐이었다. 계속 진군을 추격해 오던 초군 가운데 한 장수가 곧장 맹방에게 달려들더니 단 1합에 맹방을 말 아래로 거꾸러뜨렸다.

맹방을 죽인 장수는 환초였다. 그는 여세를 몰아 이번에는 장한에게 달려들었다. 장한은 그대로 말을 놓아 도망을 쳤다. 환초가 그 뒤를 급히 쫓았다.

장한이 닫는 말에 채찍을 치며 죽기로 달리는데 말이 갑자기 앞 굽을 모으며 넘어지고 말았다. 사람과 말이 함께 뒹굴었다. 이를 본 환초가 창을 들어 찌르려 할 때였다. 장한이 아직 죽을 때가 안 되었는지 어디선가 갑자기 나타난 진장 한장(韓章)이 환초를 가로막으며 장한의 위급을 구했다.

환초가 한장을 맞아 불같이 싸우고 있을 때 우영이 거느린 초군이 밀려왔다. 장한이 심히 위태롭게 되었을 때 이번에는 진장 이우(李遇)가 1만 대군을 거느리고 장한을 도우러 왔다.

그 때 달은 기울고 찬바람이 불기 시작했다. 항우는 쇠북을 울리어 군대를 거두었다.

그 날 저녁 범증이 항우의 장중으로 찾아와 말했다.

"적의 형세를 살펴보니 적은 모두 언덕 위에 진을 치고 있는데 아마도 우리의 야습을 두려워하고 있는 것 같습니다. 우리가 장계취계(將計就計)하여 이를 역이용하면 장한을 사로잡을 수 있을 것입니다."

항우가 반색을 하며 물었다.

"선생의 계책을 말씀해 보십시오."

범증이 대답했다.

"적은 우리의 야습에 대비해 본진을 비워 두고 남쪽과 북쪽 양쪽에서 우리를 포위 공격할 준비를 할 것입니다. 우리는 가만히 척후를 보내 그들의 매복지를 미리 파악하여 복병이 공격해 올 길에 우리 군을 매복시켜 적의 복병이 가까이 오기를 기다립니다. 장군이 인솔하는 부대와 우리의 복병이 일시에 적을 들이친다면 대승을 거둘 수 있을 것입니다."

"거 참 묘계입니다."

항우는 그 자리에서 영포를 불러 1만여 기를 주면서 남쪽 길로 보낸 다음 다른 1만여 기는 환초가 거느리고 북쪽 길로 가라 명했다. 그런 다음 자기는 친히 3만여 기를 이끌고 가운뎃길로 적의 본진을 향해 나아갔다.

그 날 밤 장한은 범증이 예상했던 대로 이우·한장 두 장수를 불러 영을 내렸다.

"초군이 연전연승했으니까 승세를 타고 오늘 밤 필경 야습을 해 올 거야. 이우는 5천여 기를 거느리고 남쪽 언덕에 매복하고 한장은 5천여 기를 북쪽 언덕에 매복시켰다가 초군이 오거든 그 후방을 끊도록 하라. 나는 본진의 후방에 숨어 있다가 남쪽과 북쪽과 정면의 삼방에서 공격을 가하면 오늘 밤 안으로 항우를 사로잡을 수 있을 것이다."

이처럼 초군과 진군은 서로 있는 지혜를 다 짜내 나름대로 야습을 준비하고 있었다.
밤이 이슥해지자 항우는 진군의 정면으로 짓쳐들어가며 북 치고 징을 울려 본진을 공격하는 척했다.
"항우가 그예 죽으러 왔구나!"
장한은 자기 예상이 들어맞았다고 크게 기뻐하며 초군을 향해 돌진해 들어갔다. 그런데 양군이 맞붙어 한참 동안을 싸웠지만 남북 양쪽에 매복시킨 복병들이 나타나지 않았다.
"이건 아무래도 이상하다!"
장한이 당황하여 사방을 두리번거리고 있을 때 천만 뜻밖에도 이우와 한장 두 장수가 헐레벌떡 달려와 보고했다.
"남북의 두 군대가 오히려 초나라의 복병들에게 기습을 당해 대패하고 말았습니다."
이 말을 듣고 장한이 대경실색하여 어찌 할 바를 모르는데 이 때 항우가 군대를 급히 몰아 바로 정면으로 쳐들어오고 있었다.
장한은 더 버티지 못하고 다시 말 머리를 돌렸다. 실로 참패의 연속이었다. 말에 채찍질을 가해 달아나는 장한의 심사는 처량하기 짝이 없었다.
항우는 그 뒤를 급히 쫓았다. 한참을 추격한 끝에 마침내 조나라의 거록성 아래에 당도했다. 지금까지 성문을 굳게 닫고 지키기만 하던 조군은 진군이 초군에게 대패하여 그 곳까지 쫓겨 오는 것을 보자 성문을 열고 짓쳐 나왔다.
앞뒤로 협공을 당한 진군의 시체는 무더기로 쌓이고 피는 흘러서 땅바닥을 붉게 물들였다. 장한은 좌우를 돌볼 겨를도 없이 대여섯 기만 거느리고 급급히 도망치기에 바쁜 초라한 패장의 신세가 되고 말았다.
진군을 대파한 항우는 조왕이 그를 성 안으로 맞아들이려 하는 청을 극구 사양했다. 그는 대군을 거록성 밖에 주둔시킨 다음 사로잡은 진군의 장수 왕리를 끌어내 모든 군사들이 보는 앞에서 목을 잘랐다. 대초군의 위엄을 보이는 동시에 군신(軍神)에게 제사를 올리기 위해서였다.

항우는 다시 30만 대군을 거느리고 계속해서 장한의 뒤를 추격하기 시작했다. 그러나 지나가는 마을마다 항우의 군대를 환영하기 위해 백성들이 쏟아져 나와 길을 메우는 바람에 제대로 행군을 할 수가 없었다.

대군이 장남 땅에 이르렀을 때 범증이 항우에게 말했다.

"이제 그만 추격을 멈추시지요."

"아니, 그건 무슨 까닭입니까?"

항우가 눈을 크게 뜨며 물었다.

"장군이 황하를 건넌 후 사흘 동안에 장한의 군대와 아홉 번 싸워서 아홉 번을 이기고 30만에 가까운 진군을 죽였습니다. 자고로 이 같은 대승은 그 유례가 없을 것입니다. 진의 2세 황제는 어리석고 간신 조고는 투기하는 소인이며 장한은 패군한 장수이니 이들이 갈등과 내분을 일으킬 게 틀림없습니다. 그 때를 기다려 적의 허한 곳을 친다면 단숨에 진을 멸하고 천하를 제패할 수 있을 것입니다."

"선생의 말씀이 참으로 옳습니다."

항우는 추격을 그만두고 장남 땅에 군대를 주둔시켜 인마의 힘을 기르는 데 정성을 다했다.

6. 지록위마(指鹿爲馬)

이 무렵 장한은 장하를 건너 함곡관에 영채를 모으고 함양성으로 급히 원병을 청했다. 소식에 접한 진나라 조정은 놀라움과 두려움으로 들끓었다.

"대장군이 항우에게 참패를 당하고 구원을 청했다는군!"

"육국이 모두 다시 일어나 원수를 갚으려고 쳐들어온다는군!"

그러나 모든 백관들은 은밀히 수군거리기만 할 뿐 조고의 비위를 거스르게 될까 두려워 황제에게 아뢰지 못하고 서로 눈치만 살피고 있었다.

조고는 물론 천하의 정세가 불과 1년여 동안에 어떻게 변했으며 장한이 참패를 당하고 원병을 요청한 보고를 직접 들어서 잘 알고 있었다. 그러나 이러한 사실을 절대로 2세 황제에게 아뢸 수는 없었다. 그래서는 자신의 위치가 흔들릴 수도 있기 때문이었다.

지금 2세 황제는 전권을 자기에게 일임하고 함양궁과 아방궁을 왕래하면서 주색과 향락에 흠뻑 빠져 있다. 이것을 공연히 건드렸다가 심기 일전하여 2세가 친정(親政)이라도 하게 되면 지금의 권세를 언제 다른 사람에게 빼앗길지 모를 일이었다.

조고는 일말의 불안을 느끼지 않을 수 없었다. 세상이 시끄러워지니까 신하들이 혹시나 딴마음을 가지고 자기의 위세를 엿보지나 않을까, 자기에게 복종하는 마음이 흔들리지나 않을까, 그것이 의심스러웠다.

그러던 어느 날이었다. 조고는 신하들의 마음을 떠보는 한편으로 자기의 위세가 얼마만큼 대단한가를 알아볼 생각으로 사슴 한 마리를 대궐 안으로 끌고 오게 했다.

그러고는 2세 황제에게 정전으로 나와서 신하들을 모으고 국사를 의논하시라고 아뢰었다. 2세가 그의 말을 좇아 정전으로 나와 좌정하자 조고는 사슴을 끌어다가 2세 앞에 가까이 세우게 했다.

"좋은 말을 한 필 구해 왔기에 폐하께 바치옵니다."

조고는 서슴지 않고 사슴을 말이라고 아뢰었다.

"허허허, 경이 재담을 하시려는 건가?"

조고는 짐짓 정색하고 말했다.

"신이 어찌 폐하께 감히 재담을 농하오리까. 이 말은 천하에 드문 명마이오니 거두어 주시옵소서."

2세 황제는 좌우를 둘러보며 신하들에게 물었다.

"경들은 이것이 말로 보이는가?"

그러나 신하들은 모두 꿀 먹은 벙어리처럼 아무 대답이 없었다.

"어찌하여 아무 대답도 없는가? 그래, 경은 이것이 말로 보이는가?"

2세는 옆에 가까이 서 있는 신하에게 물었다.

"예, 말로 보이옵니다."

그 신하는 조고의 뜻에 맞추어 사슴을 말이라고 아뢰었다.

"경의 눈에는?"

2세가 다른 신하에게 물었다.

"말이옵니다."

그 신하도 사슴을 말이라고 했다. 2세의 얼굴에서 웃음이 사라졌다.

"경도 말로 보이는가?"

"예, 그러하옵니다."

2세가 한 사람씩 번갈아 가며 물어 보았으나 모든 신하가 똑같이 말이라고 대답했다. 조고의 얼굴에 회심의 미소가 떠오르고 있었다.

바로 그 때 한 신하가 분연히 대답했다.

"폐하, 이것은 사슴임에 틀림없습니다."

"예, 분명 사슴이옵니다."

이어서 두 신하가 연달아 사슴이라고 아뢰었다.

'아니, 저놈들이 감히 내 뜻을 거스르다니!'

조고는 이를 갈았다.

그 이튿날부터 2세 황제에게 사슴을 사슴이라고 바른대로 대답한 세 사람은 그림자도 보이지 않았다. 조고가 심복 장수들로 하여금 그들이 대궐문 밖을 나가거든 모조리 죽이라고 명령했기 때문이었다. 조정의 모든 신하들은 공포에 질려 숨도 크게 못 쉬었다.

이 날 이사는 입궐을 하지 않아 소문을 듣고 알았다.

'괘씸한 놈! 일개 내시 놈이 하늘 무서운 줄 모르는구나.'

이사는 시황제가 사구(沙丘) 땅에서 붕어했을 때 조고의 간특한 말에 속아 조서를 위조하여 태자 부소를 죽이고 호해를 2세 황제로 모신 일을 뼈저리게 후회했다. 더구나 최근에 와서 조고의 권세가 하늘을 찌르고 2세 황제는 주색에 빠져 도무지 정사를 보려고 하지 않는 현실을 통탄하고 있었다.

간교한 조고가 이러한 이사의 속마음을 모를 리 없었다. 그는 말이 아니고 사슴이라고 대답한 신하를 처치해 버린 뒤에 그 날 폐하의 부르심이라 속여 백관들을 불렀다. 아니나 다를까 예상했던 대로 이사만 홀로 입궐을 하지 않았다.

'이 사람을 그냥 두어서는 안 되겠구나!'

조고는 마침내 이사를 죽이기로 결심하고 수레를 몰아 그의 집으로 찾아갔다. 인사가 끝나고 서로 마주 앉자 조고는 걱정스러운 표정으로 입을 열었다.

"관동 각지에서는 진나라를 배반하는 무리들이 창궐하고 대장군 장한은 항우에게 패하여 30만 대군을 잃어버렸건만 2세 황제 폐하께옵서는 주야로 유흥에만 골몰하시니 실로 나라의 걱정이외다. 내가 폐하께 간언을 올리고 싶지만 내 본시 일개 환관이었던지라 외람되이 그럴 수도 없으니 공이 폐하께 간언을 올리는 게 어떠하올지요?"

이사는 조고로부터 뜻밖의 말을 듣고 깜짝 놀랐다. 2세에게 충간하는 일을 자기한테 권고할 줄은 몰랐던 것이다.

그는 감개 어린 어조로 대답했다.

"내가 그럴 생각은 간절하나 폐하께옵서는 심궁에 드셔서 조정에 나오시지 않고 내가 심궁에 들어가지를 못하니 간하고 싶은들 기회가 있어야지요."

이사의 말은 솔직한 고백이었다.

"그러면 내가 심궁에서 겨를을 보아 공에게 알려 드릴 터이니 그 때 폐하를 배알하고 간언을 드리도록 하시지요."

조고는 충심으로 걱정하는 빛을 띠고 말했다. 그러나 이것이 이사를 사지(死地)에 몰아넣는 간교한 계책임을 이사는 짐작도 하지 못했다.

"그렇게 해 주시면 참으로 고맙겠소이다."

이사는 진심으로 고마움을 표했다.

7. 이사(李斯)의 말로

다음날이었다. 사슴을 말이라고 아뢴 '지록위마'의 수치를 당하고도 아직 정신을 못 차린 2세 황제가 후궁에게 궁녀들과 더불어 흥겹게 노래 부르고 춤추게 하며 즐기고 있을 때 조고는 이사에게 사람을 보냈다.

'지금 곧 후궁으로 들어와서 폐하께 아뢸 말씀을 아뢰시오.'

이사는 조고의 이 같은 통지를 받고 서둘러 입궐했다. 후궁 문 앞에까지 가서 이사는 폐하께 아뢸 말씀이 있어 들어왔으니 이 뜻을 고하라고 근시에게 말했다. 근시는 안으로 들어간 지 얼마 안 되어 곧 나왔다.

"폐하께서는 지금 만나실 수 없으니 다른 날 오시라고 하십니다."

그러나 이사는 조고로부터 내통을 받고 왔으므로 자신을 가지고 거듭 2세 황제에게 주달하기를 청했다. 내시가 다시 들어갔다가 나오면서 같은 말을 했다. 이사는 조금 있다가 세 번째로 다시 내시에게 주달하기를 청했다.

2세 황제는 궁녀들과 한창 즐기고 있는데 세 번씩이나 거듭 알현을 청하는 이사가 심히 못마땅했다. 2세는 노기 띤 음성으로 근시에게 호통을 쳤다.

"짐이 즐거워하고 있는 이 때 무슨 일로 세 번씩이나 흥을 깨뜨려 놓는단 말인가! 이사가 감히 이럴 수 있는가!"

이 때 조고가 2세 앞으로 나아가 아뢰었다.

"이사로서는 능히 그러할 것이옵니다."

"그게 무슨 말이오?"

2세의 음성이 거칠어졌다.

"이사는 폐하께옵서 황제가 되신 것을 모두 자기의 공로라고 생각하고 있사옵니다. 그래서 봉토(封土)를 나누어 주고 자기를 왕후(王侯)에 봉해 주시려니 하고 기대했는데 그것이 이루어지지 않자 이제는 폐하를 원망하고 있사옵니다."

"아니, 이사가 그럴 수가!"

2세의 얼굴에 분노하는 빛이 역력했다.

"뿐만 아니옵니다. 이사는 자기의 아들 이유(李由)를 시켜 초나라와 비밀스럽게 내통을 하고 있습니다. 이는 장차 나라의 큰 화근이 될 것이옵니다."

조고의 말을 듣고 2세의 얼굴은 놀라움으로 굳어졌다. 잠시 입을 다물고 말이 없었다. 아마도 어떻게 해야 좋을지 모르는 모양이었다. 참으로 어리석고 무능한 군주였다.

이윽고 2세가 침묵을 깨뜨렸다.

"이사에게 썩 물러가라고 하라!"

이리하여 이사는 하릴없이 궁중에서 쫓기어 나오고 말았다. 집으로 돌아와 가만히 생각해 보니 아무래도 자기가 조고에게 속은 것만 같았다.
 '내가 간특한 늙은 여우의 농간에 넘어가고 말았구나!'
 그는 이렇게 깨닫고서 즉시 2세 황제에게 올리는 상소문을 썼다. 내용은 다음과 같았다.

　　가혹한 세금과 함께 가중되는 군역과 노역으로 백성들이 굶주림에 시달리고 있는 가운데 관동에서는 진나라를 쳐부수고 잃어버린 나라를 다시 세우려고 봉기한 반군들이 나라의 태반을 점령해 오고 있사옵니다. 더구나 이들을 진압하기 위해 출정한 대장군 장한은 30만의 대군을 모두 잃고 지금 함곡관에서 원병을 청하고 있으니 나라의 앞날이 심히 위태롭나이다. 이 모든 것이 일개 환관이던 조고가 승상이 되자 국정을 전횡하고 권세를 오로지 농단하기 때문이니 폐하께서는 깊이 통찰하시옵소서.

 2세 황제는 이사의 상소문을 읽고서 도리어 크게 노하여 즉시 이사에게 입궐하라는 분부를 내렸다. 이사가 급히 입궐하여 부복하자 2세는 노기를 띠고 말했다.
 "조고는 청렴하고 유능한 데다 짐의 뜻을 잘 받들어 짐이 그를 믿고 국정을 맡기고 있는 터인데 경은 어찌하여 소인배처럼 조고를 헐뜯는가?"
 "조고의 간교함과 탐욕스러움은 이미 천하가 다 알고 있는데 어찌 폐하만 모르시고 계시나이까?"
 이사도 지지 않고 단호한 어조로 말했다. 2세는 무언가 잠시 생각하더니 엉뚱한 말로 이사를 윽박질렀다.
 "경은 평소에도 늘 아방궁의 나머지 공사를 중지하라고 했는데 그 공사는 선제께서 못 다 이루신 유업을 완성하려는 효심에 불과하오. 그런데도 경은 굳이 공사의 완성을 보지 못하게 하여 짐으로 하여금 불효를 저지르게 하니 그 의도가 무엇인지 가히 의심스럽소."

2세는 이사를 꾸짖다 말고 별안간 좌우에게 시켜 정위(廷尉)를 부르라고 했다. 정위가 들어오자 2세는 대뜸 물었다.

"비밀스럽게 초나라와 내통하여 사직을 전복하려 한 죄는 오형(五刑)으로써 논하면 무엇이냐?"

정위는 영문도 모른 채 법에서 정한 대로 대답했다.

"요참(腰斬)이라고 아뢰오."

마침내 2세의 어명이 내려졌다.

"이사는 요참에 처하고 그의 삼족을 멸하라!"

이사가 정위에게 끌려 나가자 2세는 조고를 불러들였다. 조고는 2세의 기색이 심상치 않음을 보고 그의 앞에 엎드렸다.

"천하에 변란이 일어나 나라가 위급하건만 경은 어이하여 짐에게 알리지 않았는고?"

조고는 처음으로 황제에게 이런 호령을 듣고 사시나무처럼 온몸을 떨면서 입을 열었다.

"신이 황공하옵게도 승상이 된 후로 다만 바라옵기는 폐하께옵서 태평성세에 만수무강하시는 것뿐이었사옵니다. 그런 고로 나라 안의 정사는 신이 불철주야로 감당해 왔사옵니다. 신이 혼자서 어찌 나라 안팎의 일을 함께 다 할 수 있겠사옵니까. 장한이 싸움에 패했다면 그의 죄를 묻고 대장을 다시 뽑아 보내시면 도적을 진멸할 수 있을 것이옵니다."

실로 교묘하게 자신의 책임을 회피하고 2세의 마음을 안심시키는 말이었다. 그러나 어리석은 2세는 그 뜻을 간파하지 못하고 다만 조고의 측은한 모습과 공손한 음성에 마음이 흔들리어 금세 노여움이 풀어졌다.

"듣고 보니 경의 말이 옳도다. 경은 과히 염려치 마오."

2세는 말을 마치고 후궁으로 들어가 버렸다. 조고는 대궐에서 나와 혼자 생각했다.

'이번 일은 장한이라는 놈이 변변치 못해서 싸움에 지고 원병을 청했기 때문에 일어난 일이다. 우선 이놈부터 잡아 없애야겠다!'

조고는 엉뚱하게 장한을 원망하면서 그를 죽일 생각에 골몰하느라 다른 정신이 없었다.

바로 이 때 장한의 부하 장수 사마흔이 함곡관으로부터 찾아와 승상을 뵈옵겠다고 했다. 아무리 원병을 청하는 장계를 올리고 사자를 보내도 소식이 없자 하는 수 없이 사마흔이 직접 찾아온 것이다.

조고는 사마흔을 만날 겨를이 없으니 기다리라 분부하고는 장한·사마흔·동예 세 장수들의 가족을 비밀리에 모두 잡아들이도록 명령을 내렸다.

이런 줄도 모르고 사마흔은 조고의 집 문 밖에서 하루 종일을 기다렸다. 이튿날 저녁 때가 되어도 조고는 접견을 허락하지 않았다. 아무래도 이상하다 생각한 사마흔은 외양이 정직해 보이는 문객 한 사람이 옆문에서 나오는 것을 보고 그 사람 앞으로 쫓아갔다. 사마흔은 품속에서 금 덩어리를 하나 꺼내어 그 사람에게 쥐어 주고 은근히 물어 보았다.

"승상께서 나를 안 만나 주시는 까닭이 무엇인지 말씀을 좀 해 주십시오."

사마흔이 간곡한 어조로 말하자 문객은 그의 귀에 입을 가까이 하고서 가만히 말했다.

"승상께서는 장한 대장군에게 패전한 죄를 물어 곧 치죄하려 하고 있습니다. 지금 장군께서는 제 발로 사지에 들려 하시니 참으로 보기에 딱하외다."

사마흔은 이 말을 듣고 깜짝 놀랐다. 그는 즉시 말을 타고 달아났다.

'큰일났구나! 빨리 이 사실을 대장군에게 알려야겠다.'

사마흔은 밤새도록 쉬지 않고 말을 달려 함곡관으로 돌아가 전후의 사정을 보고하였다. 듣고 나자 장한은 길이 탄식하며 말했다.
"진퇴유곡이라더니 나야말로 그 꼴이 되었구나. 조고 이놈! 내 죽기 전에 네놈의 고기를 씹고야 말리라!"
장한은 분하고 억울해서 어쩔 줄을 몰라 했다.
이럴 때에 조고의 조카 조상(趙常)이 2세 황제의 칙사로 장한을 찾아왔다고 했다. 그 말을 듣고 장한은 긴장했다.
'무슨 일로 칙사가 왔을까?'
그는 사마흔과 동예를 불러 상의했다.
"필시 폐하의 칙명으로 우리를 함양으로 불러 올려 죽일 작정입니다. 조고의 간계로 이사도 억울하게 죽지 않았습니까."
동예의 이 말을 듣고 장한은 고개를 끄덕이었다.
"설사 폐하께서 함양으로 오라 하더라도 가지 말아야 합니다. 그래야만 우리가 살아날 길이 있고 또 인질로 잡혀 있는 가족들도 목숨을 부지할 수 있겠지만 만일 우리가 간다면 모두 죽음을 당하고 말 것입니다."
사마흔도 같이 말했다.
"그러면 우리 세 사람의 뜻이 모두 같으니 그렇게 하기로 하세."
장한은 의논을 끝내고 칙사와 만났다. 조상이 전하는 조서의 내용은 예상했던 대로였다.

'도적을 토멸하라는 명을 받들고서 관 밖에 나갔으니 마땅히 공훈을 세우고 위엄을 떨쳐야 하거늘 그대는 도리어 군사들을 죽이고 군명(君命)을 욕되게 하였도다. 지금 조상을 칙사로 보내 그대를 부르는 터이니 어김이 없으면 작량(酌量)함이 있을 것이로되 이를 어기고 불복한다면 그 죄는 죽음을 면키 어려울 것이다. 그대는 속히 짐의 명을 받들어 행하도록 하라.'

조서를 읽고 장한은 크게 노하여 조상에게 소리쳤다.

"내가 싸움에 패하고 군량이 떨어져 군사들이 굶주리고 있으므로 사자로 하여금 이 뜻을 몇 번이고 황제 폐하께 아뢰게 하였다. 그런데 조고 이놈이 이를 감추고 아뢰지 않고 있다가 이제 와서 우리들에게 죄를 주려고 하다니 이럴 수가 있단 말인가. 이런 괘씸한 놈! 너의 삼촌 대신 네놈이 내 칼에 죽어 봐라!"

장한은 칼을 뽑아 그 자리에서 조상을 베어 버렸다. 그러고 나서 다시 막료들을 불러 상의했다.

모사 진희(陳稀)가 먼저 입을 열었다.

"기왕에 이렇게 되었으니 진나라를 버리고 새로이 안신할 길을 찾는 것이 좋을 듯합니다."

"옳은 말씀입니다. 그렇게 하는 도리밖에 없습니다."

사마흔이 동감을 표하자 동예도 찬성을 했다.

"이제는 선택의 여지가 없다고 생각됩니다."

장한은 잠시 생각하다가 입을 열었다.

"우리가 지금 진나라를 버린다면 누구에게로 가는 것이 좋겠는가?"

"지금 6국의 후손들이 제각기 일어섰습니다만 모두 보잘것이 없고 오직 초나라의 항우가 제일 우뚝합니다. 앞으로 진나라를 멸망시킬 사람은 항우일 것입니다. 항우에게 가도록 하시지요."

진희가 조심스럽게 의견을 말했다.

"그건 안 될 말일세. 비록 내 손으로 죽이진 않았지만 지난 가을에 항우의 숙부 항량이 나와 더불어 싸우다가 전사를 했으니 항우는 지금 나를 원수로 알고 있을 게 아닌가?"

"그 점은 염려 마십시오. 저를 항우에게 사자로 보내 주신다면 제가 항우를 설득하겠습니다."

진희가 자신 있게 말했다.

"목숨을 거는 일이오. 내 어찌 그대를 사지로 보내겠소."

장한은 고개를 저었다.

"아닙니다. 제가 가는 길이 바로 죽지 않고 사는 활로입니다. 저를 사자로 보내 주십시오."

진희가 간곡하게 청하자 장한은 마침내 이를 허락했다.

진희는 즉시 함곡관을 나와 장남 땅으로 항우를 찾아갔다. 항우는 장한에게서 사자가 왔다는 보고를 듣고 진희를 불러들였다.

"장한이 세궁역진하여 너를 세객으로 보냈구나. 그렇지 않아도 내가 지금 보검을 갈아 놓고 시험을 하려던 참인데 네 말이 과연 사리에 합당하면 모르겠거니와 조금이라도 사리에 어긋난다면 보검을 시험해 보리라."

"저는 세객으로 온 것이 아닙니다. 다만 지금 진·초 양군이 서로 적대하는 형세가 진군에도 이익이 안 되고 초군에도 도움이 안 된다는 사정을 말씀드리러 온 것입니다. 대장군 장한은 나라에 세운 공이 많건만 내시 조고의 모함에 걸려 진퇴유곡에 빠져 있습니다. 지금 칙사의 목을 가지고 장군께 항복하려 하오니 받아 주시기를 바랄 뿐입니다."

항우는 진희의 말이 채 끝나기도 전에 탁자를 치면서 호통을 쳤다.

"장한은 나의 숙부를 죽인 불구대천의 원수다! 내가 이놈을 죽여 고기를 씹어도 분이 풀리지 않겠는데 그놈이 나에게 항복을 하겠다고?"

그러자 진희는 하늘을 우러러 크게 소리 내어 웃었다. 이를 보자 항우는 더욱 불같이 노하여 소리쳤다.

"네 이놈! 내 보검이 얼마나 잘 드는지 한 번 보고 싶으냐? 네 어찌 감히 내 앞에서 소리 내어 웃는 것이냐?"

진희가 정색하고 말했다.

"제가 웃는 까닭은 다름이 아닙니다. 장군께서 저를 베시고 장한 장군의 항복을 받아들이지 않으신다면 잃는 손실이 너무도 크기 때문에 웃는 것입니다. 충신은 나라를 위하여 가정을 불고하고 목숨까지도 바치는 것이 아닙니까. 장한이 장군의 숙부님을 전사케 한 일도 진나라에 대한 충성심에서 한 것입니다. 큰 뜻을 이루려는 사람은 이 같은 충성된 마음을 취하지 사사로운 가족의 원한을 취하지 않는 법입니다."

이 때 범증이 항우의 곁으로 와서 가만히 말했다.

"진희를 잠시 물러가라 하시지요."

항우는 노기를 풀지 못한 채 범증이 권하는 대로 진희를 잠시 물러가 있으라고 했다. 진희가 물러간 뒤에 범증이 항우에게 말했다.

"지금 장군이 함곡관을 넘어가지 못하는 까닭은 장한이 진나라를 위해 굳게 지키고 있기 때문이 아닙니까. 장한의 항복을 받아들이고 그를 수하 대장으로 쓰신다면 장한은 그 은혜를 생각하고 장군을 위해 목숨을 바칠 것이고 진나라는 나라의 큰 기둥을 잃게 됩니다. 그런데 만일 장군이 장한을 버리신다면 그는 필경 다른 나라에 항복할 것이고 그 나라를 위해 우리 초나라에 대적할 것입니다. 그렇게 되면 진나라를 멸하기 전에 또 하나의 진나라를 만들어 놓는 결과가 됩니다. 그런 고로 장군은 사사로운 원한을 버리시고 대의를 굳건히 하십시오."

항우는 범증의 말을 듣자 깊이 깨달은 듯 만면에 웃음을 띠었다.

"선생의 말씀이 참으로 옳습니다."

그는 다시 진희를 불러들여 말했다.

"아까는 내가 너무 흥분하여 예의를 돌보지 못했도다. 내 이제 사사로운 원한을 씻고 국가 대계를 위하여 장한 장군의 항복을 받아들일 터이니 그대는 돌아가 이 뜻을 전하라."

"황송하옵니다. 제가 어찌 그 일을 소홀히 할 수 있겠나이까."

진희는 그 길로 서둘러 함곡관으로 향하였다.

제3편 양웅쟁공(兩雄爭功)

1. 동서양로(東西兩路)
2. 관인대도(寬仁大度)
3. 자중지란(自中之亂)
4. 함양성(咸陽城) 입성
5. 항우의 위약(違約)
6. 홍문연(鴻門宴)의 검무
7. 초패왕(楚覇王) 항우

제3편 양웅쟁공(兩雄爭功)

1. 동서양로(東西兩路)

항우는 진나라 대장군 장한의 항복을 받고 10만에 가까운 군사들을 새로이 얻어 위엄을 천하에 떨치게 되었다.

진나라에서는 장한이 초나라에 항복했다는 소식을 듣고 그의 삼족을 함양 시정에 끌어내 참형에 처하였다. 장한은 그로써 더욱 항우에게 충성을 다할 것을 맹세했다.

"지금 즉시 장하를 건너 신안(新安)으로 해서 함양성을 친다면 얼마 안 가서 진나라를 멸할 수 있을 것입니다."

그러자 범증이 나서서 반대했다.

"아직도 진나라는 강하고 군사들이 많아 홀홀히 쳐들어가는 것은 시기상조입니다. 지금 회왕이 도읍을 우이성에서 팽성으로 옮기었으니 일단 팽성으로 돌아가서 인마를 쉬게 하는 한편으로 군량을 모으고 재정을 조달한 뒤에 진나라를 동서로 협공하는 것이 옳을 줄로 압니다."

항우는 범증의 말에 따르기로 하고 장남에 진을 치고 있는 군사들을 거느리고 팽성으로 돌아가서 회왕에게 예를 올렸다.

회왕은 옥좌에서 몸을 일으켜 항우의 공로를 치하했다.

"장군은 출사할 때마다 대공을 세우니 그 공로를 금석에 새기어 천추만세에 길이 전해야 할 것입니다."

이어서 회왕은 크게 잔치를 베풀고 도읍을 옮긴 후 처음으로 장졸들에게 논공행상을 하였다. 항우에게는 노공(魯公)이라는 칭호를 내리고 유방에게는 패공(沛公)이라는 칭호를 내렸다. 유방은 패현에서 현령으로 지낸 일이 있어 그 때부터 패공이라 불러 왔으나 이번에 정식으로 패공이 된 것이다.

 회왕은 노공 항우보다 패공 유방에게 더 호감을 갖고 있었다. 돌이켜보면 남의 집에서 더부살이하던 심부름꾼에 불과하던 그가 일약 왕위에 오른 것은 항우의 숙부인 무신군 항량과 항우 그리고 범증의 덕분이었다.

 그럼에도 회왕은 항우보다 유방이 더 좋았다. 그래서 신하들이 듣는 데서도 곧잘 이렇게 말했다.

 "패공은 장자(長者)야. 중후하고 인자해서 마음을 편하게 해 주거든. 그에게 군대를 맡긴다면 여러 고을을 징벌하면서도 관민을 덕화(德化)로 다스릴 게야. 이에 비해 노공은 지나치게 강직하고 때로는 난폭하여 사람들이 심복하면서도 몹시 두려워하지 나도 어쩐지 노공이 두렵기만 하다."

 이 말을 전해들은 항우는 얼굴을 찌푸리며 몹시 불쾌해 했다.

 "회왕이 공연히 쓸데없는 인물평을 하는구나."

 어쨌거나 항우와 유방의 양군이 팽성에 온 지도 거의 한 달이 지났을 때였다. 항우가 회왕을 알현하고 아뢰었다.

 "이제 바야흐로 진나라를 쳐부술 때가 왔습니다. 신의 출정을 허락해 주시기 바랍니다."

 회왕은 그 말을 듣자 무슨 생각을 했는지 갑자기 좌우에 명하여 패공 유방을 부르라 했다. 유방이 회왕 앞에 오자 회왕이 말했다.

 "포악무도한 진나라를 멸하고 백성들을 도탄에서 구할 때가 온 것 같으니 패공도 노공과 함께 군대를 거느리고 출전할 준비를 서두르도록 하오."

말한 다음 항우와 유방을 번갈아 보며 말을 이었다.

"이곳 팽성에서 진의 도읍지인 함양으로 가는 길은 동서 두 갈래의 길이 있다 하니 경들이 각기 한 길씩 분담해서 진격하기 바라오."

이같이 말한 뒤에 회왕은 좌우를 둘러보면서 물었다.

"동서 두 길 중에서 어느 쪽이 멀고 가까운가?"

"동서 두 길이 거리는 같은 줄로 아뢰오."

근시들이 대답했다.

"그렇다면 제비를 뽑아서 두 사람이 각각 한 길을 택하도록 하오."

회왕은 이렇게 분부했다.

항우와 유방은 이윽고 근시들이 만들어 가지고 온 제비를 뽑았다. 유방은 서쪽 길을 뽑았고 항우는 동쪽 길을 뽑았다. 두 사람의 출정 길이 정해진 것을 보고 회왕은 다시 입을 열었다.

"경들이 천하의 민심을 거두기 위해 짐을 초왕으로 세웠음을 익히 알고 있지만 짐은 나이도 어리고 몸도 약한 데다 제왕의 자질도 갖추고 있지 못하오."

회왕은 잠깐 동안 말을 멈추었다가 다시 계속했다.

"이제 경들이 동서 두 길로 나누어 진격하는데 거리는 같다 하니 먼저 함양에 들어가는 사람이 왕이 되고 다음에 들어가는 사람은 그의 신하가 되도록 하오. 그런 후에 천하가 안정되면 나는 왕위를 사양하고 한가한 땅에서 책이나 보면서 지낼 수 있도록 해 주오."

실로 놀라운 말이 아닐 수 없었다. 항우와 유방은 회왕의 이 같은 말에 그대로 땅에 엎드렸다. 유방이 먼저 아뢰었다.

"신들 두 사람은 갈충보국(竭忠報國)하여 제업(帝業)을 이룩한 후에 전하를 보좌에 모시겠나이다."

항우도 그에 따라서 말했다.

"패공의 말이 신의 뜻과 같사옵니다."

회왕은 두 사람의 말을 듣고 얼굴에 부드러운 미소를 지으며 말했다.

"두 분은 속히 출정 준비를 하도록 하오."

항우와 유방은 각기 자기 부대로 돌아와 부하들을 휘동하여 출정 준비를 서둘도록 명령을 내렸다.

마침내 40만 대군을 거느린 항우와 10만 군을 거느린 유방은 팽성을 떠나 정도(定陶) 땅에 이르렀다. 이 곳에서 길이 동서로 갈라지게 된다. 두 사람은 무운을 비는 잔치를 크게 베풀고 나이가 16세나 아래인 항우가 형이 되고 유방은 그의 아우가 되었다.

이와 같이 결의형제를 맺고 항우는 동쪽 길로, 또한 유방은 서쪽 길로 각기 군대를 거느려 장도에 올랐다. 때는 2세 황제 3년으로 기원전 207년 2월이었다.

2. 관인대도(寬仁大度)

정도에서 항우와 작별한 패공 유방은 며칠 후 창읍(昌邑)에 다다랐다. 성문은 굳게 닫혀 있고 군사들이 요소요소를 엄중히 지키고 있었다.

이를 보고 선봉 번쾌는 공격 준비를 했다. 전열이 갖추어지고 번쾌가 성으로 쳐들어가려 할 때였다. 유방이 급히 말을 달려 번쾌를 불렀다.

"여보게, 잠깐!"

이윽고 번쾌 앞에 말을 세운 유방이 물었다.

"자네, 지금 성을 공격하려고 하는가?"

"성문을 열어 주지 않고 항거하니 쳐서 깨뜨려야 하지 않겠습니까."

번쾌가 의아한 듯이 물었다.

"아닐세, 그래서는 안 되네. 이까짓 조그만 성을 깨뜨리기는 쉬운 일이지만 그러자면 성 안의 백성들이 많은 피를 흘려야 하지 않겠는가. 내가 군대를 이끌고 출전한 대의명분은 백성들을 도탄에서 구하기 위함이지 그들을 괴롭히기 위함이 아닐세. 지금 이 작은 성을 쳐서 깨뜨린다면 잔학무도한 진나라와 무엇이 다른가."

번쾌는 유방의 말을 듣고 크게 고개를 끄덕였다.

이리하여 유방은 창읍성 밖에 군사를 둔치고 움직이지 않았다. 이를 본 성 안에서는 모두들 이상하게 생각했다. 유방의 대군이 공격을 하려는 것 같더니 별안간 공격을 멈추고 성 밖에 진을 친 채 안병부동(按兵不動)하는 이유를 알 수 없었던 것이다.

그러나 얼마 안 되어 백성들에게 피해를 끼치지 않기 위해 내린 조처임을 알게 되었다.

"고금에 드문 일이다. 패공 유방은 참으로 관인후덕한 장군이다."

"우리가 잔혹무도한 진나라에 충성을 다할 필요가 있는가?"

"패공에게 항거하는 것은 하늘의 뜻을 거역하는 일이다."

마침내 성 안에서는 현령을 비롯한 유지들이 의논 끝에 성문을 열고 유방을 맞아들이기로 결정했다. 창읍을 지키던 3천 명의 군사들이 길거리에 도열하고 현령을 비롯한 관료와 백성들이 진심으로 환영하는 가운데 유방은 성으로 들어갔다.

"백성을 괴롭히는 자는 참형에 처하리라!"

유방은 이 같은 군령을 내리고 장수들로 하여금 군사들을 엄중 단속하도록 했다. 백성들의 환호성이 길거리에 넘쳤다.

이리하여 칼날에 피 한 방울 묻히지 않고 창읍을 통과한 유방은 그 다음 목표인 고양(高陽)에 이르렀다. 고양을 지키는 장수 왕덕(王德)은 일찍부터 유방을 흠모해 오던 터라 미리 성문을 크게 열고 기다리고 있었다.
　유방은 성 안으로 들어가 왕덕의 예를 받고 말했다.
　"보아하니 그대는 지모와 용력이 출중해 보이니 나를 수행하여 진나라를 치는 일에 참가해 볼 생각은 없는가?"
　왕덕은 감격하여 땅바닥에 부복하였다.
　"불감청이언정 고소원(不敢請固所願)입니다만 저 같은 졸렬한 둔재보다는 이 마을에 한 은자(隱者)가 있으니 그 사람을 불러다 휘하에 두시는 편이 백 배 나을 것입니다."
　왕덕은 자기보다 훌륭한 인물이 있다면서 역이기라는 사람을 추천하는 것이었다.
　"역이기는 어떤 사람인가?"
　"나이가 60여 세나 되는 노인이지만 기백과 기운이 젊은이를 압도하는데 술을 좋아하여 노상 취해 노래를 부르며 거리를 활보하므로 사람들이 그를 모두 미치광이로 알고 있습니다. 그러나 그의 가슴속에는 만 권의 서책이 들어 있고 천하를 광부(匡扶)할 경륜을 갖고 있습니다."
　"오, 그런 인물이 숨어 있다니 참으로 아깝구나. 수고롭지만 그대가 가서 좀 모셔 와 주게나."
　유방은 크게 기뻐하며 말했다.
　왕덕은 유방 앞에서 물러나와 곧장 역이기 노인의 집을 찾아갔다. 노인은 술 취한 눈을 게슴츠레 뜨고 왕덕과 마주 앉았다. 왕덕은 찾아온 경위를 설명하고 난 다음에 물었다.
　"저와 함께 가서 패공을 보시지 않겠습니까?"
　역이기는 왕덕의 말을 다 듣고 나서 그제야 게슴츠레한 눈을 크게 뜨고 말했다.
　"내가 듣기에 패공은 그릇은 크지만 교만하여 사람을 업신여기는 구석이 있다고 하더구만. 교만한 사람은 한때 득세를 할 수 있지만 필경에는 몸을 망치고 말지."

왕덕이 정색하고 말했다.

"사람을 몰라보면 그럴 수야 얼마든지 있는 일이지요. 그러니까 선생께서 패공으로 하여금 깨우치도록 해야 하지 않겠습니까. 한번 만나 시험을 해 보시지요?"

역이기는 듣고 한참 생각에 잠기더니 승낙했다.

"공의 말에 일리가 있네. 천하에 완전무결한 영웅이 어디 있겠는가. 내가 한번 만나보기로 하지."

두 사람은 유방의 진중으로 가서 그의 방문 앞에 이르렀다. 이 때 유방은 의자에 걸터앉고 두 여종이 그의 발을 씻기고 있었다. 이런 모양으로 역이기 노인을 인견하려 하였다.

이를 본 역이기는 큰 소리로 외쳤다. 노인 같지 않은 우렁찬 목소리였다.

"그대는 진나라를 도와 제후들을 치려 하는가, 아니면 제후들을 거느리고 진나라를 치려 하는가?"

유방도 마주 호통을 쳤다.

"늙은 주정뱅이가 실성을 했구나! 내가 회왕의 분부를 받들고 진나라를 쳐서 무도한 역도들을 제거하려 하는데 진나라를 도와 제후들을 치려 한다니 무슨 말을 그 따위로 함부로 하는가!"

역이기는 지지 않고 더욱 큰 소리로 말했다.

"무도한 진나라를 치는 대업은 천하의 민심을 얻어 의병을 모으지 않고는 안 될 일인데 그대는 무례하게도 여종에게 발을 씻기면서 나이 많은 선비를 만나고 있으니 지모 있는 선비는 그대를 찾지 않을 것이며 선비가 찾지 않고 인재가 떠난다면 그대는 장차 누구와 함께 천하를 도모하겠는가!"

　유방은 그제야 급히 수건으로 발을 닦고 문 밖으로 쫓아나가 역이기 노인을 맞아들이어 상좌에 앉히고는 진심으로 사죄를 했다.

　"제가 짐짓 선생을 격동시켜 보려고 그처럼 무례를 범하였으니 너그러이 용서해 주십시오."

　"패공의 위덕을 들은 지 오래입니다. 늙은 것이 아둔하여 망발을 하였소이다."

　역이기도 깊이 허리를 굽혔다.

　유방은 즉시 좌우에게 술을 가져 오라 하여 은근히 권하면서 역이기에게 물었다.

　"시황제가 죽은 뒤로 육국이 모두 일어나 천하가 바야흐로 끓는 가마솥 같은데 선생의 고견탁론(高見卓論)을 들려주십시오."

　역이기는 정색하고 거침없이 천하대세를 논한 다음 말하였다.

　"진나라는 머지않아 반드시 멸망할 것이며 천하를 통일하려면 백성들을 열복시켜 민심을 얻어야 할 것입니다."

　유방은 만면에 미소를 지으며 다시 물었다.

　"여기서 진나라의 수도 함양으로 돌입하려면 어떠한 작전이 필요하겠습니까?"

　"안 됩니다. 지금 패공이 거느린 10만의 군사들은 훈련되지 않은 오합지졸에 불과합니다. 진나라는 아직도 뿌리가 깊고 강한 나라입니다. 견고하기로 이름난 함양성을 오합지졸로 공격한다는 것은 마치 양 떼를 몰고 범의 아가리로 들어가는 것과 다를 바가 없습니다."

　"그러면 어찌 해야 좋겠습니까?"

　유방이 근심하는 빛을 띠고 물었다.

　"먼저 지리(地利)를 얻어야 하니 군대를 이 곳에서 진류 땅으로 옮겨야 합니다. 진류 땅은 사통오달(四通五達)하는 교통의 요충이며 성중에 식량과 물자가 산더미같이 쌓여 있는 곳입니다. 다행히 이 땅을 다스리고 있는 태수가 나의 친구이니 내가 이 사람을 찾아가 설득하면 반드시 패공에게 귀순할 것입니다."

유방은 크게 기뻐하며 청하였다.

"선생의 말씀을 듣고 나니 목마른 이가 감로(甘露)를 찾은 듯합니다. 내일이라도 친구를 찾아가 보시는 것이 어떻겠습니까?"

이튿날 역이기는 진류성으로 태수 진동(陳同)을 찾아갔다. 진동은 오래간만에 찾아온 역이기를 후당으로 안내하여 술대접을 하였다.

"새는 나무를 가려서 앉고 어진 선비는 주인을 가려 섬긴다 하였소. 지금 진나라가 무도하여 천하 제후들이 모두 들고일어났으니 진나라는 머지않아 반드시 멸망하고 말 것이오. 지금 태수께서 무도한 진나라를 위하여 성문을 닫고 항거한다 하더라도 패공 유방의 10만 대군을 어찌 감당할 수 있겠소. 더구나 패공은 관인후덕하여 백성들이 따를 뿐더러 어진 이를 우러르고 선비를 예로 대하니 늙은 나도 노구(老軀)를 이끌고 그를 섬기는 터요. 태수께서도 어서 성을 열어 패공을 맞아들이시고 의병의 대열에 동참하시기 바라오."

진동이 대답했다.

"선생의 말씀에도 일리가 있기는 합니다만 제가 오래 진나라의 녹을 먹어 오다 어찌 하루아침에 이를 배반할 수 있으리까?"

"지금 진나라의 2세 황제는 그의 아비 시황제보다 더 잔인하고 포악하여 온 백성들이 모두 이를 갈고 있소. 그 옛날 성왕(成王)이 폭군 주(紂)를 치자 사해 백성들은 모두 기꺼이 그에게 복종하였지 누구 한 사람 신하가 임금을 죽였다고 탓하지 않았소. 지금 태수께서 진나라를 버리신다고 손가락질할 사람이 어디 있겠소. 때를 놓치면 후회막급이니 내 말대로 하심이 좋을 것이오."

진동은 눈을 감고 한동안 말이 없다가 항복할 뜻을 말했다.

"선생의 말씀에 따르겠소이다."

이리하여 유방은 이번에도 피 한 방울 흘리지 않고 진류성에 입성하였다. 유방은 진류성을 근본으로 삼아 사방의 인마를 모으는 한편 때를 보아 관중을 쳐부술 전략 요충을 확보한 것이다.

이러한 공로로 유방은 역이기에게 광야군(廣野君)의 칭호를 내리고 크고 작은 일들을 모두 역이기와 상의해서 처결하였다.

한 달쯤 지나서였다. 유방이 역이기에게 말했다.

"그 동안 인마를 조련하고 군수물을 완비하였으니 함양성으로 진군해 보는 것이 어떻겠소?"

그러자 역이기는 고개를 가로저었다.

"아직 안 됩니다. 이 사람이 패공의 두터운 은혜를 입었으면서도 그 동안 세운 공이 없습니다. 저는 아무래도 큰일을 도모하여 기공을 세울 인물이 못 됩니다. 탕(湯)의 이윤(伊尹)이나 주(周)의 여망(呂望)과 같은 대인재를 얻은 다음에라야 천하를 경영할 수 있습니다. 다행히 한 인물이 있는데 이 사람을 얻는다면 가히 진나라를 깨뜨리고 천하를 경영할 수 있을 것입니다."

유방은 즉시 자리에서 일어나 예를 바로 하고 물었다.

"그 같은 인물이 과연 어디에 있습니까?"

역이기가 대답했다.

"그는 한(韓)나라 사람으로 성은 장(張)이고 이름은 량(良)이며 자는 자방(子房)입니다."

"장량이라? 언젠가 그 이름을 들은 듯하오."

유방이 그 이름에 대한 기억을 더듬고 있는 사이에 역이기는 다시 말을 계속했다.

"장량은 한나라 5대 정승인 명문 자손으로 일찍이 한 이인(異人)을 만나 그로부터 전수받은 천하의 기서(奇書)로 공부하면서 항상 한나라를 멸망시킨 진나라에 대해 원수 갚기를 열망하고 있지요."

"오, 이제야 생각이 나오. 박랑사에서 창해 역사를 시켜 시황제를 죽이려다 뜻을 이루지 못하고 몸을 숨긴 의사(義士)가 바로 그 장량이 아니오?"

유방은 그제야 생각이 난 듯 물었다.

"예, 바로 그 사람입니다. 그는 한나라가 근자에 와서 다시 일어나긴 했으나 아직 모든 게 미비하여 때를 기다리고 있는 중입니다. 만일 이 사람을 패공의 휘하에 둔다면 천하를 평정하는 일도 어렵지 않을 것입니다."

역이기의 말이 끝나자 유방은 몹시 걱정스러운 얼굴로 말했다.

"하지만 그가 한나라의 신하 된 몸으로 내가 부른다고 해서 홀홀히 올 수가 있겠소? 게다가 그는 한나라 대대(代代) 공신의 후예라 일이 더욱 어렵지 않겠소?"

역이기는 입을 다물고 한참 생각하더니 말했다.

"한 가지 계교가 떠올랐습니다. 계교대로 하면 그 사람을 데려다 쓸 수 있을 것입니다."

"그 계교가 무엇인지 어서 말씀해 보오."

유방이 다그쳐 물었다.

"패공께서 한왕에게 서찰을 보내십시오. 군대를 일으켜 진나라를 치려 하는데 군중에 식량이 부족하여 속히 진격을 못하고 있으니 군량미 5만 석만 빌려 달라고 하십시오."

"군량은 지금 군중에 충분하지 않습니까?"

"그게 아닙니다. 한나라는 새로 일어난 지 얼마 되지 않아 저장된 식량이 있을 리 없습니다. 동맹 국가로서 의리는 지켜야겠는데 꾸어 줄 식량이 없으니 이에 대한 설명을 하기 위해 한왕은 유능한 사람을 사신으로 보낼 것이고 그 사신은 장량일 게 틀림없습니다. 그러면 일은 다 된 것이지요. 군량 대신 장량을 꾸어다 쓰자는 뜻입니다."

"허어, 그 계교가 참으로 묘합니다."

유방은 즉시 한왕에게 보내는 글을 닦아 역이기를 한나라로 보냈는데 글의 뜻은 대개 다음과 같은 것이었다.

초나라 정서대장군 패공 유방이 삼가 한왕 전하께 글월을 올리나이다. 일찍이 진나라 시황이 무도하여 우리들 육국을 병탄하고 그 2세는 더욱 잔악하여 백성들의 원한이 골수에 사무쳐 있습니다. 이에 소장(小將)이 대군을 거느리고 이를 치고자 하나 진군한 지 수천 리에 만만금(萬萬金)을 소모하여 앞으로 군량이 궁핍하겠기로 부득이 전하께 군량미 5만 석을 차용코자 하오니 천하의 대의를 위해 도와 주시옵소서. 차용한 군량미는 진나라를 멸한 다음에 그 갑절로 갚아 드리겠나이다.

한왕은 패공 유방의 서찰을 받아 보고 신하들을 모아 의논하였다.

"우리 한나라가 새로 일어선 지 일천하여 국용(國用)마저 부족한 터에 군량미 5만 석을 꾸어 달라니 어찌 하면 좋겠소?"

한왕이 근심하는 빛을 가득 띠고 이렇게 말하자 측근 신하 중의 한 사람이 말했다.

"대의명분으로 보아 군량미를 꾸어 주지 않을 수 없는데 지금 우리의 형편으로 보아 그것은 도저히 불가능한 일입니다. 그러니 우선 그 절반이라도 속히 보내야 할 것 같습니다."

"그렇긴 하오만 그 절반이나마 마련하기가 어디 쉬운 일이오?"

한왕이 이렇게 말할 때 문제의 장량이 출반하여 아뢰었다.

"대왕께서는 과도히 근심치 마시옵소서. 신이 곧 패공 유방에게로 가서 우리 한나라가 군량미 5만 석을 꾸어 줄 수 없는 사정을 잘 설명하겠나이다. 그렇게 많은 군량미를 어떻게 갑자기 마련하겠사옵니까. 이는 아마도 패공 유방에게 다른 뜻이 있어서 그런 요청을 한 것 같사옵니다."

한왕은 비로소 안도하며 말했다.

"그러면 경이 사자와 함께 패공에게 가서 잘 설명해 주오."

이를 보고 역이기는 속으로 쾌재를 불렀다.

'옳다! 잘되었다!'

장량도 역이기와 함께 유방의 진영을 향해 수레를 타고 가면서 속으로 생각했다.

'옳거니! 이 사람이 군량미를 핑계로 딴 짓을 하려는 게 틀림없구나.'

이윽고 두 사람이 유방의 진영에 이르러 원문(轅門)에 들어서려 하자 번쾌가 나와서 정중히 맞았다.

번쾌의 안내를 받아 장량이 대채(大寨)로 갔을 때 문 앞에서 패공 유방이 소하·조참 등을 거느리고 그를 영접하였다. 장량은 고개를 들어 처음으로 유방을 보았다.

'오, 이분이야말로 천하를 광부할 제왕의 상이로다.'

장량은 자기도 모르게 속으로 중얼거렸다.

유방의 인자하고 후덕하면서도 위엄 있는 용모와 소하의 너그러우면서도 빈틈없는 모습 그리고 조참의 강직하면서도 단아한 풍신이 한꺼번에 장량의 눈에 들어왔다. 장량은 놀라지 않을 수 없었다. 그들 모두가 하나같이 천하에 보기 드문 비범한 인물들이었기 때문이다.

장량은 유방에게 두 번 절하고 입을 열었다.

"패공께서 정의의 의군을 일으키시매 모든 지방의 백성들이 두 손을 들고 맞아들이는 터이므로 군량의 부족함이 없을 줄로 압니다. 그럼에도 군량을 핑계로 꾸미시어 저로 하여금 공연한 걸음을 하게 하시니 그 까닭을 알 수 없습니다."

실로 날카로운 언설이었다. 유방이 당황하여 얼른 대답하지 못하고 있을 때 곁에 있던 소하가 미소를 지으며 말했다.

"패공께서 군량을 차용하시겠다 한 뜻은 선생을 차용하시려 함이고 선생이 여기까지 오신 뜻은 패공을 설복하려고 온 것입니다. 선생이 지금 패공을 보시고도 설복하는 말을 하지 않는 것은 심중에 생각하는 바가 있는 까닭입니다. 어떻습니까? 선생이 패공을 모시고 진나라를 쳐서 무찌른다면 한나라의 원수를 갚고 큰 공도 세우게 될 것입니다."

소하의 말이 끝나자 장량은 자리에서 일어나 유방 앞에 엎드렸다.

"소하 선생의 말씀이 십분 옳으니 삼가 패공을 위해 신명을 바치겠습니다. 하오나 저는 신하 된 몸이라 한왕 전하께 먼저 고하여 허락을 얻지 않을 수 없습니다."

"그렇게 하는 것이 신하된 자의 도리이겠지요. 그럼 한왕 전하께 사유를 고하러 나와 함께 가십시다."

유방이 이렇게 말하자 장량은 크게 기뻐하며 감격하였다.

"황공하옵니다."

유방은 대군을 진류 땅에 머물게 하고 장량과 함께 역이기·소하·번쾌 세 사람과 약간의 군사들만 거느리고 한나라로 향했다.

일행이 한나라 도성에 도착하자 장량이 먼저 대궐로 들어가서 유방과 함께 오게 된 전말을 한왕에게 고하였다. 한왕은 크게 연석을 마련하고 유방을 맞아들였다.

한왕이 먼저 입을 열었다.

"패공이 무도한 진나라를 정벌하는 데 소용되는 군량을 청하셨건만 아시다시피 국용도 부족한 형편이라 장량을 대신 보내 사과를 하였던 것이외다. 패공은 용서하시오."

"건국하신 지 아직 얼마 되지 않아 식량이 부족하실 줄은 저도 잘 알겠습니다. 그러시면 식량 대신 장량 선생을 빌려 주시기 바랍니다. 이 사람과 함께 일을 의논해 가며 진나라를 쳐부수고 육국의 원수를 갚은 뒤에 즉시 전하께 돌려보내겠습니다."

유방은 한왕에게 정식으로 장량을 빌려 달라고 말하였다.

"그렇게 하십시오. 그러나 자방은 과인의 곁에 하루도 없어서는 안 될 사람이므로 일을 다 이룬 후에는 지체 없이 과인에게 돌려보내 주시기 바라오."

"그리 하겠습니다."

유방은 너무도 기쁜 나머지 다시 한 번 한왕에게 예를 드리고 사례하기를 마지않았다. 이에 따른 시 한 수를 적어 보면 다음과 같다.

  슬프다, 당대 제일의 영웅 항우여
  이 날을 그대는 알지 못하리
  장자방이 유방에게 가고 말았으니
  천하를 얻고서도 천하를 잃는
  뒷날의 역사를 어찌 할거나
  슬프다 항우여, 그대가 서정(西征)하여
  장자방을 얻었더라면
  한(漢)나라의 4백 년 역사 대신
  초(楚)나라의 푸른 역사가
  장강처럼 도도히 흘렀으리

이튿날 유방은 한왕과 작별하고 장량과 더불어 진류 땅으로 돌아왔다. 본영에 자리를 잡고 앉은 유방은 맨 먼저 역이기에게 장난기 섞인 어조로 물었다.

"이제는 함양성으로 진군해도 좋겠습니까?"

"예, 이제는 그렇게 하십시오."

역이기도 웃는 얼굴로 대답했다.

유방은 즉시 번쾌를 불러들여 출전 명령을 내렸다. 번쾌의 우렁찬 호령에 따라 그 사이에 15만으로 불어난 대군이 일제히 움직이기 시작했다. 장량·소하·조참·역이기 네 사람이 유방의 측근 막료로 중군의 선두에서 말을 가지런히 하여 행군을 계속했다.

유방의 대군이 무관(武關) 땅에 가까이 갔을 때 홀연 산모퉁이에서 한 장수가 군대를 거느리고 달려와 앞길을 막았다.

부관(傅寬)·부필(傅弼) 두 장수가 선두에 있다가 호통을 쳤다.

"너는 누구기에 대군의 앞길을 막는가?"

"내가 길을 막는 까닭은 패공을 만나기 위해서다."

"뭐라고? 무명 하졸이 어찌 감히 대장군을 만나려 하느냐?"

부관과 부필은 대로하여 창을 휘두르며 장수에게 달려들었다. 그러나 두 사람은 그 장수의 적수가 못 되었다. 두어 합 어울리는가 싶었는데 부관은 그 장수에게 사로잡힌 데다 부필 또한 대적하지 못하고 급히 말머리를 돌렸다.

장량이 번쾌와 함께 말을 달려와 이 모양을 보고 있다가 물었다.

"장수는 누구냐? 이름부터 대어라!"

"패공을 만나기 전에는 말할 수 없다!"

"쓸 만한 장수이긴 한데 자존심이 무척 강한 자로군."

장량이 혼자 중얼거리자 곁에 있던 번쾌가 쏜살같이 말을 달려나가며 호통을 쳤다.

"무엄한 놈! 내 칼을 받아라!"

두 장수가 어우러져 싸우기 20여 합이 되도록 좀처럼 승부가 나뉘지 않자 아까부터 멀찍이서 이를 보고 있던 유방은 깜짝 놀랐다.

'저 장수의 무예가 심히 고강(高强)하구나!'

유방은 말을 채쳐 앞으로 가까이 나아가 물었다.

"내가 패공 유방이다. 그대가 길을 막은 까닭은 무엇이냐?"

이 말을 듣자 그 장수는 황망히 말에서 뛰어내려 땅에 엎드렸다.

"존명을 들은 지 오래이나 길이 없어 뵙지 못했습니다. 삼가 견마지로(犬馬之勞)를 다하고자 하오니 수하에 거두어 주시기 바라옵니다."

유방은 말에서 내려 그 장수를 일으켜 세우며 물었다.

"그대는 이름을 무엇이라 하는가?"

"저는 낙천(洛川) 사람으로 성은 관이며 이름은 영이라 하옵니다."

유방은 관영의 무예에 감탄했던 터라 크게 기뻐하며 말했다.

"그대를 장수로 삼을 것이니 원하는 바가 있으면 말하라."

"황송하옵니다. 저의 수하에 3천 군대가 있사오니 저를 함양 공략의 선진(先進)이 되게 해 주시옵소서."

"장하다! 그렇게 하라."

유방은 즉시 허락하였다.

이리하여 새로이 편입한 관영의 군사와 함께 유방은 행군을 재촉하여 무관의 성 밖에까지 이르렀다.

3. 자중지란(自中之亂)

무관은 진나라의 서울 함양을 지키는 관중(關中) 제일의 요해지이다. 유방은 이 곳에서 하루를 둔영한 후 다음날 곧장 무관성을 공략하려 했다. 장량이 처음으로 유방에게 진언하였다.

"아직 무관성을 공략하기에는 이릅니다. 군사들이 많고 용맹스럽기는 하지만 이 요충을 깨뜨리는 데는 많은 희생이 따를 것입니다. 뿐만 아니라 진군은 배후가 막강한 데다 아직은 우리 배후가 불안합니다. 그런 고로 배후부터 먼저 완전히 평정한 다음에 무관성을 쳐야 할 것입니다."

"옳은 말씀이오."

유방은 장량의 진언에 따라 백마(白馬) 땅을 지키고 있는 진나라 장수 양웅(楊熊)을 패퇴시키고 곡우(曲遇)를 지나 다시 남하하여 영양(潁陽)을 점령하였다.

이어서 한(韓)나라의 요충지인 환원(轘轅)을 점거하고 있는 진군을 쳐부수고 남양성(南陽城)을 공격하였다. 그러나 이 곳은 만만치가 않았다. 연하여 5일 동안 계속 성을 들이쳐 보았지만 끄떡도 하지 않았다. 유방은 초조했다.

"이 곳은 버려 둔 채로 곧장 무관성(武關城)을 공격하는 것이 어떻겠소?"

장량은 반대했다.

"안 됩니다. 비록 낙양 동쪽의 진군은 그대로 둘지라도 이 곳 남양성의 진군을 그대로 두었다가는 설사 무관성을 함락시켰다 하더라도 함양성으로 진출하는 것은 불가능하게 됩니다. 자칫 잘못하면 앞뒤로 협공을 당할 우려가 있기 때문입니다."

"여기서 이렇게 계속 싸우고 있다가는 언제 관중으로 나갈 수 있단 말씀이오?"

유방은 안절부절못하며 물었다.

"염려 마십시오. 오늘 밤 한 계교를 쓰면 남양성은 틀림없이 패공의 차지가 될 것입니다."

"어떤 계교요?"

장량은 유방의 귀에 입을 가까이 대고 가만히 계교를 설명했다. 유방은 듣고 나자 만면에 희색을 띠었다.

"선생의 계교가 참으로 묘하오."

밤이 이슥해지자 유방을 대신하여 장량이 전군의 지휘에 나섰다. 그는 3만의 군사들을 다른 길로 빼돌렸다.

이 군사들이 20여 리쯤 갔을 때 장량은 이들에게 새로운 기치를 밤새워 만들게 했다. 초나라 항우의 증원군 기치였다. 그리고 새벽녘이 되면 이들로 하여금 남양성을 향해 진군하도록 명령을 내렸다.

이튿날 날이 밝자 진군이 망루에서 보니 몇 만인지 알 수 없는 초나라의 증원 부대가 조수처럼 진군해 오고 있었다. 그들은 한바탕 대결전을 치를 모양인지 남양성을 겹겹이 포위하였다.

이를 본 남양 태수 기(齮)는 이제는 도저히 초군을 막아 낼 수 없다고 생각하여 절망하였다.

'저것이 항우의 증원군이라면 며칠 안 가서 항우가 이끄는 본진이 당도할 것이고 그 때는 영락없이 우리 모두가 전멸을 당하고 말 것이 아닌가.'

생각이 이에 미친 태수는 허리에 차고 있던 칼을 빼어 스스로 목을 찌르려고 했다. 바로 그 때 태수의 식객으로 있던 진회(陳恢)라는 자가 그의 칼을 붙잡으며 말했다.

"태수님, 진나라가 멸망할 것은 불을 보듯 뻔한 일입니다. 태수님의 진충단성(盡忠丹誠)은 누구나 알고 있는 일입니다만 그것이 반드시 백성을 위하는 길은 아닙니다. 잠시 참으시고 저를 유방에게 사자로 보내 주십시오. 태수님은 물론 백성들도 모두 기뻐할 일을 이루고 돌아오겠습니다."

태수는 진회의 인물됨을 믿는지라 그를 유방에게 사자로 보냈다. 유방은 굳은 얼굴로 진회를 접견하고 물었다.

"그대는 무슨 일로 나를 찾아왔는가?"

진회는 유방 앞에 엎드려 대답하였다.

"초나라 회왕께서는 진나라 서울 함양에 먼저 입성하는 대장으로 하여금 관중의 왕으로 봉한다는 조칙을 내리셨다고 들었습니다. 그리하여 패공께서는 남양성을 급히 치려고 하시나 남양 성중에는 아직도 수많은 군사들이 있고 양식은 몇 년을 먹어도 남을 만큼 넉넉히 비축되어 있습니다. 따라서 싸움은 오래 끌게 될 것이고 그렇게 되면 양군의 희생만 커질 것입니다."

진회는 여기서 흘끗 유방의 눈치를 한 번 살피고는 말을 계속했다.

"하오니 이곳의 태수 기의 투항을 조건으로 그를 후(侯)에 봉하신 다음 남양성의 군사들을 패공의 휘하에 편입시키십시오. 그러면 주변의 다른 군현들도 모두 패공께 즐겨 투항하리라 믿습니다. 그렇게만 된다면 패공께서는 병력의 소모나 날짜의 지연 없이 안심하고 관중으로 진입하실 수 있을 것입니다."

진회의 말은 마디마디 옳았다. 유방은 듣고 나자 진회의 요청을 그 자리에서 받아들였다.

"좋소. 그렇게 합시다."

유방은 즉시 태수 기를 은후(殷侯)에 봉하여 남양성을 지키게 하고 아울러 진회를 천호장(千戶長)에 임명하여 그의 공을 치하하였다.

이와 동시에 유방은 남양성의 용맹스러운 군사 만여 명을 모두 자기 휘하에 편입시켰다. 뿐만 아니라 진회가 말한 대로 남양성 인근의 수많은 군현들이 모두 유방에게 투항해 옴으로써 유방은 크게 불어난 군사들을 이끌고 무관을 향해 진발하였다.

마침내 유방의 대군은 무관성 밖에 이르렀다. 무관성은 진나라의 도성 함양을 지키는 제일의 요해지로 주괴(朱槐)가 지키고 있었다. 주괴는 장한(章邯) 다음가는 진의 대장이었다.

유방은 군사들을 독려하여 사기를 돋우었다. 그러나 주괴는 성문을 굳게 닫고 오로지 지키는 한편 함양성으로 급히 장계를 보내 초나라 대군이 동서 두 길로 나누어 공격해 오는데 그 형세를 당할 수가 없다고 고하였다.

조고는 크게 놀랐다.

'장차 이 일을 어떻게 한단 말인가?'

아무리 궁리를 해 보았으나 묘안이 떠오르지 않았다. 그는 마침내 이 사실을 비밀에 부친 채 몸이 불편하다는 핑계를 대고 집안에 틀어박혀 버렸다. 그러나 그의 머릿속이 편할 리가 없었다.

'2세 황제가 이 사실을 알게 되면 나를 추궁할 것이다. 어쩌면 죽일지도 모를 일이다. 이 일을 어쩐다?'

조고는 나라의 운명보다는 자기 일신의 안전이 더 급하고 중요했다.

이런 줄 꿈에도 모르는 2세는 이 때에도 궁녀들과 함께 주야를 가리지 않고 질탕하게 유흥만 즐기고 있는데 어느 날 밤에 참으로 이상한 꿈을 꾸었다. 길가의 수풀 속에서 흰 빛깔의 큰 호랑이 한 마리가 뛰어나와 자기 수레를 끌고 있는 말을 물어 죽이는 꿈이었다.

2세는 깨고 나서 마음이 편치 않아 점쟁이를 불러 해몽을 하게 하였다. 점쟁이가 말했다.

"폐하께서 꾸신 꿈은 경수(涇水)의 귀신이 심술을 부린 탓입니다. 경수가 가까운 이 곳 함양궁을 떠나 다른 궁으로 옮기심이 좋을 줄로 아옵니다."

2세는 점쟁이의 말에 따라 멀리 성 밖에 있는 망이궁(望離宮)으로 옮긴 다음 목욕재계하고 경수로 나가 흰 말 4필을 강물에 제사 지냈다. 그래도 2세는 마음이 편치 않았다. 무언가 불안하고 답답하기만 했다. 그래서 실로 오랜만에 좌우의 신하들을 불러 물었다.

"근자에 와서는 각처의 도적들에 대해 아무 말이 없으니 어찌 된 일인가?"

그러자 신하들의 표정이 하나같이 굳어지면서 얼굴에 두려워하는 빛이 가득했다. 이상히 여긴 2세는 대답을 독촉했다.

"왜들 잠잠하기만 한가?"

그제야 한 신하가 입을 열었다. 실로 목숨을 건 직언이었다.

"지금 각처에서 도적들이 일어나고 있는 가운데 초적(楚賊)들이 대군을 모아 동서 두 길로 우리 진나라로 쳐들어오고 있사옵니다. 서쪽 길을 맡은 유방이라는 자는 이미 주괴 장군이 지키는 무관을 포위하여 이곳 함양성마저도 위태롭기가 바람 앞의 등불과도 같사옵니다."

이 말을 듣자 2세는 대경실색하였다. 승상 조고만 믿고 유락에 빠져 있던 지난 일이 뼈저리게 후회되었다. 그러나 사태는 급박했다. 한가하게 회오에 젖어 있을 때가 아니었다.

"급히 승상을 들게 하라!"

근시는 어명을 받들고 급히 조고의 집으로 달려갔다. 그러나 조고는 오지 않았다.

"병이 중하여 입궐하지 못한다 하옵니다."

"뭣이라고?"

근시의 보고를 듣고 2세는 더욱 노하였다. 다시 다른 중신을 조고에게로 보내 어명을 전하게 하였다.

중신이 조고에게 황제의 말씀을 전했다.

"너는 승상의 자리에 있으면서 지금 함양성이 위태로운데도 신병을 핑계 삼아 입궐조차 하지 않고 있다. 지난날에는 교묘한 언사로 승상 이사를 죽이게 하더니 필경에는 나라마저 위태롭게 만들었도다. 너는 네 죄를 알고 급히 입대(入對)토록 하라!"

2세의 추상 같은 문책을 듣고 조고는 마지못해 대답했다.

"폐하께 나아가 소신이 자세한 것을 아뢰옵겠다고 상달하여 주시오."

조고는 우선 이렇게 말해서 중신을 보낸 다음 즉시 함양령(咸陽令)이며 사위이기도 한 염락(閻樂)과 자기의 동생 조성(趙成) 등 친족 십여 명을 불렀다.

"폐하가 열락에 빠져 내가 간하는 말을 듣지 않더니 나라가 이제는 위급하게 되었다. 적군은 이미 무관성을 함락시켰고 머지않아 이곳 함양성으로 쳐들어올 모양이다. 사태가 이렇게 되고 보니 그 죄가 모두 나한테 뒤집어씌워졌다. 내가 치죄를 당하게 되면 그 죄가 구족(九族)에까지 미치게 될 것은 너희들도 잘 알지 않느냐. 우리가 가만히 앉아서 죽기만 기다리고 있을 수 없으니 어떻게 해서든 살아날 계교를 쓰지 않으면 안 되게 되었다."

조고의 말이 끝나자마자 염락이 말했다.

"원컨대 그 계교를 말씀해 주십시오."

조고는 염락과 조성을 번갈아 보며 자못 비장한 어조로 말했다.

"우리가 먼저 폐하를 죽여야 한다."

"예? 폐하를…."

조성이 깜짝 놀라며 눈을 둥그렇게 떴다.

"그 길밖에는 살아날 방법이 없다. 적군이 이미 망이궁에 잠입해 들어왔다고 헛소문을 퍼뜨린 다음 혼란한 틈을 타 너희들은 군대를 이끌고 궁중 깊이 들어가 그 자리에서 2세 황제를 죽여 버려라. 그런 다음 부소의 아들인 공자 자영을 새 황제로 세우는 거다. 자영은 사람됨이 어질고 덕이 두터워 백성들도 즐겨 복종할 것이다. 자, 그럼 어서 서둘러라!"

염락과 조성은 그 길로 수하 군사들 천여 명을 거느리고 망이궁으로 몰려갔다. 북을 치고 징을 울리며 적군이 궁내에 잠입했다고 소리치면서 망이궁에 이른 염락은 먼저 궁을 지키는 위령(衛令: 수문장)부터 결박하고는 호통을 쳤다.

"적군이 궁내에 들어왔는데 왜 막지 않았느냐?"

"그럴 리가 없습니다. 궁전 주변을 철통같이 지키고 있는데 적군이 궁문 안으로 들었다니 대체 무슨 말씀이십니까?"

위령이 펄쩍 뛰며 반문했다.

"네 이놈! 감히 네 죄를 숨기려 하다니. 당장 이놈의 목을 베어라!"

염락의 호령이 떨어지자 위령의 목이 뒹굴었다. 염락은 그 길로 군사들을 휘동하여 궁중 안으로 들어갔다. 어전을 지키는 근위병과 근시들은 거의 다 도망을 가 버리고 겨우 수십 명만 남아서 이들과 대항하다가 모두 죽음을 당하고 말았다.

염락과 조성이 마침내 내궁으로 뛰어들었을 때 내관 둘이 황제를 모시고 도망하려 했다. 염락과 조성은 칼을 빼어 든 채 그 앞을 가로막았다.

"폐하는 교만하고 난폭한 데다 유흥하기를 즐겨 하여 나라를 이 꼴로 만들어 놓고 왜 모든 죄를 조 승상에게 뒤집어씌우려는 거요?"

염락이 눈을 부릅뜨고 큰 소리로 외치자 2세는 기어들어가는 목소리로 말했다.

"승상을 만나게 해 주시오."

황제의 신분도 잊은 듯 신하에게 경어까지 썼다.

"안 되오!"

염락이 한마디로 잘라 말했다.

"내 말을 승상에게 전해 주오. 한 지방을 떼어 왕이라도 시켜 준다면 이 길로 그 곳으로 가겠다고…."

"왕이라니 가당치 않소."

염락의 대답은 아까보다 더 냉랭했다.

"그러면 제위를 버리고 처자와 함께 궁색하지 않게 살도록만 해 달라고…."

"그것도 안 될 말이오!"

염락의 서슬 푸른 거절을 당하고 2세는 그만 자기도 모르게 눈물을 쏟았다. 하늘같이 믿었던 조고로부터 이처럼 처참한 배반을 당할 줄은 꿈에도 생각지 못했던 것이다.

2세는 마룻바닥에 주저앉으며 겨우 한마디를 빌었다.

"목숨만은 살려 주시오."

"거 무슨 소리! 나는 승상의 명을 받들어 천하를 위해 그대의 목을 베려는 것이오."

염락은 이렇게 말하고 부하 군사에게 눈짓을 하였다. 군사의 손에서 칼날이 번쩍 하는 것을 본 2세는 피할 수 없음을 깨닫고 허리에 차고 있던 칼로 자기의 목을 찔러 자결하고 말았다.

'망진자호(亡秦者胡)'라는 〈천록비결〉의 말 그대로 진나라를 망칠 자는 오랑캐(胡)가 아니고 바로 호해(胡亥) 자신이었음이 만천하에 밝혀지는 순간이었다.

염락은 2세 황제의 죽음을 확인한 후 조고에게 돌아가서 자세한 경과를 보고하였다. 조고는 늙은 얼굴에 만족한 웃음을 지으며 즉시 조정의 백관들을 소집하였다.

"2세 황제는 황음무도하고 열락에 탐닉하며 내가 간하는 말을 듣지 않아 필경에는 제후가 모두 배반하고 백성이 저마다 원망하므로 내가 천하를 대신하여 황제를 자결케 하였소. 본래 진나라는 육국과 마찬가지로 왕의 나라였는데 시황제 때부터 제호(帝號)를 써온 터이오. 지금 육국의 자손들이 모두 일어나 제각기 왕이 되었으니 우리 진나라도 공연한 허명을 버리고 왕국이 된다면 육국이 굳이 우리 진나라로 쳐들어오려고 하지 않을 것이오."

조고는 여기서 잠시 말을 멈추고 백관들을 휘둘러보았다. 기침 소리조차 내는 사람이 없었다. 그는 말을 이었다.

"그런즉 내 이제 시황제의 태자였던 부소(扶蘇)의 아들 공자 자영을 세워 진왕으로 받들까 하는데 대소 신료들의 생각은 어떠하오?"

조고의 말이 끝나자 백관들은 일제히 찬동하는 뜻을 표했다.

"승상의 말씀이 십분 합당하나이다."

조고는 득의의 미소를 얼굴 가득히 지었다.

"2세 황제를 두남(杜南)의 의춘원(宜春苑)에 국장으로 모실 준비를 하라!"

이런 명령을 내리고는 측근들을 거느리고 자영을 찾아갔다.

"2세 황제께서 승하하셨으니 공자께서는 5일간 목욕재계하시고 종묘에 나가 의식을 갖추신 후 왕위에 오르시옵소서."

조고의 말이 끝나자 자영은 간단하게 한마디로 대답했다.

"그리 하오리다."

자영은 나이가 30도 채 못 되었지만 침착하고 명철한 인물이었다. 그는 이미 조고의 간계로 태자였던 아버지 부소가 돌아가시게 된 경위를 잘 알고 있었다. 그러나 지금의 상황으로 보아 조고의 청을 거절했다가는 목숨이 위태로울 것이므로 짐짓 조고의 뜻에 따르는 척했다.

모든 일이 척척 자기 뜻대로 되어 간다고 생각한 조고는 측근 한 사람을 은밀히 무관성으로 보내 그 곳을 점령하고 있는 패공 유방을 만나게 하였다.

유방이 조고의 밀사가 올리는 밀서를 보니 관중(關中)을 둘로 쪼개어 각기 나누어 갖는 것이 어떻겠느냐는 내용이었다. 조고가 아니면 생각지도 못할 뜻밖의 제의였다.

유방이 유예하여 결단을 내리지 못하고 있을 때 장량이 나서서 간했다.

"안 됩니다. 간교한 조고의 제의에 어떤 흉계가 있을지 모르며 더욱이 이런 제의를 받아들였다가는 천하 제후와 백성들의 실망을 살 것입니다. 소탐대실은 바로 이를 두고 하는 말입니다."

"옳은 말씀이오. 선생이 깨우쳐 주지 않았으면 내 자칫 큰 실수를 범할 뻔했소."

유방은 즉시 밀사를 불러들여 조고의 제의를 일언지하에 거절해 버렸다.

밀사가 돌아가 전말을 보고하자 조고는 크게 낙담하였다. 이제 그가 취할 길이라고는 자영을 진왕으로 세운 다음 어떻게 해서든 진나라를 지키는 길뿐이라고 생각했다.

한편, 자영은 조고가 말한 대로 재궁으로 가서 목욕재계를 하기 시작했다. 그러면서 오로지 생각하는 바는 어떻게 하면 조고를 처치할 수 있을까 하는 것뿐이었다.

사흘째 되는 날에 그는 자기의 두 아들을 재궁으로 불러들였다.

"너희들이 아직 어리지만 내가 하는 말을 똑똑히 듣고서 시키는 대로 어김없이 행해야 한다. 모레가 되면 내가 왕위에 오르는 날이지만 내가 몸이 아파서 나가지 못한다고 하면 틀림없이 조고가 나를 찾아올 것이다. 그 때를 타서 조고를 처치하려고 하니 너희들은 미리 한담(韓覃)과 이필(李畢) 두 장수에게 가서 내 말을 전하도록 해라."

자영은 어린 두 아들에게 이같이 말하고 한담·이필에게 보내는 서찰을 주었다.

마침내 5일간의 목욕재계가 끝나는 날이 되었다. 자영은 사람을 조고에게 보내 몸이 아파 나가지 못하는 뜻을 알렸다. 치밀하게 일을 진행시켜 가던 조고는 적지 아니 당황하였다. 조고는 자영의 병이 사실인지 확인하는 한편 일을 서둘러 진행시키기 위해 재궁으로 자영을 찾아갔다.

이 때를 놓치지 않고 재궁 바깥채에 숨어 있던 자영의 두 아들과 이필의 군사들이 조고를 에워쌌다. 조고는 펄쩍 뛸 듯이 놀랐다.

"이놈들! 너희들은 웬 놈들이냐!"

작은 눈이 찢어지도록 부릅뜬 채 어쩔 줄을 몰라 했다.

"염락은 어디 있느냐? 염락을 불러라!"

조고가 급히 염락을 찾았으나 그 때 염락은 이미 이필의 창에 찔려 죽었고 그가 데리고 온 호위 군사들도 죽거나 도망치고 난 뒤였다.

"네 이놈! 시황제의 유조를 고쳐 쓰고 거짓 조서로 부소 태자를 죽게 했으며 끝내는 2세 황제마저 시해하였으니 네 죄가 하늘에 닿았음을 아느냐!"

호통 소리와 함께 이필이 창으로 조고의 가슴을 찔러 거꾸러뜨리자 이 때 자영이 안으로부터 나오며 명령하였다.

"저놈의 목을 베어라!"

군사들은 조고의 시체에 달려들어 먼저 목을 끊어서 자영에게 바친 다음 조고의 목 없는 시체를 동강동강 토막내어 어육을 만들었다.

한담과 이필은 그 길로 조고의 삼족을 모조리 잡아내어 저잣거리에서 허리를 잘라 죽였다. 많은 백성들이 거리로 나와 환호성을 질렀다.

자영은 함양궁으로 가서 옥새를 받들고 조정의 백관들이 국궁 배례하는 가운데 황위에 올랐다. 백관들은 자영을 3세 황제로 존칭하였다.

대례(大禮)가 끝나자 3세 황제는 중신들을 모으고 물었다.

"지금 초나라 군대가 국경을 넘어와 사태가 위급하니 어찌 하면 이를 물리칠 수 있을꼬?"

그러나 누구 하나 나서서 계책을 아뢰는 사람이 없었다. 그 동안 침묵을 강요당해 온 데다 모두들 안일에 빠져 있었기 때문이었다.

한참 동안 시간이 흐른 뒤에 3세 황제는 여러 사람의 의견을 모아 한영(韓榮)과 경패(耿沛) 두 장수에게 각각 5만의 군사들을 주어 함양성으로 들어오는 길목인 요관(嶢關)으로 가서 그 곳을 지키고 있는 주괴의 좌우군이 되어 그를 돕게 하였다. 그리고 이필을 대장으로 삼아 함양을 지키도록 했다.

4. 함양성(咸陽城) 입성

유방의 대군이 무관을 떠나 요관으로 갔을 때는 요관의 수비가 철통같이 강화되어 있었다. 대장 주괴를 중군으로 하여 한영(韓榮)과 경패(耿覇)의 증원군이 각기 좌우를 받치고 있어 쉽게 공략해 들어갈 틈이 보이지 않았다.

유방은 얼굴에 수심이 가득한 채 말했다.

"아무래도 졸연히 깨치기가 어려우니 답답하구려."

장량이 유방을 위로했다.

"과히 염려하실 것 없습니다."

"선생에게 좋은 계책이 있으면 가르쳐 주시오."

유방이 장량에게 계책을 물었다.

"제가 보건대 아직 진나라의 군사는 많고 강합니다. 그러나 진나라의 장수들은 거의가 장사치의 자손들이므로 이해득실을 잘 따지고 겁이 많습니다. 그런 고로 산골짜기와 봉우리에 기치를 많이 세우고 의병(擬兵)

을 꾸며 크게 위세를 떨치는 한편으로 말 잘하는 사람을 적진에 보내 장수들을 매수하여 적이 방심하고 있는 틈을 타서 들이친다면 가히 대승을 거둘 수 있을 것입니다."

유방은 장량의 말을 받아들여 즉시 의병을 꾸미게 하고 광야군 역이기를 적진으로 보냈다.

역이기는 요관으로 가서 주괴와 한영을 만났다.

"지금 천하가 일시에 일어나 무도한 진나라를 멸하려 하고 있으니 진나라의 운명은 풍전등화와도 같습니다. 그러니 장군들께서는 사세를 밝히 살피시고 백성들을 불쌍히 여기시어 속히 성문을 열고 패공에게 항복하십시오. 그러면 패공은 회왕께 아뢰어 장군들에게 천금의 상과 함께 만호후(萬戶侯)에 봉하도록 할 것입니다."

역이기의 말을 듣고 한영이 대답했다.

"우리가 오랫동안 진나라의 녹을 먹어 왔는데 어찌 하루아침에 배반할 수 있겠소. 좀더 생각해 보고 대답을 하겠으니 선생은 물러가십시오."

"그렇게 하리다."

역이기는 더 이상 긴 말을 하지 않고 그대로 돌아오면서 속으로 회심의 미소를 지었다.

'저들은 이미 흔들리고 있구나.'

이튿날 역이기는 다시 주괴 등을 찾아갔다.

"장군들께선 이제 마음을 정하셨습니까?"

"부하들이 항복하지 않겠다고들 해서 아직 결정을 못하고 있소이다."

역이기는 가지고 온 황금 보따리를 내놓으면서 말했다.

"장군들께서 항복을 하지 않더라도 패공은 장군의 마음을 깊이 아시는 고로 이 황금을 전해 드리라면서 장군의 덕을 찬양하고 있습니다. 패공은 지금 제후들의 군대가 도착하기를 기다리는 한편 장군들이 생각하는 시간을 갖도록 하기 위해 최대한 공격을 늦추고 있는 것입니다."

"……."

주괴와 한영의 얼굴에 동요하는 빛이 역력했다. 역이기는 말을 이었다.

"장군들이 이 황금을 안 받으신다면 앞으로 패공과의 관계를 끊겠다는 뜻이 됩니다. 요관성이 함락되는 날에는 장군들이 무슨 면목으로 패공을 대할 수 있겠습니까?"

역이기의 말을 듣고 보니 그도 일리가 있는 말이었다. 한영이 황금을 받으면서 말했다.

"패공께 돌아가시거든 우리가 서로 화목해서 전쟁을 그만두도록 하자고 말씀을 전해 주십시오."

"그렇게 하오리다. 패공은 관후인덕하시니 되도록 전쟁을 피하려 할 것입니다. 안심하십시오."

역이기는 이렇게 말하고 패공에게 돌아가 협상 결과를 보고했다. 장량이 패공 곁에서 역이기의 보고를 다 듣고 나서 말했다.

"요관을 공격할 때는 바로 지금입니다. 이 때를 놓치지 마소서."

"어떻게 공격하는 것이 좋겠소?"

유방이 물었다.

"설구(薛歐)와 진패(陳沛) 두 장수에게 군사 수백을 주어 산 뒤의 샛길로 적의 후방으로 들어가 골짜기마다 불을 질러 적을 놀라게 하고 이와 때를 같이하여 번쾌 장군으로 하여금 성의 정면을 공격케 하는 계책이 좋을 듯합니다."

"거 참 묘계요."

유방은 장량의 계책에 따라 즉시 공격 준비를 하게 하였다.

한편, 주괴와 한영 등은 유방이 보낸 황금을 받은 뒤 마음이 해이해져 적을 막을 준비는 하지 않고 날마다 술타령이나 하고 있었다.

그렇게 사흘이 지났을 때였다. 성의 뒤쪽 산골짜기마다 화염이 하늘을 찌르는가 싶더니 천지가 진동하는 함성과 함께 적장 번쾌가 대군을 휘동하여 성의 정면을 맹렬하게 공격하기 시작했다.

주괴 등이 대경실색하여 어찌 할 바를 모르고 있을 때 척후가 와서 급보를 올렸다.

"적은 벌써 관을 넘어 우리의 후방에서 불을 지르고 있습니다."

"그렇다면 요관은 이미 적의 손에 넘어갔단 말인가!"

주괴의 입에서 비명에 가까운 탄식이 새어 나왔다.

"요관을 버리고 남전(藍田)으로 가서 우선 급한 것을 피하는 도리밖에 없겠습니다."

한영이 의견을 말하였다.

장수들이 이러고 있는 사이에 진군은 구멍이 뚫린 둑처럼 걷잡을 수 없이 무너지기 시작했다. 군사들은 싸우기는커녕 허겁지겁 도망치기에 바빴다.

성난 번쾌의 칼이 무인지경을 가듯 좌충우돌하는 가운데 용맹한 관영의 칼도 이에 질세라 풀잎 베듯 수많은 진군들을 베어 넘기니 어느새 요관은 유방의 수중에 들고 말았다.

주괴는 패군들을 수습하여 겨우 남전까지 달아나 영채를 세우고 최후의 방어선을 치려 했다. 그러나 유방은 틈을 주지 않았다. 하후영을 선봉으로 하여 대군을 이끌고 남전으로 돌진했다. 진군은 하루를 채 견디지 못하고 장수 군졸 할 것 없이 모두 뿔뿔이 흩어진 채 함양성 안으로 도망해 들어갔다.

함양성 밖에까지 추격한 유방은 패상(覇上)에 진을 치고 후속 부대가 도착하기를 기다렸다. 그러는 동안 장량의 진언에 따라 3세 황제 자영에게 항복을 권하는 사신을 보냈다.

유방의 사신을 맞은 3세는 이미 예상하지 못한 바는 아니었으나 막상 일을 당하고 보니 눈앞이 캄캄했다. 그는 백관들을 모으고 의견을 물었다.

"이 일을 어찌 하면 좋은가?"

그러나 누구 한 사람 입을 떼려는 신하가 없었다. 한참 동안 무거운 침묵이 계속되다가 이윽고 상대부 부필(孚畢)이 출반하여 아뢰었다.

"폐하, 황송하오나 진나라의 운명이 다한 줄로 아뢰오. 폐하께서 패공에게 항복하시면 멸족의 화를 면하실 것이고 생민을 도탄에서 구할 수 있을 것이라 생각되옵니다."

말을 마치자 부필은 그 자리에 엎드린 채 소리 높여 통곡하기 시작했다. 이를 본 백관들도 호곡해 마지않았다.

"나라의 운이 다하고 내 덕이 없으니 생명이나 구할 수밖에…."

3세 황제 자영의 눈에서도 굵은 눈물이 쉬지 않고 흘러내렸다.

마침내 흰 수레와 흰 말이 준비되고 3세는 옥새를 봉하여 수레에 싣고 함양궁을 나왔다. 패공 유방에게 항복하러 가는 길이었다.

유방은 3세가 예를 갖추어 자기에게 와서 항복하겠다는 기별을 받고 휘하 막료들과 함께 영문 밖으로 나와 기다렸다.

3세의 행렬이 패상의 지도(軹道)에 이르자 3세는 수레에서 내렸다. 그는 걸어서 유방 앞으로 나아가 깍듯이 예를 올리고 난 후 공손히 옥새를 바쳤다.

"제가 황위에 있었으나 덕이 없어 치세안민(治世安民)치 못하였습니다. 그러던 차에 패공께서 서행(西行)하여 오심을 알고 기꺼이 항복함으로써 만민을 도탄에서 구하고자 합니다. 삼가 나라의 옥새를 바치오니 원컨대 받으소서."

유방은 만면에 웃음을 띠고 옥새를 두 손으로 받으며 말했다.

"그대가 이미 항복했으니 내 이를 회왕께 상주하여 그대의 일명을 구하고 토지를 내려 일생을 편안히 살도록 하겠소."

"황감하나이다."

3세는 두 번 절하여 은혜를 사례하였다.

유방은 항복한 자영에게 함양성 안의 말궁(末宮)에 기거하도록 명령을 내렸다. 이로써 진나라는 멸망하고 말았다. 때는 기원전 207년 을미년 10월, 진나라가 천하를 통일한 지 26년 만이고 자영이 황위에 오른 지 불과 46일째 되는 날이었다.

이리하여 패공 유방은 노공 항우와 길을 나누어서 서정(西征)한 지 8개월 만에 항우보다 먼저 진나라 서울 함양에 입성하여 진나라 깃발 대신 초나라 기를 드높이 세운 것이다.

유방이 거느린 15만 대군이 완전히 함양성을 점령하자 번쾌를 비롯한 여러 장수들이 자영의 항복을 받고 그를 죽이지 않는 유방의 처사에 불만을 터뜨렸다.

"자영으로 말하면 무도했던 전황(前皇)을 이은 자가 아닙니까. 마땅히 죽여 버리심이 옳을 줄로 압니다."

유방이 웃으면서 대답했다.

"아닐세. 회왕께서 나더러 서정하기를 바랐던 뜻은 내 성미가 부드러워 사람을 해치지 않을 줄 믿었기 때문일세. 그럼에도 내가 항복한 자영과 그의 신하들을 죽인다면 회왕의 뜻을 거역하는 일이 되며 또 진나라 백성들의 마음을 아프게 하는 일이 될 걸세. 항자불살(降者不殺)이라, 그를 죽이는 것은 아무래도 상서롭지 못한 일이네."

유방의 말을 듣자 여러 장수들은 잠잠해졌다.

유방은 막료들이 진정하는 것을 보고 그들과 함께 처음으로 함양궁 안으로 들어가 보았다. 과연 함양궁이었다. 궁궐이 36궁(宮)이며 동원(東苑)이 24원(院)이나 되었다. 난실초방을 갖춘 고루거각들이 줄지어 늘어서 있었다.

"과연 함양궁이로고!"

유방은 거듭 감탄해 마지않았다.

궁성의 곳곳에 있는 곳간에는 많은 보물들이 산처럼 쌓여 있었다. 유방은 막료 장수들로 하여금 곳간에서 보물을 꺼내 부하들에게 나누어 주도록 하였다. 그러나 그 중에서도 진귀한 보석은 손대지 못하게 하고 봉인을 해 두었다.

유방 일행은 호화를 극한 궁성 안으로 계속 들어갔다. 후궁에 이르자 수없이 많은 궁녀들이 한꺼번에 몰려나왔다. 원래부터 주색을 좋아하는 유방은 그만 그 곳에 주저앉고 말았다.

"술을 가져오너라."

유방은 실로 오랜만에 미녀를 껴안고 술을 들면서 흐뭇해하였다.

이럴 즈음 소하는 혼자 승상부에 들어갔다. 승상부 안에는 천하의 지적도(地籍圖)가 정비되어 있었다. 각 지방의 지세는 어떠하고 인구는 몇 명이며 요해지는 어디이고 하천과 호수는 어떠하며 중요한 산물은 무엇인가 하는 내용이 한눈에 드러났다.

"천하의 보물은 바로 이것이다!"

소하는 크게 기뻐하며 다른 것에는 손대지 않고 지적도만 챙겨서 승상부를 나왔다.

한동안 시름을 잊고 술을 마시며 즐기던 유방이 해가 어스름해져서야 후궁으로부터 나왔다. 궁성의 뜰 한쪽 정자에 장량과 번쾌 등 몇몇 막료들이 유방이 나오기만을 기다리고 있었다.

"허어, 취하고 또 취할 만하구나! 내 이곳에 머물러 마음껏 한번 즐겨보리라!"

유방이 이렇게 중얼거리는 소리를 듣고 번쾌가 분연히 입을 열었다.

"패공께서는 천하를 평정하려 하십니까, 아니면 주색에 묻히려 하십니까? 도대체 그 같은 보물과 계집들은 모두 진나라를 망치게 한 원인이 된 요물들입니다. 패공께서 어찌 그런 것들에 현혹되십니까?"

"아니, 자넨 무슨 말을 그렇게 함부로 하는가?"

유방이 노기 띤 얼굴로 번쾌를 노려보았다. 이를 보고 장량이 나서서 말했다.

"번 장군의 말이 옳습니다. 자고로 달콤한 술과 고운 노래를 즐기고 높은 담과 호화로운 집에 거처하는 자는 망하는 법이라 하지 않았습니까. 아직도 천하가 미정인데 이 궁궐 안에 머물러 계시는 것은 합당치 않사오니 속히 이 곳을 떠나 패상의 진으로 돌아가시지요."

장량의 말을 듣고 유방은 그제야 정신이 번쩍 든 듯 흔연히 대답했다.

"옳은 말이오."

유방은 즉시 장량의 권고에 따라 모든 부고를 봉하게 하고 각 궁문을 닫게 한 다음 전군에 영을 내려 패상으로 돌아갈 것을 명했다. 그리고 자기가 먼저 장량·소하·조참·역이기·번쾌 등을 데리고 서둘러 함양궁을 떠났다.

"함양에 먼저 들어가는 자가 왕이 되어라."

회왕은 진나라를 치기 위해 유방과 항우가 팽성을 떠날 때 이렇게 말했다. 그런 고로 함양에 먼저 들어가 3세 황제의 항복을 받은 자기가 왕이 되는 것은 당연한 일이었다.

그런데도 자기는 함양궁을 닫아 걸고 패상으로 돌아가 제후가 모이기를 기다리고 있다. 이 얼마나 겸손하고 아름다운 처사인가! 유방은 생각할수록 장량의 권고가 합당하다고 생각했다.

이 때 소하가 들어와서 말했다.

"천하의 백성들이 오랫동안 진나라의 모진 법에 시달려 왔습니다. 이

법을 간단하게 고쳐서 너그럽게 해 주신다면 백성들이 모두 기꺼이 패공께 심복할 것입니다."

"참으로 좋은 말을 해 주었소. 함양성 안과 인근의 부로(父老)들을 패상으로 모이게 하시오."

이튿날 사람들이 모이자 유방은 단 위로 올라 입을 열었다.

"진나라 법이 까다롭고 가혹해서 정사를 비방하는 자는 구족을 멸하고 서로 모여 시국을 논하는 자는 허리를 베어 죽이니 이는 백성의 인군 된 자로서 차마 못할 짓이었도다. 회왕의 명을 받들어 진나라를 칠 때 먼저 함양으로 들어가는 자가 왕이 되기로 상약한 바 있으니 내가 마땅히 관중의 왕이 될 것이오. 그런 고로 지금 진나라의 법을 고쳐서 새로운 법을 공포하는 바이오."

유방은 잠시 군중들을 휘둘러본 다음 유시를 계속했다.

"내가 공포하는 새 법은 약법삼장(略法三章)이니, 첫째 사람을 죽인 자는 죽인다, 둘째 사람을 상하게 한 자는 그만한 벌로 다스린다, 셋째 도둑질을 한 자는 옥에 가두어 태형으로 다스린다, 이 세 가지뿐이오. 이 약법삼장 이외의 진나라 법은 오늘로써 모두 폐기하는 바이니 관민들은 안심하고 생업에 열중하기 바라오."

유시가 끝나자 유방은 모인 부로들에게 후히 대접하였다.

이어 이관(吏官)으로 하여금 유시의 요지를 적어 거리에 방을 붙이게 하는 한편 휘하 장수들에게는 백성의 물건을 빼앗거나 민폐를 끼치는 자는 가차없이 참형에 처한다는 군령을 전하게 하였다.

이러한 소문은 즉일로 성내에 퍼졌다. 함양 성내뿐 아니라 가까운 마을의 백성들도 유방의 이 같은 소문을 듣고 모두 기뻐하며 안도의 숨을 내쉬었다.

"참으로 오래간만에 하늘의 해를 보는 것 같구나!"

"패공이 하루빨리 이 곳 관중의 왕이 되어야지!"

이처럼 유방이 백성들의 인심을 크게 사면서 패상에 머물러 있을 때 선비 차림의 한 사람이 유방을 찾아와 헌책하였다.

"관중(關中)은 중원(中原)의 열 배에 해당하는 부(富)를 지니고 있으며 지형도 험준하여 다시없는 요충지를 이루고 있습니다. 그런데 들리는 소문으로는 진장 장한이 초나라에 투항했을 때 항우가 그를 옹왕(雍王)에 임명하여 관중의 왕으로 봉했다고 합니다. 만약 그렇게 된다면 패공께서 관중을 영유하시기에 어려움이 많을 것입니다. 차제에 패공께서는 함곡관으로 군대를 보내 그 곳을 엄중히 수비하여 노공 항우를 비롯한 제후들의 관중 입성을 막아야 할 줄 아옵니다."

"그대의 말이 옳다."

유방은 크게 기뻐하며 그에게 후한 상을 내리고 그의 말대로 즉시 영을 전하였다.

5. 항우의 위약(違約)

그 즈음 노공 항우는 하북(河北) 지방을 평정한 후 각처에서 모여드는 제후의 군사들을 함께 아우르며 함곡관을 향해 진군을 계속하고 있었다. 함양에 입성하기 위해서는 험준하기로 이름 높은 함곡관을 반드시 통과하지 않으면 안 되었다.

항우는 이 때 유방이 함양을 점령했으리라고는 꿈에도 생각지 못하고 마침내 함곡관을 눈앞에 둔 신안(新安)에 이르러 영채를 세웠다.

새로 진격하여 주둔하는 땅인지라 그 날 항우는 저녁을 먹은 후에 혼자서 어둠 속으로 각 부대의 진을 순시했다. 계포·종리매의 부대를 차례로 지나서 장한·사마흔의 부대 앞에 왔을 때였다. 막사 안에서 병졸들이 지껄이는 소리가 크게 들려 항우는 가만히 귀를 기울였다.

"우리가 진작 유방한테 항복하는 건데 잘못했어."

"항우는 기운은 세지만 너무 강폭해서 견딜 수가 없어."

"들리는 소문으로는 패공이 벌써 함양에 들어갔다더라."

"뭐? 그러면 패공이 왕이 되는 거 아냐?"

항우는 더 듣고 있을 수가 없었다.

'이런 괘씸한 놈들!'

항우는 이를 부드득 갈면서 급히 본진으로 돌아와 소리쳐 영포를 불렀다. 영포가 헐레벌떡 달려 들어왔다.

"장한과 함께 항복해 온 진의 항졸(降卒) 20만 명을 그냥 두면 안 되겠소. 배반할 징조가 보인단 말이오. 그놈들이 불평하는 소리를 내 귀로 직접 들었소. 영 장군은 즉시 본부 군사들을 전부 동원하여 장한·사마흔·동예 세 사람만 남겨 두고 모조리 죽여 버리시오!"

이 때 범증이 곁에서 듣고 있다가 소스라치게 놀라며 만류했다.

"고정하십시오. 그러시면 안 됩니다."

그러나 항우는 노기가 등등해서 범증의 말은 들은 척도 하지 않았다.

"빨리! 빨리 서두르시오!"

항우는 영포를 보고 소리를 질렀다.

"예."

영포는 대답하고 나와서 본부 군사 30만 명을 소집시켜 한편으로 땅을 파게 하는 동시에 나머지 군사들을 이끌고 항복한 군사 20만 명이 잠들어 있는 막사로 돌진해 들어갔다.

맹수와 같은 영포의 군사들은 장한·사마흔·동예 세 사람만 남겨 두고 항졸 20만 명을 죽여 무더기로 땅에 묻었다.

장한 등 세 사람은 항우에게 가서 땅에 엎드렸다.

"목숨만 살려 줍시오."

"그놈들이 나를 배반하려 하기에 미리 죽여 후환을 없도록 한 것이니 그대들은 안심하오."

항우는 짐짓 세 사람을 위로하였다.

세 사람은 두 번 절하여 항우에게 감사를 표했다. 항복할 때 데리고 온 수하 20만 명이 도륙을 당했건만 그들은 자기 목숨이 붙어 있는 것만을 천만 다행으로 여겼다.

이튿날 항우는 함곡관을 향하여 서둘러 진발할 것을 명령했다. 아무래도 유방이 함양에 먼저 들어갔다는 소문이 사실인 것 같아 조급해지는 마음을 누를 길이 없었다.

'가는 곳마다 길을 막는 놈들 때문에 유방보다 늦어졌다!'

항우는 생각할수록 분통이 터졌다. 그는 여기까지 오는 동안에 닥치는 대로 적군을 죽여야 했고 성문을 닫아걸고 항거한 마을은 불을 질러 폐허를 만들었으며 끝내는 불평을 말하는 항졸 20만 명까지 도륙을 내느라고 지체된 것을 생각하면 치가 떨렸다.

마침내 항우의 50만 대군이 함곡관에 이르렀다. 그러나 성문은 굳게 닫혀 있고 성 위에는 진나라 깃발이 아닌 유방의 붉은 기가 바람에 펄럭이고 있었다.

이를 본 항우는 대로하여 펄펄 뛰었다.

"유방이 성문을 닫고 나를 못 들어가게 하다니 이럴 수 있단 말인가!"

이 때 범증이 깊이 탄식하면서 항우에게 말했다.

"저것 좀 보십시오. 패공이 한 걸음 먼저 함양에 왔다고 해서 이처럼 함곡관을 막고 있습니다. 회왕께서 언약한 대로 패공이 관중의 왕이 되려는 생각이 분명합니다. 만일 그렇게 된다면 장군께서 3년 동안 고전

분투하고 노심초사한 일이 모두 허사가 되고 맙니다. 이보다 더 원통한 일이 또 어디에 있겠습니까."

범증이 탄식하는 말을 듣고 격분할 줄 알았던 항우는 뜻밖에도 껄껄 너털웃음을 터뜨리며 말했다.

"유방의 군대는 불과 10만! 그가 제아무리 먼저 함양에 들어왔다고 해도 어찌 나의 50만 대군을 막겠습니까. 일거에 쳐 버리고 말겠소."

항우의 말에는 자신이 만만했다.

"비록 그렇더라도 한편으로는 이 곳을 치면서 또 한편으로는 패공에게 보내는 편지를 쓰십시오. 편지를 보고 패공이 스스로 성문을 열도록 하심이 좋을 것입니다."

범증의 권고에 따라 항우는 즉시 영포에게 10만 군사를 주어 함곡관을 칠 준비를 하게 하는 한편 편지를 화살에 끼워 쏘아 보냈다.

유방이 편지를 받아 보니 내용은 이러했다.

    노공 항적(項籍)이 아우 유 패공에게 글을 보내노라. 일찍이 공과 나는 회왕의 언약을 받았으며 또한 형제의 의를 맺고 각각 동서로 진군해 왔도다. 공이 먼저 함양에 들어갔으되 내가 만약 회왕을 세우고 장한의 항복을 받지 않았더라면 공이 어찌 함양에 들어올 수 있었으리오. 이는 남의 공을 빼앗아 자기의 공으로 함이니 대장부의 취할 바가 아니로다.

    이제 함곡관을 막고 나로 하여금 들어가지 못하게 하지만 과연 오래도록 지켜서 관이 깨어지지 않게 할 자신이 있는가. 나의 용장과 50만 대군이 관을 깨치기는 썩은 나무를 치는 것과 다름이 없으니 관을 깨친 뒤에 공은 무슨 면목으로 나를 볼 것이뇨. 속히 관문을 열어 대의를 지키고 형제의 의를 잃지 말지어다.

편지를 다 읽고 난 유방은 얼굴에 근심하는 빛을 가득 띠며 좌우에게 앞으로의 대책을 물었다. 그러나 얼른 대답하는 사람이 없었다. 아직 그들로서는 용맹하기 짝이 없는 항우의 50만 대군을 대적할 수 없었기 때문이었다.

'내가 잘못했구나! 함곡관으로 군대를 내보낼 때 그것을 막았어야 했는데.'

장량이 속으로 후회를 하면서 무겁게 입을 열었다.

"항우의 군대가 원체 강대하여 함곡관을 끝까지 지키기란 거의 불가능합니다. 그럼에도 그와 싸워 패하는 날이면 우리는 오갈 데 없는 군대가 되고 맙니다. 속히 관문을 열어 준 다음에 차차 계교를 정하도록 하시지요."

장량의 말에 따라 유방은 곧 관영을 보내 관문을 열고 항우의 군대를 맞이하도록 하였다.

항우는 대군을 거느리고 함곡관을 통과하여 함양으로 들어가다가 신풍(新豊) 땅 홍문(鴻門)에 진을 치고 그 곳에 주둔하였다.

항우는 영채를 세우기가 바쁘게 수십 명의 첩자를 함양 성중으로 들여보내 유방이 자기보다 먼저 성 안에 들어가 무슨 일을 했는지 세밀하게 조사해 오라는 명령을 내렸다.

밤늦게 가지고 온 첩자들의 보고는 거의 일치하였다. 유방은 스스로 왕이 될 것임을 확신하고 있으며 더욱이 부로들을 모아 놓고 그것을 공표까지 했다고 했다.

'유방 그자가 감히 왕위를 넘보다니!'

항우는 끓어오르는 분노를 누르며 한참 생각하다가 결심했다.

'나는 강하고 그는 약하다! 그를 옹벽한 곳으로 보내 버리고 내가 관중의 왕이 되어야겠다!'

이 때 범증이 의견을 말했다.

"패공 유방은 결코 심상한 인물이 아닙니다. 이 사람이 간밤에 천문을 보니 제왕의 별이 패상 위에 빛나고 있었습니다. 이는 아마도 패공의 별인 것 같습니다. 또 그는 용호(龍虎)의 상이니 이는 천자의 기(氣)이며 그가 함양에 처음으로 입성했을 때는 오성(五星)이 동정(東井)에 모였다고 했습니다. 이것 역시 앞으로 천자가 될 사람이 나타났다는 뜻이 됩니다. 이제 그가 관중의 왕이 되려는 심산이 확실해진 만큼 한시라도 빨리 그를 죽여 후환이 없도록 하셔야 할 것입니다."

범증의 말을 듣자 항우는 자리에서 벌떡 일어나며 말했다.

"내 지금 당장 유방을 쳐 죽이겠소!"

"너무 조급히 서두르지 마십시오. 패공의 군사가 비록 우리보다 적기는 합니다만 그의 수하에는 장량을 비롯한 역이기·육가 등 뛰어난 모사가 많이 있고 번쾌·관영 등 용맹한 장수가 50여 명이나 됩니다. 자칫 잘못했다가는 도리어 낭패를 당할 수도 있으니 잠깐 고정하십시오."

범증이 급히 제지한 다음 목소리를 낮추어 계책을 말했다.

"오늘 밤 삼경에 정병을 가려 뽑아 두 길로 나누어 패상을 엄습하면 가히 패공을 사로잡을 수 있을 것입니다."

항우는 범증의 진언에 따라 부하 장수들에게 패상을 야습할 준비를 하라고 명령을 내렸다. 영포를 비롯한 모든 장수들이 명령을 받고 급히 나갔다.

그러나 이 때 항우의 숙부뻘 되는 항백(項伯)만은 마음이 즐겁지 않았다. 그는 항우 밑에서 좌윤(左尹) 벼슬을 하고 있는 장수였다.

항백은 유방의 책사로 있는 장량과 옛날부터 절친한 사이였다. 그래서 장량이 박랑사에서 창해 역사로 하여금 시황제를 죽이려 하다가 실패했을 때 하비에 있던 그의 집에 장량을 숨겨 주기까지 한 사이였다.

항백은 곰곰이 생각해 보았다.

'오늘 밤 야습을 감행한다면 패공의 진중에 있는 장자방도 필시 죽음을 당하고 말 것이 아닌가. 내 어찌 이를 보고만 있을 수 있으랴. 내가 가서 이 일을 알려 장자방을 살려야 할까 보다.'

이렇게 마음을 정한 그는 그 길로 말을 달려 패상의 진중으로 장량을 찾아갔다.

그 때 장량은 중군장에서 유방과 군사 일을 의논한 뒤 자기 장막으로 돌아오고 있었다. 그가 습관처럼 고개를 들어 천상을 보니 동남방으로부터 때아닌 살기가 일고 있었다.

장량은 깜짝 놀라 발을 멈추고 다시금 찬찬히 살펴보았다. 그랬더니 그 살기의 중간에 난데없이 한 조각의 상서로운 경운(慶雲)이 피어올라 살기를 지워 가기 시작하였다.

'오, 다행이다!'

장량은 다시 중군장으로 들어갔다.

"선생이 가신 줄 알았는데 웬일로 다시 왔습니까?"

유방이 궁금해 하며 물었다.

"지금 나가다가 천상을 보니 오늘 밤에 항우의 군대가 야습해 올 것 같습니다. 미리 방비하도록 분부하시지요."

장량의 말을 듣고 유방은 얼굴빛이 변하였다.

"만일 그런다면 큰일이 아닙니까? 항우는 강하고 우리는 약한데 어찌 당해 낼 수 있겠습니까?"

"하지만 과도히 염려 마십시오. 경운이 일어나 살기를 지우고 있으니 필시 무사하게 될 것입니다. 그러나 만일의 경우에 대비해 준비는 있어야 합니다."

패공은 즉시 번쾌를 불러 엄중하게 방비할 것을 명령했다.

장량이 중군장을 나와 다시 자기 장막으로 갔을 때였다. 원문을 지키던 군졸 하나가 장량에게 고했다.

"항백이라는 초나라 장수가 면대를 청하고 있습니다."

장량의 얼굴이 활짝 밝아졌다.

'옳다! 항백 장군이 왔으면 이것이 바로 경운이로다!'

장량은 그 길로 군졸을 따라 원문으로 갔다.

"오, 이게 얼마 만이오?"

장량은 항백의 손을 잡고 안으로 인도했다. 장량이 거처하는 방으로 들어가서 자리를 잡고 앉자 항백이 비로소 입을 열었다.

"정말 오랫동안 적조하였소이다. 그 사이 평안하시니 다행이오. 그런데 오늘은 내가 긴히 할말이 있어 찾아왔소이다."

이렇게 말하면서 항백은 방안의 좌우를 살피었다. 장량이 이를 보고 말했다.

"아무도 듣는 사람이 없으니 말씀하시오."

"다름이 아니라…."

항백은 가만히 장량의 귀에다 자기 입을 대고 오늘 밤 삼경에 항우가 야습을 할 작정이니 자기와 함께 피신하자고 말했다. 장량이 그 말을 듣고 말했다.

"참으로 고맙소이다. 그런데 내가 패공에게 온 뒤로 후한 대우를 받았으니 의리상 한마디 인사라도 하고 떠나야 도리일 것 같소. 잠깐만 여기서 기다려 주시오."

그러고는 밖으로 나갔다.

'자방은 과연 성실한 선비로다.'

항백은 그러한 장량이 더욱 마음에 들어 흐뭇해하며 혼자 기다리고 있었다.

장량은 유방의 장막으로 들어가 항백이 찾아온 전후수말(前後首末)을 보고하였다. 유방은 근심스런 얼굴로 걱정했다.
 "그럼 이 일을 어떻게 하면 좋겠습니까?"
 그러자 장량은 유방의 귀에 대고 무언가 한참 동안 속살거렸다. 유방은 다 듣고 크게 고개를 끄덕였다.
 장량은 유방의 장막에서 나와 항백이 기다리고 있는 자기 장막으로 가서 말했다.
 "여기까지 오신 길에 패공을 잠시 만나 보고 가시오."
 뜻밖의 말을 듣고 항백은 펄쩍 뛰었다.
 "천만의 말씀이오. 내가 여기 온 것은 장자방 때문이지 패공을 만나러 온 게 아니오. 그게 어디 될 법이나 한 말이오?"
 장량은 싫다는 항백의 손을 붙들고 억지로 끌다시피 하여 유방의 장막 안으로 들어갔다. 유방은 의관을 단정히 하고 문 밖에 나와 있다가 항백을 맞아들였다.
 "참 잘 오셨습니다. 그러지 않아도 꼭 한 번 가서 뵙고 싶었는데. 자, 저리로 앉으십시오."
 유방은 이렇게 말하며 항백을 상좌로 모시었다. 항백은 사양하다가 마지못해 자리에 앉아서 오늘 밤의 일을 대강 이야기하고 말끝을 맺었다.
 "자방과 저와는 절친한 사이인지라 자방이 죽게 되는 것을 그냥 보고만 있을 수 없어 이렇게 찾아온 것입니다."
 이 때에 술과 안주가 들어왔다. 유방은 항백에게 은근히 술을 권하며 말했다.
 "한잔 드시면서 내 얘기를 들어 주십시오. 내가 먼저 함양에 들어오고서도 진나라의 궁실과 부고를 봉인하고 건드리지 않은 까닭은 노공을 기다리기 위해서였고 약법삼장을 발표한 것도 혹독한 진나라의 법에 매여 있던 백성들로 하여금 노공의 후덕함을 알게 하기 위해서였습니다. 그리고 내가 왕이 되리라고 말한 까닭은 당시의 흉흉한 민심을 일시 진정시키기 위해서였습니다. 그럼에도 불구하고 노공께서 나를 의심하신다면 내가 너무 억울하지 않겠습니까. 장군께서 돌아가시거든 노공께 잘 말씀하시어 오해를 풀도록 해 주십시오."

항백이 대답했다.

"듣고 보니 패공의 말씀이 심히 옳습니다. 노공이 지금 오해를 하고 있는 것이지요."

"그렇습니다. 사실 나는 억울합니다. 그런데 듣자하니 장군께 아들이 있는데 아직 혼처를 정하지 못하셨다고요. 내게는 딸년이 하나 있는데 후일 저들이 장성하거든 혼인을 하도록 상약하여 오늘 저녁 장군의 은혜에 보답하고 싶습니다."

유방의 말을 듣고 항백이 당황해 하며 사양을 했다.

"감사한 말씀이오나 지금 패공과 서로 지혜와 용맹을 겨루고 있는 이 때 우리 양가가 혼사를 언약한다면 남의 비평을 듣게 될 터이니 아무래도 그 일은 어렵겠습니다."

그러자 곁에 앉아 있던 장량이 부추겼다.

"남이 비평을 하다니 될 말이오? 노공과 패공은 형제 사이인데 누가 감히 의심하겠소!"

그러면서 유방의 옷깃과 항백의 옷깃을 잡아당겨 한데 묶은 다음 칼로 깃을 잘랐다.

"자, 이것을 한 조각씩 각각 보관하십시오. 이로써 오늘 밤 양가는 연분을 맺었습니다."

장량은 옷 조각을 유방과 항백에게 나누어 주었다. 유방은 아까 장량이 귀엣말로 일러 주었기 때문에 미리 알고 있었지만 항백은 너무도 뜻밖의 일에 그저 놀라기만 하다가 어쩌지 못하고는 옷깃을 여미었다.

"기왕에 이렇게까지 되었으니 그리 하지요."

"고맙소이다."

유방은 웃으면서 항백에게 다시 술을 권했다. 장량과 항백도 유방에게 술을 권하면서 양가의 혼약이 이루어졌음을 자축했다.

이윽고 항백이 자리에서 일어나며 말했다.

"오늘 밤 제가 본진으로 돌아가서 패공이 무죄하시다는 말을 하면 무사하게 될 것입니다. 그러나 아무래도 내일에는 패공께서 홍문에 오셔서 항우를 한번 찾아보셔야 할 것 같습니다."

"알겠습니다. 그리 하지요."

유방은 쾌히 응낙했다.

항백은 두 사람에게 작별 인사를 하고 방에서 나갔다. 장량은 원문까지 따라가서 항백과 작별하는 동시에 하후영으로 하여금 홍문의 진영 앞까지 항백을 호위하라고 부탁하였다.

한편, 홍문의 진영에서는 이경(二更)이 되자 범증이 항우의 군막으로 가서 말했다.

"때가 거의 되어 갑니다. 이제 준비를 시작하시지요."

항우는 자리에서 벌떡 일어나 즉시 모든 장수들을 집합시켰다. 항우가 장수들을 둘러보다 말고 고개를 갸우뚱했다.

"항백 장군은 왜 보이지 않는가?"

정공이 대답했다.

"아까 저녁때 항 장군이 혼자 말을 달려 나가시기에 어디로 가시느냐 물었더니 은밀히 알아볼 일이 있다고 하셨습니다."

"그래, 어느 쪽으로 가셨는가?"

"패상 쪽을 향해서 가셨습니다."

이 말을 듣고 범증은 심히 낙담하는 얼굴이 되었다.
"허어, 그러면 오늘 밤 야습은 그만두어야겠구먼. 계획이 이미 누설되고 말았으니."
혼자 중얼거리는 말을 듣고 항우가 그의 곁으로 와서 말했다.
"선생, 항 장군은 내 숙부가 되지 않습니까. 함부로 비밀을 누설하실 분이 아니십니다."
범증은 항우의 말을 듣고 힘없이 웃으면서 말했다.
"내가 항 장군의 충심을 의심해서 하는 말이 아닙니다. 다만 군중(軍中)의 지모는 귀신도 모르게 해야 하는데 그것이 어긋났으니 아무래도 오늘 밤 야습은 그만두시는 게 좋겠습니다."
범증의 말이 채 끝나기도 전이었다. 군사가 와서 항우에게 보고하였다.
"항 장군이 돌아오셨습니다."
항우는 항백이 들어오자마자 날카롭게 물었다.
"숙부께서는 지금 어디를 갔다 오시는 길입니까?"
"지금 패공의 진중에 한(韓)나라 사람 장량이라는 절친한 친구가 있다네. 오늘 밤 죽게 될 것이 너무도 안타까워서 몰래 피신시키려고 찾아갔다가 우연히 패공도 만나게 되어 그의 이야기를 자세히 들었구먼."
항백은 천연덕스럽게 대답했다. 항우가 재차 물었다.
"그래, 패공이 뭐라고 합디까?"
"패공이 장수를 보내 함곡관을 지키게 한 뜻은 노공을 막기 위함이 아니라 다른 도적이 들어올까 염려되어 지키게 한 것이고 궁중의 부고를 봉인하고 후궁의 궁녀들에게 손가락 하나 대지 않은 것도 모두 노공의 처분을 기다리기 위함이었다고 하더군. 내가 생각하기에 패공은 우리를 위해 공을 세운 사람이니 그에게 죄를 묻는 것은 가당치 않은 일일세."
"하긴 그렇게 말씀하시니 그렇기도 하구먼요."

항우가 얼굴에 웃음을 떠올리며 중얼거리듯 말하자 범증은 기가 막히다는 듯이 펄쩍 뛰었다.

"패공이 관중에 먼저 들어와 약법삼장을 공표하여 백성들의 마음을 붙잡고 장차 천하를 빼앗으려는 뜻이 분명하기에 지금 그를 쳐서 후환을 없애려는 것입니다. 항 장군이 지금 패상에 갔다가 장량에게 속아서 저런 말씀을 하고 계시니 노공께서는 항 장군의 말씀을 곧이듣지 마십시오."

범증의 이 말에 항백이 정색하며 말했다.

"선생! 당치 않은 말씀입니다. 사리가 그러하고 사실이 분명한 터에 속고 말고가 어디 있습니까. 그리고 패공을 쳐서 후환을 없애려면 다른 방법도 얼마든지 있을 터인데 하필이면 떳떳하지 못하게 밤중에 기습을 하려 하십니까. 더구나 패공은 약하고 우리는 강합니다. 그런데 굳이 이런 방법을 쓴다는 것은 대장부답지 못할 뿐만 아니라 백성들도 따르지 않을 것입니다."

범증이 미처 뭐라고 입을 열기 전에 항우가 먼저 말했다.

"우리 숙부의 말씀이 옳소. 야반 삼경을 타서 패공을 엄습한다는 것은 대장부로서 비겁한 짓이오. 남들이 웃을 일이오. 오늘밤 예정은 그만 둡시다."

모여 있는 여러 장수들에게 각기 막사로 돌아가라는 명령을 내리고 자기도 안으로 들어가 버렸다.

6. 홍문연(鴻門宴)의 검무

장수들이 다 물러가고 혼자 남은 범증은 잠시 생각에 잠겼다가 중군장 안으로 항우를 찾아갔다.

"패공을 그대로 두었다가는 후일에 크나큰 화근이 될 것입니다. 그러니 지금 반드시 죽여 없애야만 합니다."

"하긴 나도 같은 생각입니다만 숙부의 말에도 일리가 있지 않습니까?"

항우가 어정쩡한 태도로 말했다.

"대사를 도모하는 데는 시기가 중요합니다. 패공을 죽여 없앨 때는 바로 지금입니다."

"그러면 어떻게 하는 것이 좋겠습니까?"

항우는 진지한 얼굴로 범증에게 계책을 물었다.

"패공을 처치하는 데는 세 가지 계책이 있습니다. 노공께서 내일 연회를 베풀고 패공을 홍문으로 초대하십시오. 패공이 도착하거든 즉시 그의 죄를 물어 그 자리에서 목을 베십시오. 이것이 상책입니다."

"그러면 중책은?"

"연회석 뒤에다 2백 명 가량의 도부수를 매복시켜 두었다가 제가 때를 보아서 가슴에 차고 있는 옥패를 쳐들거든 그것을 군호로 노공께서 도부수를 불러 패공을 죽이도록 하는 것입니다."

"그럼 하책도 마저 들어 봅시다."

"패공이 술을 좋아하니 그를 대취하게 만들어 취중에 실례를 범하거든 여러 가지 죄를 함께 물어 목을 베는 것입니다."

항우는 다 듣고 나자 크게 고개를 끄덕이며 말했다.

"아부(亞父)의 세 가지 계책이 다 훌륭합니다. 다만 상책은 너무 급하고 하책은 너무 더디니 내 중책을 쓰기로 하겠습니다."

항우는 범증의 헌책이 마음에 들 때는 그를 제 아버지에 버금간다는 뜻으로 '아부'라는 호칭을 쓰기도 했다. 지금도 항우는 범증의 계책이 몹시 마음에 든 모양이었다.

범증은 항우와 상의하여 유방에게 보내는 글을 썼다.

노공 항적이 패공 유방에게 글을 보내노라. 회왕을 모시고 공과 더불어 무도한 진나라를 무찌르기로 상약한 후 천병을 휘몰아 함양에 들어와서 진황 자영의 항복을 받고 천하를 편하게 했으니 이 같은 경사가 없도다. 내 이에 연회를 베풀어 망진(亡秦)을 경축하고 공의 노고를 치하코자 하니 연석에 나와서 모든 사람으로 하여금 기쁨을 같이 하도록 하시라.

범증이 쓰기를 마쳤을 때 어언 날이 밝아 오고 있었다. 항우는 곧 군사를 불러 패상에 있는 유방에게 편지를 전하게 하였다.

항우의 편지를 받은 유방은 즉시 수하 장수들을 소집하였다.

"항우가 오늘 홍문에서 연회를 베풀고 나더러 참석하라는 편지를 보냈소. 이 연회는 짐작컨대 범증이 꾀를 내어 나를 해치려는 연회임이 분명하니 이를 어찌 하면 좋겠소?"

유방이 얼굴에 근심하는 빛을 가득 띠고 말했다. 그러자 소하가 나서서 의견을 말했다.

"항우의 군사는 그 수가 많고 세가 강합니다. 싸워서 이기기 어려우니 답장을 잘 쓰시어 말 잘하는 사람으로 하여금 갖다 주게 하되 나에게는 야망이 없으니 조그만 지방을 하나 떼어 주면 여생이나 편히 보내겠다고 하십시오. 지방으로 내려가 몇 해 동안 힘을 기르신 뒤에 때를 보아 계책을 세우시는 것이 좋을까 합니다."

"그 말이 옳습니다. 답장을 써 주시면 제가 가지고 가서 항우를 설복해 보도록 하겠습니다."

역이기 노인이 이렇게 소하의 말에 찬동을 표했다.

"옛적에 오자서(伍子胥)는 평왕을 모시고 임동의 회합에 가서도 18개국의 제후를 꼼짝 못하게 했고 인상여(藺相如)는 진나라에 사신으로 가서 저 유명한 화씨(和氏)의 벽옥(碧玉)을 돌려받아 조나라로 돌아온 고로 지금까지 천하 사람들이 모두 그들을 칭송하는 바입니다. 이제 만일 패공께서 연회에 가시지 않는다면 성미 급한 항우가 대로하여 무슨 일을 저지를지 모릅니다. 제가 비록 재주는 없습니다만 패공을 모시고 홍문연에 참석하여 범증으로 하여금 그 꾀를 부리지 못하게 하고 항우로 하여금 그 용맹을 쓰지 못하게 하겠습니다."

소하와 역이기 노인의 의견에 반대하며 이같이 말한 사람은 장량이었다. 유방은 장량의 말을 듣고 얼굴을 활짝 펴며 말했다.

"선생의 묘계만 믿겠습니다."

이어서 유방은 내일 홍문연에 어김없이 참석하겠노라는 답장을 써서 항우에게 보내도록 했다. 홍문은 유방이 진 치고 있는 패상으로부터 50리 거리밖에 안 되는 곳이었다.

이튿날 아침 유방은 장량·번쾌·근흡·기신·등공 다섯 사람의 막료 장수와 함께 패상에서 나왔다. 유방의 수레는 15만 대군을 거느린 대장군의 수레라 하기에는 믿어지지 않을 정도로 단출한 것이었다. 그를 호위하는 군사들은 겨우 백여 기에 불과했다.

한참 동안 가다가 유방이 장량을 불러 불안한 얼굴로 물었다.

"아무래도 오늘 일이 안심이 안 되는데 괜찮겠습니까?"

"염려 마십시오. 어젯밤에 제가 말씀드린 대로만 대답하십시오. 그러면 아무 일도 없을 것입니다."

장량의 대답을 듣고 유방은 다소 마음을 놓았다.

이윽고 홍문의 진영이 보이기 시작했다. 무수한 기치가 하늘을 메운 가운데 한 장수가 유방의 일행을 향해서 말을 달려왔다. 그는 유방 앞으로 다가와서 말에서 내리더니 예를 갖추고 말했다.

"저는 육안(六安) 땅의 영포라 합니다. 노공의 명을 받들어 마중을 나왔습니다."

"고맙소."

유방이 사례하자 영포는 다시 말 위에 올라 유방 일행을 홍문의 진영으로 인도했다. 원문에 도착하자 진평(陳平)이 기다리고 있다가 맞아들였다.

유방은 진평의 안내를 받으며 원문 안으로 걸어 들어갔다. 고개를 들어 좌우를 살펴보니 무수한 가치 창검이 햇빛에 번쩍이고 있는 가운데 요란한 징 소리와 북소리가 사뭇 귀를 찢는 듯하였다.

유방은 겁먹은 얼굴로 장량을 돌아보며 걸음을 멈추었다.

"선생, 나는 들어가기 싫소이다. 이건 경축 연회가 아니라 마치 전쟁판이나 다름이 없지 않소?"

장량은 유방의 귀에다 입을 대고 가만히 말했다.

"조금도 두려워 마십시오. 이미 여기까지 왔으니 앞으로 나아가면 이롭고 뒤로 물러나면 해롭습니다. 만일 한 발자국이라도 뒤로 물러선다면 저들의 계책에 말려들게 됩니다. 패공께서는 여기서 잠깐 기다리고 계십시오. 제가 먼저 노공을 만나 보고 오겠습니다."

"선생, 잘 부탁하오."

유방은 구원을 청하는 표정으로 장량을 바라보았다. 장량은 급히 중군장을 향해서 걸어갔다.

"멈춰라! 누군데 감히 함부로 중군장으로 들어가려 하는가!"

중군장 앞에서 정공·옹치 두 장수가 문을 지키고 있다가 장량을 제지했다. 장량은 그들에게 예를 하고 말했다.

"나는 지금 패공에게 차용된 장량이라는 사람인데 노공을 뵈옵고 드릴 말씀이 있어 왔으니 전갈해 주시오."

정공이 안으로 들어가서 항우에게 장량의 말을 그대로 전했다.

"뭐, 차용된 사람이라? 그게 무슨 말인가?"

항우가 알지 못하겠다는 듯이 묻자 범증이 대답했다.

"장량이란 자는 한(韓)나라 5대 정승 집안의 아들로 패공이 팽성을 떠나 진나라로 쳐들어올 때 한왕에게 가서 빌려 온 사람입니다. 그래서 차용된 사람이라고 한 것입니다. 이 사람이 꾀가 많고 말을 잘해 필시 노공을 설복하러 온 것이 분명하니 이부터 먼저 죽여 버리십시오!"

범증의 말을 듣고 옆에 있던 항백이 펄쩍 뛰며 가로막았다.

"안 될 말입니다! 노공이 관중에 들어와서 해야 할 일 중에 민심을 얻는 일이 가장 중요한데 무고한 선비를 함부로 죽이다니! 더구나 장자방은 나의 절친한 친구입니다. 만일에 그의 재주가 탐난다면 내가 권해서 그를 우리 쪽으로 오게 하지요."

"숙부의 말씀이 이치에 맞습니다."

항우는 숙부의 말이 옳다 하고 정공을 시켜 장량을 들어오게 하라 일렀다. 이윽고 장량이 항우 앞에 이르자 예를 갖추고 나서 입을 열었다.

"지금 노공께서 홍문에 경축 연회를 베푸시니 응당 노랫소리가 들리는 가운데 주객이 함께 잔치를 즐겨야 할 터입니다. 그런데 갑옷을 입고 무장한 군사들이 엄중히 늘어서 있고 북소리와 징 소리가 요란하여 홍문에 살기가 넘치고 있습니다. 노공께서는 진장(秦將) 장한과 싸우는 사흘 동안에 아홉 번 싸워 아홉 번 이기신 이후로 노공의 위명은 모르는 사람이 없습니다. 힘은 나타내지 않을지라도 저절로 강한 것이며 용맹은 뽐내지 않을지라도 저절로 드러나는 것이므로 오늘 이같이 형세를 보이시지 않아도 좋을 것입니다. 지금 패공이 밖에까지 와서도 마음이 송구하여 들어오지 못하고 있으니 원컨대 깊이 통찰하여 주십시오."

청산유수 같은 장량의 말이 계속되는 동안 항우는 눈만 크게 뜬 채 묵묵히 듣고 있다가 그의 말이 끝나자 정공을 불러들였다.

"나가서 패공을 이리 들게 하라."

이윽고 정공의 안내를 받으며 유방이 왔다. 그런데 유방은 항우가 앉아 있는 방으로 들어오지 않고 뜰 아래에서 공손히 예를 한 후 조용히 항우의 분부를 기다리고 있었다.

항우가 눈을 부릅뜨고 문죄하기 시작했다.

"그대는 나에게 세 가지 죄를 범했는데 그것을 아는가?"

항우의 호령이 떨어지자 유방은 겁먹은 음성으로 대답했다.

"저는 그 전에 패현에서 정장 노릇을 하던 보잘것없는 일개 건달에 불과했습니다. 그런데 우연히 여러 사람이 내세우는 바람에 무리들을 데리고 진나라를 치게 되었으나 종시 노공의 부하로 예속되어 있었으므로 나아가는 것이나 물러가는 것이나 모두 다 노공의 명령을 기다려 해 왔습니다. 제가 마음대로 한 것은 아무것도 없으니 저에게 무슨 죄가 있는지 알지 못하겠습니다."

"그렇다면 그대의 죄를 내가 가르쳐 줄 터이니 들어 보라. 그대가 관중에 들어와서 진왕 자영의 항복을 받고 그대 마음대로 목숨을 살려 토지를 내리고 편히 살게 했으니 그 죄가 하나요, 진나라 법을 고쳐서 제멋대로 약법삼장을 공표하였으니 그 죄가 둘이며, 함곡관을 막아 나를 들어오지 못하게 했으니 그 죄가 셋이다. 그래도 죄가 없다고 할 테냐?"

항우의 노기 띤 호령이 끝나자 유방은 다시 한 번 허리를 굽히고 말했다.

"진왕 자영은 제가 멋대로 한 일이 아니라 노공의 처분을 기다리기 위해 그렇게 한 것이고, 약법삼장은 노공의 덕을 보여 주기 위함이었으며, 함곡관을 수비케 한 것은 진나라 잔당의 작란(作亂)을 막기 위한 조치였습니다. 다행히 노공과 저는 결의형제를 한 바 있으므로 저의 마음을 알아주시리라 믿습니다."

항우는 유방의 말을 다 듣고 나자 벌떡 자리에서 일어나 뜰 아래로 내려가서 유방의 손을 덥썩 잡았다.

"내가 생각이 짧아 잠시 의심한 것을 용서하오. 지금 그대의 말을 들으니 내 마음이 확 뚫린 듯 기쁘오. 자, 올라갑시다."

그러면서 유방과 함께 방으로 올라갔다.

유방은 항우에게 깊이 허리를 굽혀 감사의 뜻을 표하고 자리에 나아가서 항우와 마주 앉았다. 그와 동시에 모든 사람들도 따라서 자리에 앉았다.

악사들이 풍악을 울리기 시작하자 조금 전까지만 해도 살기가 등등하던 방 안은 순식간에 화기애애한 연회장으로 변하고 여기저기서 웃음소리가 터지는 가운데 분주하게 술잔들이 오갔다.

이 때 범증은 속이 탔다. 그 동안 군호로 정한 옥패를 세 번이나 쳐들어 보였건만 항우는 그저 못 본 척하고 있는 게 아닌가.

물론 항우가 군호로 정한 약속을 잊어 버린 건 아니었다. 마주 앉아 있는 유방을 자세히 보니 도무지 죽이고 싶은 생각이 나지 않는 것이었다. 이렇게 온순하고 유약해 보이는 인물이 살아 있은들 무슨 대수로운 일을 할 수 있으랴 싶었다. 그래서 범증의 군호를 보고서도 짐짓 모른 척하고 있었다.

항우의 마음을 짐작한 범증은 세 번째 계책을 쓸 수밖에 없다고 생각하고 진평에게 눈짓을 했다. 연회를 시작하기 전에 미리 진평에게 말해 범증이 눈짓만 하면 진평이 유방에게 계속 술을 권하여 실례를 하게 만들도록 약속이 되어 있었다.

진평은 범증의 눈짓을 보고 술병과 술잔을 들고 유방 앞으로 갔다. 가까이서 유방의 얼굴을 자세히 보니 융준용안에 관후인자한 태도는 가위 제왕의 상이 분명했다.

진평은 속으로 생각했다.

'범증 노인의 말만 믿고 이런 사람을 해친다는 것은 옳은 일이 아니다.'

마침내 진평은 유방의 잔에 술을 따르는 체하며 조금씩만 붓고 항우의 술잔에는 오히려 가득 붓기 시작했다. 유방은 진평의 마음을 눈치채고 실수를 하지 않으려고 조심하였다.

범증은 손을 비비며 이제나저제나 기다렸지만 아무래도 자기 뜻대로 일이 될 것 같지 않았다. 오늘 이 절호의 기회를 놓쳐서는 안 될 일이었다. 그런데 이미 세 가지 계책 모두 실패로 돌아가고 말았다.

범증은 안절부절못하다가 문득 한 가지 꾀를 생각해 내고 밖으로 나왔다. 그 때 멀찍이 뜰 아래에 한 젊은 장수가 허리에 칼을 찬 채 돌 위에 앉아 있는 모습이 보였다.

'오, 노공의 일가 되는 항장(項莊)이로구나.'

범증은 크게 기뻐하며 항장을 불러 오늘 연회의 목적을 자세히 설명한 다음 부탁했다.

"좌중에 들어가서 검무를 추겠다 하고 때를 보아 한칼에 패공의 목을 베어 버리게."

"잘 알았습니다. 선생 말씀대로 하겠습니다."

항장은 칼을 잡고 방 안으로 성큼성큼 걸어 들어갔다.

"군중(軍中)에서 풍악은 무인들에게는 생소한 것입니다. 제가 여러 선배 어른들의 흥취를 돕기 위해 검무를 추어 보이겠사오니 웃으며 보아 주시기 바라옵니다."

항장은 이같이 말하고는 칼을 뽑아 들고 검무를 추기 시작했다. 칼의 번득임은 날카로우면서도 유연하고 유연하면서도 태풍처럼 일순(一瞬)을 휘몰아 맺혔다가는 활짝 풀어지고 풀어졌다가는 다시 맺혔다. 참으로 휘황한 검광의 예술이었다. 그런데 그 검광이 차츰차츰 유방을 향하여 다가가고 있었다.

'아차! 패공이 위험하다!'

장량이 깜짝 놀라며 마주 앉아 있는 항백에게 황급히 눈짓을 했다. 항백은 얼른 장량의 뜻을 알아채고 자리에서 벌떡 일어나 말했다.

"예로부터 검무는 대(對)가 있어야 흥취를 더하는 법입니다. 지금부터 제가 대가 되어 쌍무를 추겠으니 흥겹게 보아 주십시오."

이리 말하며 칼을 뽑아 들고 검무를 추기 시작했다. 항우는 동생과 숙부가 함께 추는 쌍무를 보고는 손뼉을 치며 몹시 흥겨워했다.

"허어, 좋구나! 대단한 솜씨들이야!"

항장은 칼춤을 추며 몇 번이나 유방을 노렸으나 그 때마다 항백이 유방 앞을 가로막아 목적을 이루지 못했다. 그러나 시간이 흐를수록 젊은 항장의 칼춤은 이미 초로(初老)에 접어든 항백의 칼 쓰는 법을 점점 어지럽게 만들었다.

'이거 큰일났구나!'

장량은 급히 방에서 나와 문 밖에서 기다리고 있는 번쾌를 불러 유방의 위급함을 말한 후에 일렀다.

"내가 먼저 들어갈 터이니 곧 뒤따라 들어오시오."

방으로 돌아오니 항장과 항백의 검무는 계속되고 있었다.

번쾌는 허리에 칼을 차고 방패는 옆에 낀 채 문 앞으로 뚜벅뚜벅 걸어갔다. 정공이 지키고 있다 번쾌를 제지하려 했다. 그러나 번쾌는 그대로 문 안으로 밀고 들어섰다. 정공의 부하 두 사람이 번쾌를 가로막자 방패로 두 군졸을 떠다밀었다. 번쾌의 힘에 그들은 저만큼 나가떨어지고 말았다.

그 사이에 곧장 장막을 젖히고 연회석 안으로 들어선 번쾌는 정면에 앉아 있는 항우를 노려보았다. 그의 머리칼은 있는 대로 모두 곤추서고 부릅뜬 눈은 금방이라도 찢어질 듯이 무서운 형상이었다.

항우는 놀라서 자기도 모르게 한 손으로 칼집을 잡고 물었다.
"웬 놈이냐!"
항우의 호통에 장량이 대신 대답했다.
"패공의 막료 장수 번쾌이옵니다."
이 통에 항장과 항백의 검무는 중지되고 말았다.
"번쾌라? 그런데 무슨 까닭으로 여기까지 함부로 들어왔느냐!"
항우가 노기를 띠고 물었다.
"말씀드리지요. 제가 듣기에 오늘은 노공께서 진나라 멸하신 공을 축하하기 위해 연회를 베풀고 상하가 없이 모든 장졸들에게 술을 하사하셨다는데 오직 이 번쾌만은 이른 아침부터 지금까지 술 한 방울 주는 사람이 없소이다. 목은 마르고 배는 고파 견딜 수가 없어 이렇게 노공을 뵈옵는 것입니다."
"허어, 그래?"
항우의 얼굴에 미소가 떠올랐다.
"잔치 자리에 술이 없어서야 되겠느냐. 여봐라, 저자에게 술 한 통을 내려 주어라!"
항우의 말이 떨어지자마자 군졸이 번쾌에게 술통을 안겨 주었다. 번쾌는 선 자리에서 그대로 벌컥벌컥 들이켜 순식간에 술 한 통을 다 마셔 버렸다.
"대단한 장사로구나! 더 먹겠느냐?"
항우가 이같이 묻자 번쾌는 주먹으로 입 가장자리를 한번 씻고는 대답했다.
"지금 이 자리에서 죽는 것도 사양하지 않겠는데 어찌 주시는 술을 사양하겠습니까?"
"뭐? 죽는 것도 사양하지 않겠다니 누구를 위해서 죽는단 말이냐!"

"물론 저의 주인이신 패공을 위해서입니다."

무장(武將)끼리는 서로 통하는 것인지 항우는 번쾌의 말을 듣자 유쾌하게 웃으면서 말했다.

"장하다! 패공은 참으로 훌륭한 장수를 두었도다!"

항우는 번쾌를 칭찬하면서 연거푸 큰 잔으로 술을 마셨다.

"으음, 저자에게 안주를 내리고 술도 더 갖다 주도록 하라!"

조금 후에 항우는 술기운을 이기지 못하고 탁자 위에 쓰러지고 말았다. 좌우의 사람들이 항우를 부축해 별실에 있는 침상에 눕히었다.

장량이 이를 보고 유방 곁으로 와서 가만히 말했다.

"이 틈을 타서 얼른 돌아가십시오."

"선생은 어찌 하시려오?"

유방이 근심스런 얼굴로 물었다.

"저는 여기 남아서 뒤탈이 없도록 조치하겠습니다. 어서 서두르십시오."

유방은 좌우를 돌아볼 경황이 없었다. 일행이 일시에 모두 움직였다가는 무슨 일이 일어날지 몰랐기에 유방은 변소에 가는 체하고 혼자 본진에서 나왔다. 원문 앞에 오자 정공과 옹치가 문을 막고 못 나가게 했다.

이를 보고 장량이 쫓아와서 말했다.

"노공께서 대취하신 탓에 모두들 돌아가라 하시었소."

이 때 진평이 또한 달려와 재촉했다.

"속히 문을 열어 드리시오."

정공·옹치 두 사람은 그제야 유방에게 길을 터 주었다.

유방은 번쾌와 함께 원문 밖으로 나왔다. 장량의 지시를 받은 기신·근흡·하후영 세 사람이 문 밖에서 기다리고 있다가 유방을 호위하여 서둘러 패상으로 말을 몰았다.

이 일을 두고 후세 사람이 지은 시가 있으니 다음과 같다.

패공아, 말 물어 보자
그대가 만일 자방을 얻지 못했다면
어찌 천하를 얻었으랴
오오, 노공 항우여
오강(烏江)가의 원통함이여
그대 곁에 항백만 없었더라도
패공과 장량이 어찌 크고 높았으랴
지나가는 바람마저 무심하고나

 항우는 한동안 잠을 자고 나서야 술이 조금 깨었다. 그는 눈을 뜨고 좌우를 돌아보며 물었다.
 "패공은 어디 있느냐?"
 장량이 그 소리를 듣고 얼른 항우 앞으로 가서 대답했다.
 "패공이 술에 취해 제대로 앉아 있을 수가 없어 조금 전에 패상으로 돌아가면서 저에게 대신 여기 있다가 노공께서 잠이 깨시거든 오늘의 은혜를 사례 드리라고 하였습니다."
 "아니, 뭐라고? 내게 인사도 안 하고 제 맘대로 돌아가다니!"
 이 때 항우의 노한 음성을 듣고 범증이 들어와 말했다.
 "제가 뭐라고 했습니까? 패공은 겉으로는 유약한 체하지만 속으로는 음흉스럽기가 짝이 없는 사람입니다. 노공의 허락도 없이 홍문 밖으로 나간 것은 노공을 업신여기기 때문입니다. 이 모든 일은 여기 있는 이 장량이 시킨 것입니다. 속지 마십시오."
 범증의 말은 항우의 분노에 불을 질렀다.
 "에잇, 고약한 것들! 여봐라, 장량을 끌어내어 목을 베어라!"
 그러나 장량은 눈 하나 깜짝 하지 않고 천연스럽게 말했다.

"잠깐 고정하시고 제 말씀을 들어 주십시오. 패공은 원래 저의 주인이 아닌데 제가 패공을 위하여 노공을 속일 이유가 없습니다. 무엇보다도 노공께서 오늘 패공을 죽이지 않으신 것은 천만 번 잘하신 일입니다. 만일 패공을 죽이셨다면 천하 사람들이 뭐라고 하겠습니까? 노공이 패공을 이기지 못할 것 같으니 홍문의 경축 연회에 청해 떳떳하지 못한 방법으로 죽였다고 조소할 것 아니겠습니까."

항우는 눈을 커다랗게 뜬 채 묵묵히 장량의 말만 듣고 있었다. 장량은 이런 항우를 슬쩍 한 번 보고 말을 계속했다.

"노공께서는 지금 저를 패상으로 돌려보내 주십시오. 그러면 패공이 항복한 진왕 자영으로부터 받은 옥새를 노공께 바치도록 하겠습니다. 노공께서 그 옥새를 받아 가지고 대위(大位)에 오르신다면 대의명분이 뚜렷하여 천하가 모두 복종할 것입니다. 그런데 만일 노공께서 저를 이 자리에서 죽여 버리신다면 패공은 옥새를 가지고 다른 나라로 도망 가서 딴 사람에게 줄지도 모르니 이보다 더 애석한 일이 또 어디 있겠습니까."

항우는 장량의 말을 여기까지 듣다가 반색을 하며 물었다.

"네 과연 옥새를 가져올 수 있느냐?"

"물론이옵니다."

장량이 서슴지 않고 대답했다.

"그럼, 가서 어김없이 옥새를 가져오라. 만약 어기는 날에는 내가 백만 대군을 이끌고 가서 패상의 진을 가루로 만들어 버리겠으니 그런 줄 알라!"

"염려 마십시오. 지금 곧 가서 가져오겠습니다."

장량이 홍문을 나와서 패상으로 가니 유방이 기다리고 있다가 크게 반기며 말했다.

"오늘 선생의 계책과 주선이 없었더라면 내가 살아서 돌아오지 못했을 것이오."

장량은 항우에게 한 약속을 대강 이야기한 후에 말했다.
"옥새를 항우에게 갖다 주도록 하시지요."
유방은 몹시 싫은 듯 거부했다.
"옥새는 나라의 보배인데 함부로 남에게 줄 수 있습니까?"
그러자 장량이 정색하고 말았다.
"천하가 옥새를 따라다니는 것은 아닙니다. 천하를 얻는 요체는 덕에 있지 옥새에 있지 않습니다. 만일 지금 패공께서 옥새가 아까워 항우에게 주지 않으신다면 항우는 필경 군사를 몰고 올 것입니다. 그렇게 되면 항우에게 사로잡히게 될지도 모르는데 그 때에는 옥새가 무슨 소용이 있겠습니까. 차라리 항우가 달라고 할 때 주어 버리고 조용히 우리의 큰 계획을 세워야 합니다."
듣고 나자 유방은 크게 고개를 끄덕이며 쾌히 허락했다.
"과연 선생의 말씀이 옳습니다."
이튿날 장량은 옥새와 그 밖의 진기한 보물들을 가지고 홍문으로 갔다.
"패공이 지난밤 과음한 탓으로 아직 자리에서 일어나지 못하여 저더러 대신 뵈옵고 사죄의 말씀을 올리라고 했습니다. 그리고 여기 옥새와 진보(珍寶)를 가지고 왔습니다."
장량은 이같이 말하고 항우에게 옥새와 진보를 바쳤다. 항우는 그것을 받아 탁자 위에 벌려 놓고는 만족한 얼굴로 한참 동안 들여다보았다. 그러다가 그 중에서 광채가 찬란한 구슬 한 개를 집어서 범증에게 주며 말했다.
"이건 선생이 가지고 즐기십시오."
범증은 구슬을 받더니 뜻밖에도 그것을 땅바닥에 내던져 버렸다. 그리고 깊이 탄식했다.
"아, 이제 대사는 글렀도다! 우리가 모두 패공에게 사로잡힐 날이 멀지 않았는데 이따위 보물이 무슨 소용이 있으랴!"
 항우는 범증이 자기가 준 보물을 땅바닥에 내던지는 것을 보고 노했으나 그의 탄식함이 하도 절절하여 억지로 노기를 누르면서 위로하듯 말했다.
 "패공은 보잘것없는 졸장부요. 선생은 가히 근심 마십시오."
 "아닙니다. 패공은 결코 가볍게 볼 인물이 아닙니다."
 범증이 다시 항변하자 항우는 껄껄 웃으며 말했다.
 "내 안상에 보검이 있거늘 누가 감히 나를 당할 수 있으리오!"
 항우는 끝내 범증의 말을 듣지 않았다. 장량은 속으로 터져 나오는 웃음을 참을 수가 없었다.

7. 초패왕(楚覇王) 항우

 항우는 안상에 기대어 생각에 잠겼다. 회계 땅에서 숙부 항량과 의병을 일으켜 회왕을 세우고 유방과 동서로 길을 나누어 진나라를 쳐서 함양에 입성하기까지 어언 3년이란 세월이 흘렀다.
 그 동안 싸우기 수백 차례에 그는 한 번도 패한 적이 없었다. 진의 대장군 장한도 20만 군사를 데리고 그의 앞에 무릎을 꿇었다. 그보다 먼저 입성한 유방도 홍문의 연회에서 실낱같은 목숨을 겨우 부지해 패상으로 달아나 그의 처분만 기다리고 있다.
 '나야말로 천하제일이다! 어느 누가 감히 나에게 항거하랴! 이제 진 3세였던 자영을 죽이고 왕위에 오른다면 천하는 바로 내 장중에 들어오게 된다!'
 이렇게 생각한 항우는 즉시 유방에게 편지를 보냈다. 자영이 어찌해서 여태껏 자기에게 와서 항복하지 않는가 묻는 내용이었다. 한마디로 자영을 자기에게 보내라는 엄포였다.

유방은 편지를 보고 자영을 불렀다. 유방이 보여 주는 편지를 읽고 자영이 말했다.

"제가 이미 패공에게 항복한 터에 다시 노공에게 항복할 까닭이 없지 않습니까."

백 번 옳은 말이었다. 그러나 항우의 뜻을 거역하면 어떤 일이 일어날지 모르니 그의 뜻에 따르는 것이 좋겠다는 유방의 간곡한 말을 듣고 자영은 다시 흰 옷차림으로 수레를 타고 항우의 진영으로 갔다.

항우는 홍문의 진영 앞에 나와 눈을 부릅뜨고 자영에게 호통을 쳤다.

"네 할아비가 육국을 멸하고 천하의 백성들을 도탄에 빠뜨렸으니 그 죄가 너한테까지 미치는 것을 네가 알겠느냐?"

자영은 땅바닥에 꿇어앉아 빌었다.

"소신은 조고의 간계로 아비가 죽은 뒤로 밝은 햇빛을 못 보고 살아왔으니 노공께서는 어여삐 여겨 저의 성명만은 보존케 해 주소서."

항우는 자영의 말이 끝나자 영포에게 눈짓을 했다. 영포는 슬그머니 자영에게로 다가가 한칼에 목을 베어 버렸다. 자영의 머리가 땅 위로 굴렀다.

이 모양을 멀리서 바라보고 있던 함양 백성들은 그만 통곡하기 시작했다. 청명하던 하늘이 일시에 어두워지고 산천초목도 슬픔에 잠기는 듯했다.

"노공이 저렇듯 잔인무도하니 노공을 망하게 해 주소서!"

함양 백성들의 통곡 속에 항우를 원망하는 소리가 섞여 나오자 항우는 불같이 노했다.

"저 연놈들을 모조리 죽여라!"

이 때 범증이 항우의 호령 소리를 듣고 달려와 만류했다.

"안 됩니다! 고정하십시오. 백성들을 죽이면 그들의 마음이 떠납니다."

"나를 원망하는 저것들을 그냥 내버려 두면 장차 모반할지도 모릅니다. 죽여 없애 버리지 않으면 반드시 후환이 될 것입니다."

"아닙니다. 옛날에 노군(魯君)이 죄 없는 궁녀 한 사람을 죽였더니 3년 동안 비가 오지 않았답니다. 그리고 시황제에게 죄가 있지 자영에게 무슨 죄가 있습니까."

범증이 다음 말을 잇기도 전이었다.

"비켜나십시오!"

항우가 한 소리 크게 지르고는 말에 올라 영포와 함께 통곡하는 백성들 속으로 뛰어 들어갔다.

홍문 근처의 높은 언덕과 길가에서 웅성대며 통곡하던 백성들은 항우와 영포가 지휘하는 군사들의 손에 5천여 명이 참살당하고 말았다. 큰 길에는 삽시간에 시체들이 산같이 쌓이고 좁은 골목에는 사람의 피가 도랑처럼 흘렀다.

그래도 항우는 분이 풀리지 않았다.

"내친 김에 함양 백성들을 한 놈도 남기지 말고 깡그리 죽여 버리자!"

항우가 영포를 돌아보며 이렇게 소리쳤다. 이 말을 듣고 범증이 쫓아와 항우가 타고 있는 말 머리에 자기의 이마를 비비면서 소리 높여 울었다.

"제발 고정하십시오! 백성들이 곧 천하입니다! 그들을 모두 죽인다면 천하가 다 무엇입니까!"

항우는 말머리를 붙들고 울면서 만류하는 범증 노인을 보고는 그제야 분노가 좀 가라앉는 것 같았다.

"알았으니 선생은 눈물을 거두십시오."

항우는 이렇게 말하고 영포에게 군사들을 거두어 먼저 돌아가라고 일렀다. 그리고 겨우 울음을 그친 범증에게 말했다.

"선생은 나와 함께 함양궁으로 들어가 봅시다."

그러고는 먼저 앞장서서 갔다. 범증은 힘없이 그 뒤를 따랐다.

함양궁은 유방이 봉인한 채로 있었다. 항우가 궁 안에 들어와 보기는 처음이었다. 과연 소문에 듣던 대로였다. 36궁에 24원, 고루 층대는 옥빛으로 번득이고 천문만호(千門萬戶)가 모두 황금빛이었다.

항우는 길게 한숨을 쉬면서 범증을 돌아보고 말했다.

"진나라의 부귀함이 과연 놀랄 만합니다그려! 이러고도 그처럼 허무하게 망해 버리다니!"

범증이 조용히 대답했다.

"그것은 백성을 학대하고 충간하는 말을 듣지 않았기 때문입니다."

항우는 더 말하지 않고 입을 꽉 다문 채 함양궁에서 나왔다. 범증도 항우를 따랐다.

홍문의 본진으로 돌아오니 이미 날이 저물었다. 항우는 촛불을 밝게 켜도록 한 다음 범증을 불렀다. 항우가 정중한 어조로 말했다.

"아부, 내 이제 함양을 취하고 옥새도 받았으며 진왕 자영도 처치했으니 스스로 관중의 왕이 되려고 하는데 아부의 생각은 어떠하십니까?"

범증이 대답했다.

"모든 장수들이 목숨을 걸고 노공을 따르는 까닭은 봉후(封侯)의 은상을 입어 부귀를 누리면서 이를 자손에게 전하기 위해서입니다. 지금 노공께서 하신 말씀은 그들의 뜻에 부합됩니다. 그러나 노공께서는 의병을 일으키실 때부터 회왕을 세우고 그의 명을 받들어 왔습니다. 그런 고로 먼저 팽성으로 사람을 보내 회왕의 조서를 받아 왕위에 오르십시오. 그러면 대의명분도 서고 천하 사람들도 심복할 것입니다."

항우는 범증의 말에 따라 다음날 항백을 팽성으로 보내 이러한 뜻을 회왕에게 주달하도록 하였다. 그런데 항백의 말을 다 듣고 난 회왕은 마땅치 않은 얼굴로 반문했다.

"내 이미 언약하기를 먼저 함양에 들어간 장수를 왕으로 삼겠다고 했거늘 이제 와서 다시 묻다니 어인 일인고?"

항백은 어느 정도 예상했던 일이므로 다시 절하고 말했다.

"노공은 백만의 대군을 거느리고 홍문에 웅거하여 그 위세가 관중을 덮고 있습니다. 이에 비해 패공은 불과 10만의 군사와 함께 패상에 외따로 떨어져 있으니 강성한 노공으로 하여금 관중의 왕이 되도록 조서를 내려 주소서."

그러나 회왕은 이 말에도 고개를 가로 저었다.

"임금 된 자로서 가장 귀히 여겨야 할 것은 군사가 아니고 덕이오. 그리고 내 이미 언약한 바가 있는데 이제 와서 그것을 고친다면 천하의 신의를 잃고 웃음거리가 될 것이오. 장군은 속히 돌아가 이미 정한 약속을 지키라 하오."

의연한 회왕의 말에 항백은 하는 수 없이 발길을 돌려 항우에게 그대로 고했다.

"아니, 뭐가 어떻다구요? 회왕이 누굽니까? 우리 항 씨 집안에서 세워 준 왕이 아닙니까. 그런데 지금 와서 자신은 마디만한 공도 없이 언약이니 뭐니 하다니! 그까짓 것, 내가 흩흩이 회왕 따위의 결재나 받게 생겼습니까! 천하가 내 손아귀에 있으니 내 마음대로 하는 것이지!"

며칠 뒤 항우는 길일을 택해서 자신을 서초패왕(西楚霸王)이라 자칭하고 왕위에 올랐다. 그리고 이 사실을 온 천하에 공포하였다.

이제 항우는 노공이 아니라 서초(西楚)의 패왕이 되었다. 그런데 그가 굳이 서초패왕이라 한 까닭은 일찍이 받든 바 있는 회왕을 깊이 의식했기 때문이었다.

그래서 자신의 즉위를 윤허치 않았음에도 불구하고 회왕을 제위로 올려 의제(義帝)라는 존호를 받들게 했다. 그러니까 이 때까지만 해도 항우는 회왕을 죽일 생각은 없었다.

이어서 항우는 의제를 조용한 곳에 편히 모시기 위해 그가 다스릴 곳을 침주(郴州)로 정해 그 곳으로 도읍을 옮기도록 했다.

제4편 절치부심(切齒腐心)

1. 뜻밖의 논공행상
2. 소절잔도(燒絕棧道)
3. 동분서주(東奔西走)
4. 의제(義帝)의 죽음
5. 대장부의 기개
6. 명신(名臣) 소하(蕭何)
7. 대장단(大將壇)

제4편 절치부심(切齒腐心)

1. 뜻밖의 논공행상

초패왕이 된 항우는 홀로 생각에 잠겼다.

숙부 항량과 함께 회계 땅에서 거병한 지 그 몇 해던가. 그 동안 그를 따른 장졸은 50만을 더 헤아린다. 그들은 하나같이 고향도 부모형제도 처자식도 다 두고서 목숨을 걸고 자기를 따랐다.

비바람과 눈보라 속을 행군해 오면서, 이슬에 젖고 서리를 묻히면서, 준령을 넘고 격랑을 건너 생사를 같이했던 장졸들이다. 오늘날 어찌 이들에게 후한 상급을 내려 그 동안의 노고를 위로해 주지 않을 수 있으랴.

항우는 범증을 불러 상의했다.

"짐을 따라서 오랫동안 싸움터에서 고생해 온 장졸들에게 은상을 내리고자 하는데 군중에 재보(財寶)가 없으니 어찌 하면 좋겠습니까?"

"그건 어려운 일이 아닙니다. 패공이 함양에 먼저 입성했으므로 재보가 어디 있는지 잘 알 것입니다. 그를 불러서 내놓으라고 하십시오. 부고를 봉인해 두었다는 말도 거짓임이 드러나지 않았습니까. 아주 진기한 보물만 몇 점 남겨 두고 웬만한 것은 미리 다 쓸어 간 것이 분명하니 이제라도 그것을 내놓지 않으면 그 죄를 물어 죽이도록 하십시오."

범증은 또 한 번 이 기회를 이용해 기어코 유방을 죽이려 했다.

"그렇게 하겠습니다."

항우는 그 길로 패상으로 사람을 보내 유방을 불러오라고 명령하였다. 장량은 이 일을 알고 한 발 먼저 심복에게 편지를 주어 유방에게 전했다. 항우가 재물이 있는 곳을 묻거든 자세한 것은 장량이 알고 있을 뿐 아무도 아는 사람이 없다고 대답하라는 편지였다.

유방은 장량의 편지를 받아 보고는 안심하고 홍문으로 갔다.

"그대가 함양에 먼저 입성한 고로 진나라의 재물이 어디 있는지 알 터이니 짐에게 말하라."

유방은 장량이 알려 준 대로 대답했다.

"신이 관중에 들어온 후로 군무에 얽매여 재물을 점검하지 못했습니다. 오직 장량이 그것을 잘 알고 있을 터이니 그를 불러 물어 보소서."

항우는 즉시 장량을 불러 꾸짖듯 물었다.

"네가 진의 재물이 어디 있는지를 잘 알고 있으면서 어찌하여 지금껏 짐에게 말하지 않았는가?"

"대왕께서 하문하시지 않았으므로 미처 고할 겨를이 없었습니다. 진의 금은보배는 효왕(孝王) 때부터 축적되어 시황에 이르러서는 그 부(富)가 천하제일이었습니다. 그러나 시황이 죽은 후 여산의 능묘를 축조하느라 막대한 금은을 썼습니다. 그리고 나머지 재보는 모두 무덤 속에 부장하였고 또 2세 호해가 열락에 빠져 물 쓰듯 낭비한 까닭에 부고는 전부 텅 비어 있었습니다. 그러니 지금 남아 있는 진의 재보는 여산의 시황묘 안에 있는 것뿐입니다."

"그렇다면 시황묘를 파헤쳐서 재보를 꺼내 사졸들에게 나누어 주도록 해야겠군."

항우가 이렇게 말하자 범증이 나섰다.

"시황묘에는 시황이 평소에 애호하던 물건밖에 부장하지 않았습니다. 무슨 재보가 있겠습니까?"

장량이 웃으면서 말했다.

"그것은 선생께서 모르고 하시는 말씀입니다. 시황묘는 주위가 80리에 높이가 50척, 주옥으로 일월성신을 꾸미고 수은으로 관곽을 보호하고 있습니다. 그 안에 천만 가지 보물을 수없이 늘어놓아 밤중에도 시황묘에서 서광이 하늘에 뻗친다고 합니다."

"그래, 시황묘를 파자!"

항우는 이렇게 결심했다.

"안 됩니다. 고정하십시오. 시황이 아무리 무도했다지만 제황의 묘소를 파헤치는 것은 삼갈 일입니다. 더구나 대왕께서 즉위하신 지 며칠 안 되었는데 사졸들에게 상을 주려고 그러셨다면 후세에 이르도록 조소를 면치 못할 것입니다."

범증의 말이 채 끝나기도 전에 항우가 언성을 높여 말했다.

"시황이 무도해서 그 죄가 걸주(桀紂)에 못지 않은 터에 그의 무덤을 판다고 해서 뭐가 불가하단 말이오? 짐은 재물이 탐나서 그러려는 게 아니오."

항우는 이어서 유방을 패상으로 돌아가라 하고 영포를 불러 시황묘를 발굴할 준비를 서두르라 명령하였다.

이튿날 항우는 친히 군사 10만 명을 거느리고 시황묘로 갔다. 울창한 수림은 맹수와 교룡을 감춘 듯하고, 웅장하게 조각한 돌사자와 쇠로 만든 철인(鐵人)이 좌우로 수도 없이 늘어서 있었다.

영포는 군사들을 지휘하여 여산의 북쪽으로부터 남쪽으로 깊이 50척, 길이 백 척의 땅을 파헤치게 했다. 공사에 착수한 지 사흘 만에 땅 속에서 큰 돌문이 나타났다.

돌문에는 빗장이 질려 있는데 쇠망치로 빗장을 때려부수자 중앙의 문이 열리면서 돌로 깐 큰 통로가 뚫리었다.

거기서 침전 속에 들어가 시황의 석관을 쇠망치로 부수려 하자 영포가 급히 제지했다.

"멈춰라! 건드리지 마라! 그 속에서 철포가 쏟아져 나오면 여기 있는 사람이 모두 죽는다!"

항우는 시황의 시체를 안전하게 보호하기 위한 치밀한 설계와 정교한 기술에 탄복하면서 말했다.

"어서 보물들만 가지고 나가자!"

시황의 침전에는 금과 은이 합해서 6백만 근, 석관 주위에 장식된 보옥은 120여 종으로, 이것들을 전부 꺼내 옮기니 수십 수레에 이르는 양이었다.

금은보물을 모두 옮겨 내고 시황묘를 다시 묻은 뒤에 항우는 영포와 함께 아방궁으로 들어가 보았다.

여산에서부터 누각과 복도가 연속되어 있으니 길이가 3백여 리에 뻗쳐 있었다. 그 규모의 웅대함과 그 때문에 희생된 막대한 백성들의 희생을 생각하니 시황제의 사치와 호화로움에 항우는 끓어오르는 분노를 참을 수 없었다.

항우는 영포를 돌아보고 명령을 내렸다.

"이것을 그냥 둘 수 없다! 모조리 태워 버려라!"

영포는 즉시 군사들을 불러 아방궁에 불을 질렀다. 삽시간에 화광이 하늘을 찌르고 자욱한 연기가 산과 들을 덮었다. 이 날부터 타기 시작한 아방궁의 불은 석 달 동안이나 계속해서 탔다.

항우는 홍문으로 돌아와 시황묘에서 꺼내 온 금은보물을 풀어 사졸들에게 상을 주는 한편 모든 막료들에게 논공행상을 하기 위해 범증과 의논하였다.

"먼저 패공을 어찌 하면 좋겠습니까?"

항우가 가장 마음이 쓰이는 사람은 역시 유방이었다. 범증이 대답했다.

"파촉(巴蜀)은 함양에서 수천 리나 떨어진 곳으로 산세가 험준하고 길

또한 기구하여 옛날부터 죄인들을 귀양 보내는 땅이었습니다. 패공을 한 왕(漢王)에 봉하시고 그 곳에 가 있도록 하시되 진의 항장인 장한·사마흔·동예 세 사람을 삼진(三晉)의 왕으로 봉하시어 파촉에서 나오는 길목을 지키게 하십시오. 이렇게 하시면 패공을 관중의 왕으로 봉하는 것과 모양도 비슷하고 또 패공이 모반을 하고 싶어도 꼼짝도 못하고 촉 땅에서 늙어 죽을 것입니다."

항우는 범증의 말을 듣고 크게 기뻐하였다.

"그것 참 묘책입니다."

즉시 군정사를 불러 논공행상을 기록하게 하였으니 그 내용은 대략 다음과 같았다.

유방은 한왕이 되어 촉 땅의 41현을 다스리게 하고, 장한은 옹왕(雍王), 사마흔은 새왕(塞王), 동예는 곽왕(藿王), 그리고 영포는 구강왕(九江王), 오예는 형산왕(衡山王)으로 봉했다.

그리고 범증을 승상으로 하고, 항백을 상서령, 종리매를 우사마, 계포를 좌사마, 진평을 도위, 환초와 우자기를 각각 대장군, 한신을 집극랑으로 임명하였다.

천하 제후로부터 미관말직에 이르기까지 논공행상이 끝나자 큰 잔치를 베풀었다. 항우는 시종 웃는 얼굴로 막료 제장들과 술잔을 기울이며 몹시 즐거워했다.

잔치가 끝난 뒤에 유방은 장량과 함께 패상의 진영으로 돌아갔다. 패상에서는 유방이 한왕이 되어 촉 땅으로 가게 된 것을 알고 모든 장수들을 일제히 울근불근했다.

"파촉은 죄수들이 귀양 가는 곳인데 우리더러 그 곳으로 가란 말이냐!"

"우리가 촉 땅에 한 번 들어가면 살아서는 못 나오게 된다!"

"이래도 죽고 저래도 죽을 바엔 항우와 사생결단을 하자!"

번쾌를 비롯한 모든 장수들이 항우의 처사에 분개하여 주먹을 부르쥐고 흔들어 대자 유방도 참고 있던 분통이 터지고야 말았다.

"그래! 회왕께서 언약하시기를 먼저 함양에 입성하는 사람이 관중의 왕이 되기로 하였는데 항우가 스스로 왕이 되어 나를 촉 땅으로 내쫓다니 이게 될 법이나 한 수작이냐!"

"제발 고정하십시오. 항우에게 헛되이 죽으려고 이러십니까? 차라리 한왕이 되어 군사를 기르고 인재를 모아 후일을 도모하셔야지요."

소하가 유방을 제지하면서 이렇게 말하자 장량 또한 나서서 조용히 말했다.

"촉 땅은 서쪽으로 치우친 곳입니다만 안으로 들어가면 옥야천리(沃野千里)의 땅이 있고 밖으로는 험산준령이 막고 있으므로 초패왕의 백만 대군도 침범해 들어오기 어려운 곳입니다. 부디 흥분을 가라앉히시고 서둘러 한중(漢中)으로 들어갈 준비를 하십시오. 범증이 낮이나 밤이나 패공을 해치려고 노심초사하는 것을 벌써 잊으셨습니까?"

"선생의 말씀이 과연 옳습니다."

유방은 장량의 말에 호응하여 휘하 장수들에게 함양을 떠날 준비를 서두르라고 명령했다.

한편, 항우는 논공행상이 끝난 이틀 뒤에 모든 신하와 장수들을 모아 회의를 열었다. 천하의 제후들을 봉하고 아직 그 경과를 의제에게 고하지 못한 일과 의제로 하여금 도읍을 팽성으로부터 침주로 옮기도록 했는데도 실행이 안 되고 있는 점을 의논하기 위한 회의였다.

"의견이 있으면 말해 보라."

항우는 보좌에 드높이 앉아서 엄숙하게 말했다. 그러자 진평이 항우 앞에 나아가 아뢰었다.

"하늘에는 해가 둘 있을 수 없고 백성에게는 왕이 둘 있을 수 없는 법입니다. 대왕께서 지금 천하의 임금이 되셨는데 일일이 의제의 재가를 얻어 일을 처리하신다면 이는 임금이 두 분 계시는 셈이 됩니다. 하오니 범아부를 팽성에 보내시어 의제를 궁벽한 곳으로 옮기게 하신 후에 앞으로는 의제의 명령을 듣지 마시고 대왕께서 대사를 친재토록 하소서."

항우에게는 듣던 중 가장 반가운 말이었다. 그는 만면에 웃음을 띠었다.

"그 말이 심히 옳도다."

그런 다음 범증에게 환초·우영 두 장수를 데리고 의제에게 가서 도읍을 침주로 옮기게 하고 팽성에는 궁실을 조영해 자기가 한번 고향에 돌아가 볼 수 있도록 하라고 명했다.

범증은 항우의 명령을 듣고 말했다.

"신이 대왕의 말씀대로 거행하겠사오나 다만 꼭 간하고 싶은 말씀이 있습니다. 대왕께서는 신이 돌아올 때까지 이 곳 함양을 절대 떠나서는 안 됩니다. 함양은 옛날부터 도읍지로 전해 내려오는 천부의 요새지이기 때문입니다. 그리고 집극랑 한신을 대장으로 중용하십시오. 만일 대왕께서 그를 중용하지 않으시려거든 그를 죽이십시오. 한신은 원융(元戎)의 재목이니 그래야 후환이 없을 것입니다."

항우가 웃으면서 대답했다.

"잘 알았으니 아부는 속히 떠나시오."

범증은 무언가 안심이 되지 않았지만 항우의 재촉을 받고 환초·우영과 함께 팽성으로 떠났다.

2. 소절잔도(燒絕棧道)

유방이 파촉으로 떠난다는 소문이 알려지자 수많은 함양 백성들이 패상으로 찾아와 눈물을 흘리며 말했다.
"언제나 다시 대왕의 인자하신 용안을 우러러 뵙겠습니까!"
소하는 마음이 흐뭇했으나 이를 항우가 알면 어떤 일이 일어날까 두려워 백성들을 돌려보내느라 진땀을 뺐다.
"초패왕의 법도가 무서우니 어서 돌아들 가십시오."
유방은 마침내 출발 명령을 내렸다. 군마가 패상을 떠나 90리를 가니 안평현(安平縣), 40리를 더 가니 부풍현(扶風縣), 150리를 더 가니 대산관(大散關), 120리를 더 가니 봉주(鳳州), 여기서부터 길은 기구험난(奇構險難)해서 깎아지른 듯한 낭떠러지에 나무로 만든 다리를 선반처럼 걸쳐 가설했으니 이것이 바로 천하에 유명한 잔도(棧道) 곧 벼랑길이다.
태산준령은 구름 위에 솟아 있고 잔도는 끝없이 뻗치어 있으니 그 길이는 몇 백 리나 되는지 알 수가 없었다.
한쪽으로는 천인절벽(千仞絶壁)이 내려다 보이고 반대쪽으로는 구름 밖에 솟은 층암괴석과 울창한 수림이 올려다보이는 험산궁곡(險山窮谷)을 지나노라니 분하고 원통한 생각이 장수들의 가슴에 북받쳤다.
"우리가 무슨 죄로 이렇게 험한 땅으로 간단 말이냐!"
"살아서 고향에 못 가느니 차라리 여기서 죽자!"
여러 사람이 이렇게 떠드는 소리를 듣고 앞서 가던 번쾌가 말 머리를 홱 돌리며 큰 소리로 외쳤다.
"그렇다! 항우 놈과 사생을 결단하자!"
그러자 유방도 다시 한 번 분통을 터뜨렸다.
"항우 이놈! 내 이놈들을 사로잡아서 천참만륙(千斬萬戮)을 내고 말리라!"
장량·역이기·소하 세 사람이 일제히 말에서 내려 유방의 말을 붙잡고 간하였다.
"대왕은 고정하십시오. 일을 그르치면 후회막급입니다."

장량이 먼저 말하고 소하가 이어서 만류했다.

"대왕께서 이렇게 흥분하시면 군사들이 흔들리게 됩니다. 부디 진정하십시오."

그러자 역이기가 차분한 어조로 말했다.

"지금 대왕께서 촉 땅으로 가시면 이로운 점이 세 가지 있고 함양에 계시면 해로운 점이 세 가지 있습니다. 파촉은 산세가 험준해서 교통이 어려운 까닭에 남이 허실을 알 수 없으니 이로운 것이 그 하나입니다. 군마를 모으고 조련하기 좋으니 이로운 것이 그 둘입니다. 군사들을 이끌고 공격해 나올 때는 모두들 제 고향에 가고 싶은 생각에서 용기백배할 터이니 이로운 것이 그 셋입니다."

"그렇다면 해로운 점 세 가지는 무엇입니까?"

유방이 다소 누그러져서 물었다.

"대왕께서 만약 함양에 계시면 우리의 실정을 항우가 낱낱이 알게 될 터이니 해롭고, 항우를 공격하려 해도 빈틈없는 범증이 우리의 허실을 잘 알고서 미리 방어할 터이니 해로우며, 항우의 형세가 더 커지면 우리의 군사들 중에 초나라로 달아나는 놈도 생길 터이니 해롭습니다. 그러니 파촉으로 들어가서 절치부심 힘을 기르시어 후일을 도모하십시오."

세 사람이 이렇게 번갈아 가며 간하는 말을 듣고서야 유방은 마음을 진정하고 번쾌로 하여금 행군을 재촉하게 하였다.

마침내 길고 긴 잔도를 다 지나오자 장량이 유방에게 뜻밖의 말을 하는 것이었다.

"신은 여기서 이만 대왕과 하직하고 고국으로 돌아갈까 합니다."

유방은 그만 말문이 막힌 듯 잠시 어안이 벙벙해 바라만 보다가 이윽고 입을 열었다.

"아니, 그게 무슨 말씀이시오? 선생이 여기서 나를 버리고 가시다니

나는 어찌 하란 말씀입니까?"

거의 울먹이는 음성으로 말했다. 장량은 유방을 위로하듯 가만히 말했다.

"신이 비록 고국으로 가지만 고국에 가서는 잠시 고주(故主)께 인사만 올리고 바로 돌아와 대왕을 위해서 세 가지 중요한 일을 하려고 합니다."

그제야 유방은 고개를 들고 장량을 쳐다보며 다음 말을 기다렸다.

"그 하나는 항우로 하여금 도읍을 팽성으로 옮기게 하여 대왕을 위해 함양을 비워 두게 하는 일입니다. 그 다음은 천하의 제후들을 설복시켜 항우를 버리고 대왕을 돕게 하는 일입니다. 나머지 하나는 초나라를 쳐서 항우를 사로잡을 만한 대원수(大元帥) 재목을 구해 대왕께 보내 드리는 일입니다. 대왕께서 힘을 기르신 후 관중으로 나오시면 신이 그 때에 관중에서 만나 뵙겠습니다. 앞으로 길어야 3년 이내에 대왕께서는 촉 땅에서 나오시게 될 것입니다."

"선생의 말씀을 깊이 새기어 어떠한 어려움도 이겨 나가겠습니다. 그런데 선생이 천거하시는 인물을 어떻게 알 수 있습니까?"

"그것은 이미 소하 선생과 얘기가 되어 있습니다. 신이 천거하는 인물이 부절(符節)을 가지고 한중으로 찾아오면 소하 선생이 가지고 있는 부절과 맞추어 보면 됩니다. 서로 맞으면 대왕께서 그를 대원수로 봉해 주십시오."

"잘 알겠습니다. 선생의 노고가 크시겠습니다."

그렇게 말하는 유방의 눈에서 눈물이 볼을 타고 흘러내렸다.

"그럼 부디 옥체 보중하소서."

장량도 눈물을 흘리면서 절을 하고 유방의 수레에서 물러났다. 그는 소하에게 다가가 무언가 귀엣말을 나눈 뒤에 역이기·조참·번쾌 등과 작별하고 사졸 5, 6명과 함께 각기 말을 타고 다시 잔도를 넘어 관중으로 돌아갔다.

　장량이 돌아가자 유방은 허탈해진 얼굴로 수레가 움직이는 대로 흔들리면서 온종일 행군을 계속했다.

　이튿날 아침이었다. 돌연 후진에서 요란한 고함 소리가 들렸다. 유방이 수레를 멈추고 돌아보니 난데없는 화광이 하늘을 찌르고 시커먼 연기가 산골짜기를 덮고 있었다.

　"잔도가 타고 있다!"

　"누군가 불을 지른 게 분명하다!"

　"아이구, 저걸 어쩌나!"

　장졸을 가리지 않고 모두가 당황하여 어쩔 줄을 몰랐다.

　"못된 장량의 짓이로다! 아아, 이젠 돌아갈 길마저 끊겨 버렸구나!"

　유방은 길이 탄식하며 이같이 말했다. 다른 장수들과 사졸들도 그 말을 듣고 모두들 통곡하며 장량을 원망했다.

　"어쩐지 그놈이 이상했어!"

　"그놈을 잡아서 씹어 먹어야겠다!"

　이를 보고 소하가 급히 유방 앞으로 가서 가만히 말했다.

　"대왕께서는 장량을 원망하지 마십시오. 잔도를 태워 버리는 데는 네 가지 이로움이 있다고 장량과 이미 의논이 있었습니다. 첫째, 항우는 잔도가 끊어진 것을 알면 대왕께서 관중으로 돌아올 생각이 없으리라고 지레짐작하여 우리를 경계하지 않을 것입니다. 둘째, 삼진의 왕들도 자연히 게을러질 것입니다. 셋째, 우리 편의 사졸들도 도망 갈 생각을 하지 않게 될 것입니다. 넷째, 천하의 제후가 저희들끼리 서로 다투더라도 우리에게는 영향이 없을 것입니다. 그러므로 잔도를 태워 버리기로 상약했던 것입니다."

　소하의 설명을 듣고 나자 유방은 비로소 크게 깨닫고 번쾌를 불렀다.

"내가 잘못 알고 공연히 자방을 원망했소그려."

자초지종을 설명하자 번쾌가 알아듣고 명령을 내렸다.

"원망하는 소리를 금지시키고 행군을 계속하도록 하라!"

이 같은 명령은 즉시 전후의 각 부대에 전달되었다. 떠들며 우왕좌왕 하던 대열이 다시 정비되고 분위기는 일제히 숙연해졌다.

며칠 뒤 유방의 군대는 무사히 한중(漢中)으로 들어갔다. 유방은 여기서 정식으로 한왕에 등극하는 즉위식을 갖고 소하를 상국(相國)으로 삼았으며 조참·번쾌·주발·관영 등 여러 장수와 신하들에게도 각각 응분의 관작과 상을 내렸다.

이어 유방은 덕으로 백성들을 다스리는 한편 널리 어진 사람을 구하고 군량을 비축해 나가니 반년이 채 안 되어 이 고장은 그야말로 낙토로 변하였다.

3. 동분서주(東奔西走)

한왕 유방과 작별한 장량이 잔도에 불을 질러 장장 3백여 리의 잔도를 모조리 태운 뒤에 봉주를 지나 보계산에 당도했을 때였다. 맞은편에서 오던 5, 6명의 일행이 그의 앞에 이르자 별안간 인사를 드리는 것이었다.

"웬 사람들이오?"

장량이 놀라서 묻자 그들 중의 한 사람이 대답했다.

"저희들은 상서령 항백 장군의 수하입니다. 장군께서 선생이 이리로 오실 것을 미리 알고 모셔 오라 하여 마중 오는 길입니다."

"오, 참으로 고마운 우정이오."

장량은 그들을 바라보며 혼잣말처럼 중얼거렸다.

며칠 후에 항백의 집에 도착한 장량은 오랜만에 항백과 뜨거운 우정을 나누었다.

이튿날 항백이 조정에 나간 사이에 장량은 그 집의 문객으로부터 참으로 청천벽력 같은 소식을 들었다.

"초패왕께서 선생이 한왕을 따라 촉 땅으로 가신 것을 뒤늦게 아시고 몹시 노한 나머지 한(韓)나라의 왕 희성(姬成)이 다른 나라 제후들보다 늦게 찾아와 인사드린 것을 트집 잡아 그를 죽여 버렸습니다. 어제야 희성의 시체를 수렴해 본국으로 운구하였습니다."

이 말을 듣자 장량은 그 자리에 엎드려 크게 통곡했다.

"우리 집안이 여러 대를 걸쳐 한나라의 녹을 먹어 왔는데 나 때문에 고주(故主)가 항우에게 죽음을 당하였으니 그 죄는 백번 죽어 마땅하도다. 이 원수를 갚지 않고는 죽어도 눈을 감지 않으리라!"

장량은 그 날 밤새도록 눈물로 베개를 적시고 이튿날 아침 일찍 항백에게 작별 인사를 하였다. 항백은 깜짝 놀라며 장량을 붙들었다.

"떠나시다니 그게 무슨 말씀이오? 내 집에 오신 지 며칠이나 되었다고! 내가 그 사이 국사에 다망해서 조용히 우정을 즐길 겨를이 없었음을 용서하오."

"그게 아니올시다. 어제 들으니 저의 고주가 패왕을 늦게 뵈었다 하여 죽음을 당하셨답니다. 제가 지금 고주를 따라 죽지 못한 것을 한할 뿐입니다. 이 길로 속히 본국으로 돌아가서 고주를 안장한 다음 한 달 안에 다시 오겠습니다."

"오, 그런 일이 있었습니까. 그러시다면 붙잡지 못하겠습니다. 오실 때쯤 해서 사람을 마중 보내겠습니다."

"그럼 마중은 보내시더라도 아무에게도 알리지는 마십시오."

"말씀대로 하겠습니다."

장량은 하인 두 사람을 데리고 고국으로 돌아가 고주의 영전에서 통곡하고 왕자들과 함께 장례를 지낸 후에 곧장 함양으로 되돌아왔다.

항백은 사람을 보내 장량을 마중하고 몹시 기뻐했다.

"존형이 약속대로 이렇게 오셔서 무한 반갑습니다. 이제 앞으로 무슨 일을 하셔야 할 터인데 어떤 생각을 갖고 계시는지요?"

장량이 자리에 앉자 항백이 은근히 물었다.

"고주께서 이미 작고하시고 저의 몸 또한 잔약하니 할 일이 무어 있겠습니까. 그저 노자의 현묵(玄黙)과 장자의 천의무봉(天衣無縫)을 흉내나 내다가 선인을 만나면 묘론(妙論)이나 들어 볼까 합니다."

장량의 대답은 세상일에 아무런 뜻도 두지 않는 사람의 말이었다. 명예나 황금을 초개같이 여기고 뜬구름같이 유유자적하며 살아가는 인생, 항백의 눈에는 장량이 그런 사람으로 보였다.

'이미 벼슬하고 싶은 생각이 없는 사람에게 공연한 말은 그만두자.'

항백은 마침내 이렇게 생각하고 지난 일들을 이야기하며 술잔을 나누었다.

장량이 항백의 집에 와서 묵은 지도 어언 5, 6일이 지났을 때였다. 하루는 항백이 조정에 나간 뒤 하릴없이 혼자 후원으로 나갔다. 꽃 중의 왕이라는 모란이며 꽃 중의 재상이라는 작약 그리고 꽃 중의 왕비라는 장미들을 완상하며 한가하게 후원을 거닐고 있는데 문득 보니 높은 언덕 위에 한 채 누각이 서 있고 그 처마에 '만권서루(萬卷書樓)'라는 현판이 걸려 있었다.

장량이 꽃구경을 하다 말고 서루로 들어가 보니 왼편에는 고서(古書)가 잔뜩 쌓여 있고 오른편에는 여러 제후국과 왕래한 문서 외에 신하들이 왕에게 올린 상소문 등이 놓여 있었다.

'항백이 상서령이니까 먼저 받아 보고 나서 초패왕에게 모든 주장(奏章)이 상달되겠지.'

장량은 이렇게 생각하고 그것을 하나씩 펴 보았다. 몇 장을 훑어보았지만 신통한 것은 하나도 없었다. 장량이 입맛을 다시며 보기를 그만둘까 하다가 그 중에서 깜짝 놀랄 만큼 눈에 띄는 글을 한 장 발견했다. 그 글의 요지는 다음과 같았다.

신이 듣자오니 천하를 다스리는 도(道)는 천하의 형세를 살피는 것이 귀하다 했으며 형세를 살핀다 함은 천하의 기틀을 아는 것이 귀하다 했습니다. 형세라 함은 허실을 알고 강약을 밝히며 이해(利害)를 알고 득실을 밝히는 것이니 이같이 한 연후에야 가히 천하를 얻을 수 있는 것이옵니다….(중략)

…이제 폐하께서는 관중에서 으뜸 가시오나 아직 인심이 복종하지 않고 근본이 세워지지 못했습니다. 백성들은 다만 그 강한 것을 무서워하고 그 위엄을 두려워하여 얼굴을 꾸밀 뿐인데 폐하께서는 이를 잘못 알고 계시는 것이옵니다. 폐하께서는 홀로 강한 것만 믿으시고 이길 것만 아시지만 패망하는 기틀이 불측한 가운데서 싹트고 있음을 깨닫지 못하시니 이것이 감히 폐하께 말씀드리고자 하는 바이옵니다.

여기까지 읽은 장량의 입에서 절로 한숨이 나왔다.
'이렇듯 뛰어난 지모지사가 초패왕의 수하에 있다니!'
장량은 계속해서 읽어 나갔다.

이제 세 가지 계교가 있으니, 첫째는 강한 군대로 하여금 변방을 엄중히 수비하는 동시에 장한 등 세 사람을 불러들이고 유능한 장수를 삼진의 왕으로 삼으시며, 둘째는 한왕 유방의 가족을 연곡 아래 두시어 인의로써 시정하시되 군사의 훈련을 엄하게 하시며, 셋째는 함양의 도읍터를 떠나지 마시고 어진 사람을 정승의 자리에 앉히시어 백성을 다스리게 하옵소서. 이렇게 하셔야만 사직은 반석과 같이 견고해지고 유방은 동쪽으로 나오지 못하게 될 것입니다.

보기를 다하고 나자 장량은 탄복하기를 마지않았다. 만약 항우가 이 글을 받아 보고 그대로 한다면 한왕은 파촉 땅에서 늙어 죽었지 꼼짝을 못하게 될 것이고 자기도 고주의 원수를 갚지 못하게 되리라는 생각이 들었다. 장량은 저도 모르게 중얼거렸다.
'이 사람이야말로 대원수감이다!'

장량은 그 상소문을 도로 접어서 전과 같이 놓아 둔 다음 누각에서 내려왔다.
점심때가 조금 지나 항백이 퇴궐하여 돌아왔다.
"혼자 계시느라 적적하셨지요?"
항백이 장량을 위로하며 술상을 들이게 했다.
장량은 술이 거나하게 되자 항백에게 후원으로 나가 바람을 쐬자고 했다. 이쪽저쪽을 한참 거닐다가 장량은 손으로 누각을 가리키며 물었다.
"만권서루라…. 누각의 이름이 고고한 선비의 정신을 그대로 드러내고 있습니다. 그런데 주로 어떤 서책을 애독하시오?"
"애독이라니! 천성이 게으른 데다 겨를도 없고 해서 통 읽지 못하고 있습니다. 구경이나 한번 하시렵니까?"
"그것 좋지요."
장량은 기다리고 있던 말인지라 이같이 대답하고 누각으로 올라갔다.

"이쪽은 책만 두고 저쪽은 문서만 두는 곳입니다그려."

장량은 처음 들어와 보는 것처럼 말했다.

"그렇습니다. 책도 별로 없는데 만권서루라 해서 부끄럽습니다. 이쪽에 있는 문서들은 대부분 상소하는 글을 모아 둔 것입니다."

"어디 좀 구경해도 되겠습니까?"

장량은 그 중에서 하나를 뽑아 들고 보는 체했다.

"이건 처음부터 자기 고집만 하고 있군."

그것을 도로 놓고 또 하나를 들고 보았다.

"이건 문장은 아름다운데 남을 중상하는 글입니다."

다시 놓고는 아까 혼자 들어와서 보던 글을 집어 들고 보는 체하다가 넌지시 물었다.

"이 글을 누가 쓴 것인가요? 지모 있는 사람의 글인 것 같습니다만."

"그 사람이야말로 때를 못 만난 사람이지요. 범증 선생이 몇 번이나 천거했는데 패왕이 듣지 않아 아직까지 집극랑으로 있는 한신이라는 사람입니다."

"집극랑이면 항상 궁중 안에 있는 사람입니까?"

"그렇습니다. 극(戟: 창의 일종)을 잡고 왕궁을 지키는 하급직이지요. 재주가 비상한 사람인데 참으로 아깝습니다."

항백은 한신을 칭찬해 마지않았다.

"이 상소문을 패왕이 보셨는가요?"

"예, 보았지요. 패왕이 보고는 대로해 한신을 하옥시키라고 하는 것을 내가 간신히 죄를 면하게 했었답니다."

"그렇습니까? 하마터면 아까운 사람을 그르칠 뻔했습니다."

장량은 이렇게 말하고 다른 문서와 책들도 잠깐 뒤적이다가 밖으로 나왔다.

'한신, 한신이라. 이제야 한왕께서 큰 인재를 얻으셨도다.'

장량은 항백의 처소로 돌아와 몇 마디 한담을 나누다 지극히 자연스러운 태도로 말했다.

"저는 내일 이만 떠날까 합니다."

항백이 깜짝 놀라 물었다.

"아니, 왜 또 별안간 떠나려 하십니까? 무슨 다른 생각이 나셨습니까?"

"홍진만장의 속세간에 무슨 별다른 생각이 있겠습니까. 그저 좀더 한적한 곳을 찾아서 심신을 쉬고 싶을 뿐입니다."

"내가 집안을 단속하여 조용하게 해 드릴 터이니 좀더 여기에 유하도록 하시지요."

"감사한 말씀이오나 존형의 댁을 떠나서 깊은 산 속으로 들어가 이름을 감추고 장생술(長生術)이나 배워 볼까 합니다."

항백은 끝내 장량의 마음을 바꿀 수 없음을 알고 더 이상 억지로 붙들려 하지 않았다.

이튿날 장량은 항백의 집에서 나왔다. 함양성 밖에까지 따라 나와서 전송하는 항백과 작별한 장량은 촌가(村家)에 들어가서 거처할 곳을 정한 후 황색 도포에 황색 허리띠와 관을 만들어 도사의 복장을 하고 다시 함양 성중으로 들어갔다.

허리에는 엽전 꾸러미를 꿰어 차고 소매 속에는 대추와 밤을 가득 넣고는 풍증에 걸린 사람 모양으로 입을 씰룩거리며 비틀비틀 걸어갔다. 감발을 한 차림에 도포에는 군데군데 술로 얼룩을 내었으며 어깨에는 어고(魚鼓: 물고기 모양의 북)를 걸쳤다.

장량이 연신 어고를 치고 주문을 외면서 함양 거리를 걸어가자 그가 목적했던 대로 어른들은 멀리 피해 가고 아이들만 그의 뒤를 줄줄이 따랐다. 장량은 어른들이 보지 않는 곳에서 아이들의 환심을 사기 위해

밤과 대추를 나누어 주고 동전까지 집어 주었다.
 이렇게 인심을 쓰자 아이들은 장량을 따라서 그가 슬그머니 이끄는 대로 한적한 묘(廟) 터에 이르렀다.
 여기서 장량은 노래를 부르기 시작했다. 아이들은 처음에는 장량의 노래에 시큰둥했지만 장량이 계속해서 우스꽝스런 몸짓을 하며 노래를 거듭하자 서서히 신이 나서 노래를 따라 불렀다.

사람 사람 무슨 사람
담장 밖에 키 큰 사람
딸랑딸랑 방울 소리
그 사람은 안 보이네

부귀 부귀 높은 부귀
이뤘으면 고향 가지
고향에 아니 가면
비단옷 입고 밤길 가기

 이 같은 동요를 아이들이 익히자 장량은 다시 아이들에게 먹을 것과 동전을 나누어 주며 일렀다.
 "이 노래를 부르다가 어른들이 누가 가르쳐 준 노래냐고 묻거들랑 밤에 꿈속에 나타난 어떤 노인한테서 배웠다고 대답해야만 복을 많이 받게 된다. 알겠느냐? 꼭 그렇게 대답해야 한다."
 아이들은 입을 모아 외치며 활짝 웃었다.
 "염려 마세요, 아저씨. 잘 알았어요."
 장량은 이젠 됐다 생각하고 아이들을 보냈다. 그리고 성 밖의 자기 처소로 가서 사흘 동안 두문불출하고 있었다.

나흘째 되는 날, 장량은 장사꾼 모양으로 복색을 갈아입고 성 안에 들어가서 이 골목 저 거리로 돌아다니며 아이들이 놀고 있는 곳을 살펴보았다. 아니나 다를까, 여기저기 아이들이 모여 놀면서 자기가 가르쳐 준 노래를 부르고 있었다.

'흐음, 항우가 이 노래를 들으면 팽성으로 도읍을 옮기고 말지.'

장량은 회심의 미소를 지으며 중얼거렸다.

이 무렵 항우는 제후를 좌천시키거나 죽인 사람도 많고 하여 백성들의 공론이 어떤가 하고 은근히 궁금했다. 그는 이것을 염탐해 보기 위해 측근 신하 두 사람으로 하여금 미복으로 갈아입고 세상 소식을 알아 오게 하였다. 그랬더니 돌아와서 보고하기를 항간에 이상한 노래가 어린 아이들 사이에 유행하고 있다고 했다.

측근들이 적어 온 노래 내용을 보니 참으로 신기했다.

'과연 심상치 않은 노래구나.'

항우는 마침내 자기가 직접 알아보리라 결심하고 의복을 갈아입고는 남모르게 장터로 나갔다. 과연 아이들이 모여서 그 노래를 부르고 있었다.

항우는 그 중에 한 아이를 불러서 물어 보았다.

"너 그 노래를 누가 가르쳐 주었느냐? 말해 주면 돈을 많이 주마."

아이는 천진난만하게 웃으면서 대답했다.

"꿈에 하늘에서 한 노인이 내려와 이 노래를 가르쳐 주었어요."

"오, 그래?"

항우는 아이에게 돈을 주라고 근시에게 이르고 서둘러 궁으로 돌아왔다. 그의 얼굴에 희색이 가득하였다.

'이야말로 하늘의 뜻이로다!'

그러고 보니 의제를 침주로 옮기고 팽성에 궁궐을 조영하도록 범증을 보낸 것이 참으로 잘한 일이라고 생각했다.

이튿날 항우는 백관들을 모으고 엄숙하게 입을 열었다.
"이즈음 성중의 아이들이 모두 하늘이 내려 보낸 노래를 부르고 있는데 이는 바로 짐에게 해당하는 것이라 생각되오. 노래의 내용인즉 이런 것이오."
백관들은 모두 귀를 쫑긋 세워 듣고 있었다.

사람 사람 무슨 사람
담장 밖에 키 큰 사람
딸랑딸랑 무슨 소리
그 사람은 안 보이네

"이것은 짐이 천하에 우뚝 솟아 이름을 떨치건만 고향 사람들이 못 보고 있다는 뜻이오."

부귀 부귀 높은 부귀
이뤘으면 고향 가지
고향에 아니 가면
비단옷 입고 밤길 가기

"이것은 짐이 부귀를 이루었는데 고향으로 돌아가지 않는 것은 비단 옷을 입고 밤길 가는 것처럼 어리석은 짓이란 뜻이오. 이 노래의 뜻이 바로 짐의 뜻과 부합하는 터이니 경들은 팽성으로 천도할 준비를 서두르도록 하오."
이 때 간의대부 한생(韓生)이 항우 앞으로 나와서 간했다.
"팽성도 회하 이북으로 아홉 고을이 있사오나 어찌 함양에 비교할 수 있사오리까. 함양은 동으로 황하, 서로는 대농관, 남으로 종남산, 북으로 동관이 있어 가위 제왕의 도읍지입니다. 일찍이 주나라가 여기서 일어났고 진나라도 이 땅에서 패업을 완성했사온데 폐하께서는 어찌하여 어린 아이들의 노래를 믿으시나이까."

항우가 대답했다.

"짐이 천도하기를 결심한 데에는 3가지 이유가 있다. 3년 동안 싸움터를 왕래하느라 고향에 못 가 본 것이 그 하나요, 관중에는 산이 많고 평야가 적어 답답한 것이 그 둘이며, 셋째는 하늘이 노래로 가르쳐 주었기 때문이다."

한생이 지지 않고 말을 계속했다.

"폐하께서 사해에 군림하시어 하늘의 해가 중천에 있는 것과 같은데 왜 하필이면 고향으로 도읍을 옮기려 하시나이까?"

"하늘 아래가 모두 짐의 것이거늘 짐이 어느 땅에 도읍하든 짐의 마음대로 하리로다."

"범 승상께서 팽성으로 떠나실 때 폐하께 사뢰기를 함양에서 떠나지 마시라고 하지 않았사옵니까."

이 말을 듣자 항우의 얼굴빛이 휙 달라졌다.

"짐이 천하를 종횡하여 소향무적(所向無敵)인데 범아부가 어찌 짐의 흉중을 다 알 수 있겠는가. 그대는 길게 말하지 말라!"

한생은 마지못해 항우 앞을 물러나오면서 혼잣말로 중얼거렸다.

"초인(楚人)은 목후이관(沐猴而冠)이라더니 하는 수 없구나."

항우가 미처 그 말이 무슨 뜻인지 몰라 진평에게 물었다.

"지금 한생이 중얼거린 소리가 무슨 뜻인가?"

진평이 감히 속이지 못하고 바른대로 아뢰었다.

"황공하옵니다. 원숭이가 관을 썼으되 원숭이일 뿐 사람이 아니라는 뜻으로 세상에서 초나라 사람을 얕잡아 비방하는 말이옵니다."

듣고 나자 항우는 대로하였다.

"저런 쥐새끼 같은 늙은이가 감히 짐을 욕하다니! 여봐라, 저놈을 기름 가마솥에 끓여 죽여라!"

한생이 끌려 나오면서 큰 소리로 외쳤다.

"두고 보아라. 앞으로 백 날 안에 한왕이 한중에서 나와 삼진을 공략하리라."

이리하여 백관들이 두려움에 떨며 입을 다물고 있는 가운데 팽성 천도는 일사천리로 진행되었다.

한편, 한신의 거처를 알아낸 장량은 지난날 유방과 함께 함양궁에 들어갔을 때 얻어 두었던 보검을 가지고 한신의 집을 찾아갔다.

한신의 집에서는 늙고 초라한 문지기가 나와서 장량을 맞았다.

"나는 초나라 회음 사람으로 한 장군과는 고향 친구 되오. 꼭 만나볼 수 있도록 알려 주시기 바라오."

장량의 거짓말을 곧이들은 늙은 문지기는 안으로 들어가 그대로 전했다. 한신은 고향 친구가 왔다는 전갈에 고개를 갸우뚱했다.

'내가 회음에서 오래 살았지만 하도 빈천해서 사귄 벗이라곤 없었는데 고향 친구가 찾아왔다니 모를 일이군.'

한신은 잠시 머뭇거리다가 좌우간 안으로 모시라고 문지기에게 일렀다. 이윽고 장량이 뜰 앞에 들어와 섰다. 환하게 밝은 여름밤의 달 아래서 있는 미목 청수한 장량의 모습은 도인 같은 인상을 주었다.

"선생은 누구신데 나를 찾아오셨습니까? 방으로 올라오십시오."

한신의 말을 듣자 장량은 주저하지 않고 방으로 들어가 권하는 자리에 앉은 다음 조용히 입을 열었다.

"이 사람은 장군과 동향 사람입니다만 어려서 회음 땅을 떠나 다른 나라로 돌아다녔기 때문에 고향에 친한 사람이 없습니다. 집안에 가보로 내려오는 보검 세 자루가 있기에 천하의 영웅을 찾아가 칼을 팔아 왔습니다만, 그 동안 두 자루는 팔고 한 자루가 남아 있는데 장군의 영웅됨을 알고 오늘 이렇게 칼을 팔려고 찾아왔습니다."

한신은 그 말을 듣고 기뻐하며 말했다.

"내가 초나라에 와 있는 뒤로 나를 알아주는 사람이 없었는데 선생께서 그렇게 말씀해 주시니 고맙습니다. 그럼 어디 그 칼을 구경이나 해 봅시다."

장량은 들고 온 칼을 두 손으로 받쳐 한신에게 주었다.

"자, 보십시오. 이것이올시다."

한신은 칼을 받아 칼집에서 뽑아 보았다. 순간, 찬 기운이 칼날에 서리면서 온 방안이 서늘해지는 듯했다. 한신은 불빛에 칼날을 비추어 보면서 정신이 황홀해졌다.

"참으로 천하의 명검입니다!"

한신은 감탄하기를 마지않았다.

원래 한신은 어려서부터 칼을 몹시 좋아했다. 그런데 오늘 밤 이 같은 보검을 대하고 보니 갖고 싶은 마음은 간절하나 주머니 사정을 생각하니 차마 값이 얼마냐고 묻지는 못하겠기에 넌지시 떠보았다.

"선생께서 말씀하시기를 칼이 모두 세 자루 있었는데 두 자루는 이미 파셨다니 그것을 얼마씩 받고 파셨는지요?"

"이 세상 물건이란 각각 임자가 있는 것이어서 억지로 그 값을 받지 못합니다. 만약 진정으로 이 칼의 주인 될 사람이라면 값을 받지 않고 드릴 수도 있습니다. 그러니까 장군이 바로 이 칼의 주인이십니다."

한신이 웃으면서 말했다.

"말씀은 감사합니다만 나는 이 칼의 주인이 될 만한 인물은 아닙니다."

"아니올시다. 이 칼이 이제야 주인을 찾았나 봅니다."

한신은 장량의 말을 듣고 몹시 마음이 흡족하였다. 그는 술을 들여오라고 하여 장량에게 술을 권하면서 물었다.

"이 칼에는 이름이 있습니까?"

"있습니다. 세 자루의 칼에는 각각 이름이 있으니 하나는 천자검, 또 하나는 재상검, 다른 하나는 원융검으로, 지금 장군께 드린 것은 원융검입니다."

한신이 궁금하여 물었다.

"그러면 천자검과 재상검은 누구에게 파셨습니까?"

"천자검은 지금 한왕이 된 풍과 패의 땅에 있던 유 패공에게 팔았습니다."

"그럼, 재상검은 누구에게 파셨소?"

"패현 땅의 소하에게 팔았습니다."

한신은 잔을 기울이고 나서 또 물었다.

"이 사람한테서 무엇을 보고 칼을 주려 하십니까?"

"지금 장군은 때를 만나지 못해 불우한 처지에 있으나 만일 때를 만나면 가만히 앉아서 능히 천리 밖의 성패를 결하고 신산묘계(神算妙計)로 천하를 진정시킬 것입니다."

한신은 듣고 나자 가만히 한숨을 쉬며 말했다.

"선생의 말씀이 과연 이 사람의 간담을 비추는 말씀입니다. 강포한 항왕에게 더 있지 않고 빨리 몸을 은신하는 것이 좋겠다고 생각되어 불일간 고향으로 돌아갈까 합니다."

"장군의 그 말씀은 진정이 아닐 것입니다. 새는 가지를 골라 깃을 들이고 선비는 좋은 주인을 가려 섬긴다 했습니다. 장군이 천하를 진동시킬 대재를 가지고도 회음 땅으로 돌아가서 낚시질이나 하며 일생을 보내시겠다니 어디 될 법이나 한 말씀입니까."

"선생께서 오늘 밤 찾아와서 하시는 말씀이 사람을 감동시키고 또한 그 언설이 비범하시니 아무래도 한나라의 장자방 선생 같습니다. 그렇지 않습니까?"

장량은 이 말을 듣자 자리에서 일어나 옷깃을 여미고 대답했다.

"그렇습니다. 장군의 대명을 들은 지는 오래이나 뵈옵기가 늦었습니다. 이미 알고 물으시니 어찌 감추겠습니까. 말씀과 같이 제가 한나라의 장량이올시다."

"선생은 과연 인중지룡(人中之龍)입니다. 제가 여기를 떠나 한왕에게 가겠습니다. 청컨대 방법을 가르쳐 주십시오."

"한왕은 예현하사(禮賢下賜)하는 관인장자(寬仁長者)입니다. 지금 포중(褒中) 땅에서 몸을 굽히고 있지만 다음날에는 반드시 대업을 이룰 분입니다. 장군이 지금 한왕에게 가신다면 제가 장군께 드릴 물건이 하나 있습니다."

장량은 품속에서 소하와 의논하여 만들어 가지고 온 부절을 꺼내어 한신 앞에 놓고 말을 계속했다.

"이것은 지난날 한왕과 작별할 때 소하와 상약하기를 내가 만약 대원수가 될 만한 인물을 구하면 이것을 증거물로 삼아서 천거하겠다고 약속한 부절입니다. 장군이 이 부절을 가지고 포중으로 가시면 한왕이 반드시 장군을 중용할 것입니다."

"그런데 선생께서 이미 촉 땅으로 들어가는 잔도를 불태워 없애 버리셨으니 무슨 수로 제가 포중으로 들어갈 수 있겠습니까?"

한신이 부절을 받아 들고 이같이 묻자 장량은 다시 지도 한 장을 꺼내어 탁자 위에 펴놓고 말했다.

"이것은 여기서 포중으로 들어갈 수 있는 지도입니다. 이쪽으로 가늘게 그린 산길을 타고 사분을 지나 진창으로 들어가서 고운령을 넘어 양각산을 돌아 계두산으로 나와 거기서 똑바로 가면 바로 포중입니다. 노정이 2백 리 가량 가까운 길입니다."

한신은 놀라움을 금치 못하며 지도를 들여다보고 있었다. 장량은 하던 말을 계속했다.

"장군이 훗날 군사를 인솔해 초나라를 치러 나오실 때 이 길로 나와 먼저 삼진을 장중에 거두시면 앞날이 탄탄대로일 것입니다. 그리고 이 길은 세상에서는 모르는 길이니 장군 혼자만 아시는 비밀로 해 주십시오."

한신은 지도를 접어서 품속에 감추고 물었다.

"잘 알겠습니다. 그런데 선생께서는 어디로 가실 작정이십니까?"

"나는 우선 항왕이 도읍을 팽성으로 옮기는 것을 확인하겠습니다. 그 다음에 소진(蘇秦)의 옛일을 본받아 제후들에게 돌아다니면서 항왕을 배반하게 만들어 그가 서쪽에 힘을 기울이지 못하도록 만들까 합니다."

한신은 자리에서 일어나 예를 하고 말했다.

"선생의 가르치심에 깊은 감사를 드리며 가르치심대로 어김없이 행하겠습니다. 그리고 될 수 있는 대로 속히 한왕에게로 떠나겠습니다."

두 사람은 밤이 깊도록 천하의 일을 의논했다. 이튿날 장량은 한신의 집을 떠났다.

한신은 장량을 보낸 뒤에 그 날 저녁 진평의 집으로 찾아갔다. 진평이 평소에 항왕에게 불만을 품고 한왕에게 호감을 가지고 있는 뜻을 한신은 홍문의 연회 때부터 보아 왔기 때문이었다. 관문을 무사히 통과하여 삼진을 벗어나려면 도위 직책에 있는 진평의 도움이 필요했다.

4. 의제(義帝)의 죽음

초패왕 항우는 계속 천도를 서두르는 한편으로 의제를 속히 침주로 옮기도록 재촉하였다. 이 일로 팽성에 가 있던 범증은 거듭되는 항우의 성화에 못 이겨 그 동안 미루어 오던 말을 의제에게 아뢰었다.

"폐하께옵서 침주로 옮겨 주십사 하는 초패왕의 간청이 있었나이다."

의제는 이 말을 듣고 분개해서 꾸짖었다.

"예로부터 임금은 명을 내리는 자요, 신하는 명을 받들어 시행하는 법이거늘, 초패왕이 어찌 나에게 그런 무례를 범한단 말인가! 또 경으로 말할 것 같으면 초패왕의 아부(亞父)인즉 힘써 간하여 그 잘못을 바로잡아야 할 터인데 내 앞에 나와서 그런 말을 할 수 있는가! 이는 실로 걸주(桀紂)의 악함을 돕는 것과 진배가 없도다!"

의제의 꾸짖음에 범증은 얼굴을 들지 못하고 다시 간청했다.

"아뢰옵기 송구하오나 초패왕의 재촉이 성화와도 같아 신으로서는 폐하와 초패왕 두 임금님의 명을 다 받들기 어려우니 통촉하여 주시옵소서."

젊은 의제는 더욱 노하여 소리쳤다.

"그대는 대신으로서 임금을 받드는 신하의 도리를 잊었구나! 보기 싫다! 썩 물러가라!"

범증은 크게 무안을 당하고는 생각다 못해 함양으로 사람을 보내 의제의 이궁(移宮)이 어려움을 낱낱이 고하였다.

이 소식을 듣고 항우는 노발대발했다.

"의제는 본시 남의 집에서 밥을 빌어먹던 더부살이 하인에 불과했는데 우리 항 씨 집안에서 그를 세워 임금으로 만들어 주지 않았는가! 그런데 지금 와서 그 은공도 모르고 짐의 뜻을 거스르고 범아부에게 욕지거리를 하다니 내 그냥 둘 수 없다!"

항우는 즉시 구강왕 영포와 형산왕 오예 그리고 임강왕 공오 등을 불러 명령을 내렸다.

"그대들은 곧 군사들을 이끌고 대강(大江: 침주 동쪽의 강) 강변에 매복하고 있다가 의제가 강을 건너거든 사정을 두지 말고 주륙하라! 그리고 의제 일행을 한 놈도 남기지 말고 모조리 처치한 다음 풍랑으로 배가 뒤집혀 죽었다고 소문을 퍼뜨려 세상 사람들의 입을 막도록 하라!"

항우는 곧 이어 다시 사람을 팽성으로 보내 의제가 침주로 떠날 것을 강권하였다. 의제는 거듭되는 항우의 재촉을 견디다 못해 좌우의 신하들을 모이라 하고 길게 탄식하며 말했다.

"초패왕이 사람을 보내 침주로 떠날 것을 강권하니 더 이상 버티다가는 큰 변란을 당할 것 같구려. 차라리 속히 떠나 여명이라도 보존하려하니 모두 이궁할 채비를 하도록 하오."

의제가 팽성을 떠나는 날이었다. 팽성 거리에는 백성들이 몰려나와 눈물을 뿌리며 의제의 쓸쓸한 이궁 행렬을 전송하였다.

어느덧 의제 일행은 대강 강변에 이르러 배를 탔다. 배가 강 한가운데쯤 이르렀을 때였다. 영포와 오예·공오 등이 큰 배를 여러 척 띄워 기다리고 있다가 의제가 탄 배 가까이로 다가오면서 소리를 질렀다.

"우리들은 초패왕의 명을 받고 왔소이다! 폐하께선 옥부금책(玉符金册)을 이리 내놓으시오!"

의제의 성난 목소리가 강심을 울렸다.

"네 이놈들! 너희들이 나를 죽이려는구나!"

의제가 꾸짖는 사이에 영포의 무리들이 의제가 탄 배에 오르며 닥치는 대로 칼로 치고 창으로 찔렀다. 처절한 비명과 신음 소리가 아비규환을 이루었다.

이를 본 의제는 서편을 향해 소리쳤다.

"이놈 항우야! 이런 짓을 저지르고 어찌 천벌을 안 받을까 보냐!"

그리고는 스스로 강물에 몸을 던지고 말았다.

5. 대장부의 기개

 진평에게서 통관표(通關表: 관문 출입증)를 얻어 안평관을 통과한 한신은 온갖 위험과 간난을 겪으며 여러 날 만에 남정(南鄭) 땅에 들어섰다. 여기서부터 벌써 백성들의 옷 입은 모양과 얼굴 표정이 밝고 부드러우며 질서가 잡히고 풍속이 아름다운 것이 느껴졌다. 젊은 사람은 부지런히 다니고 나이 많은 노인은 한가하게 앉아 있는 모습이 몹시 평화스럽고 여유 있어 보였다.
 '태평성세란 바로 이런 세상이 아닐까?'
 한신은 무언가 가슴이 뭉클해짐을 느꼈다.
 활짝 트인 2백 리 평야의 한가운데 펼쳐져 있는 육가삼시(六街三市)는 한신이 짐작했던 것보다 훨씬 크고 번화하였다.
 이윽고 한신은 아문 앞에 이르렀다. '초현전(招賢殿)'이라는 현판이 붙어 있고 그 좌우에 13개 조의 인재 채용 조건이 적혀 있었다.

 - 병법에 정통하고 도략이 뛰어난 자
 - 용맹이 뛰어나 가히 선봉장이 될 수 있는 자
 - 무예가 출중하여 가히 장군이 될 수 있는 자
 - 천문에 밝고 기상을 잘 아는 자
 - 지리에 밝아 가히 향도(嚮導)가 될 수 있는 자
 - 마음이 공평하고 사람됨이 정직한 자
 - 정탐을 잘하여 가히 군정(軍情)이 될 수 있는 자
 - 변설이 능달하여 남의 마음을 움직일 수 있는 자
 - 산술에 능통하여 착오가 없는 자
 - 시서(詩書)를 널리 읽어 가히 박사가 될 수 있는 자

- 의학에 밝고 의술이 뛰어난 자
- 동작이 빠르고 치밀하여 가히 세작이 될 수 있는 자
- 금전 출납과 군량을 잘 관리할 수 있는 자

이상 13개 조 중 하나에 해당되는 사람은 출두하라.

　　　　　　　　　　　　　　　　　－ 초현관 하후영

한신은 초현전 앞의 방문(榜文)을 보고 난 뒤 지나가는 사람에게 물었다.

"초현관의 댁이 어디쯤 됩니까?"

"등공(藤公) 하후영 댁 말입니까?"

"예."

"저기 저 댁이 바로 등공 댁입니다."

한신은 사례하고 하후영의 집으로 가면서 생각했다.

'내가 장량이 준 부절을 보이면 중용할지 모르지만 대장부가 남의 천거장이나 가지고 벼슬을 얻는다면 이는 떳떳치 못한 짓이다. 내 자신의 힘으로 부닥쳐 보자.'

한신은 이렇게 생각하고 종이에 자기의 성명을 적어 문지기에게 주었다. 문지기로부터 한신의 명함을 받아 본 하후영은 고개를 갸우뚱했다.

'한신이라면 항우 밑에서 집극랑으로 있는 사람인데 그가 웬일로 나를 찾아왔을까? 아무튼 그의 말을 한번 들어 보자.'

이윽고 한신이 들어와 예를 하였다.

"무슨 일로 나를 찾아오시었소?"

하후영이 물었다.

"저는 초패왕의 신하였는데 그가 저를 알아주지 않으므로 함양에서 이리로 왔습니다."

"함양에서 오셨다면 잔도가 끊어졌는데 어떻게 오시었소?"

"고생이 많았지만 괴로운 줄은 모르고 왔습니다."

"장하오, 그 어려운 길을 오시다니. 그런데 초현전에 써 붙인 방문을 보셨겠지요? 그 중에서 무슨 재주에 능하시오?"

"방문에는 13개 조가 적혀 있었는데 그 13개 조에 모두 능통한 외에 한 가지 재주가 더 있습니다."

하후영이 눈을 크게 뜨며 물었다.

"그 한 가지 재주란 무엇입니까?"

"그것은 문무를 겸전해서 나아가면 장수가 되고 들어오면 정승이 되며 가만히 앉아서도 천하를 내다보고 백 번 싸우면 백 번 이길 수 있는 파초대원수(破楚大元帥)로서의 재주입니다. 그것이 방문에는 빠져 있었습니다."

한신의 말을 듣고 하후영은 악연히 놀랐다. 그는 자리에서 일어나 한신에게 공손히 예를 올린 다음 물었다.

"존명은 들은 지 오래입니다만 오늘 이렇게 뵈오니 만시지탄입니다. 장군이 이처럼 우리에게 와 주셨으니 참으로 종묘사직을 위해 다행한 일입니다. 그런데 만약 한왕께서 장군을 중용하신다면 어떻게 하시겠습니까?"

"한왕께서 만약 저를 중용하신다면 제가 포중의 군대를 거느리고 인의(仁義)의 깃발 아래 초패왕을 치겠습니다. 먼저 삼진을 공략하고 다음에 육국을 항복받아 초패왕의 우익을 제거한 후 범증으로 하여금 아무런 계책도 세우지 못하게 하여 불과 반년이면 함양에 도읍을 정하도록 하겠습니다. 그러나 한왕은 나를 쓸 줄 모를 것이요, 등공 또한 능히 나를 천거하여 쓰게 할 수도 없을 것 같습니다."

"장군은 호언장담합니다만 초패왕은 천하가 다 아는 용장인 데다 그의 수하에는 50만이 넘는 대군이 있습니다. 장군이 그렇게 쉽게 초패왕을 무찌를 수 있겠습니까?"

하후영의 말에 한신은 정색을 하였다.

"수천 리 험한 길을 넘어와 생각 없이 입으로 지껄이기만 한다면 이야말로 사람을 속이는 일이요, 스스로 무덤을 파는 일입니다. 세상 사람들은 초패왕을 두려워하지만 제 눈에는 초패왕이 어린아이로 밖에 보이지 않습니다."

"장군은 육도 삼략에도 통달하셨는지요?"

하후영이 이같이 물었다.

"무릇 대장이 되려면 그 같은 병법은 물론 시서에도 숙달해서 천하의 성패도 깊이 알고 상통천문 하달지리하여 무엇 한 가지 모르는 것이 없어야 합니다. 육도 삼략뿐이겠습니까."

한신은 하후영이 초현관으로서 자기를 시험해 보기 위해 이것저것 물어 보는 것으로 알고 육도 삼략과 음양의복을 비롯해 병기의 제조와 그 사용 방법에 이르기까지 두루 엮어 가면서 한나절 동안이나 들려주었다.

하후영은 도취한 듯 듣고 있다가 한신의 이야기가 끝나자 말했다.

"과연 장군은 천하의 기재요, 희유의 대재이십니다. 내일 한왕을 뵈옵고 적극 천거하겠습니다."

"제 생각으로는 한왕께 먼저 아뢰지 마시고 저를 소 상국과 만나게 하신 후 상국과 등공 두 분이 함께 한왕께 천거하셔야 비로소 한왕의 마음이 움직이게 될 것입니다."

"그렇게 하지요."

하후영은 그대로 응낙하였다.

6. 명신(名臣) 소하(蕭何)

이튿날 한신은 하후영과 함께 승상부로 갔다. 거기서 하후영은 초현전으로 돌아가고 한신은 승상부 사람의 안내를 받아 당상으로 들어갔다.
한신은 당중에 들어서서 사방을 둘러보았으나 손님을 맞이하는 자리를 준비해 놓지 않은 것을 보고 마음에 불쾌하였다.
그 때 안으로부터 소하가 나왔다.
"등공이 족하를 극구 칭찬하는 말을 들었습니다. 오늘 이같이 뵈오니 반갑습니다."
소하가 한신을 보고 이같이 첫인사를 하자 한신이 예를 갖추고 말했다.
"이 사람이 초나라에서 한왕의 성명(聖明)하심과 승상의 현달하심을 듣고 더구나 승상께서는 인재 구하시기를 목마른 이가 물을 찾는 것 같이 하신다 하여 불원천리 왔습니다만 이제 승상을 뵈오니 속히 고향으로 돌아가는 것만 못하다고 생각됩니다."
소하가 당황해서 물었다.
"여기까지 찾아와서 흉중에 있는 생각의 일단도 보이지 않고 그렇게 속히 고향으로 가신다 하니 무슨 까닭이오?"
한신은 서슴지 않고 대답했다.
"인물을 구하시려면 예(禮)로써 하시어야 하는데 지금 승상께서 저를 만나 보시는 법은 예의에서 심히 벗어납니다. 예에 어긋나는 대접을 받으면서 제가 스스로 저를 써 주십사고 하지는 않겠습니다. 지금 승상께서는 나라를 위해 치국(治國)의 도를 들으려 하시면서 제가 앉을 자리조차 베풀지 않고 저를 당중에서 맞아들이시니 이것이 제가 고향으로 속히 돌아가려 하는 까닭입니다."
소하는 이 말을 듣고 비로소 자기의 잘못을 깨달았다. 그는 한신의 손을 잡고 상좌에 앉게 한 후 공손히 예를 올리고 사과하였다.

"내가 미처 몰라서 결례를 했으니 용서하시오."

"승상께서 인물을 구하시는 마음이나 제가 승상을 찾아온 마음이나 모두 종묘사직을 위해서입니다. 작은 일에 구애된 저를 오히려 너그러이 용서해 주십시오."

"이해해 주시니 감사합니다. 청컨대 천하의 치란강약(治亂強弱)을 들려주십시오.."

"초패왕은 의제를 시해하고 도읍을 함양에서 팽성으로 옮겼습니다. 백성들은 원한을 품고 있으며 제후들은 기회를 보아 배반하려 하고 있건만 초패왕은 이것을 모르고 있습니다. 이에 비해 한왕께서는 지금 비록 포중에서 몸을 굽히고 계시지만 약법삼장 이후 천하의 민심을 얻고 있으므로 군대를 일으켜 동으로 향한다면 바야흐로 천하를 누를 수 있을 것이온데 새삼스러이 치란강약을 물으십니까?"

"그렇다면 지금이 바로 군사를 일으킬 때라는 말씀입니까?"

소하가 궁금한 듯 물었다.

"그렇습니다. 한왕께서 초나라를 칠 때는 바로 지금입니다. 만일 때를 놓쳐 제·위·조·연 네 나라 중에서 지혜 있는 자가 먼저 함양을 빼앗고 삼진을 평정한 뒤에 요해지를 막아 버린다면 한나라 군사들은 늙어 죽을 때까지 포중을 벗어나지 못하게 될 것입니다."

"잔도가 타 버려서 우리 군대가 나아가고 싶어도 나아갈 길이 없지 않습니까?"

한신은 이 말을 듣고 껄껄 웃으며 말했다.

"승상께서는 짐짓 저를 시험해 보고자 하십니다만 저는 이미 알고 있습니다. 군사가 나올 수 있는 다른 길이 있음을 미리 알고 지혜 있는 사람이 승상과 더불어 비밀히 의논하고서 불을 지른 것 아닙니까."

소하는 깜짝 놀랐다. 자기와 장량 두 사람밖에 알지 못하는 사실을 이렇듯 꿰뚫어 알고 있으니 놀랄 수밖에 없었다. 소하는 자리에서 일어나 한신에게 예를 갖추고 감탄하며 말했다.

"포중에 들어온 뒤로 사방의 현사들을 만나 보았지만 이 같은 고견탁설을 듣기는 오늘이 처음입니다. 집으로 함께 가서 박주나마 나누도록 하시지요."

한신은 소하의 안내로 그의 집으로 갔다. 소하는 온화로운 기풍에 너그럽고 자상한 인물이었다. 한(漢)나라의 상국으로서 한왕 유방의 결점과 부족을 남모르게 감싸며 보필하는 그인지라 이 같은 금도(襟度)는 그의 집에서도 그대로 나타났다. 문지기부터 공손했고 대문의 여닫는 소리마저 조용하고 부드러웠다.

이윽고 따뜻한 주안상이 나왔다. 소하가 손수 술을 권하며 은근히 물었다.

"장군이 만약 대장이 되신다면 어떻게 하시렵니까?"

한신이 옷깃을 여미고 대답했다.

"군사를 씀에는 문(文)으로써 무(武)를 다스려 머물 때는 산악과 같고 움직일 때는 강하(江河)와 같이 할 것입니다. 변화를 부릴 때는 천지와 같고 호령을 내릴 때는 우레와 같이 할 것입니다. 그래서 약하면서도 강하고 강한 가운데 부드러움을 지녀 인(仁)으로써 베풀고 예(禮)로써 세우며 용(勇)으로써 자르고 신(信)으로써 이룰 것입니다."

"장군의 고견을 들으니 구름을 뚫고 해를 보는 것 같습니다."

한신의 대답을 듣고 소하는 탄복하기를 마지않았다.

'과연 훌륭한 인물이다! 지난날 장량과 나누어 가진 부절을 가지고 찾아올 사람만 없다면 이 사람이야말로 파초대원수감이다!'

소하가 이런 생각을 하고 있을 때 한신은 속으로 다시 한 번 마음을 다지고 있었다.

'대장부가 녹록하게 부절로써 대장의 지위에 나아가겠느냐!'

이튿날 소하는 하후영과 함께 한왕에게 나아가 초현전에 훌륭한 인물이 찾아왔음을 갖추어 고한 다음 아뢰었다.

"대왕께서는 이 사람을 중용하소서."

"그 현사의 이름은 무엇이며 어디 사람이오?"

유방이 묻자 하후영이 대답했다.

"회음 사람으로 이름은 한신이옵니다. 초나라에서 집극랑으로 있었는데 여러 차례 상소를 올렸으나 써 주지 않으므로 초패왕을 버리고 대왕을 찾아왔다고 합니다."

"짐이 패현에 있을 때 한신의 이야기를 들은 적이 있소. 가세가 빈한하여 빨래할미에게 걸식한 일이 있고 저자에서 건달에게 욕을 당하고 가랑이 밑을 기어 나갔다 해서 웃음거리가 되었다 하오. 그런 사람을 대장으로 쓴다면 삼군이 복종하지 않을 것이고 제후들도 비웃을 것이오."

소하가 자세를 고쳐앉으며 말했다.

"하오나 옛날부터 인물은 비천한 데서 나왔습니다. 이윤(伊尹)도 탕(湯) 임금을 돕기 전에는 산야의 한낱 필부였고 태공(太公)도 위수가에서 낚시질이나 하던 늙은이에 불과했습니다. 한신이 비록 빈천한 집안의 출신이나 천하에 보기 드문 기재이옵니다. 대왕께서 만일 그를 써 주시지 않으면 다른 나라로 가 버릴 터이니 이야말로 연성(連城)의 구슬을 버리고 화씨(和氏)의 보옥을 깨뜨리는 것과 마찬가지일 것입니다."

유방은 소하의 말을 듣고 마지못한 듯 분부를 내렸다.

"경들이 그렇게 말하니 한신을 불러오도록 하오."

소하는 즉시 위관을 불러 한신을 청해 오라고 명령했다. 위관으로부터 연락을 받은 한신은 속으로 짐작했다.

'한왕이 위관을 시켜 나를 부르는 걸 보니 크게 쓸 생각은 아닌 모양이로구나. 아무튼 한왕을 만나 어떻게 하는지 보기로 하자.'

한신은 이렇게 생각하고 한왕 앞으로 나아가 예를 올렸다.

"먼길을 마다 않고 이렇게 왔으나 그대의 재주와 사람됨을 아직 알 수 없으니 갑자기 중용하기 어렵구나. 우선 그대를 연오관으로 임명하는 터이니 그 직분을 다하도록 하라."

한왕은 한신을 보고 나서 이렇게 분부를 내렸다.

"황송하옵니다."

한신은 조금도 얼굴빛이 변하지 않고 머리를 조아리며 은혜에 감사하였다.

소하와 하후영은 기가 막혔다. 대원수감으로 천거한 인물을 기껏 양미(糧米)를 점검하는 미관말직에 임명하다니 한신에게 미안하기도 하거니와 아까운 인물이라는 탄식이 절로 나왔다.

그러나 한신은 그 날부터 연오관의 직무를 맡아 보았다. 산같이 쌓인 쌀자루를 한눈에 훑어보고 계산해 내는데 그 수가 조금도 틀리지 않았다. 이를 보고 이졸들이 탄복하며 물었다.

"한 번 보시고 어쩌면 그렇게도 신통하게 알아내십니까?"

한신이 웃으면서 대답했다.

"이런 일쯤이야 뭐 신통할 게 있느냐."

며칠 후 소하가 이 소문을 듣고 한신을 찾아갔다.

"승상께서 여기까지 웬 행차이십니까?"

한신이 놀라서 물었다.

"내가 장군을 대원수에 임명하도록 천거했건만 한왕께서 아직 장군의 대기(大器)를 몰라보고 미관말직에 있게 했으니 미안하기 짝이 없소이다. 그럼에도 장군이 그 직책을 수행하심에 일산(一算)도 틀림이 없다

하니 대체 어떻게 그 많은 양곡을 한눈에 검산할 수 있는지 놀라울 뿐입니다."

소하는 한신을 진심으로 위로하면서 칭찬을 아끼지 않았다.

"별것 아닌 것을 칭찬해 주십니다. 굳이 궁금히 여기신다면 말씀드리지요. 산(算)에는 원래 소구(小九)의 수와 장척(丈尺)의 수가 있는데 이것만 잘 알고 나면 사해 구주까지도 앉아서 계산할 수가 있지요."

소하는 크게 감탄하고 그 길로 유방에게 가서 한신을 중용해 주십사고 간언하였다. 유방은 처음에는 반대하다가 소하가 재삼 청하자 한신의 벼슬을 한 등급 올리어 치속도위(治粟都尉)로 임명했다. 치속도위란 군량을 총괄하는 직책이었다.

치속도위가 된 한신은 각 지방의 창고 책임자들 가운데 그 동안 수량을 속인 자와 부정한 짓을 한 자들을 가려내어 모조리 내쫓아 버리는 한편 백성들에게 도조를 받는 부과를 공정하게 개정하였다.

이같이 직책을 수행한 지 보름이 채 안 되어 농민들 사이에 한신을 칭송하는 소리가 높았다.

소하는 이 같은 소문을 듣고 기뻐하였다. 그는 하루라도 빨리 유방을 뵙고자 했으나 며칠이 지나도록 유방은 조정에 나오지 않고 내궁에만 파묻혀 있었다.

소하는 이래서는 안 되겠다 생각하고 내궁의 환관을 불러 알현하기를 주청하였다. 다음날 아침에야 유방이 조정에 나오자 소하가 엎드려 아뢰었다.

"대왕께서는 어찌하여 널리 현사를 구하지 않으시옵니까? 만일 지금이라도 초패왕이 대군을 거느리고 쳐들어온다면 대왕께서는 누구를 내세워 적을 막으시겠습니까? 신이 밤낮으로 걱정하는 것은 바로 이것이옵니다."

"짐이 포중에 들어온 뒤로 현사를 널리 구하고 있음은 경도 잘 알고 있으면서 그게 무슨 말이오?"

유방은 소하의 말뜻을 미처 깨닫지 못하고 의아해서 물었다.

"대왕께서 목전에 큰 인물을 두시고서 굳이 먼 곳에서 현사를 구하려 하심은 무슨 연유이옵니까?"

"목전의 큰 인물이 누구란 말이오? 승상이 천거한다면 내 그를 반드시 등용하겠소."

소하는 은근한 태도로 머리를 수그리며 대답했다.

"신이 아뢰옵는 큰 인물은 바로 한신이옵니다."

"아니, 그 사람은 승상의 천거에 따라 짐이 치속도위로까지 등용했는데 어찌 등용하지 않는다고 말하는 것이오?"

유방은 오히려 의아하다는 듯이 물었다.

"치속도위 같은 직책은 한신의 대기(大器)를 시험하는 벼슬이 못 됩니다. 대원수의 직책을 맡기셔야 그 사람이 이 나라에 오래 있을 것입니다. 그렇지 않으면 반드시 다른 나라로 가 버릴 터이니 어찌 아깝지 않습니까?"

"작(爵)은 함부로 더하지 않는 것이요, 녹(祿)은 가볍게 내리는 것이 아니거늘, 한신은 불과 한 달 동안에 두 차례나 승차(陞差)하지 않았소? 아직 이렇다 할 공훈이 없는 사람에게 갑자기 원융의 대임을 맡긴다면 오래 전부터 공로가 많은 대장들이 원망할 것 아니오?"

"하오나 예로부터 성제명왕(聖帝明王)들은 사람을 쓰되 그 재목에 따라서 쓰고 그 능력에 따라서 직책을 맡겼습니다. 한신으로 말씀드리면 대들보나 기둥감이지 서까래감이 아니옵니다. 패현에서부터 종사한 대장들은 공훈은 많사오나 한신과 같은 재목에 비교할 수는 없는 줄로 아옵니다."

"승상은 조금만 기다려 주시오. 장자방이 짐과 작별할 때 천하를 두루 찾아서 대원수감을 구해 보내겠다고 하였으니 수개월만 더 기다려서 그가 천거하는 인물이 오거든 한신과 비교해 보아 대원수로 봉함이 옳다고 생각되오."

"황공하옵니다."

왕이 이렇게까지 말하니 소하는 굳이 자기 고집만 내세우기도 어려워 물러나오고 말았다.

소하는 이런 사정을 한신에게 말해 줄 수도 없고 하여 한동안 한신을 만나 보지도 못하고 속으로만 끙끙 앓고 있었다.

한편, 한신은 가만히 생각해 보니 이대로 있다가는 자기가 언제 중용될지 부지하세월(不知何歲月)이었다. 그렇다고 장량에게 받아 가지고 온 부절을 내놓고 중용된다 할지라도 여러 사람을 심복시킬 만한 위엄이 있을 리 없었다. 한신은 한참 동안 생각하다가 마침내 한 가지 방법을 생각해 냈다.

그는 자기가 묵고 있는 객주 주인에게 말 한 필을 준비시킨 다음 날이 밝기 전에 먼 곳에 가야 할 일이 있다고 거짓말을 하고는 밤중에 말을 타고 동쪽을 향해 달렸다.

아침때가 지나도록 한신이 집으로 돌아오지 않는 것을 이상하게 여긴 객주 주인은 승상부로 가서 이 일을 고하였다. 그 때 마침 소하가 조회에 다녀와서 승상부에 있다가 이 보고를 들었다.

'아뿔싸! 한신이 달아났구나!'

소하는 급히 수레를 타고 한신의 객주로 가서 그가 거처하는 방문을 열어 보았다. 방 안에는 세간이라곤 아무것도 없었다. 텅 빈 방 안에 탁자와 의자가 있을 뿐 벽에 걸린 옷가지도 없는데 다만 벽 위에 다음과 같은 시 한 수가 쓰여 있었다.

날이 새지 않으니 별빛이 서로 다투는도다
운(運)이 아직 오지 않으니 재능도 쓸모 없구나
어느 때나 미인을 만나 함께 놀아 보리요
나래 쳐서 하늘에 오르니 새가 곧 봉(鳳)이더라

소하는 벽에 쓰인 시를 읽고 발을 굴렀다.
'한신이 가 버렸으니 어느 때에나 포중을 벗어나겠느냐!'
소하는 데리고 온 이졸을 불러 역마를 끌어 오게 하였다. 조회 때 입었던 조복(朝服) 그대로 말 위에 올라 동문을 향해 달렸다.
얼마 후 동문에 이른 소하는 파수 보는 군사에게 물었다.
"칼을 차고 말을 탄 장수가 동문으로 나가는 것을 보지 못했느냐?"
군사가 대답했다.
"예, 오늘 새벽 오경쯤 이 문으로 나갔습니다. 아마 그 동안 50리는 갔을 것이옵니다."
소하는 더 묻지 않고 말을 달렸다. 그는 아침밥도 먹지 못했다. 일찍 조회에 나갔다가 지금까지 밥 먹을 겨를이 없었던 것이다. 점심때가 훨씬 지나도록 말을 달리노라니 배가 고파서 견딜 수 없었다. 하는 수 없이 민가에 들어가 음식을 얻어먹고는 다시 계속해서 말을 달렸다.
어느덧 해가 저물고 어두워지기 시작했을 때 소하는 한계(寒溪)의 냇가에 이르렀다. 때는 초가을이라 낮에는 햇볕이 따가우나 아침저녁에는 쌀쌀했다.
이윽고 산모퉁이로부터 달이 떠올랐다. 여름 장마에 물이 불은 한계의 냇물이 넘실거리며 흘러가는데 저 아래 냇가에서 말 우는 소리가 들리고 사람 그림자가 보였다.
'옳지! 저게 한신이 아닐까?'

소하가 말을 달려 냇물 아래쪽으로 내려가는데 그 때 뒤에서 말 발굽 소리가 나면서 웬 사람이 쫓아와 물었다.

"소 승상이 아니십니까? 하후영올시다."

"오, 등공도 한 장군을 쫓아 오는 길이오?"

소하는 몹시 기뻤다.

"예. 아침에 초현전에 있으려니 한 장군이 밤 오경에 말을 타고 동문으로 나가서 돌아오지 않는다 하기에 가만히 생각하니 다른 나라로 달아난 것 같아 제가 붙들어 보려고 쫓아온 길입니다. 승상을 여기서 만나 뵈오니 다행입니다."

이 때 한신은 냇가에서 자기를 쫓아온 소하와 하후영이 이같이 말을 주고받는 소리를 듣고 진정으로 감탄하였다. 그는 급히 걸어서 두 사람에게 갔다. 두 사람은 한신을 보고 말 위에서 내렸다. 한신은 그들에게 깊이 허리를 굽히며 예를 올리고 말하였다.

"참으로 감복했습니다. 나라에 충성하는 일념으로 훌륭한 인재를 극력 천거하시고 자기를 굽혀서까지 선비를 대하시니 이는 고금에 드문 일이올시다. 더구나 저 같은 사람을 붙드시려고 조복을 입으신 채 이렇듯 험한 길을 달려오시니 제가 비록 재주 없고 덕 없는 사람입니다만 삼가 진심갈력하여 문하에서 도와 드리겠습니다."

소하는 한신의 손을 잡았다.

"장군이 초를 멸하고 한을 흥하게 할 대재를 지녔건만 한왕이 그것을 알지 못해 이 모양이 되었소. 조금만 더 참고 기다려 주시오. 내가 등공과 함께 힘껏 천거해 보다 그래도 종시 한왕이 장군을 써 주지 않는다면 우리도 함께 관직을 그만두고 고향으로 돌아가겠소이다. 자, 이제 함께 포중으로 돌아갑시다."

이리하여 세 사람은 말 위에 올라 포중으로 돌아왔다.

이튿날 아침 조정에서는 승상이 보이지 않아 모두 이상하게 생각하고 있을 즈음에 주발이 유방 앞으로 나와 아뢰었다.

"근자에 군사들 가운데 고향을 못 잊어 달아나는 사람이 많사옵니다. 소 승상도 어제 아침에 혼자 동문으로 나간 뒤 지금까지 돌아오지 않고 있사옵니다."

듣고 나자 유방은 깜짝 놀랐다.

"아니, 뭐? 소하가 달아났단 말이냐? 다른 사람은 몰라도 소하는 패현에서 의병을 일으킨 뒤로 지금까지 짐과 명색은 비록 군신지간이나 정은 부자형제나 마찬가지인데 이럴 수가 있단 말인가!"

유방은 처음에는 노여움을 이기지 못하다가 나중에는 안절부절 어찌할 바를 몰라 했다. 아침도 거르고 점심마저 먹지 않았다.

그 날 오후 늦게야 금문에서 위관이 들어와 승상 소하와 등공 하후영이 돌아왔다고 아뢰었다. 유방은 기쁨과 노여움이 뒤범벅이 되어 급히 두 사람을 불러들였다.

"그래, 경이 짐을 버리고 달아나다니 그럴 수가 있나! 다른 사람이라면 몰라도 경이 그럴 수 있느냔 말이다!"

유방이 이렇게 꾸짖자 소하가 국궁하고 아뢰었다.

"신이 대왕의 하해와 같은 은혜를 입고 일국의 승상이 되어 어찌 마음이 변하겠나이까. 신이 일찍 돌아오지 못했음은 밤을 새워 가며 도망가는 자를 쫓아가 그 사람을 데려오느라고 그리 된 것이옵니다."

"도망 간 사람이 대체 누구란 말이오?"

"치속도위 한신이옵니다."

유방은 소하의 대답을 듣고 어이가 없었다.

"아니, 그 동안 포중에서 도망 간 장수와 군교가 한둘이 아니었는데 그 때마다 승상이 쫓아갔단 말을 듣지 못했소. 한신이 뭐 그리 대단하다고 그처럼 쫓아갔더란 말이오?"

"열 명의 대장은 얻기 쉬우나 한 사람의 한신은 구하기 어렵사옵니다. 대왕께서 항우와 더불어 천하를 쟁탈하시려면 한신이 없고서는 안 될 일이라 사료되옵니다. 대왕께서 만약 한신을 끝내 중용하지 않으신다면 신도 관을 버리고 고향으로 돌아가 뒷날 항우에게 사로잡히는 치욕을 면할까 합니다. 굽어 살피소서."

소하의 태도는 일월과 같이 의연해 보였다.

"승상의 말씀은 실로 국가를 위한 충정에서 아뢰는 것이옵니다. 대왕께서는 저 같은 충정의 말씀을 들으시고 한신을 중용하여 주시옵소서."

곁에서 하후영도 소하의 말에 뒤이어 이같이 아뢰었다.

"짐에게는 경들이 한신의 능란한 변설만 듣고 그같이 말하는 것으로 보이오. 일국의 원융은 국가의 안위와 삼군의 존망이 그 한 사람에게 달려 있는 것인즉 짐이 한신을 얼른 중용하지 못하고 있는 연유요."

유방은 소하와 등공을 번갈아 보면서 이 같이 왕의 고충을 털어놓았다. 소하와 하후영은 더 이상 말하기도 어려워 유방의 다음 말을 기다렸다. 유방이 말을 계속했다.

"짐이 한신을 보건대 회음 땅에서 친상을 당했을 때 장례를 못 치렀다 하니 이는 계교가 없는 것이요, 빨래할미에게 밥을 얻어먹었다 하니 이는 무능함이며, 저잣거리에서 건달의 가랑이 밑을 기었다 하니 이는 용맹이 없는 것이요, 더구나 초나라에서 벼슬하기를 3년이나 되었는데 겨우 집극랑에 그치었으니 이는 재주가 없는 것이라, 승상은 국가를 위해 깊이 생각하기 바라오."

소하가 이 말을 듣고 다시 입을 열었다.

"대왕의 말씀이 틀리지 않사오나 신의 소견과는 좀 다르옵니다. 공자께서 진채(陳蔡)에 곤욕을 당하신 일이 결코 무능해서가 아니었고, 광인(匡

人)들에게 포위당하신 일도 용맹이 없어서가 아니오며, 천하를 두루 다니시다가 마침내 늙어 돌아가시었으나 이것이 재주 없음이 아니었나이다. 한신이 빨래할미에게서 밥을 얻어먹은 일이나 저잣거리에서 욕을 당한 일 등은 아직 그 주인을 만나지 못했기 때문이었사옵니다. 신이 한신의 말만 듣고 취하려 함이 아니옵고 그 인물이 능함을 보고 이같이 죽음을 무릅쓰고 간하는 것이오니 대왕께서는 깊이 통촉하시옵소서."

유방은 소하의 말을 듣고 한참 생각하더니 말했다.

"오늘은 벌써 날도 저물었으니 이만 물러가오. 내일 아침 일찍 조정에서 상의하기로 하겠소."

소하는 하후영과 함께 대궐에서 나와 승상부로 돌아가서 기다리고 있던 한신에게 오늘 일을 자세히 이야기해 주고 나서 결심을 말했다.

"한왕이 끝내 장군을 중용하지 않는다면 나도 관을 버리고 고향으로 돌아갈 생각이오."

"승상께서 국가를 위해 이렇듯 노심초사하시니 제가 더 이상 승상께 괴로움을 드릴 수가 없어 끝까지 감추려고 한 징표를 보여 드리겠습니다."

한신은 이렇게 말하고 그제야 품속에서 장량에게 받은 부절을 꺼내 소하에게 주었다. 소하는 그것을 받아 보고 깜짝 놀랐다. 그는 자리에서 일어나 한신에게 공손히 예를 하고 말했다.

"장군이 여기 오신 지 수 개월이 지나도록 이렇듯 오랫동안 이것을 안 보이시다니! 사실 이 때문에 나와 등공이 얼마나 고심했는지 모릅니다. 한왕이 이것만 보시면 활연하게 깨달으시고 장군을 중용하실 것입니다."

"제가 본시 빈천한 사람인지라 한나라에 별안간 들어와서 촌공도 세운 것 없이 대장이 된다면 조소와 의심을 받게 될 것입니다. 그래서 저의 능력을 인정받을 때까지 장자방이 준 부절을 감춰 두고 있었습니다."

"장군이야말로 천하의 호걸이오. 심상한 사람으로는 흉내조차 못 낼 일이올시다."

소하는 탄복하였다.

이튿날 아침 소하는 입궐하여 유방에게 사실을 고하고 장량의 부절을 바쳤다. 유방은 깜짝 놀라며 경탄해 마지않았다.

"천하의 지혜 있는 자들은 보는 눈이 이처럼 같단 말인가!"

그 즉시로 한신을 불러 대원수에 봉하려고 서둘렀다. 이를 보고 소하가 말했다.

"대왕께서는 대원수를 맞이하시는 일을 마치 어린아이를 불러오는 것처럼 가볍게 하시고자 하는데 이는 예가 아닌 줄로 아옵니다."

"그러면 어떻게 해야 한단 말이오?"

"대왕께서 한신을 중용하시려면 목욕재계하신 후 단(壇)을 높이 쌓고 천지신명께 고하시어 주나라 무왕이 여망에게 하셨듯이 예를 갖추어 거행하셔야 할 것이옵니다."

"그렇다면 승상이 일을 알아서 잘 처리해 주기 바라오."

7. 대장단(大將壇)

소하는 배사(拜謝)하고 어전을 물러나와 그 길로 이 사실을 한신에게 알려 주었다. 이어서 곧 대장단의 도면을 만드는 일에 착수하였다.

도면은 엿새나 걸려서야 완성되었다. 그만큼 엄청난 규모였다. 단의 높이는 3장(三丈)으로 이는 천(天)·지(地)·인(人) 3재(三才)를 형상함이요, 넓이는 24장으로 이는 1년 24절기(節氣)를 나타내는 것이었다.

단은 3층으로 되어 있는데 각층마다 제기(祭器)를 갖추어 놓았다. 단의 주위에는 각색의 기를 들고 365명이 둘러서 있게 하였으니 이는 하늘의 운행 도수인 365도(度)를 형상한 것이었다.

소하가 완성된 도면을 유방에게 바치자 크게 기뻐하며 즉시 관영을 불러 도면대로 단을 쌓게 하였다.

한 달이 채 못 되어 관영은 유방에게 대장단의 축조가 완성되었음을 보고하였다. 유방은 소하를 불러들여 분부하였다.

"단이 완성되었다 하니 길일을 택하여 집례토록 하오."

마침내 그 날이 되었다. 유방은 문무백관을 거느리고 승상부로 나와서 한신을 영접해 대장단으로 향했다. 문관은 관을 쓰고 무관은 전복(戰服)을 입고 한길 좌우에 도열해 있었다. 오색 깃발은 하늘에 펄렁이고 쇠북 소리는 둥둥 천지를 진동하니 이야말로 전에 없던 성대한 행사였다.

유방과 한신이 대장단 앞에 서자 3발의 철포 소리가 울리는 가운데 인례관이 나와서 한신을 인도해 대장단 제1층으로 올라갔다. 하후영이 서쪽을 향하고 한신이 북쪽을 향하여 서자 태사관이 크게 축문을 읽었다.

대한 원년 중추 무인삭(武寅朔) 병자일, 포중 한왕은 등공 하후영을 보내 오악사독(五岳四瀆: 중국의 5대 산과 4대 강) 명산대천의 신께 감히 고하노니, 슬프다, 하늘이 중생을 내시고 기르는 자로 하여금 중생을 다스리게 하였거늘 여정(呂政: 시황제)이 포악한 뒤에 항적이 또한 그와 같아서 임금을 죽이고 항졸을 파묻어 하늘의 뜻에 크게 어긋나므로 이제 신 유방은 의로운 깃발을 세우고 한신을 대원수로 봉하여 백성을 구하고 천하를 편안히 하고자 하오니 바라옵건대 신명은 굽어 살피시어 도와 주소서.

축문의 낭독이 끝나자 하후영이 활과 화살을 높이 들고 외쳤다.

"한왕의 명으로 궁시(弓矢)를 하사하노니 이것으로써 항적을 정벌할지어다!"

이 궁시를 한신에게 주자 한신은 무릎을 꿇고 두 손으로 받았다.

그러자 인례관이 한신을 인도하여 단의 2층으로 올라갔다. 승상 소하는 서쪽을 향하고 한신이 북쪽을 향해 서자 태사관은 또 축문을 읽었다. 축문 낭독이 끝나자 소하는 도끼와 칼을 들고 외쳤다.

"한왕의 명으로 부월(斧鉞)을 하사하나니 이것으로써 무도한 것을 제거하고 백성들을 편안하게 할지어다!"

이를 다시 한신에게 주자 한신이 또한 공손하게 부월을 받았다.

인례관은 다시 한신을 3층으로 인도하였다. 유방이 북쪽을 향하여 용장봉전(龍章鳳篆)을 받들고 서 있는 가운데 중화곡(中和曲)의 음률이 그치자 태사관이 다시 축문을 읽었다. 그것이 끝나자 유방은 친히 호부옥절과 금인보검을 들고 외쳤다.

"지금 한신 장군을 파초대원수로 봉하노라! 위로는 하늘, 아래로는 물 속에 이르기까지 모두 대원수에게 맡기노니 허한 것을 보고 나아가고 강한 것을 보고 그치며 다수한 것을 보고 경거하지 말며 명령을 중히 알고 죽음을 가볍게 알지 말며 스스로 높고 강한 체하지 말고 사졸들과 감고한서(甘苦寒暑)를 한가지로 할지어다!"

이같이 말하고 한신에게 호부와 보검을 주었다. 한신은 유방에게 두 번 절하고 그 앞에 꿇어앉아 호부와 보검을 받은 후 아뢰었다.

"대왕께서 명하신 중책을 폐부에 새겨 충심갈력하겠나이다!"

유방은 만족한 미소를 얼굴에 가득 띠고 말했다.

"모든 것을 대원수의 힘에 의뢰하오!"

유방이 자리에서 일어나자 한신도 따라 일어섰다.

유방이 단 위에서 내려오자 식은 끝이 나고 문무백관이 유방의 뒤를 따라 대궐로 돌아갔다.

제5편 용쟁호투(龍爭虎鬪)

1. 파초대원수(破楚大元帥)
2. 위장공사(僞裝工事)
3. 한왕친정(漢王親征)
4. 동정북진(東征北進)
5. 함양성 수복(收復)
6. 장량의 설득 공작
7. 유인지계(誘引之計)
8. 한왕의 동정(東征)
9. 팽성 대전(彭城大戰)
10. 선후지책(善後之策)

제5편 용쟁호투(龍爭虎鬪)

1. 파초대원수(破楚大元帥)

대원수가 된 한신은 몹시 분망한 나날을 보내고 있었다. 초나라를 깨뜨리기 위한 출정 준비에 여념이 없는데 하루는 한왕 유방이 대궐로 그를 불렀다.
"경은 어느 날에나 출병하려 하오?"
한신이 대답했다.
"항우가 팽성으로 도읍을 옮긴 뒤 오랫동안 서쪽을 돌보지 않아 삼진은 물론 각 군현마다 방비함이 극히 허술하옵니다. 이 때를 타서 친히 어가를 옮기사 출사하시오면 신이 인마를 정돈하여 진군하겠나이다."
유방은 크게 기뻐하며 조참을 군정사로 삼고 은개를 감군으로 삼고 번쾌를 선봉으로 삼은 후 한신으로 하여금 삼군을 지휘하고 통솔하라고 분부하였다.
한신은 어명을 받들고 대궐을 나와 교군장(教軍場)으로 갔다. 사졸들이 대오를 지어 행군하는 모양이나 말을 타고 나아가고 물러가는 모양이나 칼을 들거나 창을 겨누면서 돌격하는 모양이나 어느 것 하나 한신의 눈에 들지 않았다.
한신은 안내하는 여생(呂生)을 돌아보며 말했다.
"이거야 원 어디에다 쓰겠소! 국가가 무사할 때 성이나 지키는 데는 쓸 수 있을지 몰라도 적을 만나 생사를 결하는 마당에서는 아무 소용도 없겠소이다. 내가 그 동안 대오의 수(數), 조도(調度)의 법, 군중(軍中)의 기율을 적은 3권의 책이 있는데 이것을 베껴서 삼군의 장수들에게 나누어 주고 이대로 군사들을 교련시키게 하오."

한신은 여생을 이끌고 군막으로 돌아가 3권의 책을 내주었다.

이튿날부터 군사의 교련 방식부터 새롭게 바뀌었다. 한신은 군사들을 다시 편성하여 법도 있게 훈련을 시켰다. 명령을 어기는 자는 가차 없이 목을 베어 버리므로 각 부대는 긴장하고 군기는 엄정해졌다.

이같이 매일 훈련하기를 40일 후에 한신은 유방의 거둥을 청하였다. 한왕 유방은 중신들과 함께 교군장으로 나갔다. 한신은 마중하여 절하지 아니하고 말했다.

"신이 갑옷을 입은 고로 절하지 못하옵니다."

이어서 한신은 수책(手冊)을 꺼내 유방에게 올리면서 아뢰었다.

"원컨대 성람하신 후 삼군에게 반포하시옵소서."

유방은 한신으로부터 받은 수책을 한 번 본 후 곁에 있는 신하로 하여금 큰 소리로 읽게 하였다.

　　　서초 패왕 항우가 천명을 어기고 백성들에게 포악하며 의제를 살해
　　하여 그 죄악이 하늘에 닿은 고로 짐이 이를 정벌하기 위해 한신을
　　파초대원수로 하고 장수와 사졸들로 하여금 그 지휘에 복종케 하노니
　　이를 알고서 짐의 뜻을 어기지 말지어다.

낭독이 끝나자 전 군사가 아연 엄숙해졌다.

유방이 사열을 끝내고 대궐로 돌아가자 한신은 본영에 좌정하여 대장들을 모아 놓고 군령을 내리었다. 모두 17개 조로 된 군령의 내용은 다음과 같았다.

- 북소리를 듣고도 나아가지 않는 자는 패군(悖軍)
- 이름을 불러도 대답하지 않는 자는 만군(慢軍)
- 사고가 나도 보고하지 않는 자는 해군(懈軍)
- 원망하는 말을 늘어놓는 자는 횡군(橫軍)
- 웃음소리가 크고 군문 안에서 달음질하는 자는 경군(輕軍)
- 병기를 허술하게 취급하는 자는 기군(欺軍)
- 유언비어를 퍼뜨리는 자는 요군(妖軍)
- 간사스런 말을 전하여 이간하는 자는 방군(謗軍)
- 백성을 괴롭히고 부녀자를 겁탈하는 자는 간군(奸軍)
- 남의 재물을 훔치는 자는 도군(盜軍)
- 계획을 누설하는 자는 배군(背軍)
- 군중에서 엿듣는 자는 탐군(探軍)
- 명령을 짜증스럽게 듣는 자는 한군(恨軍)
- 행렬에서 벗어나거나 질서를 어지럽히는 자는 난군(亂軍)
- 꾀병을 부리는 자는 사군(詐軍)
- 금전과 양곡을 사용(私用)에 쓰는 자는 폐군(弊軍)
- 적을 탐지하는 일을 그르치는 자는 오군(悞軍)

이상 17개 조에 해당하는 자는 참형에 처한다.

한신은 17개 조의 군령을 베끼게 하여 친히 대원수의 인장을 찍어 각 군문에 붙이도록 하고 원본은 따로 유방에게 바쳤다.

이튿날 한신은 오경에 교군장으로 나와 중군에 좌정한 후 모든 장수들을 집합시켰다. 한신은 자리에서 일어나 모여 있는 장수들을 한 사람씩 점검하였다. 그런데 감군 직책의 은개가 보이지 않았다. 한신은 점검을 마친 후 조련을 시작하도록 명령하였다.

점심때가 조금 지나서야 교군장으로 온 은개가 원문을 들어서려 하자 수문장이 나서서 제지했다.

"조련 중에는 누구도 군문 안에 들이지 말라는 대원수의 분부이십니다. 꼭 들어가시려면 군정사에게 고하여 대원수의 허락을 받아야 합니다."

"뭣이라고? 네 어찌 감군에게 감히 이러느냐? 잔말 말고 어서 문을 열어라!"

은개는 사뭇 호통을 쳤다.

수문장은 급히 사졸을 시켜 이 사실을 군정사에게 보고토록 하였다. 얼마 후 순초관이 와서 '진(進)'이라고 쓴 패목을 보였다. 문을 열어 주라는 허가 표시였다.

수문장이 그제야 문을 열어 주자 은개는 앙연히 고개를 쳐들고 뚜벅뚜벅 안으로 걸어 들어갔다. 그가 한신 앞으로 나아가 예를 하고 서자 한신이 노기 띤 어조로 물었다.

"대왕의 조칙을 받들어 내가 이미 군령을 공표한 바 있거늘 그대는 감군의 직책에 있으면서 어찌하여 이렇게 늦게 왔단 말인가?"

한신은 꾸짖고 군사에게 물었다.

"지금 몇 시냐?"

"미시(未時)입니다."

군사가 대답하자 한신은 다시 은개에게로 고개를 돌려 꾸짖기를 계속했다.

"그대는 묘시에 집합하라는 명령을 어기고 미시가 되어서야 나오다니 군령을 가벼이 보는 소행이 아닌가?"

"오래간만에 친척이 찾아와서 대접을 하느라고 늦었습니다. 감군의 체면이 있는 만큼 원수께서는 이만 노여움을 거두어 주시기 바랍니다."

은개는 뻔뻔스럽게도 이렇게 청하였다. 한신은 크게 노하였다. 좌우에게 호령하여 그 자리에서 은개를 결박해 꿇어앉힌 다음 말했다.
"듣거라! 대장된 자는 임명 받은 날부터 제 집을 잊어버리는 법이고 군중에 임하여 약속을 정하면 제 부모를 잊어버리는 법이며 북소리가 급하게 울릴 때는 제 목숨을 잊어버리는 법이다. 감군의 직책에 있는 자로서 친척을 대접하느라고 군법을 어기다니!"
한신은 이같이 꾸짖고 군정사 조참을 돌아보며 물었다.
"은개의 죄는 무슨 죄에 해당되는가!"
"만군(慢軍)의 죄로서 참형에 해당됩니다."
"그렇다면 은개를 원문으로 끌고 가 목을 자르고 중인에게 이것을 보이도록 하라!"
한신은 즉시 이렇게 명령을 내렸다.
설마 하고 대수롭지 않게 생각하고 있던 은개는 그만 얼굴이 새파랗게 질렸다. 그는 무사들에게 끌려 나가면서 번쾌를 보고 살려 달라고 눈짓을 했다. 번쾌는 급히 사람을 유방에게 보내 이 사실을 고하게 했다.
유방은 깜짝 놀라 즉시 소하를 불러 의논했으나 소하는 한마디로 반대하였다.
"대원수가 군법을 세우기 위해 하는 일을 막아서는 아니 되옵니다."
유방은 시각을 다투는 일을 의논만 하고 있을 수 없어 역이기에게 친필로 은개의 목숨을 살려 주라고 적어서 한신에게 갖다 보이라고 했다.
역이기가 말을 달려 교군장으로 왔을 때 원문 밖에서 막 은개의 목을 베려 하고 있었다. 역이기는 손을 들어 제지하며 외쳤다.
"대왕의 칙명이다! 잠시 형의 집행을 중지하라!"
무사들은 그 소리를 듣고 손을 멈추었다. 역이기는 그대로 말을 달려 본진의 한신에게로 갔다.
"군중에서 말을 달리지 못한다는 것쯤은 역 대인께서도 익히 아실 터인데 어찌해서 법을 어기십니까? 필시 대왕의 칙명을 가지고 오신 것이 나 아닙니까?"

한신이 엄숙한 어조로 물었다.

"예. 역 대인께서 칙명을 가지고 오셨습니다."

역이기를 따라온 원문의 위관이 대신 대답했다. 그러자 한신은 군정사를 불러서 물었다.

"지금 역 대인께서 법을 어기셨는데 이것은 어디에 해당되는 죄인가!"

"그것은 경군(輕軍)의 죄로 참형에 해당됩니다."

군정사 조참이 이렇게 대답했다. 한신은 위관에게 추상 같은 명령을 내렸다.

"역 대인의 죄는 참형에 해당되나 대왕의 칙서를 가지고 오신 몸이므로 그 죄를 용서하고 그 대신 타고 오신 말의 마부를 베어 은개의 머리와 함께 원문 밖에 효수토록 하라!"

한신이 이렇듯 엄격하게 군법을 시행한 데에는 다른 이유도 있었다. 자기의 대원수 임명을 둘러싸고 번쾌를 비롯한 몇몇 장수들의 불평과 불만을 잠재우려는 의도도 있었던 것이다.

하마터면 죽을 뻔했다가 겨우 살아난 역이기는 급히 유방에게 돌아가 경과를 보고했다. 유방은 대로하였다.

"한신이 짐에게 감히 이렇듯 무례할 수 있느냐! 짐이 친서로 은개의 목숨을 살려 달라고 했거늘!"

이 때 소하가 나서서 간했다.

"고정하시옵소서. 대장된 자는 군명(君命)이라도 이를 받지 않을 수도 있는 것이옵니다. 한신의 처사를 과히 나무라지 마시옵소서."

"그렇다면 은개의 목을 벤 것은 무슨 까닭이란 말이오?"

"살권귀 이위중심(殺權貴而威衆心)이옵니다. 권세 있고 지체 높은 자를 법으로 처단함으로써 더욱 위엄을 떨치는 것이옵니다. 한신이 중임을 맡은 지 일천하여 위엄을 세우려고 하는 것이오니 폐하께서는 이 점을 통찰하시옵소서."

소하가 이렇게 아뢰자 역이기도 나서서 간했다.

"신이 비록 죽을 뻔했사오나 신은 한신에게 경복하고 있사옵니다. 이럴 때 폐하께서는 오히려 칙서를 내리시어 한신을 칭찬하시면 모든 장졸들이 삼갈 것이며 군법은 더욱 엄정해질 것이옵니다."

"경들의 말이 옳소."

유방은 그제야 노여움을 풀고 즉시 근시를 불러 술과 고기를 내리면서 한신을 칭찬하는 칙서를 함께 내렸다. 한신은 장수들을 집합시킨 가운데 향불을 피우고 칙서를 받았다.

2. 위장공사(僞裝工事)

이튿날 한신은 번쾌를 불러들여 대군의 출동을 알리면서 명령을 내렸다.

"그 동안 조련이 끝났으므로 불일간 택일하여 어가를 모시고 동정(東征)하려 하니 그대는 1만의 군사들을 거느리고 가서 불살라 없어진 잔도를 수축하기 바라오."

번쾌는 깜짝 놀라 물었다.

"1만 군사로요? 잔도는 언제까지 완성해야 되는 것입니까?"

"한 달 내에는 완성해야 하오."

"그건 불가능한 일입니다. 그 곳은 천하 제일의 험지인 데다 잔도는 길이만 해도 3백 리가 넘으니 10만 명으로도 한 달 동안에는 못할 것입니다. 원수께서 저를 죽이신다면 차라리 그냥 죽었지 그 일만은 못하겠습니다."

번쾌가 낭패한 얼굴로 어쩔 줄을 몰라 하자 한신은 웃으면서 말했다.

"어려운 일을 당하여 그 일을 피하려는 것은 불충이오. 그대의 충성된 마음은 세상이 다 아는 터이니 족히 이 일을 감당할 수 있을 것이오. 주발과 진무 두 사람을 함께 데리고 가도록 하시오."

번쾌는 계속 자기 고집만 부릴 수가 없었다. 더 이상 못하겠다고 하다가는 또 어떤 군법에 걸리게 될지 알 수 없는지라 하는 수 없이 명을 받았다.

"명령대로 하겠습니다."

한신 앞을 물러나온 이틀 후에 번쾌는 만 명을 거느리고 고운산(孤雲山)으로 떠났다. 고운산에서 금우령(金牛嶺)까지 3백 리의 잔도를 다시 수축하기 위해 번쾌는 장정 50명을 1대(隊)로 편성하여 본격적으로 공사에 착수했다.

나무를 베어 규격에 맞게 켜서 그것을 운반하여 잔도를 엮는 일은 결코 쉬운 일이 아니었다. 번쾌의 독려에도 불구하고 열흘이 지났으나 산은 높고 골짜기는 깊어 이대로 하다가는 10년을 해도 잔도는 완성될 것 같지가 않았다.

'이 일을 어찌 하나? 군법은 추상같은데 일은 진척이 잘 안 되고.'

번쾌가 깊은 수심에 빠져 있을 때 포중으로부터 대중대부 육가(陸賈)가 찾아왔다. 번쾌는 몹시 반가워하면서 그를 맞았다.

"대원수의 명을 받고 왔습니다. 어떻습니까? 기한 전에 완성되겠습니까?"

육가가 묻는 말에 번쾌는 손을 내저었다.

"말씀도 마십시오. 나무를 베어 바위를 쪼개고 돌을 쌓아 다리를 놓는 일이 이렇게 힘든 줄 몰랐습니다. 대부께서 돌아가시거든 기한을 늘려 달라고 원수께 말씀드려 주시오."

"안 됩니다. 군법이 지엄합니다. 기한 내에 꼭 완성해야 합니다."

육가의 말을 듣고 번쾌는 고개를 숙였다. 가까이서 듣고 있던 사졸들도 크게 낙심들을 하였다.

"너희들은 저리로 물러가라!"

육가는 좌우를 물리치고 번쾌에게 가까이 가서 귀에다 대고 무어라 속살거렸다. 한참 동안 듣고 있던 번쾌의 얼굴이 금세 환하게 밝아졌다.

"자, 그럼 난 이만 돌아갑니다."

육가가 돌아가고 난 뒤에 번쾌는 유방에게 올리는 상소문을 썼다. 인부가 부족하니 더 보내 달라는 내용이었다.

상소문을 올린 지 열흘쯤 되자 어사 주가(周苛)가 인부 천 명을 인솔해 가지고 왔다. 번쾌는 기뻐하며 주가를 맞았다.

이 날 밤 번쾌는 주발·진무 두 장수를 불러 가만히 계책을 일러 주었다. 번쾌의 말을 자세히 듣고 두 사람은 즉시 밖으로 나왔다.

그 날 밤이 깊었을 때 주발·진무 두 장수는 건장한 인부 백여 명을 추려 가지고 소리 없이 도망을 쳐 버렸다.

이 무렵 한나라와 국경을 마주하고 있는 대산관을 지키는 장수는 삼진의 옹왕으로 있는 장한의 부하 장평(章平)이었다. 그는 한왕 유방이 한신을 대원수로 봉하고 번쾌를 시켜 잔도를 다시 수축하고 있다는 첩보를 장한에게 보고하였다.

첩보를 보고 난 장한은 앙천대소하였다.

"빨래할미에게 밥을 빌어먹고 건달의 가랑이 밑을 긴 한신 따위를 대원수로 봉하다니! 게다가 3백 리가 넘는 잔도를 고작 만 명의 군사로 수축하려 하다니! 그래 가지고서야 10년도 더 걸리겠다!"

장한은 장평의 사자에게 태평스럽게 말했다.

"너는 돌아가 장 장군에게 안심하라고 전하여라."

그러자 장한의 부장 한 사람이 나서서 간했다.

"앞서 승상 범증께서 격문을 보내 항시 방비를 소홀히 하지 말라 했고 또 한신이 대원수가 되어 우리 초나라를 노린다 하니 마땅히 대비가 있어야 할 것이옵니다."

"거 무슨 소리! 한신 따위는 말도 말고 유방이 직접 온다 해도 조금도 두려워할 내가 아니다. 초패왕을 제쳐 두고 천하에 나를 당할 자가 누구란 말인가."

장평의 사자는 장한에게 절을 드리고 대산관으로 돌아가 이 사실을 그대로 보고하였다. 장평 또한 마음을 턱 놓고 조금도 대비함이 없었다.

그러던 어느 날 군사가 들어와 장평에게 보고했다.

"지금 한병(漢兵) 백여 명이 잔도 보수의 노역을 견디다 못해 투항해 왔습니다."

"그래? 내가 저들의 허실을 잘 모르던 터에 거 참 잘됐다. 그놈들을 이리 불러오너라."

조금 후에 항복한 한병들이 들어와 장평 앞에 줄지어 섰다.

"너희들은 무슨 까닭으로 항복해 왔단 말이냐? 만약 조금이라도 거짓을 말했다가는 당장 목을 벨 터이니 바른 대로 고하라."

장평이 이같이 호령하자 항복한 군사들 가운데 한 사람이 나서서 공손하게 대답했다.

"저희들은 한중 땅 보안군(普安郡)에 사는 백성들인데 한왕의 명으로 잔도를 수축하는 공사에 붙들려 나왔습니다. 그런데 밥도 조금씩밖에 안 주는 데다 번쾌라는 장수가 너무도 무지막지하게 일을 시켜 다치거나 죽는 사람이 수없이 많습니다. 견디다 못해 이렇게 도망을 쳐 왔사오니 장군께서 부디 저희들을 받아 주소서."

장평은 잠시 생각하다가 고개를 끄덕이며 말했다.

"너희들 가운데 군관은 혹시 없느냐?"

그러자 인부들 가운데서 두 사람이 나와서 말했다.

"제 이름은 요룡이고 이 사람의 이름은 근무라고 합니다. 약간의 무예도 익힌 것이 있고 이번의 잔도 수축 공사에 50명의 인부를 감독한 바가 있습니다."

"그런데 잔도는 얼마나 진척이 되었느냐?"

"저희들이 도망해 올 때까지 그 동안 수축된 잔도는 불과 50리 밖에 안 되었습니다. 그런데 인부와 사졸들 중에 도망하는 자가 많아서 일은 점점 더디어질 것 같습니다."

"음, 그래? 너희들은 여기서 힘써 나를 도와 앞으로 큰 공을 세우도록 하라."

"황감하옵니다."

장평은 요룡과 근무 두 사람을 기패관(旗牌官)으로 임명하는 한편 투항해 온 한병들을 수하에 들게 하였다.

3. 한왕친정(漢王親征)

옹왕 장한을 비롯하여 대산관을 지키는 장평 등이 모두 이렇듯 방심하고 있을 때 파초대원수 한신은 유방에게 상소문을 올렸다.

'내일 대군을 거느리시고 출진하소서!'

유방은 상소문을 보고 깜짝 놀랐다. 번쾌를 시켜 잔도를 수축하고 있는데 내일 출진을 하자니 도무지 무슨 말인지 알 수가 없었다.

유방은 즉시 소하를 불러들였다.

"한신이 상소하기를 내일 출진케 하자 하니 이게 무슨 말이오? 경이 한신을 찾아보고 잔도가 아직 수축 중인데 대체 어느 길로 나아갈 것인지 알아보아 짐에게 알려 주오."

소하는 서둘러 한신을 찾아갔다.

"지금 대왕께서는 원수가 어느 길로 나아갈지 몹시 궁금해 하고 계십니다."

"승상께서는 어찌 그런 말씀을 하십니까? 장자방 선생과 의논하여 잔도를 불사를 때 다른 길이 있다는 걸 알고 있지 않으셨습니까?"

한신이 도리어 반문하며 대답했다.

"하지만 그 때 딴 길이 있다는 말만 들었지 자세한 것은 모르고 있을 뿐더러 원수가 번쾌를 시켜 잔도를 수축하고 있는 터라 더욱 의아해서 묻는 말이외다."

"그건 삼진의 왕으로 하여금 잔도의 수축 공사를 믿게 함으로써 방비를 소홀하게 하기 위함이지요. 우리는 저들이 방심하고 있는 사이에 진창(陳倉)으로 빠지는 소로로 나아가면 불과 사나흘이면 대산관에 도착하게 됩니다. 저들은 깜짝 놀라 허둥댈 터이니 공략하기가 쉬울 것입니다. 이것이 바로 출기불의(出起不意)라는 계략이지요. 승상께서는 이 말을 대왕께 아뢰어 성려하심이 없도록 하십시오."

유방은 밤늦게까지 자지 않고 기다리다가 소하가 들어와서 한신이 하던 말을 전하여 듣고는 몹시 기뻐하였다.

이튿날 드디어 전군에 출전 명령이 내려졌다. 그 동안 절치부심하며 얼마나 기다려 온 날인가. 유방을 비롯하여 장수들은 물론 군사들까지도 모두 고향으로 돌아간다는 생각에 사기는 높고 투지는 만만하였다.

한신은 그 동안 맹훈련시킨 45만의 군사를 4대로 나누었다. 장수 손흥(孫興)을 잔도로 보내 번쾌 대신 수축 공사를 계속하게 하는 동시에 제1대의 선봉은 번쾌, 제2대는 하후영, 제3대는 대원수 한신, 그리고 제

4대는 유방이 친히 거느리게 하였다.

한신이 유방 앞으로 나아가 아뢰었다.

"대왕께 아뢰나이다. 신이 제1대로부터 제3대까지 이끌고 먼저 진발하겠사오니 대왕께서는 제4대를 이끄시어 이틀 후에 서서히 나와 주시옵소서. 신은 먼저 대산관을 쳐서 빼앗은 다음 그 곳에서 대왕을 봉영하겠나이다."

"그리 하오."

유방은 만면에 웃음을 띠고 한신의 행군을 전송하였다. 승상 소하가 어가 앞으로 와 작별 인사를 올렸다. 소하는 한중에 남아서 이 곳을 다스리며 후방 지원을 맡기로 되어 있었다.

"대왕의 친정이 무사하시기를 천지신명께 빌겠나이다. 부디 초나라를 쳐부수고 천하를 평정하시옵소서."

소하는 말을 마치고 엎드려 절을 올렸다.

"이 곳을 잘 다스려 주기 바라오. 우리가 서로 다시 만날 날도 그리 멀지 않으리라."

유방이 부드러운 어조로 말을 마치자 백관이 뒤따르는 가운데 어가는 동쪽을 향하여 천천히 움직이기 시작했다. 때는 대한(大漢) 원년 을미 8월 초하룻날로 한더위가 기승을 부리는 성하(盛夏)였다.

번쾌가 이끄는 제1대가 고운령에 이르렀을 때 제2와 제3대도 따라 이르렀다. 한신은 제2대의 하후영에게 영을 내렸다.

"공은 제1대의 선봉을 따라 진군하되 번 장군이 대산관을 치거든 공은 군사들을 편히 쉬게 두십시오. 다만 선봉이 위급할 때에만 지체 없이 나아가 구원토록 하십시오."

"명령대로 하오리다."

하후영이 청령하고 물러가자 한신은 다시 제3대를 이끌고 천천히 나아가기 시작했다.

이 때 대산관을 지키는 장평은 한신이 대군을 거느리고 진창의 소로로 진군해 오는 줄도 모르고 태평스런 나날을 보내고 있었다. 그 날도 여느 때와 같이 술판을 벌이고 있는데 탐마가 숨이 턱에 닿게 달려와 급보를 올렸다.

"대장님, 큰일났습니다. 한나라 50만 대군이 4대로 나누어 50리 밖까지 쳐들어왔습니다."

진평은 놀라 자리를 차고 일어나며 오히려 되물었다.

"한나라 군사라면 이놈들이 도대체 어디로 해서 왔단 말이냐?"

이 때 요룡이 나서서 말했다.

"아마도 탐마가 무얼 착각한 모양입니다. 잔도가 완성되려면 아직도 까마득한데 날개를 달지 않고서야 어떻게 오겠습니까?"

옆에 있던 근무가 또한 이 말을 도왔다.

"혹시 번쾌라는 장수가 공사 진척이 안 되자 죄를 면하려고 이리로 항복해 오는 건 아닌가 싶습니다."

"그렇다면 다행이지만…."

장평은 두 사람의 말을 그럴싸하게 듣고 마시던 술잔을 다시 기울이기 시작했다.

이튿날 아침이었다. '번쾌'라고 쓴 큰 기를 바람에 나부끼면서 한군의 선봉이 대산관의 관문 앞까지 진격해 왔다. 장평은 그만 소스라치게 놀랐다.

"아니, 잔도 공사를 한다던 번쾌가 선봉장이 되어 오다니! 이거 큰일났구나! 삼진왕에게 급보를 알려라."

장평은 급히 갑옷을 주워 입으며 요룡과 근무를 불렀다.

"나는 먼저 군사들을 이끌고 저놈들과 일전을 하고 올 터이니 너희들은 성문을 굳게 지키도록 하라!"

장평은 말을 마치자 군사 3천 명을 거느리고 관문 밖으로 내달았다. 번쾌는 장평이 나오는 것을 보고 크게 호통을 쳤다.

"천병(天兵)이 여기 왔는데 썩 항복하지 못할까!"

장평이 지지 않고 마주 고함을 질렀다.

"포중으로 쫓겨간 놈들이 감히 관중으로 나오다니 초패왕의 무서움을 아직도 모르느냐?"

번쾌가 대로하여 칼을 휘두르며 말을 채쳐 나왔다. 이에 장평이 창을 쥐고 마주 나가 싸웠다.

그러나 장평은 번쾌의 적수가 아니었다. 불과 10여 합을 겨루지 못하고 장평은 말 머리를 돌려 달아나기 시작했다. 번쾌가 그 뒤를 쫓으며 좌충우돌 시살하였다. 장평은 군사의 태반을 잃고 겨우 관문 안으로 도망쳐 와서는 성문을 굳게 닫고 오로지 지키기만 할 뿐이었다.

번쾌는 이를 보자 즉시 관문 안으로 철포와 불 화살을 쏘게 했다. 한군과 초군의 공방전은 점심때가 지나도록 계속되었다.

이럴 즈음에 후속 부대인 하후영의 제2대와 한신의 제3대도 대산관에 이르렀다. 한신은 10여 개의 풍화포(風火砲)를 사방에 배치하여 일제히 쏘도록 명령하였다.

포성은 천지를 진동시키고 불 화살은 하늘을 시뻘겋게 수놓았다. 마침내 성벽 모퉁이가 무너져 내렸다. 성중에 있는 초군들은 동요하기 시작했다.

이 때 한신이 관문 앞으로 와서 큰 소리로 외쳤다.

"대산관을 지키는 장수에게 할말이 있다!"

이 소리를 듣고 장평이 성루 위로 모습을 나타내었다. 그의 뒤로는 요룡과 근무 두 사람이 장평을 호위하고 서 있었다.

"나에게 할말이란 무엇인가?"

장평이 한신을 내려다보며 물었다.

"항우가 무도해서 이를 치려고 한왕께서 군대를 보내셨으니 속히 관문을 열고 항복한다면 목숨만은 살려 주겠다."

한신이 타이르는 말에 장평은 크게 소리쳤다.

"이놈아. 나는 옹왕의 일족이다. 가랑이 밑으로 기어 다니는 놈과는 다른 줄 알라."

한신은 입가에 쓴웃음을 지으며 말했다.

"네놈이 끝까지 항거하니 어쩔 수 없구나. 이놈아, 내 말을 잘 듣거라. 내가 이 마상에 앉은 채로 성루에 있는 네놈의 목을 쳐 보이겠다."

"허허, 저놈이 실성을 했나? 뭐, 성 아래에서 내 목을 치겠다고?"

장평이 어이가 없다는 듯 비웃었을 때 뒤에 서 있던 요룡과 근무 두 사람이 거의 동시에 좌우로 장평의 목에 칼을 겨누고 호통을 쳤다.

"네 이놈! 우리는 한장(漢將) 주발과 진무다. 앞서 우리가 군사들을 거느리고 네게 거짓 항복을 한 것은 바로 이 때를 위해서였다."

장평이 대경실색하여 어쩔 줄을 모르고 있을 때 주발과 진무의 수하 군사들이 장평을 결박해 무릎을 꿇리었다. 이와 거의 때를 같이하여 관문이 활짝 열렸다.

주장이 묶이고 관문이 열리자 한병들은 밀물같이 관문 안으로 쏟아져 들어갔다. 한신은 관문 안으로 들어가자 갈팡질팡하는 초군들을 모두 한자리에 모아 안심시킨 다음 장평을 꾸짖었다.

"네가 장한의 일족으로 망령되이 초나라를 섬겨 감히 우리 군대를 막으니 마땅히 목을 벨 것이로되 네 성명만은 보존케 해 주겠다. 그러나 나를 만난 인사로 네놈의 귀는 여기 두고 가라."

한신은 도부수에게 명하여 장평의 두 귀를 자르게 했다. 이것은 장한으로 하여금 격분케 하려는 술책이었다.

　얼마 안 있어 유방의 제4대도 당도하여 대산관은 한군으로 넘칠 듯하였다. 한신은 급히 나가 유방을 영접해 들였다. 유방은 한신 이하 여러 장수들의 배례를 받고 한신을 치하했다.

　"대산관은 삼진의 요해지인데 대원수가 이같이 빼앗아 버렸으니 삼진의 왕들이 이 소식을 들으면 간담이 서늘해질 것이오."

　이에 한신이 아뢰었다.

　"삼진이 아직 방비를 갖추지 못하고 있는 때를 타서 신이 서둘러 폐구로 진격하여 장한을 사로잡은 후 불일간에 삼진을 평정하겠사옵니다. 폐하께서는 그 동안 이 곳에 잠시 머물러 계시면서 편히 쉬시옵소서."

　"대원수에게 일임하오."

　한신이 배례하고 유방 앞을 물러나오자 제2진은 번쾌, 제3진은 신기, 제4진은 한신이 친히 거느리기로 했다.

　새로이 부대를 편성한 한신의 대군은 일로 폐구를 향하여 노도처럼 진격해 갔다.

4. 동정북진(東征北進)

　이럴 즈음에 삼진의 우두머리인 옹왕 장한은 대산관의 패보를 접하고 대경실색하였다. 도무지 믿어지지가 않았다.

　"잔도 공사가 아직도 멀었다고 안심하고 있었는데 이 무슨 날벼락이란 말인가?"

　장한은 황급하게 이 사실을 사마흔과 동예에게 알리도록 하고 대책을 강구하기 시작했다. 이럴 때에 두 귀를 잘린 장평이 들어와 통곡하면서 그의 앞에 엎드렸다. 장한은 기가 막혔다.

"도대체 한나라 군대가 어디로 해서 왔단 말이냐? 그리고 너는 그 꼴이 뭐며 너의 군사들은 다 어찌 되었느냐?"

장평이 울면서 고했다.

"한신이란 놈이 한군의 대원수가 되어 진창의 암도(暗道)로 해서 갑자기 쳐 나왔습니다. 한신의 대군에게 기습을 당한 우리 군사 5천 명 중 절반은 꺾이고 나머지는 항복했으며 소장도 이 꼴이 되었습니다."

장평의 말을 듣고 장한은 노기충천하여 발을 굴렀다.

"일찍이 승상 범증이 초패왕에게 한신이란 놈을 중용하든지 그렇잖으면 죽이라고 간했건만 끝내 듣지 않았다가 이 꼴을 당하였구나. 자네는 여기서 상처를 치료하고 있으라. 내 맹세코 이 비렁뱅이 한신이란 놈을 죽여서 원수를 갚고야 말겠다."

장한은 말을 마치자 분주히 투구를 쓰고 갑옷을 입으며 삼지창을 잡고 나가려 했다. 이를 보고 막료 장수인 여마통(呂馬通)과 손안(孫安) 두 사람이 급히 간했다.

"한신이란 놈은 흉계가 비상한 위인이옵니다. 가볍게 생각해서는 아니 되옵니다."

"내가 전쟁터에서 용병하기를 30여 년인데 가랑이 밑을 기어 다닌 한신 따위를 두려워하겠는가."

장한의 분노가 바야흐로 극에 달했을 때 전령이 급히 들어와서 아뢰었다.

"한나라 대군이 이 곳 20리 밖에까지 들어와 있습니다. 선봉은 하후영이라 하옵니다."

"흥, 이놈들! 하룻강아지 범 무서운 줄 모르는구나!"

장한은 코웃음을 치고 나서 즉시 군대를 이끌고 내달았다. 이 때 한신은 하후영을 불러 가만히 계책을 일러 주었다.

"장한은 일찍이 진나라의 대장군으로 용맹무쌍하여 힘으로 잡기 어려우니 이러이러하게 하십시오."

하후영은 군대를 거느리고 폐구성을 향해 나아가다가 중도에서 장한의 군대와 맞닥뜨렸다. 장한이 먼저 삼지창을 휘두르며 호통을 쳤다.

"비렁뱅이놈은 어디 가고 네 따위 무명 하졸이 감히 내 앞을 가로막느냐!"

하후영이 마주 호통을 쳤다.

"진나라를 위해 죽지 못하고 이제는 무도한 항우의 졸개가 되었구나! 이 늙은 도적아, 내 칼 맛을 보아라!"

이윽고 두 장수의 칼과 창이 불꽃을 일으켰다. 있는 힘을 다해 싸우기 20여 합에 이르자 하후영은 장한을 못 당하겠다는 듯 짐짓 파탄을 보이고 달아나기 시작했다. 장한이 그 뒤를 급히 쫓았다.

하후영은 산모퉁이를 돌아서 언덕 위로 올라가더니 그 곳에 말을 멈추고 내려다보면서 외쳤다.

"장한아, 네 감히 나와 승부를 결하려 하느냐?"

장한은 언덕 위를 바라보고는 껄껄 웃었다.

"싸움에 지고 도망하는 패장이 입만 살았구나!"

그러자 하후영이 또다시 장한의 부아를 돋우었다.

"늙어서 껍데기만 남은 귀신이 무슨 큰소리냐!"

장한은 대로하여 반백의 머리칼을 곤두세우며 언덕 위로 치달아 올라갔다. 하후영 또한 칼을 휘두르며 다시 어우러져 싸우기 10여 합을 하다가 또 말 머리를 돌려 달아났다.

장한이 한참 동안 그 뒤를 쫓자 맞은편에서 먼지가 뽀얗게 일어나면서 한신의 군대가 나타났다. 한신이 말을 멈추고 크게 외쳤다.

"장한은 속히 말에서 내려 항복하라! 그러면 목숨만은 살려 주겠다."

"가랑이 밑을 기던 겁쟁이가 감히 누구더러 항복하라는 거냐!"

장한은 창을 잡고 한신에게 달려들었다. 한신이 마주 나와 불꽃 튀기는 접전이 벌어졌다. 서로 어우러져 싸우기 10여 합이 되자 한신이 달아나기 시작했다. 장한은 놓치지 않으려고 정신 없이 뒤를 쫓았다. 그때 계량과 계항 두 장수가 달려와 장한을 보고 간하였다.

"한신이 거짓 패한 척하며 유적(誘敵)하는 것 같으니 대왕께서는 속지 마시옵소서."

그러나 장한은 듣지 않았다.

"거 무슨 소리! 내 오늘 이놈들을 한 놈도 남기지 않고 모조리 몰살을 하고야 말겠다!"

장한은 더욱 기세를 올리며 추격을 늦추지 않았다. 계량과 계항도 어쩔 수 없이 장한의 뒤를 바짝 따랐다.

그런데 갈수록 길은 수목이 뒤엉켜 앞뒤를 분간할 수 없고 어느새 날이 저물어 사방이 어둠에 묻히기 시작했다. 게다가 한신의 군사들은 모두 어디로 갔는지 한 사람도 보이지 않았다.

"아무래도 너무 깊이 중지(重地)에 들어온 것 같사옵니다."

계량이 다시 한 번 장한에게 간하였다.

장한은 그제야 깨닫고 군사들을 돌리려 했으나 맹렬한 기세로 달리던 터라 좀처럼 멈추어지지 않았다. 그럴 즈음에 저 너머 산꼭대기에서 '꽝!' 하고 철포 터지는 소리가 나더니 사방에서 불이 일어났다.

"아뿔싸! 내가 그만 적의 계책에 속았구나! 이 일을 어찌 하면 좋을꼬?"

장한의 입에서 탄식 소리가 절로 나왔다.

"이 산의 중턱에 작은 샛길이 있습니다. 이 샛길을 타고 봉령(鳳嶺)으로 나가셔야 할 것 같사옵니다."

계항이 장한을 호위하면서 다급한 소리로 아뢰었다.

샛길은 도무지 말을 타고 갈 수 없는 낭떠러지 길이었다. 장한은 하는 수 없이 말을 버리고 샛길로 접어들어 달아나기 시작했다. 뒤를 따르는 군사들은 기껏해야 백여 명에 불과했다. 나머지 군사들은 불에 타 죽거나 불 화살에 맞아 죽어 거의 전멸에 가까웠다.

장한 일행이 겨우 봉령을 넘어 골짜기에서 쉬고 있을 때였다. 멀리서 인마의 떠들썩한 소리가 들려 왔다. 장한 일행이 깜짝 놀라 숲 속에 몸을 감추고 유심히 살펴보니 여마통이 거느린 군사들이었다.

여마통은 장한 앞에 엎드려 울먹이는 소리로 말했다.

"대왕께서 무사하시니 천만 다행이로소이다."

장한은 크게 기뻐하며 여마통의 구원을 치하해 마지않았다. 그가 이끌고 온 군사는 3천에 가까웠다.

일단 안심을 한 장한은 전열을 정비한 다음 즉시 그 곳을 떠났다. 그들은 밤을 도와 폐구를 향해 되돌아가는 중도에서 다시 손안이 거느린 군대와 만났다.

이렇게 해서 장한이 가까스로 폐구에 입성하여 인마를 점검해 보니 이번 싸움에 살아남은 군사들은 모두 1만 5천 남짓했다. 그나마 절반 가까운 군사들이 한신의 화공(火攻)에 심한 화상을 입었다.

"내가 경솔했던 탓으로 이 지경이 되었구나."

장한은 자신의 잘못을 깊이 후회해 마지않으며 성문을 굳게 닫고 오로지 사마흔과 동예의 구원병이 오기만을 기다렸다.

철통같이 성을 에워싼 한군들은 연일연야 계속 성을 들이쳤다. 그러나 폐구성은 워낙 높고 견고하여 사다리를 타고 오를 수도 없고 불 화살을 성 안으로 쏘아 넘길 수도 없었다.

이를 보다 못한 숙손통이 한신 앞으로 나아가 말했다.

"성이 워낙 견고하여 좀처럼 깨기 어려운데 이러다가 사마흔과 동예의 구원병이 온다면 더욱 파하기 어렵겠습니다. 달리 좋은 계책이 없겠습니까?"

한신이 웃으면서 말했다.

"잘 말씀해 주시었소. 내가 이러고 있는 것도 다 계책이오. 지금 적이 성 지키기에 정신이 없으니 이제 때가 이른 것 같소이다. 앞으로 한 달 안으로 이 성을 반드시 뺏을 터이니 두고 보시오."

숙손통은 더 할말이 없어 물러나고 말았다.

그 날 밤 한신은 조참만 거느리고 근처의 높은 산으로 올라가 산봉우리에서 폐구성을 내려다보며 말했다.

"저기 폐구성을 에워싸고 백수(白水)가 흐르고 있습니다. 장군은 오늘 밤 군사 3천을 거느리고 강의 상류로 올라가 이 물줄기를 막는 공사를 시작하십시오. 지금 6월 중순이라 얼마 안 있어 장맛비가 쏟아질 것입니다. 백수가 범람할 때 막았던 상류를 일시에 터 놓으면 강물이 곧장 성 안으로 흘러들어 폐구성은 물바다가 되고 말 것입니다."

듣고 나자 조참은 감탄하였다.

"원수의 계책이 참으로 신묘하십니다."

한신과 함께 산을 내려온 조참은 그 날 밤 군사들을 이끌고 백수의 상류로 올라갔다. 조참이 떠난 지 닷새쯤 되었을 때 한신은 성을 포위한 한군들을 모두 철수시켜 폐구성 건너편의 산 중턱으로 옮겼다.

이를 본 장한은 부쩍 의심이 들었다.

'이놈이 왜 군사들을 산 중턱으로 옮겼을까?'

만 가지 생각이 그의 머리를 스쳤으나 얼른 뾰족한 답이 떠오르지 않았다. 어느덧 여름 장마가 시작되었다. 장대 같은 비가 연하여 이틀 동안 계속 내리고 있을 때였다.

북문을 지키고 있던 군사가 황급히 들어와 아뢰었다.

"강물이 성 안으로 쏟아져 들어오고 있습니다!"

장한이 대경실색하여 여러 장수들과 함께 대책을 의논하는데 그 사이에 성 안은 온통 물바다가 되고 말았다. 군사들과 백성들이 한데 뒤엉켜 수없이 급류에 떠내려가는가 하면 저희들끼리 밟혀 죽는 자만도 부지기수였다.

한신은 산 중턱에서 이를 지켜보고는 급히 군사를 조참에게 보내 물길을 원래의 위치로 되돌리게 하였다. 반나절이 안 되어 성 안의 물이 완전히 빠지자 한신은 군대를 거느리고 폐구성에 입성하였다.

이어서 백성들을 안민하는 한편으로 대산관에 주둔하고 있는 유방에게 첩보를 올려 유방으로 하여금 폐구성으로 이동할 것을 아뢰었다. 그리고 휴식할 겨를도 없이 역양으로 진군해 나갔다. 역양은 탁왕 동예의 도읍지였다.

한편, 동예는 한군이 폐구성을 점령하고 옹왕 장한은 도림으로 퇴각했다는 급보를 접하고 크게 놀라 수하 대장인 이지(李芝)를 불러 상의했다.

"한군의 형세가 원체 막강하여 우리 군대로는 감당키 어려우니 장차 이 일을 어찌 하면 좋겠는가?"

이지가 아뢰었다.

"먼저 이 사실을 새왕 사마흔에게 알려 그의 구원을 청하는 한편으로 팽성의 초패왕에게도 급사(急使)를 보내야 할 것이옵니다."

"그럴 수밖에 도리가 없겠군."

동예가 이렇게 대답하고 사자를 두 길로 보내려는데 탐마가 급히 들어와서 아뢰었다.

"한나라 대군이 성 밖 80리 지경인 유가진(劉家鎭)까지 진군해 있습니다."

"아니, 뭣이라고? 놈들이 벌써 그 곳까지 왔단 말이냐?"

동예는 크게 놀라 대장 경창과 부장 오륜 두 장수를 급히 불러들여 영을 내렸다.

"그대들은 군사 만 명을 거느리고 먼저 가서 성 밖 50리 지경에 진을 쳐라. 나는 남은 군사들을 거느리고 뒤쫓아가겠다."

경창과 요륜의 선진이 미처 목표 지점에 가 닿기도 전에 한군이 산을 흔들고 들을 덮으며 마주 짓쳐들고 있었다. 미처 진을 치고 군사를 배치할 겨를도 없었다. 비호같이 달려온 번쾌가 경창과 어울려 두어 합 겨루는가 싶었는데 번쾌의 칼이 햇빛에 빛나며 경창의 목이 땅에 뚝 떨어졌다. 이를 본 오륜은 그대로 말 머리를 돌려 달아나기 시작했다.

때를 놓치지 않고 한신은 대군을 휘동하여 급히 몰아쳤다. 대장을 잃은 동예의 군사들이 갈팡질팡하는 가운데 죽는 자가 부지기수였다. 한신은 달아나는 적들을 추격하였다. 쫓고 쫓기기를 한참 만에 동예가 거느린 만 명의 군사가 와서 이들을 구원했다.

동예가 말을 세우고 호통을 쳤다.

"이놈, 한신은 듣거라! 내 오늘 네놈들을 모조리 죽여 옹왕의 치욕을 설분하리라!"

이 소리를 듣고 한신이 껄껄 웃으며 마주 호통을 쳤다.

"진나라의 개가 초적(楚賊)의 종놈이 되더니 완전히 실성을 하고 말았구나!"

한신이 동예를 조롱하면서 채찍을 번쩍 들자 진무와 장창 두 장수가 한꺼번에 말을 달려 동예를 협공했다. 동예는 대적치 못할 것을 알고 말 머리를 돌려 달아나기 시작했다.

동예의 군사들이 얼마쯤 정신 없이 달아나고 있을 때 뜻밖에도 앞쪽에서 일대의 한군들이 마주 짓쳐 나오니 앞선 대장은 용맹스럽기로 유명한 관영이었다. 관영은 한신의 계교에 따라 미리 퇴로를 지키고 있었던 것이다.

앞뒤가 막혀 버린 동예의 군사들은 한군의 맹렬한 협공에 칼과 창을 버리고 일제히 땅에 엎드렸다.

그 때 한신의 우렁찬 목소리가 들판을 흔들었다.

"동예는 지금 항복하지 않고 또 어느 때를 기다리려 하는가?"

동예는 온몸에 식은땀을 흘리며 주위를 둘러보았다. 까맣게 들을 덮고 철통같이 에워싸고 있는 것은 모두 한군뿐이었다. 어차피 이 싸움은 처음부터 승산이 있는 싸움은 아니었다.

마침내 동예는 말에서 내려 땅에 무릎을 꿇고 한신 앞에 넙죽 엎드렸다.

"내 세궁역진하여 항복하는 터이니 원수께서는 이 사람을 거두어 주시오."

일국의 왕으로서는 너무도 처량한 항복이었다.

동예가 항복하자 군사들이 우르르 몰려가 그를 결박하려 하는데 한신은 소리쳐 그들을 제지한 다음 동예를 이끌어 상좌에 앉게 한 후 은근한 목소리로 말했다.

"지금 새왕 사마흔이 고노성을 지키고 있는데 우리의 대군이 이르는 때에는 피아간에 많은 피를 흘리게 될 것이오. 그런 고로 사마흔에게 어차피 이기지 못할 싸움을 할 것 없이 항복하기를 권고해 주시면 나중에 한왕이 중용을 할 것이외다."

"패군지장을 죽이지 않고 살려 주신 은혜에 보답하기 위해서라도 힘써 사마흔을 설득하도록 하겠습니다."

동예는 즉시 응낙하고 수하 장수 이지에게 편지를 주어 사마흔에게 가도록 했다. 그 때 사마흔은 성 밖 30리쯤에 진을 치고 있다가 동예의 편지를 받아 보았다.

"일국의 왕이 한신 같은 비렁뱅이놈에게 항복하여 나에게 이런 편지를 보내다니 참으로 수치를 모르는 놈이구나!"

그러고는 불같이 노하여 이지를 옥에 가두게 하였다. 유림과 왕수도 두 장수에게 군사 1만을 주어 먼저 출동하게 하고 자기는 스스로 4만 명을 거느리고 역양을 향해 쳐들어갔다.

이지의 부하가 돌아와 이 사실을 한신에게 보고하자 옆에서 듣고 있던 번쾌가 대로하여 말했다.

"제가 선봉으로 나가서 사마흔을 사로잡아 오겠습니다."

"사마흔은 그리 호락호락한 인물이 아니니 너무 얕잡아 보아서는 아니 되오. 내가 계책을 일러 줄 테이니 이러이러하게 하시오."

한신은 이렇게 말하고 번쾌의 귀에다 입을 대고 계책을 말해 주었다. 번쾌는 청령하고 급히 물러나갔다.

이 날 밤 번쾌는 동예를 찾아갔다.

"사마흔이 공의 권고를 거절하고 이지 장군까지 옥에 가두었다니 이런 무례한 놈을 그냥 두어도 되겠소이까?"

번쾌는 말을 마치자 동예에게 이렇게 제안했다.

"내 생각으로는 공의 근친이 진중에 있으면 그 사람을 결박해 내가 부하 백여 명을 데리고 오늘 밤에 사마흔에게로 가서 거짓 항복을 하렵니다. 그런 뒤에 공이 내일 사마흔과 일전을 벌이시면 우리가 사마흔의 뒤에 있다가 틈을 보아 불시에 달려들어 사마흔을 사로잡아 버리면 될 것입니다."

"참으로 묘책입니다. 마침 진중에 나의 큰아들 동식(董式)이 있으니 그를 묶어 가지고 가십시오. 다른 사람을 묶어 간다면 사마흔이 의심할지 몰라도 내 큰아들을 붙잡아 간다면 틀림없이 믿을 것입니다."

번쾌는 그 말을 듣고 크게 기뻐했다.

그 날 밤 번쾌는 동예의 큰아들 동식을 묶어 가지고 시무(柴武)와 함께 정병 백여 명을 거느리고 사마흔의 진영으로 가서 투항을 알렸다.

"저희들은 본시 초나라 군사인데 동예를 따라 마음에도 없는 항복을 했사옵니다. 하오나 초나라를 배반할 수 없어 이 동예의 아들놈을 묶어 가지고 대왕을 찾아왔으니 부디 수하에 거두어 주시옵소서."

사마흔은 번쾌의 말을 듣고 희색이 만면했다. 고리눈의 텁석부리가 번쾌인 줄을 꿈에도 모르고 그에게 상을 내린 다음 동식을 꾸짖었다.

"네 아비가 어쩌면 이럴 수가 있단 말인고! 나와 더불어 초패왕을 섬겨 왕작까지 받은 터에 남의 가랑이 밑을 기어 다닌 한신 따위에게 항복을 한단 말인가. 내 너를 옥에 가두었다가 네 아비를 사로잡는 대로 함께 팽성으로 보낼 테니 그리 알렸다!"

동식은 고개를 숙이고 아무 말이 없었다.

이튿날 날이 밝자 동예가 한왕의 깃발을 날리면서 군대를 이끌고 사마흔의 진을 공격해 왔다. 사마흔이 유림과 왕수도 두 장수와 함께 진전으로 말을 내자 동예 또한 말을 멈추고 사마흔을 크게 꾸짖었다.

"네 이놈, 사마흔은 내 말을 들으라! 너는 아직도 천시를 모르고 무도한 항우를 섬기고 있느냐! 그리고 너는 너의 몽매함을 일깨워 주려고 간 내 막장(幕將) 이지를 가두고 어젯밤에는 또 내 아들을 붙들어 가다니 이럴 수가 있는가!"

"나라를 배반한 역적놈이 무슨 면목으로 내 앞에 섰느냐! 내 칼 맛이 나 보고 더 지껄여라!"

사마흔이 마주 꾸짖고 칼을 휘두르며 말을 몰아 나가려 할 때였다.

"한장(漢將) 번쾌가 여기 있다!"

벽력과 같은 호통 소리와 함께 번쾌가 사마흔의 허리를 낚아채 말 아래로 동댕이쳐 버렸다. 이와 동시에 시무를 비롯한 백여 명의 한병들이 일제히 칼을 뽑아 들었다.
 유림과 왕수도가 이 광경을 보고 사마흔을 구하려 달려들었으나 유림은 번쾌의 한칼에 베임을 당하고 왕수도는 시무에게 사로잡히고 말았다.
 "이놈들! 항복하는 놈은 살려 주겠다!"
 번쾌의 호통 소리에 초군들은 모두 무릎을 꿇고 땅에 엎드렸다. 너무도 순식간에 당한 일이라 그들은 반쯤 넋이 나가 있었다.
 동예와 번쾌는 사마흔을 결박해 역양으로 돌아가 한신 앞에 보고를 올렸다. 이윽고 사마흔이 끌려 오자 한신은 조용한 목소리로 물었다.
 "항우는 원래 진나라의 원수인데 그대는 어찌하여 무도한 항우를 섬겨 천병에 항거한단 말이오?"
 사마흔은 입을 다물고 말이 없었다. 이 때 뜻밖에도 번쾌가 나서서 사마흔을 변호했다.
 "사마공이 항우를 섬기는 까닭은 그의 상장이던 장한의 뜻을 따르기 위해서일 것입니다. 아래 장수로서 위의 장수를 따르는 것은 무장의 도리요 의리가 아니겠습니까. 원컨대 원수께서는 사마공의 기개를 생각하시어 그를 용서해 주시기 바랍니다."
 한신의 얼굴에 미소가 떠올랐다.
 "번 장군의 말씀이 십분 옳소. 내 기꺼이 번 장군의 뜻에 따르겠소."
 한신은 말을 마치자 손수 사마흔의 결박을 풀어 주었다. 사마흔은 한신에게 두 번 절하고 은혜를 사례하였다.
 이어서 한신은 고노성으로 들어가 백성들을 위로하고 급히 이 사실을 유방에게 보고하기 위해 사람을 역양으로 보냈다. 한신의 보고를 받은 유방이 이튿날 고노성으로 입성하자 한신은 성 밖으로 나가 유방을 맞아들였다.
 유방은 기쁘기가 한량없었다.

"일찍이 장자방이 장군의 인물됨을 알아보았고 소 상국이 또한 여러 번이나 장군을 대원수로 천거하더니 과연 이렇듯 장군이 삼진을 평정하여 대공을 세웠구려."

"황공하옵니다. 이 모두가 신이 능함이 아니오라 대왕의 천위(天威)에 힘입은 것이옵니다."

한신이 이렇게 아뢰자 유방이 물었다.

"이제 삼진을 평정하였으니 함양은 장중에 든 것이나 다름이 없는데 어느 때쯤 우리가 꿈에도 그리던 함양에 입성할 수 있겠소?"

"지금 함양을 공략하기는 용이한 일이오나 도림에 들어가서 진을 치고 있는 장한이 심복우환이옵니다. 우리가 만약 함양으로 나아간다면 장한은 틀림없이 먼저 폐구를 취한 뒤에 우리의 군량을 수송하지 못하게 양도(糧道)를 끊을 것이옵니다. 하오니 대왕께서 잠시 이 곳에 주둔하셔서 군현을 무마하시면 신이 먼저 일군을 거느리고 도림으로 가서 장한을 죽여 후환을 없앤 뒤에 함양성을 쳐서 빼앗은 연후에 어가를 봉영하겠나이다."

"원수의 심모원려에 감탄을 금할 수 없소."

유방은 몹시 만족한 얼굴로 한신을 칭찬하였다.

이튿날 한신은 조참·주발·시무·신기 네 사람을 대장으로 삼아 군사 3만 명만 거느리고 도림으로 향하였다.

이 때 장한은 도림에서 화살에 맞은 상처를 치료하며 잃어버린 폐구성을 탈환하기 위해 노심초사하고 있었다. 그런데 한신이 또 3만 군사를 거느려 도림을 공격해 오고 있다는 급보를 받고 크게 노하였다.

"이놈이, 가랑이 밑을 기던 이놈이…!"

장한은 이같이 부르짖으면서 즉시 부하들을 소집하였다.

"한신이 또 쳐들어온다니 이번에야말로 놈을 사로잡아 설분을 하고야 말리라!"

이 때 손안이 나서서 장한에게 간하였다.

"제가 생각건대 성 안의 5천 군사로 한신의 3만 대군을 당적하기에는 중과부적이옵니다. 도림성을 굳게 지키면서 팽성으로부터 구원병이 오기를 기다리는 것이 좋을 듯하옵니다."

그러나 장한은 그 말에 반대하였다.

"아니다! 팽성까지는 길이 멀어 언제 구원병이 올지 알 수 없다. 만약 이대로 가만히 있다가 한신의 군대에게 포위를 당하고 만다면 사기는 떨어지고 군량은 바닥나서 모조리 사로잡히고 말 것이다. 우리에게는 속전속결이 이롭고 시일을 기다리는 것은 해로운 일이다."

부하 장수들은 이 말을 듣고 아무 말이 없었다. 장한은 즉시 여마통·계량·계항·손안 네 장수들과 함께 그 동안 그러모은 사졸 5천 명을 거느리고 성 밖으로 한신을 향하여 짓쳐 나갔다.

이윽고 양군이 대진하자 장한은 분을 참지 못하고 한신에게 호통을 쳤다.

"이놈 비렁뱅이야! 이번에는 내 가랑이 밑을 기어 가게 해 주겠다!"

한신은 장한의 말을 들은 척도 하지 않고 더욱 그의 부아를 돋우었다.

"내 너의 노후를 걱정해서 왔으니 어서 항복하여 잔명이나 보존토록 하라!"

한신의 말이 채 끝나기도 전에 장한은 한신을 향해 곧장 달려들었다. 노여움과 절망감으로 얼룩진 그의 얼굴은 비장하기까지 했다.

한신의 등 뒤에서 조참과 주발이 동시에 뛰어나와 장한을 에워싸고 어지러이 쳤다. 한신은 전군에 총공격령을 내렸다. 5천 군사와 3만 대군의 처절한 대결이었다. 북소리와 꽹과리 소리가 천지에 진동하는 가운데 장한의 군사들은 추풍낙엽처럼 쓰러져 갔다. 땅은 붉은 피로 물들고 들은 시체로 덮이었다.
 장한은 도저히 당하기 어려움을 깨닫고 도림성 안으로 도망해 들어가려고 말 머리를 돌렸다. 그러나 그 때 벌써 신기·시무 두 장수가 그의 퇴로를 막고 군사들을 몰아 공격해 왔다.
 앞에는 조참과 주발이 시살해 오고 뒤에는 신기와 시무가 가로막으니 사태가 이에 이르러서는 벗어날 길이 없었다.
 '사로잡혀 치욕을 당하느니 차라리 깨끗이 죽자!'
 장한은 이렇게 죽고 계량·계항 두 장수도 난군 가운데서 무수히 난자당한 끝에 처참한 죽음을 당하였다. 이 광경을 본 여마통과 손안 두 장수는 황황히 말에서 뛰어내려 항복을 하였다.
 한신은 징을 쳐서 군사들을 거두게 한 다음 항복한 여마통과 손안을 앞으로 불러 물었다.
 "너희들은 항복하였으니 가히 천명을 아는 자라고 할 수 있도다. 그런데 지금 도림성을 지키는 군사는 몇 명이나 되느냐?"
 "성을 지키는 군사는 5백 명에 불과하고 그 외에는 모두 백성들뿐입니다."
 여마통이 이렇게 대답했다.
 "그러면 너희 두 사람이 앞장서서 우리를 인도하라."
 한신이 여마통과 손안을 앞세우고 도림성으로 가자 성을 지키던 군사들은 성문을 열고 모두 항복을 하였다. 한신은 백성들을 위무하고 이튿날 항복한 장졸들을 이끌어 고노성으로 회군하였다.
 "원수의 귀신 같은 용병에는 그저 탄복할 뿐이오."
 유방은 연신 한신의 공로를 치하하며 기뻐하기를 마지않았다.
 "장한을 죽여 후환이 없어졌으니 이제는 속히 함양으로 진공해야 할 줄로 아옵니다."

한신이 이같이 아뢰자 유방은 만면에 웃음을 띠고 말했다.
"원수는 부디 짐을 하루속히 함양성에 입궁하도록 해 주오."

유방 앞에서 물러나온 한신은 대군을 이끌고 함양으로 진발하였다. 숙망의 함양성 공략인지라 장도를 격려하기 위해 유방은 멀리 성문 밖까지 나가 한신을 전송하였다.

5. 함양성 수복(收復)

한신이 대군을 이끌고 함양성으로 진격해 온다는 첩보를 접한 사마이(司馬移)와 여신(呂臣) 사이에 의견이 엇갈렸다.

먼저 사마이가 의견을 말했다.

"적은 군사들로 대군을 막을 수 없으니 일찌감치 항복하는 것이 좋을 듯하오."

"아니올시다. 적은 비록 그 수가 많다고는 하나 이 곳 함양성은 견고하고 전량이 넉넉하니 가히 지킬 만하외다."

여신은 이같이 사마이의 의견에 반대하였다.

두 사람은 의논 끝에 결국 여신이 사마이의 주장을 꺾어 팽성으로 급보를 띄워 구원을 청하는 한편 성문을 굳게 닫고 엄히 지키기로 하였다.

한신은 부풍을 지나 함양성을 10리쯤 둔 곳에 군사들을 멈추고 진을 쳤다. 그리고 세작을 보내 성중의 동향을 정탐한 다음 장한의 부하 장수였던 여마통을 불러 말했다.

"그대가 한왕께 항복한 뒤로 아직 세운 공이 없으니 이번에 공을 세우도록 하오."

"원컨대 하명해 주소서."

여마통이 대답했다.

"그대가 항복할 때 데리고 온 항졸들에 내가 또 따로 군사들을 더 줄 테니 이들에게 초나라 군복을 입혀 항왕의 구원병으로 가장하도록 하시오. 그대에게는 그 전에 항왕으로부터 받은 병부(兵符)가 있을 것이오. 그 병부를 내보이면 구원병으로 믿고 성문을 열어 줄 것이니 그 때 우리 군대가 일제히 돌진해 들어가면 쉽게 이길 수 있소. 이렇게 해서 함양성을 함락시킬 수 있다면 그것은 그대의 대공이 될 것이오."

"대원수의 명령을 어찌 소홀히 하겠습니까만 다만 항왕으로부터 받은 병부의 날짜가 틀리는지라 이를 어찌 하면 좋겠사옵니까?"

여마통이 이같이 염려를 하자 한신은 웃으면서 말했다.

"그건 염려하지 않아도 되오. 역 대인의 진영에 있는 이병(李昞)이라는 문사가 글씨를 위조해 내는 명수요."

한신은 말을 마치자 곧 이병을 불러 여마통이 가지고 있는 병부를 고치게 했다. 잠깐 사이에 병부의 날짜가 감쪽같이 고쳐졌다.

이 병부를 품속에 간직한 여마통은 한신의 지시에 따라 군사 천 명을 거느리고 패릉을 지나 함양성으로 나아갔다. 누가 보더라도 초나라의 구원병임에 틀림없어 보였다.

한신은 다시 번쾌·주발·근흡·시무 등 네 장수를 불러 명령을 내렸다.

"네 장수는 군사 1만을 거느리고 여마통의 뒤를 따르다가 그가 성문을 열게 하면 지체 없이 뒤쫓아 들어가 성을 점거토록 하오!"

네 장수는 한신의 명령을 받자 즉시 함양성을 향하여 진발하였다.

앞서 간 여마통은 이미 경위수(涇渭水)의 샛길로 해서 초나라의 깃발을 펄럭이며 패릉을 지나고 있었다. 함양성의 성루에서 망을 보던 초군들은 구원병이 오는 줄로 알고 이 사실을 급히 여신과 사마이에게 보고하였다.

"생각보다 구원병이 빨리 오는군."

사마이는 고개를 갸우뚱하며 여신과 함께 성루로 올라갔다. 과연 초나라 깃발이 나부끼는 가운데 한 떼의 군사들이 성 아래까지 다가오고 있었다. 사마이가 이들을 향해 큰 소리로 물었다.

"어디서 오는 군사들인가?"

이에 성 아래에서도 큰 소리로 대답했다.

"우리는 초패왕의 명령을 받들고 함양성을 구하러 온 제1진이오! 범아부께서 주신 밀계도 가지고 있으니 속히 성문을 열어 주시오!"

이번에는 여신이 말했다.

"그렇다면 먼저 병부를 내보이시오!"

여마통이 수문장을 통해 병부를 올려 보냈다. 사마이와 여신이 병부를 보니 초패왕의 인(印)이 틀림없고 날짜도 엊그저께로 되어 있었다. 사마이와 여신은 성루에서 내려와 성문을 크게 열어 주었다.

그러나 여마통은 성 안으로 들지 않고 말했다.

"두 분 장군께서는 잠시만 기다려 주시오. 우리의 후진이 곧 당도할 터이니 함께 입성하겠소이다."

사마이와 여신은 그럴 성싶어 성문 앞에서 여마통과 함께 후진이 오기를 기다렸다. 이윽고 후진이 뽀얗게 먼지를 일으키며 오고 있었다. 어마어마한 대군이었다.

사마이와 여신이 기뻐하며 마주 나가 영접하려고 할 때였다. 맨 선두에서 말을 달려오던 장수가 호통을 쳤다.

"한장 번쾌를 네 아는가?"

그러고는 한칼에 여신의 목을 베어 버렸다. 뒤이어 달려온 주발이 또 눈 깜짝할 사이에 사마이를 찔러 죽였다.

성문을 지키던 군사들이 혼비백산하여 모두 도망한 가운데 한군은 물밀듯이 함양성 안으로 돌입해 들어갔다.

번쾌는 신이 나서 맨 먼저 성루 위로 뛰어올라가 한왕의 대기(大旗)를 꽂고 내려와 거리로 들어갔다.

함양성이 수복되었다는 첩보를 받은 유방은 다음날 함양성으로 들어갔다. 성중의 백성들은 늙은이나 젊은이나 가리지 않고 모두 거리로 나와 향을 피우고 어가를 환영하였다.

유방은 전에 들어와 본 적이 있는 함양궁으로 들어갔다. 파촉 땅 포중에 유폐되다시피 몸을 움츠리고 있으면서 죽어 귀신이 되어도 못 돌아올 줄 알았던 함양궁에 다시 입궁하고 보니 천하를 다 잡은 듯한 뿌듯함과 함께 만감이 교차하였다.

유방은 정전(正殿)의 용상에 드높이 앉아 문무 제신들의 배례를 받고 그들의 노고를 치하하였다. 이어서 궁성 안에서는 큰 축연이 베풀어지고 성내의 곳곳에서도 백성들이 축하 잔치를 벌였다.

이튿날 유방이 만족한 얼굴로 술잔을 기울이고 있을 때 한신이 그 앞에 나아가 진언했다.

"우리가 비록 함양성을 도로 빼앗았다 하오나 평양(平陽)에는 위왕 위표가 있고 낙양(洛陽)에는 하남왕 신양이 있사옵니다. 신이 요량컨대 항왕이 함양성 함락을 알게 되면 급히 우리를 공격해 올지 모르는데 그때 만약 위표와 신양을 휘동하여 함께 온다면 우리는 삼면으로 적을 맞게 될 것이옵니다."

한신의 말이 여기에 이르자 유방의 얼굴에 금세 웃음이 사라지며 수심이 가득해졌다.

"만일 그렇게 된다면 큰일이 아니오?"

"하오니 속히 기모 있는 사람을 팽성으로 보내 항왕으로 하여금 제나라를 치게 만들어야 하옵니다. 그렇게만 된다면 신은 그 동안에 평양과 낙양을 공격하여 위표와 신양의 항복을 받도록 하겠사옵니다. 이리 하면 관동(關東)이 모두 한나라의 판도 안에 들어오게 되므로 가히 항왕과 더불어 맞싸울 수 있게 될 것이옵니다."

유방이 비로소 얼굴을 펴면서 물었다.

"원수의 말이 심히 옳소이다. 그러면 누구를 팽성으로 보내야 이 계책을 성사시킬 수 있겠소?"

이 때 중대부로 있는 육가가 유방 앞으로 나와서 아뢰었다.

"신의 고향이 낙양이므로 그 곳에 부모처자가 모두 있사오니 신이 고향에 가서 부모도 찾아볼 겸 하남왕 신양을 설복시키고 다음으로 평양에 가서 위표마저 설복시키어 모두 대왕께 복종하도록 하겠습니다."

"그것도 좋은 계책이오."

유방은 그렇게 찬성하고는 육가에게 황금 열 근을 노자로 주면서 신양과 위표를 설복하도록 간곡하게 당부하였다.

그런데 3년 만에 고향으로 돌아간 육가는 하남왕 신양이 그 동안 자기 집을 극진히 보호하여 준 사실에 감복하였다. 게다가 왕을 찾아 사례하러 갔을 때 신양이 자기를 친절하게 대접하는 바람에 신양을 설득하여 유방에게 복종시키기로 한 애초의 생각이 그만 희미해져 버렸다.

육가는 마침내 하루 이틀이 지나고 달이 바뀌도록 유방에게 돌아갈 생각마저 잊어버리고 말았다.

이런 줄도 모르고 함양에서는 유방을 비롯한 중신들이 모두 궁금히 생각하며 기다리고 있었다. 육가의 사명이 장차 본격적으로 벌어질 항우와의 천하 쟁탈전에 중대한 변수가 되기 때문이었다.

유방이 마침내 불만을 터뜨렸다.

"육가는 어찌하여 여태껏 아무 소식이 없단 말인고?"

중신들이 이 말을 듣고 모두 송구해 마지않을 때 근시가 들어와서 급히 아뢰었다.

"장량 선생이 남전에서 신풍을 거쳐 지금 함양성으로 오고 있다 하옵니다."

"뭐? 장자방이 돌아온다고? 그가 온다면 내가 더 무엇을 근심하랴!"

유방은 펄쩍 뛸 듯 기뻐하였다.

"속히 장자방을 맞아들이도록 하라."

조참과 관영으로 하여금 성 밖에까지 나가 장량을 환영하게 하였고 한신도 설구와 진패 두 사람에게 술과 음식을 가지고 가서 장량을 대접하게 하였다.

한식경이 지나서 근시가 들어와 유방에게 아뢰었다.

"장량 선생이 벌써 궁문에 당도하였다 하옵니다."

유방은 즉시 용상에서 일어나 정전을 내려와 걸어서 승덕문까지 갔다. 이윽고 장량이 들어왔다. 유방은 기쁨을 참지 못하고 장량의 손을 덥석 잡았다.

"오, 장 선생! 이게 얼마 만이오."

유방은 눈물마저 글썽이었다. 장량은 땅에 무릎을 꿇고 아뢰었다.

"신이 대왕을 떠나온 지도 어언 1년이 되었사옵니다만 마음만은 잠시도 대왕을 떠난 적이 없었사옵니다. 전날 포중 길에서 신이 하직을 고할 때 세 가지 일을 대왕께 약속 드렸사옵니다. 항왕으로 하여금 팽성으로 도읍을 옮기게 하고 육국을 설복시키어 항왕을 배반케 하며 파초대원수감을 찾아 대왕께 보내 드린 다음 함양에서 대왕을 모시어 뵈옵겠다고 하였더니 오늘 과연 그같이 되어 기쁘기 한량없사옵니다."

"어서 일어나시오. 오늘의 일이 모두 선생의 힘이외다. 선생의 공훈은 금석에 새기어 천추만세에 전해질 것이오."

유방은 장량의 손을 붙들고 정전으로 들어갔다. 군신이 함께 재회의 기쁨을 나눈 뒤에 장량은 재배하고 물러나와 여러 장수들과도 반갑게 인사를 나누었다.

한신은 장량 앞으로 가서 감사의 말을 하였다.

"선생이 나를 천거해 주신 덕분으로 대왕께서 나를 중용해 주시었으니 선생의 은혜는 평생을 두고 잊지 않겠습니다."

"은혜라니 천만에 말씀이외다. 원수가 누차 대공을 세우고 위엄을 천하에 떨치게 되었으니 이 사람이 천거해 올린 보람이 있을 뿐만 아니라 한왕의 홍복입니다."

장량은 이렇게 말하고 모든 장수들과 일일이 인사를 나눈 후 다시 유방 앞으로 나아갔다. 유방은 그 사이에 환영 잔치를 마련하여 장량의 손을 이끌고 별실로 가서 중신들을 불러들였다.

이윽고 생황 소리가 유량하게 울려 퍼지는 가운데 임금과 신하의 화기애애한 연회가 시작되었다. 유방은 친히 술잔을 장량에게 주면서 그동안의 노고와 공로를 치하하였다.

이튿날 유방은 군사 회의를 소집하였다. 모든 중신과 장수들이 참석한 가운데 유방이 먼저 입을 열었다.

"하남왕 신양과 위왕 위표가 아직 복종하지 아니하고 육가는 간 지 오래건만 아직 돌아오지 않으니 이를 어찌 하면 좋은고?"

유방의 말이 끝나자 장량이 나서서 아뢰었다.

"육가가 낙양으로 갔으나 부모를 만나 보고 마음이 달라진 것 같사옵니다. 더욱이 위왕 위표는 사람됨이 거만하고 자존하는 위인인지라 육가로서는 설득하기 어려울 것이옵니다. 신이 가서 신양과 위표를 만나 보고 임기응변하여 저들로 하여금 대왕께 항복하도록 설득하겠나이다. 신을 보내 주시옵소서."

장량이 아뢰는 말을 듣고 한신이 또한 나서서 아뢰었다.

"장 선생의 묘계가 아니고서는 누구도 신양과 위표를 설득할 수 없을 것이옵니다. 육가는 핑계를 대고 고향으로 돌아갔을 뿐이옵니다."

유방은 장량과 한신의 말을 듣고 고개를 저었다.

"하지만 장 선생이 바로 어제 오랜만에 오셨는데 또 어찌 떠나보낼 수 있단 말이오?"

그러자 장량이 결연한 어조로 아뢰었다.

"천하가 아직 미정이라 간과(干戈)를 거두지 아니하였는데 신이 어찌 육신을 편히 하여 앉아 있을 수 있사오리까! 이제 신에게 두 가지 계책이 있으니 하나는 항왕에게 상소문을 올려 항왕으로 하여금 제나라를 치게 하는 것이옵고 다른 하나는 신양과 위표로 하여금 대왕께 굴복토록 하는 것이옵니다. 이 두 가지 일을 신에게 일임해 주시옵소서."

유방은 그래도 장량과 작별하는 것이 못내 아쉬운 듯 잠시 망설이다 말했다.

"나는 다만 선생의 계책에 의지할 뿐이오."

유방의 앞을 물러나온 장량은 붓을 들어 항우에게 올리는 상소문을 썼다. 그리고 제나라 왕이 육국에 전달할 격문을 지어 상소문과 함께 동봉해 심복에게 주면서 당부했다.

"이것을 팽성으로 가져가 항왕에게 올려라. 항왕이 이것을 보고 어떻게 하는가를 본 뒤에 이 곳으로 오지 말고 위나라 서울로 나오너라. 네가 그 곳 평양으로 올 때쯤 해서 나도 그 곳으로 가는 도중에 너를 만나게 될 것이다."

장량은 이렇게 이른 후 다음날 아침 일찍 출발하였다.

6. 장량의 설득 공작

이 무렵 초패왕 항우는 천하에 근심이 없는 듯 하루하루를 즐겁게 보내고 있었다. 범증이 유방의 준동을 미리 대비해야 한다는 간언을 몇 차례나 해도 항우는 껄껄 웃으며 들은 척도 하지 않았다.

"잔도가 다 타 버렸는데 유방이 어떻게 나온단 말이오?"

심지어는 한신이 한군의 대원수가 되어 삼진을 공략하고 있다는 첩보를 올려도 항우는 코웃음만 쳤다.

"뭐? 비렁뱅이 한신이 대원수가 되었다고? 거 참 재미있구나. 그놈이 어떻게 포중 땅에서 나왔는지 모르겠지만 우리 삼진의 왕들이 톡톡히 버릇을 고쳐 줄 테니 염려들 말라."

항우가 이러니 좌우에서도 더 이상 말을 하지 못했다.

한신이 삼진을 점령하고 함양성에 입성했다는 급보를 받고서야 항우는 대경실색하여 자리에서 벌떡 일어났다.

"아니, 뭐라고? 내 이제 즉시 달려가서 이 비렁뱅이 놈의 목을 자르고 말리라!"

범증이 옆에 있다가 말했다.

"신이 일찍이 한신을 중용하시든지 아니면 속히 죽여 후환을 없애라고 아뢰지 않았습니까. 한군의 세력이 더 커지기 전에 그 뿌리까지 송두리째 제거하셔야 할 것입니다."

"아부께서는 조금도 염려하지 마십시오. 삼진을 빼앗긴 것은 삼진왕이란 것들이 노쇠한 늙은이들이라서 그리 된 것이오. 내가 친히 나서서 한군들을 모조리 쓸어 버리겠소."

"지당하신 말씀입니다. 속히 출전하도록 하십시오."

범증은 기회를 놓칠세라 항우의 친정(親征)을 독촉하였다.
그런데 하필이면 이럴 때 밖으로부터 전령사가 들어와서 무릎을 꿇고 아뢰었다.
"지금 장량이 보낸 사자가 와서 상소문을 올리며 제왕의 격문도 함께 가져왔다고 하옵니다."
"사자를 들게 하라."
항우는 장량의 상소문부터 먼저 읽었다.

한(韓)나라 사도(使徒) 신 장량은 폐하께 국궁 재배하옵고 아뢰나이다. 신은 일찍이 폐하의 불살지은(不殺之恩)을 입사와 무사히 고향으로 돌아온 뒤로 지금까지 산수간에 은거하여 살고 있으면서도 폐하의 높고 크신 성은을 잊지 못하고 있사옵니다. 하온데 뜻밖에도 제·양 두 나라에서 망령되이 우리 한나라뿐만 아니라 각국에 격문을 보내면서 대초(大楚)를 무찔러 천하를 함께 도모하자는 뜻을 은밀히 전해 왔습니다. 이는 실로 폐하께 모반하는 위급 대환이오니 폐하께서는 속히 군대를 진발하시어 제·양 두 나라부터 평정하신 연후에 군대를 돌려 이제 막 걸음마를 시작하는 유방을 치신다면 가히 천하를 편안히 할 수 있을 것이옵니다. 폐하께서는 신의 충정 어린 진언을 깊이 통찰하여 주시옵소서.

"음, 장량의 말이 십분 근리(近理)하도다."
항우는 이렇게 중얼거린 다음 제·양의 격문을 펼쳐 보았다.

제왕 전영과 양왕 진승은 마침내 뜻을 함께 모으고 격문을 닦아 이를 은밀히 한왕께 보냅니다. 항우가 포악무도하여 의제를 살해하고 천하를 독점하여 패왕으로 군림하고 있으니 차제에 하늘의 뜻을 받들어

마땅히 이를 토멸해야 할 것입니다. 부디 이 격문을 보시는 대로 군대를 휘동하여 한가지로 힘을 합쳐 항우를 침으로써 천하를 바로잡고 만민을 편안케 해야 할 것입니다. 이 격문은 존왕과 더불어 각국의 왕에게도 함께 띄우는 바입니다.

항우는 다 읽고 나자 대로하여 격문을 갈가리 찢으면서 소리쳤다.
"내 이 두 놈들을 후대하여 각각 왕으로 삼았거늘 은공도 모르고 나를 배반하다니! 당장에 이놈들부터 먼저 죽여 내 한을 풀어야겠다!"
그러자 범증이 나서서 간하였다.
"그건 아니 됩니다. 이것은 장량의 간특한 계책이니 속지 마십시오. 대왕의 함양 공격을 늦추고자 하는 수작이 틀림없습니다. 장량은 기묘한 언사로 대왕의 공격을 제·양 두 나라 쪽으로 먼저 돌려 군대를 정비할 시간을 얻으려는 속셈입니다."
옳은 말이었다. 그러나 항우는 그 말을 듣지 않았다.
"아니오! 아부는 언제나 공연한 생각을 너무 많이 하시는 것 같소. 장량은 워낙 다병(多病)해서 세상의 영화마저 싫다 하고 은거하여 사는 터에 굳이 날 속이려 할 까닭이 어디 있겠소? 그를 더 의심하지 마시오. 내 이 길로 제·양 두 나라부터 친 다음에 유방마저 없애 버릴 터인즉 아부는 더 이상 나를 말리지 마시오."
범증은 마침내 입을 다물고 가만히 한숨만 쉴 따름이었다.
이 모양을 낱낱이 지켜본 장량의 사자는 항우 앞을 물러나와 평양으로 향하는 길을 급히 달렸다.
며칠 후에 평양성 못 미쳐 노상에서 사자는 장량을 만났다. 항우가 장량의 뜻대로 먼저 제나라를 정벌하기로 했다는 사자의 보고를 듣고 장량은 크게 기뻐하였다.

평양은 위나라의 도성으로 산천이 수려하고 땅이 비옥한 지방이어서 백성들은 풍족하게 살고 있었다. 장량은 성 안으로 들어가 위왕의 대궐 문 밖에서 수문장에게 말했다.

"한(韓)나라의 장량이 대왕을 알현코자 하오."

위왕 위표는 이 수문장의 전갈을 듣고 대부 주숙(周叔)에게 물었다.

"장량이란 자가 무슨 일로 왔을꼬?"

"장량은 옛날의 소진·장의보다 변설이 능하다는 당대의 세객입니다. 아마도 한왕 유방을 위해 대왕을 설득코자 찾아왔을 것이옵니다."

"그렇다면 그자가 들어서자마자 한칼에 베어 버리는 것이 어떻겠소?"

"아니올시다. 장량의 이름은 천하에 높습니다. 초패왕도 죽이지 못했으니까 대왕께서는 그 사람을 예로써 만나 보시되 그의 말만 곧이듣지 마소서."

위표는 고개를 끄덕이며 곧 장량을 불러들였다.

"그대는 한왕의 신하인데 이 곳에는 무슨 일로 오시었소?"

"저는 본시부터 한(韓)나라의 신하였지 한왕의 신하는 아니올시다. 이즈음 한왕이 함양성을 공략하고 난 뒤 사람을 보내 저를 청하였습니다. 하지만 저는 이미 이 세상에 대한 소망을 버린 지 오래인지라 그가 주려는 벼슬을 받지 않고 인사나 드리고 본국으로 돌아가는 길입니다. 귀국길에 마침 이 곳을 지나다가 대왕의 위명이 육국 가운데 가장 높으신 데다 길가는 사람들까지 대왕의 성덕을 찬양하는 것을 보고 꼭 한 번 뵈옵고 싶은 생각이 들어 이렇게 무례를 무릅쓰고 대왕을 찾아뵌 것입니다."

장량이 이렇게 위표를 치켜세우자 위표는 장량 같은 고명한 선비가 자기를 진심으로 존경하는 줄 알고 기쁨을 감추지 못하며 즉시 술을 내오게 하였다.

술이 들어오자 위표는 장량에게 술을 권하며 물었다.

"지금 육국이 종횡하며 한·초가 쟁패를 벌이고 있는데 선생이 보시기에는 어느 쪽이 능히 이길 것 같습니까? 원컨대 흥망존폐의 앞일을 말씀해 주십시오."

장량이 자리를 고쳐앉으며 정색하고 대답했다.

"저의 거짓 없는 안목으로 보건대 한의 앞날은 갈수록 흥하고 초는 갈수록 쇠할 운명이 명약관화합니다. 한왕은 관인대도하여 천우신조하고 인망이 함께 모여 사방팔방이 다투어 귀복해 오고 있습니다. 이에 비해 항왕은 포악무도하여 의제를 죽이고 천하를 독점하니 제후들은 불안에 떨고 백성들의 원성은 높아 가고 있습니다. 지금은 비록 항왕의 세력이 강대하지만 패망할 날이 멀지 않았습니다. 제가 밤에 천문을 보니 천성(天星)이 함양 쪽 하늘에서 크게 빛나고 있었습니다. 저의 생각으로는 장차 천하를 얻을 사람은 한왕밖에 없습니다. 지금 한왕에게 복종하는 사람은 하늘의 이치를 아는 사람이요, 천하의 대세를 아는 사람이라 할 수 있지요."

장량의 말에 마음이 크게 동한 듯 위표는 술잔에 술을 가득 부어 장량에게 권하면서 은근히 말하였다.

"선생의 고론을 들으니 구름을 뚫고 밝은 해를 보는 것 같습니다. 비록 초패왕이 나를 왕으로 봉하긴 했으나 한쪽으로 고립돼 있어 아무래도 이 자리가 오래 가지는 못할 것 같습니다. 선생이 만약 길을 열어 주신다면 한왕께 귀복할까 합니다."

조금 전 장량의 목을 베겠다던 위세는 눈 녹듯 사라지고 위표는 장량에게 호소하듯 말했다.

"대왕께서 만약 진심으로 한왕에게 귀복하신다면 한왕은 대왕과 더불어 환난상부(患難相扶)하고 부귀와 영화를 같이 할 것입니다. 제가 주제넘은 일이나 삼가 적극 천거해 올리겠습니다."

이 때 위표의 병풍 뒤에 몸을 감추고 있던 주숙이 뛰어나오면서 외쳤다.

"대왕께서는 장량의 간언에 속지 마소서! 초패왕이 만약 이 일을 알고 쳐들어온다면 그 때에는 무슨 수로 막겠습니까? 이야말로 먼 데 것을 생각하느라 가까운 것을 생각하지 못하는 우(愚)가 아니옵니까."

그러자 장량은 웃으면서 주숙을 돌아보고 말했다.

"주 대부께선 아직도 항왕의 움직임을 모르고 계시오이다. 지금 항왕은 멀리 제·양 두 나라로 군대를 휘동해 가는 중이오. 그가 이 곳에 오려면 최소한 석 달은 있어야 합니다. 그러나 한왕의 군대는 사흘이면 이 곳까지 오고도 남습니다."

"……"

주숙도 이 말에는 내심 놀란 듯 다음 할말을 찾지 못했다. 위표는 이 모양을 보고 주숙을 꾸짖었다.

"대부는 어찌하여 이다지 무례하오? 장 선생이 나를 위해 장구지계(長久之計)를 말씀하시는데 대부는 무얼 안다고 함부로 나서서 이 야단이오? 썩 물러가오!"

주숙이 나가자 장량은 다시 위표를 안심시켰다.

"만일 항왕이 이 곳으로 쳐들어온다면 한왕이 군대를 내어 방어할 것이니 대왕께서는 조금도 염려하지 마십시오."

위표는 기뻐하기를 마지않으며 그 날은 밤늦도록 장량을 대접하기에 여념이 없었다.

이튿날 위표는 항복한다는 표문을 지어 가지고 주숙으로 하여금 장량과 함께 함양으로 가서 유방에게 올리라고 분부하였다.

유방은 장량의 보고를 듣고 크게 기뻐하며 주숙을 불러들여 위표가 올리는 표문과 예물을 받았다. 이어서 궁중에 잔치를 베풀고 주숙의 노고를 치하하는데 주숙 앞에 놓인 술잔과 기명이 모두 유방의 것과 조금도 차별이 없을 뿐만 아니라 자기를 대하는 품이 지극히 부드럽고 자연스러웠다.

'한왕이 관인후덕하다더니 과연 너그럽고 인자한 분이구나.'

주숙은 속으로 감복하기를 마지않으며 이튿날 위나라로 돌아갔다.

이같이 위왕 위표가 항복하고 나자 장량은 다시 하남왕 신양을 설득할 일에 착수하였다. 그는 함양을 떠나기에 앞서 번쾌와 관영 두 사람을 불러 3천 군사를 거느리고 먼저 낙양으로 가서 여차여차 하라고 일러 준 후에 자기는 혼자서 낙양으로 향하였다.

이 무렵 하남왕 신양은 육가를 신임하여 그와 함께 대소사를 의논하면서 국정을 펴 나갔다. 그 날도 육가와 더불어 나라의 정사를 의논하고 있는데 한나라에서 장량이라는 사신이 와서 알현을 청한다고 하였다.

신양이 자못 궁금해 하는 얼굴로 육가에게 물었다.

"장량이 여기 왜 찾아온 것이오?"

육가는 서슴지 않고 대답했다.

"아마도 대왕을 설득하여 한왕에게 귀복시키려고 왔을 것입니다."

"그렇다면 어떻게 하는 것이 좋겠소?"

"대왕께서 한왕에게 마음이 기울면 장량의 말을 따르시고 만약 초패왕께 향하는 마음에 변함 없으면 곧 장량을 포박하여 팽성으로 보내십시오."

"내 이미 초패왕을 섬기고 있는 터에 어찌 한왕에게 항복할 수 있겠소."

"대왕의 마음이 그러하시다면 신은 물러가 있을 터이니 장량이 들어오거든 불문곡직하고 무사들로 하여금 결박하게 하여 즉시 팽성으로 보내셔야 합니다. 장량은 소진과 장의에 못지 않은 세객이라 그의 말을 들으면 대왕의 마음이 흔들릴 수도 있기 때문입니다."

"잘 알겠소."

신양은 육가와 의논을 끝낸 뒤에 장량을 불러들이라 하였다.
이 때 장량은 궁문 밖에서 신양이 오래 그를 기다리게 하자 속으로 혼자 중얼거렸다.
'이렇게 시간이 오래 걸리는 걸 보니 육가가 신양과 의논하여 나를 해치려는 게 분명하구나. 하지만 그에 대한 대비도 없이 찾아올 내가 아니다.'
장량이 이렇게 생각하면서 가만히 미소를 짓고 있을 때 입궁하라는 전갈이 왔다. 장량은 유유자적한 자세로 천천히 걸어 들어갔다. 아니나 다를까 장량이 정전으로 들어서자마자 하남왕 신양은 대뜸 호통부터 쳤다.
"한왕의 세객이 죽으려고 제 발로 찾아왔구나! 여봐라, 저놈을 잡아 내려라!"
호통 소리에 응하여 장막 뒤에 숨어 있던 무사들이 뛰어나와 삽시간에 장량을 결박해 버렸다. 장량은 순순히 결박을 당하면서 그저 어이가 없다는 듯이 쓴웃음만 짓고 있었다.
신양은 이어서 대장 곽미를 불러 군졸 백 명을 주면서 장량을 호송하여 팽성의 초패왕에게 바치라고 명령하였다. 그러자 장막 뒤에서 육가가 나오면서 말했다.
"이번 길에 신도 곽 장군과 함께 팽성으로 가서 대왕의 자세한 소식을 전하고 아울러 범 승상에게 인사를 드리고 오는 것이 좋을까 합니다."
신양은 고개를 끄덕이며 말하였다.
"좋은 생각이오. 그럼 곽 장군과 함께 떠나도록 하오."
이윽고 곽미와 육가 두 사람은 장량을 함거에 실은 후 백 명의 군사들을 거느리고 평양성을 나와 팽성으로 향하였다.
이들이 평양성 밖 50리쯤에 이르렀을 때였다. 홀연히 징 소리가 크게 울리는 가운데 한 떼의 군마가 산길로부터 쏟아져 내려오더니 한 장수가 앞으로 썩 나서며 소리를 질렀다.

"나는 한장 번쾌다! 장자방 선생의 밀계를 받고 여기서 너희들을 기다린 지 오래다! 지금 너희들이 압송해 가는 장자방 선생을 순순히 내어 준다면 목숨만은 살려 주마!"

"아니, 뭐라고? 나는 낙양의 대장 곽미다! 속히 앞길을 틔워라!"

곽미도 지지 않고 마주 호통을 쳤다.

"이놈이 기어코 내 칼 맛을 보려는구나!"

번쾌가 대로하여 말을 박차 나아가 한칼에 곽미의 목을 베어 말 아래로 떨어뜨렸다. 이를 본 곽미의 군사들은 거미 새끼들처럼 사방으로 흩어져 도망하기에 바빴다. 그 사이에 와들와들 몸만 떨고 있던 육가는 한군에 사로잡히고 말았다.

이윽고 함거에서 풀려 나온 장량이 육가를 꾸짖었다.

"그대는 한왕의 대은을 3년 동안이나 입었으면서도 배은망덕하고 이번에는 나를 잡아서 항왕에게 보내려 하다니 사람의 가죽을 쓰고 이럴 수가 있단 말이오?"

육가는 이미 죽음을 각오한 듯 꼿꼿한 자세로 말했다.

"선생이 한왕을 섬기면서도 한(韓)나라를 못 잊어버리는 것과 마찬가지로 저 또한 위나라를 잊지 못하기 때문입니다. 제가 하남왕을 도와서 은혜를 갚으려 한 것도 그 때문입니다."

장량은 무언가 가슴에 와 닿는 것을 느끼며 말을 이었다.

"설혹 그렇다 하더라도, 하남왕으로 하여금 한왕께 귀복토록 하는 것이 옳은 도리가 아니겠소이까?"

"……."

육가는 입을 다물고 말이 없었다.

이 때 곁에서 듣고 있던 번쾌가 육가를 노려보며 호통을 쳤다.

"네 이놈! 네놈이 장 선생을 항우에게 보내 충성심을 보이고자 했다면 나는 네놈을 한왕께 바치고 내 공을 세우겠다!"

군사들로 하여금 육가를 잔뜩 결박하게 하여 데리고 갔다.

한편, 하남왕 신양은 곽미의 군사들이 도망해 와서 올리는 보고를 듣고 깜짝 놀랐다. 그는 육가를 구하고 장량을 다시 붙잡아 오기 위해 군사 1천을 거느리고 한나라 군사들이 나왔다는 산길 쪽으로 급히 달려갔다.

그러나 사람이라고는 그림자조차 볼 수 없는데 어느덧 날이 저물었다. 어찌 할까 망설이고 있을 때 어두컴컴한 수풀 속에서 난데없는 철포 소리가 '꽝!' 하고 울리더니 말에 탄 장수가 앞으로 달려 나오며 큰 소리로 외쳤다.

"나는 한나라 대장 번쾌다! 장자방 선생의 부탁으로 네 모가지는 자르지 않을 테니 어서 말에서 내려 항복하라!"

신양은 그 소리에 간담이 서늘해져 급히 말 머리를 돌려 달아나려 했으나 사방에서 복병이 일시에 일어나 모조리 사로잡혀 버리고 말았다.

번쾌는 신양을 말에 태우고 군사들을 휘동하여 낙양성으로 향하였다. 신양이 성문 앞에 와 보니 성루에 한왕의 깃발이 펄렁거리고 있었다.

'아니, 이게 어찌 된 영문인가?'

신양이 어리둥절하고 있을 때 성루 위에서 크게 외치는 소리가 들렸다.

"나는 한왕의 대장 관영이다! 장자방 선생의 명령으로 이 성을 빼앗은 지 오래인데 거기 오는 자는 누구냐?"

신양은 깜짝 놀랐다. 장량은 과연 귀신불측의 사람이라 감탄하지 않을 수 없었다. 이 때 장량이 뒤따라 이르러 신양을 안내하였다.

"자, 성 안으로 드시지요."

불과 반나절 사이에 성의 주인이 바뀐 것이다.

궁중으로 들어가 자리를 잡고 앉자 장량이 입을 열었다.

"한왕께서 대왕과 힘을 합쳐 무도한 초패왕을 격멸시키고 천하를 편안하게 하시고자 저를 보내 대왕을 설득하려 했는데 도리어 제가 붙들리어 하마터면 팽성에서 죽음을 당할 뻔했습니다."

"내 이미 사로잡힌 몸이니 죽여 주시오."

신양이 고개를 떨어뜨리며 말했다.

"대왕은 무슨 말씀을 그리 하십니까? 제가 조금 전에 드린 말씀은 농으로 한 것이니 괘념치 마십시오. 대왕은 이제부터라도 생각을 바꾸시어 한왕께 복종하십시오. 그렇게만 하신다면 한왕은 관인후덕하여 대왕의 지위를 그대로 보전케 해 주실 것입니다."

"사로잡힌 몸이 죽음을 당하지 않는 것만 해도 대은을 입었는데 더 무엇을 바라리까. 삼가 한왕께 항복하겠으니 이 뜻을 한왕께 전해 주십시오."

이리하여 장량은 신양·육가와 함께 함양으로 돌아갔다. 유방은 장량으로부터 보고를 들은 후 신양과 육가를 불러들였다. 신양은 뜰 아래에서 유방에게 두 번 절하였다.

"현왕(賢王)이 곧은 인품으로 낙양성과 하남 20현을 잘 다스려 그 위명이 사방에 떨치고 있으므로 짐이 장량을 보내 길이 우호를 맺으려 하였더니 다행히 이같이 짐의 뜻을 저버리지 않아 짐의 마음이 기쁘오. 현왕은 낙양으로 돌아가 나라를 잘 다스려 주기를 바라오."

"성은이 지극하시매 어찌 견마지로를 다하지 않겠나이까."

신양은 감격하여 다시 두 번 절하였다. 그 때 곁에 국궁하고 서 있던 육가가 유방 앞에 엎드려 아뢰었다.

"신의 죄는 만 번 죽어 마땅하오니 처분을 내려 주소서."

"짐이 경의 마음을 아는 터이니 과히 부끄러워하지 말라."

유방은 꾸짖지 않고 도리어 이같이 위로의 말을 하였다. 육가는 땅바닥에 이마를 쪼면서 유방의 은혜에 감사하였다.
　이튿날 유방은 잔치를 베푼 뒤에 신양은 낙양으로 돌아가게 하고 육가는 전처럼 한신의 휘하에 두었다.

7. 유인지계(誘引之計)

　삼진을 점령하고 함양에 입성한 후 위왕 위표를 귀복시키고 하남왕 신양을 사로잡아 그의 항복을 받음으로써 유방의 세력은 크게 강대해졌다. 유방은 함양궁에서 군사 회의를 소집하여 엄숙하게 입을 열었다.
　"짐이 그 동안 관중에 들어온 뒤 민심도 수습되고 인근의 제후들도 귀순해 와 나라의 체제가 어느 정도 안정되었으니 이러한 때에 기회를 놓치지 않고 초패왕을 정벌하고자 하는데 경들은 어찌 생각하는고?"
　한신이 아뢰었다.
　"신의 생각으로는 지금 군대도 강대해지고 위엄을 크게 떨치기는 하옵니다만 동쪽에 은왕 사마앙이 버티고 있사옵니다. 이는 결코 용이한 적이 아니옵니다. 먼저 은왕을 정벌한 후에 초패왕을 치도록 하소서."
　한신의 진언에 유방은 다소 맥이 풀린 어조로 말했다.
　"그 또한 일리가 있는 생각이오만…."
　한신은 초패왕을 빨리 치고 싶어 하는 유방의 마음을 알아차리고 다시 말을 이었다.
　"신이 은왕을 먼저 정벌코자 함은 초패왕의 우익을 완전히 제거하기 위함이옵니다. 은왕 사마앙을 정벌하여 하내(河內) 지방을 평정해 버리면 초패왕은 고립무원하여 족히 한 번 싸워 이길 수 있을 것이옵니다."
　"딴은 좋은 생각이오. 어서 그리 하오."

유방은 그제야 얼굴이 밝아지며 그 날로 한신으로 하여금 은왕 정벌의 준비를 하도록 명령하였다.

이리하여 한신이 군대를 이끌고 은왕 사마앙을 치기 위해 떠난 지 얼마 지나지 않아서였다. 초나라의 진평이 찾아와 알현을 청한다고 하였다.

"음, 진평이 찾아왔다고? 어서 들여보내라."

유방은 잠시 회상에 잠기는 듯한 표정으로 진평을 기다렸다. 이윽고 진평이 들어와 절하고 뵙자 유방은 활짝 웃으며 맞았다.

"전일 짐이 홍문연에서 하마터면 항우에게 해를 당할 뻔했었는데 다행히 그 때 경이 애써 준 덕분으로 호구(虎口)를 면할 수 있었소. 평소에 그 은혜를 잊지 않고 있었는데 오늘 이같이 만나니 참으로 반갑소."

그러고는 진평을 호군중위로 임명하였다.

"항왕이 무도하고 현우(賢愚)를 가리지 못해 뒤늦게 폐하를 찾아뵈었는데 이처럼 후대해 주시오니 간뇌도지(肝腦塗地)하더라도 그 은혜는 다 갚아 올리지 못하겠나이다."

진평이 감격하여 이같이 아뢰자 유방은 유쾌하게 웃으며 만족해하였다.

"경과 같은 현사가 짐을 찾아오는 걸 보니 만사가 형통할 조짐이로다."

진평이 귀순해 오고 며칠 지나지 않아 과연 기쁜 소식이 계속 날아들었다. 은왕 사마앙을 치러 간 한신이 사자를 보내 왔다.

"뭐? 대원수가 무슨 일로 사자를 보내 왔을꼬?"

유방은 궁금하여 즉시 불러들이자 사자가 아뢰었다.

"하내 지방이 모두 평정되고 사마앙은 항복을 했사옵니다."

"한 원수의 용병은 참으로 귀신과 같도다."

사자의 보고를 받고 유방이 기뻐하기를 마지않을 때 등공 하후영이 알현을 청한다고 근시가 아뢰었다.

"어서 들라 하라."

이윽고 하후영이 들어와 아뢰었다.

"상산왕 장이(張耳)는 본시 함안군 진여(陳餘)와 더불어 문경지교를 맺고 있었사옵니다. 그런데 전일 항왕이 장이를 상산왕으로 봉하고 자기에게는 아무런 봉작도 내리지 않자 진여는 이에 불만을 품고 제왕 전영을 설복시켜 상산을 쳤습니다. 불의의 기습을 당한 장이는 싸움에 져서 겨우 몸을 피했으나 그의 일족은 모두 죽음을 당하고 말았습니다. 이 장이가 지금 신을 찾아와 폐하를 뵈옵기를 청하오니 한 번 불러 보시옵소서."

"불러들이오."

이윽고 장이가 들어와 유방 앞에 엎드렸다.

"짐은 기꺼이 그대를 내 수하에 두겠으니 부디 진충보국해 주기 바라오."

"성은이 하해와 같사옵니다."

장이는 재배사은(再拜謝恩)하고 물러갔다.

이렇게 해서 하내를 평정하고 사마앙의 항복을 받은 데 이어 진평과 장이의 귀순을 받은 유방은 그 위엄이 날로 높아갔다.

마침내 유방은 문무백관을 모으고 자기 생각을 말했다.

"짐이 포중에서 함양으로 돌아온 후 제후장상이 다투어 짐에게 귀순해 오고 군사의 수도 크게 늘어나 지금은 50만에 이르렀소. 이제 짐이 친히 대군을 통솔하고 항우를 칠까 하는데 경들의 생각은 어떠하오?"

이에 주발이 나서서 아뢰었다.

"폐하의 신문성무(神文聖武)는 천하에 대적할 자가 없사옵니다. 속히 길일을 택하여 출정토록 하소서."

주발의 말이 끝나자마자 이번에는 번쾌가 큰 소리로 아뢰었다.

"하루속히 출정하시어 항우를 사로잡고 지난날의 수치를 설분하소서."

"오, 경들의 생각이 십분 옳으이."

유방은 얼굴에 가득히 웃음을 띠며 고개를 끄덕였다. 그 때 장량이 나서서 조용히 아뢰었다.

"우리의 군세가 크게 흥왕되고 폐하의 위명이 천하에 떨치고 있음을 신이 모르는 바 아니오나 아직 때가 오지 않은 줄로 아뢰옵니다. 근자에 천문을 보아도 주성(主星)이 흐리어 빛을 잃고 있으니 좀더 예기를 기르며 기다리시옵소서."

유방은 듣고 나자 얼굴에 웃음이 사라졌다.

"짐이 밤이나 낮이나 고향 생각을 잊지 못하고 있는 심정을 경은 모를 것이오. 짐은 이제 이 곳에 더 머물러 있기가 몹시 싫으오."

한동안 침묵이 계속되었다. 장량은 엎드린 채 그대로 있었다. 이윽고 유방이 자리에서 일어나며 엄중한 목소리로 말했다.

"이제 짐의 뜻이 정해졌으니 경들은 더 이상 거역치 말고 동정(東征) 준비를 서두르도록 하오."

유방은 말을 마치기가 바쁘게 휑하니 내정으로 들어가고 말았다.

장량은 평소의 그답지 않게 몹시 실의에 빠진 얼굴로 깊은 한숨을 쉬며 자리에서 일어났다.

8. 한왕의 동정(東征)

장수가 2백여 명에 군사 45만 명이라 엄청난 대군이 아닐 수 없었다. 유방은 그의 부친 태공과 아내 여후(呂后) 그리고 두 아들마저 수레에 태우고 전군을 휘동하여 함양성에서 나왔다.

수많은 기치가 바람에 펄렁이고 날카로운 창검이 햇빛에 번쩍이는 가운데 항우를 치기 위해 유방의 대군은 일로 낙양성을 바라보고 노도처럼 나아갔다. 한신이 거느린 군대와 그 곳에서 합류하기 위해서였다.

그 동안 한신은 하내의 조가성(朝歌城)으로부터 이 곳에 들어 군사들을 다시 조련시키고 있었다.

유방의 대군이 낙양성 가까이 이르렀을 때 한신은 하남왕 신양과 함께 군대를 이끌고 나와 영접하였다.

이들이 낙양성으로 들어가자 수많은 백성들이 거리로 몰려나와 향을 사르며 엎드려 환영하였다. 유방이 기쁜 얼굴로 손을 들어 이에 답하고 있을 때 백발이 하얗게 온몸을 덮은 세 노인이 어가 앞으로 나와 엎드려 아뢰었다.

"저희 고로(古老)들은 동삼로(董三老)라 부르나이다. 폐하께서 친히 군사들을 거느려 초나라를 치신다는 말을 듣고 한 말씀 간곡히 아뢰러 무례를 무릅쓰고 이렇듯 뵈옵나이다."

이들 노인들은 나이가 모두 90이 넘어 보였다. 유방은 온화한 미소를 지으며 말했다.

"어서 말씀해 보십시오. 현로(賢老)의 말씀을 경청하겠습니다."

그러자 그 중의 한 노인이 나서서 아뢰었다.

"대저 덕이 높은 자는 흥하고 덕이 없는 자는 망하는 법이옵니다. 항우가 무도하여 의제(義帝)를 시해하였으므로 천하의 적이 되었습니다. 이제 폐하께오서 군대를 움직임에 있어 그 명분이 바로 서 있지 못하다면 설사 싸움에 이겨 천하를 얻는다 하더라도 백성들의 마음을 심복시키지 못할 것이옵니다. 하오니 폐하께옵서는 의제를 위하여 발상(發喪)하시고 제후들에게 격문을 돌려 한가지로 항우의 죄를 물어 치신다면 그 누가 폐하를 기꺼이 따르지 않겠사옵니까."

듣고 보니 참으로 옳은 말이었다. 유방은 깊이 깨달았다.

"현로의 말씀이 지극히 합당합니다. 짐이 반드시 그 말씀을 좇겠습니다. 참으로 고맙소이다."

말을 마치자 이들 동삼로들에게 각각 비단 한 필과 쌀 한 섬씩을 내리고 거듭 치하하였다. 동삼로들 역시 유방의 배려에 배사하고 물러갔다.

이윽고 낙양의 궁성에 든 유방은 여러 신하들과 상의하여 의제의 상을 치르는 한편 격문을 써서 제후들에게 보냈다. 그러자 초패왕에게 원한을 품고 있던 수많은 제후들이 앞을 다투어 군사들을 이끌고 귀복해 왔다. 불과 한 달 사이에 유방의 군사는 60만으로 늘어났다.

유방이 기뻐해 마지않으며 옆에 있는 한신에게 말했다.

"이제 우리의 군사가 60만에 이르렀소. 이만하면 가히 항우를 칠 만하지 않겠소?"

그러나 한신의 대답은 뜻밖이었다.

"황송하오나 예로부터 군대는 흉기이옵고 전쟁은 위사(危事)라 하였사옵니다. 삼군의 생사와 국가의 안위가 모두 이에 달렸으므로 훌륭한 장수는 먼저 천시를 살피고 지리를 밝혀 군대를 움직이는 것이옵니다. 어찌 군사의 수가 많음을 믿고 가벼이 움직일 수 있겠나이까. 신이 요사이 천문을 보니 대단히 불길하옵니다. 그러하오니 군량을 저장하고 군마를 조련하다가 때를 보아서 항왕을 정벌하옵소서."

한신의 말도 장량의 말과 똑같았다. 유방은 못마땅한 얼굴로 책망하듯 말했다.

"우리 군대가 한창 위세를 떨치는 이 때에 도리어 지체하고자 함은 무슨 연고인고?"

"지금 항왕이 제·양을 치고 있으나 아직도 이기지 못하고 있사온데 연·조 두 나라가 또한 항왕을 배반해서 그 형세가 만만치 않사옵니다. 항왕은 필시 군대를 나누어 연·조를 치게 될 것이오니 그 때에 폐하께서는 초의 허한 곳을 치도록 하소서."

"언제 그 때까지 기다린단 말이오? 지금 항우가 제·양을 정벌 중이므로 이 때를 타서 대군이 진격하면 반드시 이길 터이니 경은 본부병을 거느리고 관중을 지키고 있으오. 이번에는 짐이 나가 이기고 오리다."

　유방의 말이 여기에 이르자 한신은 더 이상 만류치 못하고 입을 다물고 말았다. 장량이 곁에서 이를 보고 있다가 간곡하게 아뢰었다.

　"신도 한 원수의 말이 옳은 줄로 생각하옵니다. 폐하께서는 과도히 조급하게 처사하지 마옵소서."

　"짐의 뜻은 이미 함양에서부터 결정되었으니 경들은 더 말을 마오!"

　유방의 결심은 단호했다. 그러자 한신이 다시 나섰다.

　"항왕의 무용은 천하무적이옵니다. 황송하오나 우리 진중에 그를 당할 장수가 있을지 염려되옵니다."

　말을 마치자 허리에 차고 있던 대원수의 인장을 끌러 두 손으로 유방에게 바쳤다. 유방은 말없이 인장을 받아 들고 한신에게 물었다.

　"한 장군이 대원수가 되었으면서도 초를 치기 두려워하는 까닭을 짐은 아무래도 모르겠소."

　빈정거리는 말투임에 틀림없었으나 한신은 조용히 대답했다.

　"신은 기회를 보아 나아갑니다. 신이 아무리 대원수의 인장을 차고 있더라도 천시와 지리가 맞지 않으면 결코 군대를 내어 움직이지 않사옵니다. 나아갈 때와 물러갈 때가 따로 있기에 신이 대원수의 인장을 바치는 것이옵니다."

　"알았소. 경은 관중을 견수하오. 짐이 승전하고 돌아와서 다시 봅시다."

　유방의 태도는 사뭇 냉랭하기까지 했다.

　한신은 유방에게 재배하고 물러나와 그 길로 총총히 함양으로 향하고 유방도 대군을 휘동하여 낙양성을 떠났다.

　유방의 대군이 진류(陳留) 가까이 이르자 시종 말없이 유방의 뒤를 따르던 장량이 입을 열었다.

"신의 고주 한왕(韓王)이 항우에게 멸망당한 후 그의 손자 희신이 이 곳에서 잔명을 보존하고 있사옵니다. 바라옵건대 희신을 가련히 여기시어 이 곳의 왕으로 봉하여 진류를 지키게 하신다면 희신은 기꺼이 폐하의 신하가 될 것이고 신 또한 고주의 은혜를 갚는 길이 될 것이옵니다."

이 말에 유방은 쾌히 승낙했다.

"선생의 말대로 하오리다."

"폐하의 성은을 폐부에 새겨 두겠사옵니다. 그럼 신은 여기서 진류로 갈까 하옵나이다."

유방은 즉시 부절(符節)을 만들어 장량에게 주고 희신을 왕으로 봉하는 절차를 밟도록 하였다.

장량이 작별을 고하려 하자 유방은 아쉬운 듯 말했다.

"희신을 한왕으로 봉하는 일을 마치거든 속히 짐에게 돌아오시오. 짐은 일시라도 선생이 없어서는 안 되오."

"그리 하겠나이다. 그리하옵고 폐하께서는 만사를 신중하게 하시옵소서. 먼저 군대를 지휘할 총대장을 임명하시어 삼군의 규율을 바로잡게 하심이 좋을 듯하옵니다. 신은 속히 일을 마치고 한 달 안에 팽성으로 가서 그 곳에서 폐하를 뵙겠나이다."

마침내 한신에 이어 장량 또한 유방에게 작별을 고하고 총총히 진류를 향하여 떠났다. 비록 일시적이긴 하지만 지모와 용병의 두 기재가 모두 곁을 떠나고 없는 유방은 앞날이 결코 순탄치만은 않을 것 같은 예감이 들었다.

이튿날 유방의 군대는 변하를 건너게 되었다. 수백 척의 배가 몇 차례 왕복하면서 군사들을 실어 나르는 동안에 사졸 한 명이 강물에 떨어져 죽는 사고가 일어났다. 군사들이 아우성을 치며 우왕좌왕하는 사이에 대오는 여지없이 흐트러지고 말았다.

이를 본 유방은 장량의 말이 거듭 생각나 역이기와 육가를 불었다.

"군중의 규율이 저러고서야 어찌 군대라고 할 수 있겠소. 군사 한 사람이 물에 빠졌다고 저런 소동이 일어나다니! 짐은 이제 여러 대장들 가운데 한 사람을 골라 삼군의 총대장으로 삼을까 하오."

"지당하신 말씀이옵니다."

역이기와 육가가 입을 모아 찬성하였다.

"그러면 누가 적임일 것 같소? 짐의 생각으로는 위표가 어떨까 하오. 위표는 본시 위왕의 후손으로 모든 사람들이 그의 위의(威儀)를 두려워하는 터인즉 짐은 그를 원수로 임명할까 하오."

"불가하옵니다. 그는 원래가 말은 많으나 실행이 미치지 못하는 언과기실(言過其實)의 장수입니다. 그에게 중임을 맡기지 마옵소서."

육가가 반대하고 나선 데 이어 역이기도 또한 반대했다.

"위표는 사람됨이 오만하여 장수들이 복종하지 않을까 두렵습니다. 그를 원수로 임명하셨다가는 대사를 그르칠까 염려되나이다."

유방은 또 한 번 고집을 부렸다.

"경들의 생각이 잘못됐소. 출신으로 보아도 한신이 반딧불과 같다면 위표는 둥근 달과 같소. 더구나 짐이 그를 원수로 임명한 이상 누가 감히 그에게 복종하지 않는단 말이오? 경들은 더 이상 반대 마오."

유방은 이렇게 잘라 말하고는 기어이 위표를 불러 그에게 원수의 인장을 내려 주고 팽성을 향해 즉시 진군하도록 명령했다.

진군 도중에 유방이 육가를 불러 물었다.

"지금 팽성을 지키고 있는 장수는 누구인고?"

"팽월(彭越)인 줄로 아옵니다."

"그자는 어떤 인물인가?"

"용맹은 있으나 지략이 없는 장수이옵니다. 항왕도 그를 대수롭게 여겨 지난번 논공행상에도 끼지 못해 속으로 불만을 품고 있을 것이옵니다."
"거 마침 잘됐군. 경은 곧 짐의 서찰을 가지고 팽성으로 가서 그를 설득시켜 보도록 하오."
"예, 분부대로 거행하겠나이다."
팽월은 육가를 보자 뜻밖에도 몹시 반가워했다. 수인사가 끝나자 팽월은 육가가 전하는 유방의 서찰을 펴 보았다.

　항우가 무도하여 의제를 모살하고 천하에 죄를 지었는지라 내 이제 이를 치려고 일어났도다. 장군은 본시 뜻있는 사람으로 용맹이 출중하거늘 어찌하여 항우 같은 역적을 섬기리요. 장군이 대의를 위해 나와 힘을 합쳐 역적을 토멸하고 공을 이룰진대 이름을 청사에 남기고 자손만대에 왕작의 복록이 영면하게 할지니 이야말로 대장부의 할 일이로다. 장군은 깊이 생각하기를 바라노라.

팽월은 읽기를 마치자 육가의 손을 덥석 잡으며 말했다.
"그 동안 내 비록 초패왕의 그늘에 있었으나 한왕의 덕을 사모한 지 오래였소. 더욱이 이제 한왕의 간곡한 친필마저 받았으니 내 어찌 성문을 열고 영접치 않을 수 있겠소. 대부는 속히 가서 이 뜻을 전해 주시오."
육가가 인사를 하고 성문을 나가자 팽월은 성문 밖으로 나가 유방의 당도를 기다렸다.
이리하여 피 한 방울 흘리지 않고 팽성에 입성한 유방은 팽월의 안내를 받으며 초나라의 궁성을 둘러보았다. 갖가지 재보(財寶)와 꽃 같은 궁녀들이 가득하였다.
유방은 즉시 크게 잔치를 베풀어 모든 군사들을 위로하고 자기도 모처럼 질펀한 주흥에 빠져들었다.

이 때 위관이 들어와 아뢰었다.

"우자기가 항우의 아내 우희를 데리고 도망을 쳤다 하옵니다."

"그만두어라. 싸움터에서 그 가족을 붙들고 인질로 삼으려는 것은 떳떳한 일이 아니다. 도망 가게 내버려 두어라."

유방은 이같이 말하고 계속 술잔을 기울였다.

9. 팽성 대전(彭城大戰)

우자기가 밤을 도와 제나라를 치고 있는 항우에게 가서 팽성을 잃었다고 보고하자 항우는 불같이 노했다.

"뭣이? 유방 필부놈이 감히 짐의 궁실을 더럽히다니! 내 당장 이를 토멸하여 수치를 씻으리라!"

항우는 곧 용저와 종리매를 불러 이 곳에 남아 제나라를 치게 하고 스스로 3만 5천 명의 군사들을 거느려 팽성을 향해 풍우처럼 나아갔다.

이틀 후 팽성 30리 밖 수수(睢水) 강가에 진을 친 항우는 사자를 시켜 유방에게 보내는 전서(戰書)를 띄웠다. 내일 결전을 하자는 뜻이었다.

유방은 즉시 대원수 위표를 불러 출전 준비를 하도록 했다. 위표는 군대를 5대로 나누었다. 제1대는 은왕 사마앙, 제2대는 하남왕 신양, 제3대는 상산왕 장이, 제4대는 유방이 친히 여러 장수들과 함께 출전토록 했으며 위표는 제5대가 되었다.

그리고 하후영·사마흔·동예·유택 등 네 장수로 하여금 태공과 여후 그리고 두 왕자들을 보호하며 팽성을 지키도록 하였다.

이튿날 새벽 날이 밝기가 무섭게 팽성을 나선 유방의 대군은 성 밖 10리 지점에 진을 친 다음 징과 북을 요란하게 울리고 함성을 질러 싸움을 돋우었다.

이에 질세라 초나라 진영에서도 전고(戰鼓) 소리 드높은 가운데 진문이 활짝 열리면서 용봉일월의 깃발을 좌우에 늘어세운 항우가 말을 몰아 나오면서 크게 외쳤다.

"유방 필부야! 내 네놈을 사로잡아 천참만륙을 내고 말리라!"

이에 제1대의 사마앙이 아무 말 없이 방천극을 잡고 항우에게로 달려들었다. 항우가 이를 보고 꾸짖었다.

"짐이 너를 봉하여 은왕을 삼았거늘 지금 와서 어찌 배반한단 말인가!"

"네가 너무 무도해서 널 버리고 천의(天意)에 따른 것이다!"

사마앙의 이 같은 대답에 항우는 말을 박차고 나아가 사마앙을 취하였다. 사마앙은 항우의 적수가 못 되었다. 항우는 단 1합에 사마앙을 베어 말 아래로 거꾸러뜨렸다.

항우는 그대로 적진 가운데로 뛰어들었다. 그는 마치 양 떼 속으로 뛰어든 호랑이와도 같았다. 그의 초천검이 빛나는 곳에서 추풍낙엽처럼 한군들이 베어져 넘어졌다.

항우는 어느새 제2진의 하남왕 신양과 맞닥뜨렸다.

"네 이놈! 배반자의 말로가 어떤 것인지 짐이 보여 주리라!"

항우의 초천검이 또 한 번 햇빛에 빛나자 신양의 목이 땅에 굴렀다. 이 때 무수한 정기가 바람에 나부끼는 가운데 여러 장수들의 호위를 받으며 유방이 모습을 나타내었다. 항우는 유방을 보자 고리눈을 부릅뜨고 대갈일성했다.

"유방 필부야! 짐이 오늘 네놈의 머리를 잘라 설분하고 말리라!"

항우의 기세는 땅을 덮고 그가 탄 오추마는 비호 같았다. 눈 깜짝할 사이에 유방에게로 다가간 항우의 초천검이 서릿발을 그리며 유방의 머리가 벌써 땅에 떨어졌나 싶을 때 번쾌·시무·근흡·주발·주란 등 다섯 장수가 일제히 달려들어 항우를 막았다.

항우는 조금도 어려워 않고 이들 다섯 장수를 맞아 싸웠다. 이를 본 초군 진영의 환초·계포·항장·우자기 등 네 장수가 또한 동시에 달려 나왔다.

유방과 한군 장수들은 그 형세를 당하지 못하고 말 머리를 돌려 달아나기 시작했다. 초군은 그 뒤를 급히 들이쳤다.

주장을 잃은 한군들은 거미 새끼들처럼 사방으로 흩어져 도망하느라 저희들끼리 밟혀 죽는 자만도 부지기수였다. 한군의 시체는 들을 덮고 피는 곳곳에 작은 여울을 만들었다.

이 때 제5대의 위표가 유방을 구하기 위해 항우의 앞을 가로막았다. 위표를 본 항우는 이를 갈면서 호통을 쳤다.

"은혜를 배반한 역적놈이 감히 짐의 앞을 가로막다니!"

위표는 대부(大斧)를 휘두르며 항우를 맞아 싸웠다. 칼과 도끼가 어우러져 싸우기 10여 합에 이르렀을 때 항우가 철편을 꺼내어 위표의 투구를 겨누고 힘껏 내리쳤다. 위표는 깜짝 놀라 머리를 돌려 피했으나 등허리를 얻어맞고 말 등에 엎드린 채 그대로 도망을 쳤다.

위표가 항우와 싸우는 동안 유방은 겨우 도망해서 초군들이 보이지 않는 곳으로 피신할 수 있었다.

그는 숲 속에 몸을 감춘 채 사방을 둘러보았다. 군사들은 절반이나 죽은 것 같았다. 넓은 들판에 허옇게 깔린 시체는 거의가 한군들뿐이었다. 그를 호위하고 있는 군사들은 백여 명에 불과했고 번쾌 이하 여러 장수들도 어떻게 되었는지 모두 행방이 묘연했다.

유방이 낙심해 있을 때 뜻밖에도 팽성을 지키고 있는 줄 알았던 유택이 겨우 몇 기의 군사만 이끌고 유방 앞으로 와서 아뢰었다.

"사마흔과 동예가 초군에 항복하여 폐하의 존속 모두가 초군에 사로잡혔나이다."

"이 무슨 청천벽력이란 말인가!"

유방은 그만 자리에 털썩 주저앉고 말았다.

"짐이 장량과 한신의 간언을 듣지 않았다가 오늘 이 지경을 당하고 말았구나!"

유방의 절망적인 탄식 소리에 군사들마저 한숨을 쉬었다.

이 때였다. 별안간 저만치서 함성이 크게 일어나며 한 떼의 군사가 이쪽으로 짓쳐 들어오고 있었다. 유방과 함께 한군들의 얼굴이 창백하게 질렸다.

"오호라! 내 천명이 여기서 다하는구나!"

바야흐로 유방의 목숨마저 위태롭게 되었을 때 동남방으로부터 난데없는 일진강풍이 불어 닥치면서 안개가 짙게 깔리고 지척을 분간할 수 없을 정도로 모래와 흙먼지를 일으켰다.

도망하는 유방을 추격하던 초나라 군사들이 눈을 뜨지 못하고 우왕좌왕하는 사이에 유방은 겨우 사지를 벗어날 수 있었다.

허탕을 친 초군들이 본진으로 돌아가 이 같은 해괴한 사실을 아뢰자 범증이 나서서 말했다.

"유방이 달아나긴 했으나 밤도 깊어서 멀리 가진 못했을 것입니다. 폐하께선 속히 군사들을 두 갈래로 나누어 그를 찾도록 하소서."

항우는 이 말을 옳게 여겨 정공과 옹치 두 장수에게 군사 3천을 주면서 명령했다.

"나는 이쪽 길로 갈 터이니 그대들은 왼편 길로 가라! 오늘 밤을 넘기지 말고 유방을 잡아야 한다!"

한편, 위기를 모면한 유방은 단기로 말을 달리면서 마음속으로 기이하게 생각하였다. 조금 전 그 무섭게 불어 닥친 일진강풍이 아니었더라면 초군의 포위망에서 벗어날 수 없었을 것이다.

이런 생각을 하고 있을 때 또 별안간 뒤에서 군사들의 말발굽 소리가 요란하게 들렸다. 유방은 그것이 초나라의 추격병임을 직감했다.

'이제는 벗어날 수 없겠구나!'

유방은 간담이 서늘해져 닫는 말에 채찍질만 퍼부었다. 그러나 말도 기운이 다했는지 빨리 달리지를 못했다. 어느새 정공이 유방의 등 뒤에 이르러 소리를 질렀다.

"한왕은 게 멈추시오!"

유방은 말을 멈추고 정공에게 말했다.

"내가 듣건대 어진 사람은 강한 것을 꺼리고 약한 것을 돕는다 하니 그대가 만일 나를 불쌍히 여기거든 나를 놓아 보내 주시오. 훗날 반드시 그 은혜를 갚으리다. 그러나 만일 나를 동정하는 마음이 없고 무도한 항왕에게 나를 잡아 바치고 싶다면 나 또한 사양하지 않고 결박을 당할 터이니 묶어 가시오."

정공은 잠시 생각하더니 말했다.

"소장이 평소에 대왕을 사모해 온 터에 어찌 차마 대왕을 생포하겠습니까. 다만 오늘 일은 대왕과 소장만 아는 사실로 하여 두고 속히 피신하십시오."

"고맙소이다."

유방은 정공에게 고마운 뜻을 표시한 후 다시 동남쪽을 향하여 말을 달리기 시작했다. 온몸이 솜처럼 풀린 듯 피로와 기갈이 엄습해 왔으나 쉬지 않고 계속 달렸다.

그렇게 30리를 달렸을 때 이제는 더 이상 몸을 움직일 힘조차 없었다. 그 때 멀리서 희미하게 비치는 불빛을 발견했다.

'오, 저 근처에 인가가 있나 보다.'

유방은 그쪽으로 말을 몰아 마을 어귀에 있는 한 집의 대문을 두드렸다. 조금 후에 신발 끄는 소리가 들리더니 머리가 하얀 백발노인이 등불을 들고 문을 열어 주었다.

"뉘신데 이 밤중에 찾아오셨소?"

"나는 한왕 유방인데 하룻밤 쉬어 가게 해 주면 고맙겠소이다."

노인은 금포 위에 금갑을 걸친 유방을 보자 그대로 땅에 꿇어 엎드리며 절을 드렸다.

"폐하를 사모한 지 오래입니다. 누추한 집이나 안으로 드시옵소서."

노인은 극진한 예를 다하여 유방을 큰 방으로 모신 다음 식구들을 깨워 서둘러 술과 음식을 내오게 하였다. 유방은 사양하지 않고 술과 음식을 들면서 물었다.

"노인의 고명(高名)을 듣고 싶소이다."

"소인의 성이 척가(戚哥)라서 척공이라 부르옵고 이 마을은 오륙십 호의 척가들만 살고 있어서 척가장이라 부르고 있사옵니다."

"그럼 척공께서는 자제분을 몇이나 두시었소?"

"자식이라고는 딸이 하나 있을 뿐이옵니다. 올해 나이 18세이옵니다."

"허어, 방년 18세로군."

유방의 얼굴에 은근한 미소가 떠올랐다.

"예, 그러하옵니다. 일찍이 관상 잘 보기로 소문난 허부(許負)라는 이가 저희 집에 들러 이 여식을 보고는 훗날 대귀할 몸이라 하였습니다. 하온데 다행히 이렇듯 폐하께서 저희 집에 왕림하셨으니 이는 바로 하늘의 뜻인가 하옵니다. 오늘 밤 이 여식으로 폐하를 시봉케 하여 폐하의 피곤을 풀어 드리도록 이르겠사오니 부디 물리치지 마시옵소서."

"당치 않은 말씀이오. 척공의 대접이 너무 과하오."

유방은 내심으로 은근히 바라면서도 짐짓 사양을 했다.

"아니옵니다. 이 천한 백성의 소원이니 제발 거두어 주시옵소서."

척공은 말을 마치자 자기의 딸을 불러들였다. 유방이 눈을 들어 보니 이런 시골에 어쩌면 저렇게 뛰어난 미인이 감추어져 있을까 할 정도로 미목이 수려하고 몸매 또한 빼어났다.

유방은 잠시 넋을 잃고 처녀를 바라보다가 옥대(玉帶)를 풀어 척공에게 주면서 말하였다.

"짐이 이것을 마음의 증표로 주는 것이니 받아 두시오."

척공은 두 손으로 공손히 옥대를 받은 다음 딸 척희로 하여금 유방을 모시어 가도록 하였다. 유방은 그 날 밤 척희와 규중에서 오랜만에 객고를 한껏 풀었다.

이튿날 아침 일찍 유방은 세수를 하고 조반을 마친 뒤에 척공에게 작별 인사를 하였다. 척공은 척희를 옆에 데리고 서서 눈물을 글썽이며 말을 맺지 못했다.

"폐하께서 이제 떠나시면 어느 날 다시 뵈옵게 될지…."

"짐이 하루속히 패군을 수습한 연후에 불원간 사람을 보내 척희를 데려가리다."

유방은 작별하고 남쪽을 향하여 말을 달렸다. 그가 10리쯤 갔을 때 맞은편에서 먼지를 일으키며 이쪽으로 달려오는 한 떼의 인마를 보고 깜짝 놀랐다.

'저게 초나라 군사들이 아닐까?'

유방은 말을 몰아 숲 속으로 들어가서 몸을 감추고 유심히 살펴보았다. 점점 가까이 오는 인마를 보니 앞선 대장은 등공 하후영이었다. 그는 기쁨을 감추지 못하고 숲 속에서 뛰어나와 큰 소리로 물었다.

"거기 오는 장수가 등공이 아닌고!"

하후영은 유방을 보고 깜짝 놀라며 말에서 뛰어내려 유방 앞에 부복하였다.

"무사하시니 천만 다행이옵니다."

"대체 어떻게 된 일이냐?"

유방이 궁금하여 물었다.

"사마흔과 동예가 변심하여 태공을 비롯한 존속들을 인질로 삼아 초군들을 끌어들인 고로 제대로 싸울 수가 없어 간신히 두 분 왕자님만 구출해 가지고 왔습니다."

유방은 하후영을 부여잡고 목이 메어 탄식했다.

"경의 충성된 용맹으로 짐의 두 자식은 구해 냈으나 태공과 여후의 생사를 알 수 없으니 이 일을 어찌 할꼬?"

하후영이 유방을 위로했다.

"태자는 천하의 근본입니다. 다행히 태자님과 왕자님을 구출하였으니 폐하께서는 과도히 근심 마옵소서."

이윽고 유방은 하후영이 이끌고 온 천 명의 군사와 함께 팽성벌을 떠나 멀리 변하의 동쪽으로 가서야 비로소 진영을 세우고 휴식을 취하였다.

그 때 탐마가 뛰어와 급히 아뢰었다.

"저 위쪽 강변을 따라 수많은 군사들이 이리로 오고 있나이다."

유방이 놀라워하고 있을 때 하후영이 일군을 거느리고 진영 밖으로 나간 지 얼마 안 되어 다시 돌아와 유방에게 아뢰었다.

"폐하, 염려치 마옵소서. 장자방과 진평이 거느린 구원병들이옵니다."

"오, 장자방이 온다고?"

유방은 희색이 만면하여 장막 밖으로 나왔다. 얼마 안 있어 장량과 진평이 유방 앞에 부복하였다.

"폐하께서 위급하시다는 소식을 듣고 급히 군사를 모아 달려오다가 구원병을 데리고 오는 진 장군과 만나 길을 재촉하여 여기까지 왔사옵니다. 폐하의 용안을 뵈오니 천행인가 하옵니다."

장량이 이같이 아뢰자 유방은 길이 한숨을 쉬며 말했다.

"선생이 여러 차례나 짐에게 간하였건만 짐이 우둔하여 그것을 깨닫지 못하고 끝내 듣지 않았다가 수많은 장수와 군사를 잃은 외에 일가족이 모두 적에게 생포되었으니 진실로 후회막급일 따름이오. 또한 무지한 위표를 중용한 짐의 불찰을 통탄하지 않을 수 없소."

장량이 유방을 위로하듯 조용한 어조로 아뢰었다.

"폐하께서는 기왕지사를 말끔히 잊으시고 앞날을 대비토록 하소서. 이곳은 앞에 대강이 가로놓여 있어 만일 적군이 추격해 온다면 갈 곳이 없사옵니다. 서둘러 이 곳을 떠나 영양성(榮陽城)으로 드시어 제후들의 군사를 모아 한신에게 팽성의 패전을 설욕토록 하소서."

"선생의 말이 합당하외다."

장량의 진언에 따라 유방은 곧장 군사들을 거느리고 영양성으로 향하였다. 영양성을 지키고 있던 한일휴(韓日休)가 멀리 성 밖까지 나와서 유방 일행을 맞이해 들였다.

하루 이틀 지나는 사이에 그 동안 종적이 묘연했던 번쾌·주발·왕릉·위표 등이 각기 패잔병들을 이끌고 모여들었다. 유방은 위표를 불러들여 크게 꾸짖었다.

"네가 무지무략하여 허다한 군사들이 죽고 다쳤으니 마땅히 네 목을 베고 일족을 벌할 것이로되 자방 선생과 여러 장수들의 만류로 목숨은 살려 주는 터이다! 그런즉 너는 속히 위나라로 돌아가 근신토록 하라!"

위표는 온몸을 부들부들 떨면서 무릎걸음으로 다가가 유방에게 대원수의 인장을 바친 다음 재배하고 물러나 그 길로 위나라 평양으로 떠났다.

10. 선후지책(善後之策)

 이 무렵 초패왕 항우는 다시 찾은 팽성 궁궐에서 여러 장수들의 보고를 받고 있었다. 이윽고 유방을 추격했던 정공과 옹치의 차례가 되자 정공은 거짓 보고를 아뢰었다.
 "소장 등이 유방의 뒤를 추격했으나 행방이 묘연하여 끝내 잡지 못하였사오니 만사무경이옵니다."
 "아니, 독 안에 든 쥐를 잡지 못하다니!"
 항우가 노기를 띠고 말했다. 금방 어떤 불호령이 떨어질까 모두들 숨을 죽이고 있을 때 범증이 나서서 아뢰었다.
 "한왕의 명이 아직 다하지 않았기 때문입니다. 폐하께서는 잠시 노여움을 거두십시오."
 항우가 이 말에 마지못한 듯 고개를 끄덕였다. 정공과 옹치가 재배하고 물러나자 범증이 다시 말을 이었다.
 "이번 싸움에 우리가 대승을 거두긴 하였사오나 한신이 아직도 함양에 건재하여 병정양족(兵精糧足)하므로 한왕이 한신으로 하여금 팽성 패전을 설욕토록 할 것입니다. 한신은 위표 따위와는 다른 장수이니 결코 그를 얕잡아 보아서는 아니 될 것입니다."
 범증의 말에 항우는 껄껄 웃으며 일소에 부쳐버리고 말았다.
 "아부는 어찌하여 한신을 그리도 높이시오? 짐이 한신을 휘하에 데리고 있어 보아 그자의 재주와 인물됨을 잘 알거니와 역시 남의 가랑이 밑으로나 기어다닐 겁쟁이에 불과한 사람이오. 아부께선 제발 다른 일에 나 마음을 써 주시오."
 이어 항우는 다시 항복해서 팽성의 성문을 열고 초군을 맞이해 들인 사마흔과 동예를 불러들였다.

두 사람이 들어와 꿇어 엎드리자 항우는 자리에서 벌떡 일어나 크게 꾸짖었다.

"본시 진나라 장수였던 너희들 두 사람을 짐이 삼진의 왕으로 봉하여 주었건만 한군에 항복하여 삼진을 잃게 하고는 지금 와서 한왕이 패하니 다시 짐에게 항복해 왔단 말이냐! 너희들 같은 반복소인을 살려 두어 무엇에 쓰겠는가!"

항우는 뜻밖에 이같이 꾸짖고는 추상같이 호령하였다.

"여봐라, 이 두 놈을 속히 끌어내어 목을 베어라!"

무사들이 달려들어 두 사람을 끌고 나간 지 얼마 안 되어 피가 뚝뚝 듣는 사마흔과 동예의 목을 계하에 바쳤다.

이어서 유방의 부친을 비롯해 전 가족이 항우 앞으로 붙들려 나왔다. 항우는 그들을 한동안 내려다보고 있다가 유방의 부친을 손가락으로 가리키며 큰 소리로 말했다.

"네 아들 유방은 본시 미천한 사상의 정장이던 소졸을 짐이 한왕으로 봉하였으니 마땅히 직분을 다하여 짐의 은혜에 보답해야 하거늘 감히 군대를 일으켜 관중을 빼앗고 짐을 치려 하였다! 자고로 모반하는 신하는 그 구족을 멸하는 법이니 지금 죽더라도 나를 원망하지 말라!"

항우는 이같이 말한 다음 무사들에게 끌고 가라고 눈짓을 하였다. 그러자 범증이 급히 나서서 간하였다.

"저들을 죽이신다면 천하의 인심이 폐하를 거역할 것입니다. 구태여 죽이실 게 아니라 살려 두어 인질로 삼는 것이 좋을 듯합니다."

항우는 범증의 말을 그럴싸하게 생각하였다.

"아부의 말이 옳소. 짐이 저 늙은 태공과 아녀자를 죽인들 무슨 큰 이로움이 있겠소이까."

그러고는 우자기를 불러 유방의 일가족을 거두어 잘 감시하도록 명령하였다.

항우는 이와 같이 팽성 대전의 뒷일을 수습한 후 제나라를 정벌 중인 종리매·용저 두 장수가 있는 진지로 떠났다.

제왕 전광은 항우가 다시 대군을 이끌고 온다는 소식을 듣고 낙심천만이었다. 종리매나 용저와 싸우는 것만으로도 힘에 겨운 일인데 항우마저 다시 온다면 성을 지키기란 거의 불가능한 일이었다. 그 동안 하늘같이 믿었던 유방도 팽성 대전에서 참패한 마당에 더 이상 기대어 볼 곳도 없었다.

전광은 마침내 항우가 오기도 전에 성문을 활짝 열고 종리매와 용저에게 항복하고 말았다.

이리하여 항우는 제나라 정벌을 끝내고 팽성으로 개선하였다. 이제 남은 것이라고는 오직 유방 한 사람뿐이었다.

한편, 유방은 영양성에 주둔하여 계속 군사 모으기에 힘썼다. 항우에게 참패당한 분함도 있으려니와 가족들이 항우에게 붙잡혀 있는 것이 괴로웠다.

유방은 하루라도 빨리 형세를 만회하여 팽성으로 쳐들어가 참패를 설욕하고 가족들을 구해 와야겠다고 초조하게 생각하고 있었다.

그러던 어느 날 제·양 두 나라가 항우에게 항복했다는 소식을 듣자 장량과 상의하여 팽월을 양왕으로 봉하면서 잃어버린 양나라의 실지(失地)를 회복하라는 급보를 띄웠다.

이어서 유방은 장량에게 물었다.

"그 동안 흩어졌던 군사들도 많이 모이고 새로 들어온 사졸들도 적지 않아 바야흐로 형세가 강대해졌으나 이를 지휘하는 대장이 없으니 그것이 걱정이외다. 짐이 한신을 다시 대원수로 임명하여 삼군을 통솔하도록 하고 싶으나 전일에 좀 야박하게 대해서 그런지 대원수의 인수를 바친 뒤로 오늘날까지 짐의 패전을 보고도 구원하러 오지도 않고 있소이다. 설사 그를 부른다 해도 쉽게 오지 않을 모양이니 무슨 묘책이 없겠소이까?"

이같이 말하는 유방의 표정은 몹시 착잡해 보였다. 이에 장량이 조용히 대답했다.

"한신을 불러오기는 어렵지 않습니다. 하오나 지금은 한신을 불러올 때가 아니옵니다."

"그건 왜 그렇소이까?"

유방이 의외라는 듯이 물었다.

"지금은 우리의 힘이 초나라에 부치기 때문에 초의 힘을 빼앗아 우리의 힘으로 만든 후에 초를 쳐야 합니다. 이른바 역강자구책(力强自求策)을 써야 할 때이옵니다. 이런 연후에라야 한신을 내세워 크게 쓸 수가 있을 것이옵니다."

"그 역강자구책이란 어떤 것이오?"

"두 사람의 초나라 용장을 우리 편으로 만드는 일이옵니다."

"두 사람의 용장이 대체 누구요?"

"영포와 팽월이 바로 그들이옵니다. 다행히 팽월은 이미 우리에게 항복을 해서 이제 부르기만 하면 되오나 영포를 얻지 못한다면 우리의 앞길은 결코 순탄치 않을 것이옵니다."

"영포로 말하면 오랫동안 초를 섬겨 항우와는 일심동체나 마찬가지일 텐데 그 일이 쉽지 않겠구려."

"반드시 그렇지도 않사옵니다."

장량의 말에 귀가 번쩍 뜨인 유방이 재차 물었다.

"그렇지 않다?"

"항왕이 본시 우락부락한 성미인데 영포 또한 그에 못지 않게 우락부락하여 두 사람 사이에 쌓인 불만이 적지 않은데다 영포에게는 약점이 많사옵니다. 이제 말 잘하는 사람을 보내 이 틈을 잘 이용하면 설득이 그렇게 어렵지 않을 것이옵니다."

"그렇다면 누구를 세객으로 보내는 것이 좋겠소?"

"변설에 능하면서 영포와 면식이 있는 사람이 좋겠사옵니다."

"수하(隨河)가 어떻겠소? 그는 일찍부터 영포와 잘 아는 사이요."

"마침 잘되었사옵니다. 수하는 재주가 많고 임기응변에 능하니 이 일에는 적임인 듯하옵니다."

유방은 즉시 수하를 불러들여 영포에게 떠나라 했다. 장량은 수하가 떠나기에 앞서 그에게 가만히 계책을 일러 주었다.

수하가 영포의 궁중으로 들어가 예를 올리고 나자 영포가 험상궂은 얼굴로 물었다.

"그대는 한왕의 세객으로 나를 설득하러 온 게 아닌가!"

수하는 영포의 얼굴을 한 번 흘끗 보고 태연하게 말했다.

"대왕께 미칠 앙화가 멀지 않기로 내 특히 동향 사람으로서 이를 깨우쳐 주려고 왔을 뿐이외다."

영포는 금방 낭패한 얼굴이 되어 급히 물었다.

"나에게 앙화가 닥치다니 그게 무슨 말이오?"

"항왕이 전일에 진왕 자영을 죽이고 시황제의 묘를 파헤쳤으며 의제를 시해함으로써 천하의 민심을 크게 잃은 것은 세상이 다 아는 일입니다. 그런데 항왕이 뒤늦게 이를 깊이 깨닫고 그 잘못을 모두 대왕에게 뒤집어씌우려 하고 있으니 어찌 대왕에게 앙화가 닥치지 않겠소이까?"

수하의 말을 듣고 영포는 펄쩍 뛰면서 이를 갈았다.

"아니, 그 모두가 항우의 명령으로 그렇게 한 일인데 지금 와서 나에게 뒤집어씌우려 하다니 이게 될 법이나 한 소리요? 내 맹세코 설분하고 말리라!"

"이미 대왕께서 그렇게 생각하신다면 천하 사람들의 의심을 풀어 주면 될 일이며 그 길은 실로 쉽고도 쉽습니다. 지금 한왕 유방이 50만의 대군으로 초를 정벌하려 하거니와 이 때에 대왕께서 한왕을 도와 항우를 치신다면 청탁이 분명해질 것 아니겠습니까? 민심은 천심이라 지금 관중의 백성들은 모두 한왕이 승리하리라고 믿고 있으며 한왕이야말로 천하를 평정할 유일한 분입니다."

수하의 말을 다 듣고 난 영포는 자리에서 벌떡 일어나 수하 앞으로 와서 자기의 솔직한 심정을 말하였다.

"내 일찍이 한왕의 관인대도함을 들어서 알고 있소. 선생이 잠시 이 곳에 머물러 계시면 중신들과 상의하여 마음을 정한 후 선생과 함께 한왕을 찾아가 뵙도록 하겠소."

그런데 일이 공교롭게 되느라고 바로 이 때 항우로부터 사신이 왔다고 근시가 아뢰었다. 영포는 사신을 불러들여 조서를 받아 읽어 보았다.

임금이 군대를 일으키면 신하가 이를 돕는 것이 합당한 일이건만 그대는 어찌하여 구강 땅을 지키면서 홀로 편안하게만 있느뇨. 일찍이 짐이 제나라를 칠 때도 모른 척하고 있었으며 이번 팽성 대전 때에도 앉아서 구경만 하고 있었으니 이 어찌 군신간의 도리일 것이며 우정으로도 이럴 수는 없을 것이로다. 그대는 다만 그대의 무용만 믿고서 이렇듯 교만하니 짐은 그대에게 죄를 묻기 전에 또 한 번 속죄할 기회를 주겠노라. 지금 군사를 모아 한왕을 정벌코자 하는 터이니 밤을 도와 속히 짐에게로. 오라.

항우의 준엄한 조서를 읽고 영포는 몹시 당황했다. 수하의 말이 십분 옳긴 하나 천하의 항우 또한 두렵지 않을 수 없었다. 영포가 잠시 어찌할 바를 모르고 있을 때 수하의 기민한 임기응변이 드디어 발동하기 시작했다.

수하는 눈을 부릅뜨고 항우의 사자에게 소리쳤다.

"구강왕께서는 이미 한나라와 협력하기로 하였거늘 어찌 항왕의 명령 따위를 듣겠는가!"

뜻밖의 사태에 사자는 어이가 없다는 듯 물었다.

"넌 도대체 누구이기에 감히 그런 말을 함부로 하는가!"

"나는 한나라의 장수 수하다! 여기 구강왕과 우리 한왕은 뜻을 한가지로 하여 대역무도한 항우를 함께 쳐서 천하의 대의를 바로 세우기로 하였다! 그대는 아직도 이를 모르고 있었단 말이냐?"

초나라 사신은 갈피를 잡지 못하고 영포의 얼굴만 멍하니 쳐다보았다. 수하는 또 틈을 주지 않았다.

"대왕께서는 속히 저 사자의 목을 베어 대왕의 진심을 천하에 밝히소서!"

순간 영포는 자리에서 벌떡 일어나며 칼을 뽑아 들었다. 초의 사신을 벨 것인가 아니면 수하를 벨 것인가? 숨막히는 침묵 속에 칼이 번쩍 빛나며 사자의 목이 굴러 떨어졌다. 영포는 그 길로 수하와 함께 유방에게 가서 항복했다.

한편, 조서를 가지고 영포에게 갔던 사신이 영포의 칼에 죽고 난 뒤 사신을 수행하고 갔던 종인(從人)이 급히 돌아와 이 사실을 항우에게 보고하였다.

항우의 노여움은 이만저만이 아니었다.

"이놈, 얼굴 검은 영포놈이 감히 짐의 사신을 죽이고 유방에게 항복했단 말이냐! 내 맹세코 이놈부터 먼저 죽여 한을 풀고 다음에 한신이란 놈을 사로잡아야겠다!"

항우가 분함을 이기지 못하고 있을 때 범증이 조용히 아뢰었다.

"폐하께서는 생각을 달리 하소서. 양나라의 팽월이 우리의 양도를 끊지 못하게 그 대책부터 마련하신 다음에 한신을 무찔러 버리신다면 그 다음 영포 같은 자는 문제도 아닐 것입니다."

항우는 범증의 말을 듣고서야 간신히 주저앉았다.

이 때 영포의 항복을 받은 한왕 유방은 팽월에게 보냈던 사신으로부터 팽월이 기꺼이 항우의 양도를 끊겠다고 약속했다는 보고를 받고 크게 기뻐했다. 그는 다시 활기가 솟아 급히 장량을 불러 의논했다.

"이제는 경의 생각대로 영포마저 우리 편이 되었소이다. 이제 한신을 이 곳으로 불러오지 않으시려요?"

장량이 미소를 지으며 대답했다.

"마침 승상 소하가 한중에서 군량을 운반해 함양에 와 있사옵니다. 신이 내일 함양으로 가 소하와 의논해서 한신을 동반하여 폐하께로 돌아오겠나이다."

"짐은 경만 믿소."

유방의 입이 크게 벌어졌다.

이튿날 장량은 영양성에서 나와 함양으로 향했다. 며칠 뒤 그는 함양에 드는 길로 승상부로 가서 소하를 만났다. 두 사람은 1년 동안 서로 만나지 못했지만 10년 만에 만난 지기처럼 서로 반가워했다.

피차에 인사의 말을 끝내고 술잔을 나누다가 장량이 물었다.

"한신 장군은 요사이 잘 있습니까?"

"한 장군이 지난번 낙양에서 돌아온 후로 몹시 우울하게 지내는 모양입니다. 팽성 진군을 반대한다 해서 폐하에게 인수를 빼앗긴 일이 못내 서운했던가 봅니다. 더욱이 폐하께서 팽성 싸움에 진 뒤로는 외부와 소식도 일체 끊고 두문불출하고 있다 합니다. 그래서 이 사람도 한번 만나려 했으나 만나 주지 않고 있습니다. 무슨 좋은 계책이 없다면 선생도 만나시기 어려울 것입니다."

장량은 잠시 생각에 잠기더니 소하의 귀에 입을 가까이 해서 한참 동안 뭐라고 수군수군 말했다. 소하가 듣고 나서 크게 고개를 끄덕였다.
그 날 밤 함양성 4대문에는 다음과 같은 방이 나붙었다.

　　한왕께서 금번 팽성 대전에 크게 패하시고 태공 이하 일가족이 항왕에게 인질로 붙잡혀 있으므로 이제 관중의 전 지방을 도로 항왕에게 바치고 항복하기로 하였으니 군민은 이를 숙지하여 둘지어다.
- 승상부

이 방이 나붙자 함양성 안은 온통 들끓기 시작했다. 백성들은 믿지 못하겠다는 듯 우왕좌왕하며 걷잡을 수 없이 술렁댔다. 이 소식은 한신에게도 곧장 전달되었다.

'이는 혹시 장자방이 나를 불러내려는 술책이 아닐까?'

한신이 의아해 하고 있을 때 문지기가 와서 알렸다.

"승상부에서 사람이 왔습니다."

한신은 잠시 망설이다가 그를 안으로 들게 했다. 승상부의 사자가 한신에게 공손히 절을 하고 나서 용건을 말하였다.

"지금 장자방 선생께서 폐하의 명을 받들어 초나라 사자와 함께 승상부로 와서 항왕에게 항복하는 절차를 논의 중입니다. 승상께서는 몹시 울심하여 이 사실을 대원수님께 아뢰어 한번 만나 의논이라도 하고 싶다는 뜻을 전하라 하셨습니다."

"그래? 알았으니 물러가도록 하라."

승상부의 사자를 보내고 난 한신의 입에서 한숨이 절로 새어 나왔다.

'싸움에 지고 가족이 사로잡혔다고 해서 일시에 나라를 들어 항복을 하다니 일국의 왕으로서 어찌 그다지도 협량할 수 있는가. 지금껏 내가 이루어 놓은 일은 모두가 만사휴의(萬事休矣)가 되고 마는구나. 그 동안 내가 두문불출한 까닭은 대왕을 친히 내게로 오게 해서 나의 권위를 모든 군사들에게 보여 위엄으로 다시 초를 치려 했기 때문인데 이 꼴이 뭐란 말인가. 내 급히 승상부로 가서 소하와 장자방부터 만나 보리라.'

한신은 이렇게 마음을 정하고 급히 행차를 서둘러 승상부로 갔다. 한신이 찾아왔다는 전갈을 들은 소하는 기뻐하며 장량에게 말했다.

"선생의 짐작대로 한신이 찾아왔소."

"다행입니다. 그럼 승상께서 먼저 만나 보십시오."

장량은 말을 마치고 병풍 뒤로 몸을 감추었다. 이윽고 한신이 들어오자 소하는 자리에서 일어나 그를 맞아들여 서로 예를 마친 후 말문을 열었다.

"원수를 뵈오니 답답하던 가슴이 한결 풀리는 것 같소."

한신이 굳은 얼굴로 물었다.

"폐하께서 초에 항복하신다는 소문이 사실입니까? 승상께서는 이럴 수가 있는 일이라고 생각하십니까?"

소하가 짐짓 침통한 표정을 지으며 힘없이 대답했다.

"참으로 땅을 치고 통곡이라도 하고 싶은 심정입니다. 장자방 선생마저 폐하와 한마음이 되어 일을 결정해 버렸으니 앞으로 하늘 아래 고개를 들고 살 수가 없게 되었소."

듣고 나자 한신은 자리를 차고 일어나며 결연한 어조로 말했다.

"장자방이 그렇게 안일한 생각을 할 줄은 몰랐습니다. 항왕이 비록 우직하고 강폭하기는 하나 그의 곁에 범증이 있는 한 폐하의 존속을 살해하지는 않을 것임을 그가 왜 모르는지요. 원컨대 승상께서 관중을 지켜 주십시오. 이 사람이 본부 인마를 거느리고 나아가 초를 멸하고 폐하의 존속을 모셔 오도록 하겠습니다."

바로 이 때 병풍 뒤에 몸을 감추고 있던 장량이 천천히 걸어 나와서 말했다.

"소 승상께서는 속히 4대문에 내건 방을 거두도록 하시지요. 오늘의 난국을 타개할 사람은 바로 이 한 원수뿐인데 결심이 이처럼 굳으니 더 무엇을 근심하리까."

소하가 난처한 표정을 지으며 말했다.

"하지만 폐하께서 한 원수의 말씀을 믿으실까요?"

한신은 이 말을 듣고 더욱 결연한 어조로 말했다.

"그 일에 대해서는 조금도 염려치 마십시오. 이 사람이 직접 영양으로 가서 폐하를 뵈옵고 마음을 돌리도록 하겠습니다."

한신은 이렇게 말하고 나서 승상부를 나갔다.

소하는 곧 사람을 시켜 4대문에 붙인 방문을 모두 거두어들이게 하였다. 장량은 그 길로 영양성으로 가서 유방에게 이 사실을 알리면서 그에 대한 대비책을 자세히 진언하였다.

다음날 한신은 그가 약속한 대로 군마를 정비하여 소하와 함께 영양성으로 향하였다. 한신이 당도하자 유방은 먼저 소하의 손을 잡으며 말했다.

"짐이 승상과 작별한 뒤로 포중이 잘 다스려져 그 곳 백성들이 태평성대를 구가할 뿐 아니라 군량 보급을 잘 해 주어서 군사들이 굶주리지 않았음은 오로지 승상의 공이오."

유방은 이어서 한신에게 말했다.

"짐이 우매하여 한 원수의 충간을 듣지 않았다가 오늘 이 꼴이 되고 말았소. 원수를 대하기가 심히 민망하오."

한신이 배복하고 대답했다.

"한 번 실수는 병가상사(兵家常事)이오니 폐하께서는 과도히 심려 마옵소서. 신은 그간 병을 얻어 조신하느라 일찍이 진배치 못하고 있었사옵니다. 이제 신은 폐하의 관용으로 용서함을 받아 초를 쳐서 멸하고자 하나이다."

　유방은 속으로는 기쁘면서도 짐짓 처량한 목소리로 말하였다.

　"짐은 팽성 싸움에 크게 져서 가족들은 모두 사로잡혀 급기야는 초에 항서(降書)를 낸 참이오. 지금 초의 기세가 욱일승천인 데다 항왕은 단신으로 우리 장수 60여 명과 싸워 이긴 천하무적의 용장이니 한 원수인들 어찌 능히 이를 이길 수 있겠소?"

　유방의 말이 끝나자 한신은 꿇어앉아 있다가 벌떡 일어섰다. 그의 얼굴은 벌겋게 상기되고 이마에는 굵은 땀방울이 맺혔다.

　"폐하께서는 어찌하여 적의 위세만 높이시고 신의 예기는 꺾으시나이까. 신이 이제 본부군을 이끌고 항우와 더불어 자웅을 결하고 그를 생금하여 계하에 바치겠나이다. 만일 신의 말에 어김이 있을 때에는 반드시 군법으로 신의 죄를 다스려 주소서!"

　한신의 말소리는 크고 떨리었다. 유방은 자리에서 일어나 한신의 손을 붙들고 말했다.

　"짐인들 어찌 홀홀히 항우에게 항복을 하고 싶겠소. 사세가 하도 궁하여 부득이 그렇게라도 해서 백성들의 희생이나 줄여 보려고 했던 것인데 원수의 결심이 그토록 굳은 것을 보니 짐의 마음이 심히 기쁘고 든든하오. 원수는 이제 무슨 묘책이 있는지 한번 들려주기 바라오."

　"신이 그 동안 함양에 있으면서 초를 치기 위하여 은밀히 군영 안에 수백 승(乘)의 전거(戰車)를 마련해 놓았습니다. 병서에도 이르기를 평지에서는 거전(車戰)을 하고 산악에서는 보전(步戰)을 하며 물에서는 전선(戰船)을 만들어 수전(水戰)에 대비하라 했습니다. 신이 근처의 지세를 관찰하옵건대 영양성 밖 30리쯤에 광활한 평야가 있으므로 이 곳에서 전거를 이용하여 적을 무찌른다면 한 놈도 남기지 않고 사로잡을 수 있사옵니다."

　유방은 기쁨을 감추지 못하며 말했다.

"원수가 미리 이러한 비밀 병기를 준비해 두었거늘 짐이 더 무엇을 근심하겠소."

한신이 함양으로부터 연일 전거들을 옮겨 오자 영양성 안의 군사들과 백성들은 모두들 처음 보는 무기에 놀라움과 감탄을 금치 못하였다.

한신은 영양성 밖 30리 대평원으로 나가 대채를 세우고 매일같이 여러 장수들과 군사들에게 전거전에 대한 조련을 게을리하지 않았다. 이러기를 두 달이 지나자 군사들은 모두 전거전에 익숙해지고 또 그 동안 새로이 만든 전거를 합쳐 그 수효가 무려 3천 승에 이르렀다.

마침내 한신이 유방에게 아뢰었다.

"이제 싸울 때가 되었사옵니다. 먼저 항왕에게 전서를 보내 그의 노여움을 촉발시켜 스스로 이 곳까지 오도록 만들어야 하겠사옵니다."

유방은 대원수의 인장을 한신에게 도로 내려 주며 부드러운 어조로 말했다.

"만사를 원수가 알아서 처결하오."

유방에게 두 번 절하고 그의 앞을 물러나온 한신은 항우에게 보낼 사자를 불러 봉서 한 통을 내어주면서 말했다.

"항왕에게 가서 한나라 대원수 한신의 항서를 가지고 왔다면서 이 봉서를 전하도록 하여라."

팽성으로 간 사자는 항왕을 알현하고 한신이 당부한 그대로 아뢰었다.

"뭐, 한나라 대원수의 항서를 가져왔다고?"

항우도 의외라는 듯 고개를 갸우뚱하며 봉서를 뜯었다.

대한(大漢)의 파초대원수 한신은 이 글을 서초 패왕 항적에게 띄우노라. 그대는 의제를 시역한 천하의 역적이기로 내 천병을 거느리고 그대의 목을 베기 위해 영양성 밖에 진 치고 기다리노라. 그대는 마땅히 속히 와서 목을 바치도록 하라!

그 서신은 기대했던 항서(降書)가 아니라 싸움을 거는 전서(戰書)였다. 항우는 대로하여 용상에서 벌떡 일어섰다. 두 눈썹은 찢어질 듯 치켜 올라가고 머리칼이 온통 곤두섰다.

"한신 이놈! 이 비렁뱅이놈이 감히 짐을 놀리다니! 내 이놈을 죽여서 한을 풀고야 말리라!"

항우는 즉시 영을 내려 출전 준비를 다그쳤다. 이를 보고 범증이 급히 나서서 간하였다.

"폐하, 이는 한신이 폐하의 노여움을 촉발케 하여 뛰쳐나오시도록 하려는 유인계입니다. 듣자 하니 한신은 전거라는 새 병기를 수천 승이나 만들어 평지전을 준비하고 있다 하니 부디 고정하시고 그에 대한 대비책을 세우신 후에 군대를 움직이십시오."

항우는 펄쩍 뛰었다.

"아니오, 아부! 한신 이놈이 전서를 항서라 속여 보내 왔으니 내 난생 이런 모욕은 처음이오! 아부는 더 이상 짐을 말리지 마오!"

항우는 끝내 범증의 만류를 뿌리치고 군마들을 조발하였다. 범증으로 하여금 팽성을 지키도록 하고 친히 30만 대군을 이끌어 영양성 50리 밖에 진을 쳤다. 그리고 계포와 종리매를 불러 먼저 한군의 허실을 탐지해 오라고 명령하였다.

한신의 첩자가 이러한 사실을 보고하자 한신은 부하 장수들을 불러 영을 내렸다.

"초군이 우리의 허실을 탐지하고 있으니 제장들은 전일에 내가 당부한 대로 함부로 동병(動兵)치 마오. 항우는 반드시 이 곳까지 제 발로 올 터이니 그 때를 기다렸다가 일시에 들이치면 대승을 거둘 수 있을 것이오."

장수들이 청령하고 물러가자 한신은 홀로 파병지계(破兵之計)를 짜기에 골몰하였다.

이럴 때 계포와 종리매가 한신의 진영 가까이 접근해 보았으나 그저 조용하기만 할 뿐 별다른 동정을 발견할 수가 없었다. 두 장수는 돌아가 항우에게 그대로 보고했다.

"그렇지! 비렁뱅이놈에게 무슨 뾰족한 수가 있을라구! 짐이 먼저 기선을 제압하여 놈들의 간담을 서늘하게 해 주겠다! 너희 둘은 뒤에 있다가 만일의 경우에 구원토록 하라!"

그런 다음 환초·우영·항장·우자기 등 네 장수와 함께 대군을 거느리고 출동하였다. 이들이 한군 진영 가까이 이르자 한신이 말을 타고 나서며 큰 소리로 말했다.

"대왕을 함양에서 작별한 뒤로 오랫동안 뵙지 못했습니다! 그 동안 평안하셨는지요! 내가 지금 갑옷을 입고 있어서 예를 드리지 못함을 용서하시오!"

말은 정중하나 지독한 조롱임에 틀림없었다.

"네 이놈! 내 오늘 너를 죽이고야 말리라!"

항우는 끓어오르는 분노를 참지 못하고 말을 채 맺기도 전에 말을 박차 한신에게 달려들었다. 하마터면 항우가 휘두르는 칼에 목이 달아날 뻔했으나 한신은 번개같이 몸을 틀어 피하면서 달아나기 시작했다. 항우가 그 뒤를 급히 쫓았다. 이를 보고 계포와 종리매가 간하였다.

"한신이 싸우려 하지 않고 도망을 치니 아무래도 수상하옵니다. 폐하께서는 적의 허실을 알고 난 뒤에 추격하소서."

"쓸데없는 소리! 한신이 겁을 집어먹고 달아나는데 어찌 구경만 하라는 말인가!"

항우는 두 장수의 말을 듣지 않고 더욱 급히 오추마를 몰아 한신의 뒤를 쫓았다. 한신은 항우가 급히 추격하면 급히 도망가고 조금 천천히 추격하면 천천히 달아났다.

"저놈이 짐을 희롱하는구나!"

항우는 더욱 분통이 터졌다.

어느덧 경색하(京索河)까지 왔다. 한신은 강 위에 걸쳐 있는 다리를 천천히 건넜다. 다리가 좁아서 항우도 조심조심 건너갔다. 뒤이어 항우의 부하 장수들과 군사들도 뒤따라 다리를 건너 10리쯤 갔을 때였다. 별안간 후진에서 급한 보고가 올라왔다.

"경색하의 다리가 끊어져 후속 부대가 강을 건너오지 못하고 있사옵니다!"

항우는 보고를 듣고 대경실색하였다.

"아뿔싸! 한신의 계책에 속았구나!"

이미 한신의 모습은 그림자도 찾아 볼 수 없었다. 잠시 어찌 할 바를 모르고 있는데 사방에서 천지를 뒤흔드는 함성이 일었다. 무수한 전거들이 철포와 궁노를 쏘면서 돌진해 오고 있었다. 항우는 크게 외쳤다.

"속히 돌파하라! 포위되기 전에 목숨을 걸고 돌파하라!"

항우는 군사들을 나누어 정면을 돌파하려 했으나 빗발같이 쏟아지는 철포와 궁노로 군사들의 시체만 쌓여 갔다. 그 사이에 전거는 점점 철통같이 사방을 에워싸 버렸다. 뒤이어 한군의 기병들이 짓쳐 나오면서 사정없이 초군들을 엄살(掩殺)하였다.

"오오, 짐의 천명이 여기서 다한단 말인가!"

항우의 입에서 무거운 탄식 소리가 새어 나왔다.

이 때 계포와 종리매가 항우를 구하러 급히 달려왔다. 한신의 부하 장수 조덕이 그들 앞을 가로막았으나 계포가 한 창에 찔러 죽이고 항우 곁으로 다가왔다.

"폐하, 사방이 모두 적들이니 어서 몸을 피하소서."

계포와 종리매가 앞장서서 성난 호랑이처럼 좌충우돌하며 혈로를 뚫어 조금 전에 항우를 구하려고 질러 왔던 남계(南溪) 소로로 빠져 나갔다. 거기서 잠시 멈추고 군대를 점검해 보니 우영은 난군 속에서 죽었고 환초는 등에 쇠 화살을 맞아 운신하기조차 어려웠다. 장수들이 이러니 사졸들의 희생은 이루 말할 것도 없었다.

항우는 크게 낙심해서 말했다.

"짐이 그대들의 말을 듣지 않았다가 이런 낭패를 보는구나!"

초군은 가까스로 포위망을 벗어나 계구(溪口)에 당도했다. 날은 이미 저물었는데 한군의 함성 소리는 사방에서 들려 왔다. 초군은 잠깐 동안의 휴식도 취할 수가 없었다. 계속해서 본진을 향해 퇴각을 강행하고 있을 때 맞은편에서 초군 하나가 달려오더니 뜻밖의 소식을 전했다.

"본진을 이미 한군에게 빼앗기고 말았나이다!"

항우는 그만 어깨가 축 늘어졌다.

"한신이란 놈이 이럴 수가 있단 말인가! 그렇다면 곧장 팽성으로 돌아가 이 원한을 풀어야겠다!"

항우의 말이 채 끝날까 말까 했을 때 어둠 속에서 일시에 횃불이 일어나며 함성이 천지를 진동시켰다. 뒤이어 쇠 화살들이 어둠을 뚫고 빗발처럼 쏟아지는가 싶더니 그 중 하나가 항우의 가슴에 '퍽!' 하고 꽂혔다.

"으음! 이놈들이…!"

항우는 이를 악물고 한 손으로 화살을 뽑아 내던졌다. 과연 천하의 항우였다.

"폐하! 폐하께서는 여기 이대로 계시면서 옥체를 보중하소서. 소장이 죽기로 폐하를 지키겠나이다!"

종리매가 비장한 목소리로 말하고 남은 군사 2백여 명과 함께 맞아 싸울 태세를 취하자 항우도 이에 응하였다.

"그리 하라! 나도 싸우겠다!"

대답하고는 초천검 대신 창을 꼬나 쥐었다. 가슴의 부상으로 인해 칼을 휘두르기가 어려운 모양이었다.

마침내 어둠 속에서 처절한 백병전이 벌어졌다. 서로 찌르고 베고 하는 사이에 초군은 하나 둘씩 쓰러져 갔다. 원체 중과부적이었다. 바야흐로 항우가 심히 위태롭게 되었을 때 오른편 언덕 위에서 일군이 짓쳐 내려오면서 앞선 대장이 큰 소리로 외쳤다.

"초나라 대장 포(蒲) 장군이 예 왔다!"

그의 무용은 참으로 눈부신 바가 있었다. 그가 휘두르는 칼 아래 한군들이 추풍낙엽처럼 베어져 넘어졌다.

한군을 물리친 포 장군이 항우 앞에 엎드려 아뢰었다.

"폐하! 소장이 좀더 일찍 와서 구해 드리지 못하였으니 만 번 죽어도 그 죄를 씻지 못할 것이옵니다!"

항우가 비로소 자세를 가누며 물었다.

"짐은 괜찮다. 그대는 어떻게 이처럼 올 수가 있었는가?"

"범 승상의 명에 따라 3만 기를 거느리고 이틀 밤낮을 쉬지 않고 달려왔사옵니다."

"짐이 회계 땅에서 몸을 일으킨 후로 싸우면 반드시 이기고 공격하면 어김없이 성을 빼앗았는데 이번 싸움에서는 참으로 형언할 수 없는 참패를 맛보았다. 만일 범 아부가 그대를 보내 주지 않았더라면 짐이 한신에게 욕을 당할 뻔했구나!"

항우는 이렇게 탄식하고 팽성으로 회군할 것을 명령하였다.

출전할 때의 군사는 30만 명이 넘었건만 살아 돌아가는 군사는 10만 명도 채 되지 않았다. 실로 처참한 참패가 아닐 수 없었다.

제6편 건곤일척(乾坤一擲)

1. 배수(背水)의 진(陣)
2. 반간지계(反間之計)
3. 사항계(詐降計)
4. 항왕(項王)의 철군
5. 반전(反轉)의 반전
6. 물실호기(勿失好機)
7. 제왕(齊王)이 된 한신
8. 모사쟁공(謀士爭功)
9. 광무산(廣武山) 대전
10. 허울 좋은 휴전

제6편 건곤일척(乾坤一擲)

1. 배수(背水)의 진(陣)

영양 싸움에서 항우를 크게 이겨 팽성 대전의 치욕을 씻은 유방이 여세를 몰아 초를 치려고 서두르자 한신이 유방 앞에 나와서 아뢰었다.

"지금 초나라를 쳐서는 아니 되옵니다. 항우가 이번에 비록 참패하고 돌아갔으나 아직도 팽성에는 남은 군사들이 많고 범증 또한 항우를 적극 보좌하고 있사옵니다. 하오니 이번 기회에 목의 가시 같은 대(代)와 조(趙)와 연(燕)을 먼저 쳐서 초의 우익을 꺾고 다음에 제(齊)마저도 무찔러 초를 완전히 고립시킨 연후에 초를 치는 전략이 천하를 경영하는 대계일 것이옵니다."

유방은 한편으로 고개를 끄덕이면서도 걱정스러운 듯이 물었다.

"원수가 이 곳을 떠나고 없다면 이 영양성이 위태롭게 되지 않겠소?"

"지용을 겸비한 왕릉을 총대장으로 삼으시고 진평을 군사(軍師)로 삼으시며 자방 선생을 폐하의 곁에 두신다면 아무런 걱정이 없을 것이옵니다. 설령 팽성에서 항우가 다시 나온다 하더라도 능히 이를 막을 수 있을 터이니 아무런 걱정이 없을 것이옵니다."

유방의 얼굴에 희색이 감돌았다. 이번에 한신의 장정(長征)이 성공을 거둔다면 광대한 동북방의 여러 나라를 장중에 거둘 수가 있는 것이다.

"짐은 원수만 믿겠소. 어서 출진하여 대승을 거두고 돌아오실 날만 기다리겠소."

　유방 앞을 물러나온 한신은 장이 등 여러 장수들과 함께 대군을 거느리고 그 다음날로 대주(代州)를 향해 진발하였다. 장이가 특히 동행하는 까닭은 대나라 왕 진여에게 품고 있던 원한을 풀려는 목적도 있었다.

　당시 대나라 왕 진여는 조나라 왕 헐을 돕기 위해 조나라에 머물면서 그의 수하 하열을 재상으로 그리고 장동을 대장으로 삼아 대나라를 지키게 하였다.

　한신이 대군을 이끌어 대주성 밖 30리에 진을 치고 있다는 첩보에 접한 하열은 조금도 놀라지 않고 장동에게 말했다.

　"한신이 항왕을 크게 이기고 여기까지 왔구려. 그 동안 한신이 싸우면 반드시 이겨 군사들의 기강은 해이해졌을 것이고 마음은 교만해졌을 것이오. 내가 오랫동안 군사를 모으고 예기를 길러 왔으니 먼길을 행군해 온 적이 피로하여 방비가 소홀한 때를 타서 급히 친다면 가히 대승을 거둘 수 있을 것이오. 이것이 바로 병법에서 이르는 이일대로(以逸待勞)라는 계책이지."

　"재상의 말씀이 십분 옳습니다."

　별다른 계책이 없는 장동이 맞장구를 치자 하열은 장동과 함께 한군을 기습할 준비를 서둘렀다.

　이 때 한신은 진지를 세우고 나서 장수들을 불러 명령했다.

　"하열은 병법에 숙달한 사람이라 행군에 피로한 틈을 노려 우리를 기습해 올지 모르니 제장들은 이에 대한 대비가 있어야 할 것이오."

　이어서 영을 내렸다.

　"조참은 먼저 군대를 거느리고 가서 적을 유인하고 관영과 노관 두 사람은 좌우에 매복해 있다가 적이 통과한 뒤에 퇴로를 차단하고 번쾌는 일군을 거느리고 적이 패주하거든 들이치도록 하오."

장수들이 청령하고 물러가자 한신은 정병 1천을 거느리고 산골짜기에 깊숙이 숨었다.

한편, 대주성에서는 하열이 한군을 기습하기 위해 군대를 거느리고 풍우같이 한신의 본영으로 돌진해 들어가며 호통을 쳤다.

"한신은 나와서 내 칼 맛을 보아라!"

그러자 한 장수가 '한국 대장 조참(漢國大將曹參)'이라는 장수기를 휘날리며 말을 달려 나왔다. 하열은 어처구니가 없다는 듯이 껄껄 웃었다.

"한신이 용병을 귀신같이 잘한다더니 이건 오합지졸에 불과하구나!"

조참은 대로하여 창을 휘두르며 하열을 취하였다. 창과 칼이 어우러져 싸우기 10여 합에 조참이 당할 수 없다는 듯이 말 머리를 돌려 달아나기 시작했다. 하열이 그 뒤를 바특하게 쫓았다.

쫓고 쫓기기를 20여 리쯤 하였을 때 별안간 징 소리가 요란하게 울리면서 좌편에서 관영 그리고 우편에서는 노관이 각각 2천 명의 군사를 거느리고 짓쳐 나왔다. 도망 가던 조참도 다시 돌아서서 하열을 에워쌌다.

'아뿔싸! 놈들에게 미리 준비가 있었구나!'

하열은 좌충우돌했으나 중과부적이었다. 삽시간에 하열의 군대는 풍비박산되고 하열은 겨우 백여 명의 군사들과 함께 산허리의 좁은 길로 달아나는데 별안간 꽹과리 소리가 고막을 찢는 가운데 험상궂은 장수가 불쑥 나타나며 앞길을 탁 막았다.

"네 이놈! 한국 대장 번쾌를 아는가?"

하열은 싸울 마음이 없어 그대로 말을 놓아 달아나기에 정신이 없었다. 겨우 산 아래로 내려가 군사들을 수습하려는데 한신이 거느린 천 명의 복병이 일시에 쏟아져 나오며 눈 깜짝할 사이에 하열과 그의 군사들을 모조리 결박해 버렸다.

한신이 좋은 말로 하열을 설득했다.

"장군의 의기는 천하가 다 아는 터이니 우리 함께 한왕을 위해 힘을 모으도록 합시다."

그러나 하열은 이에 응하지 않고 소리를 높여 외쳤다.

"패장에게는 오로지 죽음이 있을 뿐이오!"

한신은 하는 수 없이 하열을 함거에 실어 대주성으로 갔다. 대주성의 성문은 굳게 닫혀 있고 성루에서 장동이 군사들을 지휘하고 있었다. 한신은 하열을 함거에서 끌어내어 땅바닥에 꿇어앉힌 다음 성루를 향하여 큰 소리로 말했다.

"여기 너희들의 재상 하열이 묶여 있다! 어서 성문을 열고 항복하라!"

성루에서 이를 내려다본 장동의 놀라움은 너무도 컸다. 그는 철석같이 믿었던 하열이 묶여 있는 모습을 보자 그만 하늘이 무너지는 듯했다.

"아아, 이 일을 어찌 하나!"

낙심천만하여 망연히 서 있는 장동에게 하열은 큰 소리로 외쳤다.

"그대는 사력을 다해 성을 지키라! 나 때문에 한신 따위에게 항복하지 말라!"

이에 한신은 대로하여 즉시 군사들로 하여금 하열의 목을 베어 그 머리를 창끝에 꽂아 높이 쳐들게 하였다. 장동은 이 광경을 보고 그만 흐느끼어 울었다.

'형님같이 모셔 온 하열 장군이 죽었으니 내 이제 누구를 위해서 이 성을 지키겠느냐! 적에게 붙들리어 욕을 당하느니보다 차라리 하열 장군과 함께 저승으로 가자!'

이같이 생각한 장동은 칼을 입에 물고 성루에서 몸을 날렸다. 땅바닥에 떨어진 그는 두골이 깨어지고 칼은 목구멍을 뚫고 목덜미로 비어져 나왔다.

이를 본 성 안의 부장 왕존이 단충에게 말했다.

"두 대장을 일시에 잃고 우리가 어떻게 더 버틸 수 있겠소?"

단충이 대답했다.

"이제 더 이상 구원병을 기다릴 수도 없으니 일찍 항복하는 것이 좋을 듯합니다."

이렇게 의논이 정해지자 대주성의 성문을 크게 열었다.

한신은 유유히 입성하여 백성들을 위무한 뒤 대주는 왕존에게 다스리라 하고 영양성의 유방에게 승전보를 올렸다.

이튿날 한신은 10만의 군사를 이끌고 대주성을 떠나 조나라로 향하였다. 조나라의 도성 정경(井徑)으로부터 30리 떨어진 곳에 진을 친 한신은 장이를 불러 상의했다.

"조나라의 이좌거(李左車)는 뛰어난 책사로 모계에 능하다고 들었는데 과연 그러하오?"

조나라 사정에 밝은 장이가 대답했다.

"이좌거는 빼어난 군사임에 틀림없습니다. 하지만 그를 시샘하는 진여가 조왕의 신임을 더 받고 있어 이좌거의 좋은 계략도 아무런 쓸모가 없게 될 것입니다. 원수께서는 염려 마십시오."

"그렇다면 천만 다행이오만 만일의 경우에 대비하지 않을 수 없소. 먼저 첩자를 보내 저들의 허실을 탐지한 다음에 군대를 움직일까 하오. 저들이 만약 우리의 양도를 끊는 날에는 이 험지에서 우리는 자멸하고 말 것이 아니겠소?"

"원수의 용의주도하신 용병은 천하에 따를 자가 없을 것입니다."

장이는 진심으로 감탄했다.

조왕 헐은 한신의 대군이 쳐들어왔다는 보고를 받고 진여와 이좌거를 불러 상의했다. 이좌거가 먼저 의견을 말했다.

"한신이 대군을 이끌고 승승장구하여 이 곳까지 왔으니 사기가 높을 것이며 장이가 돕고 있으므로 정면으로 대적하기는 어렵습니다. 그러나 천리 밖에서 군량을 실어 오므로 군사들이 항상 주릴 뿐만 아니라 이곳의 지세가 험준하여 운송에 어려움을 겪을 것입니다. 신에게 군사 3만 명을 주신다면 소로로 빠져 나가 적의 양도를 끊겠습니다. 대왕께서 성을 굳게 지키신다면 한신은 앞으로 나오지도 못하고 뒤로 물러가지도 못해 자멸하고 말 것입니다."

이좌거의 말이 채 끝나기도 전에 진여가 얼굴을 붉히며 꾸짖었다.

"우리가 정정당당하게 싸워서 이겨야지 어찌 해서 그 따위 사술(詐術)을 쓴단 말이오?"

그러고는 조왕에게 말했다.

"한신이 10만 대군이라 거짓 소문을 내고 있으나 실상인즉 만여 명에 불과할 것입니다. 그런데 우리에게는 오랫동안 잘 조련된 군사가 10만이나 되지 않습니까. 병법에도 군사의 수가 적군보다 10배가 많으면 포위하라 했고 2배가 되면 싸우라 했습니다. 만일 성문을 닫고 지키기만 한다면 천하 제후들의 웃음거리가 되고 말 것입니다."

"그 말이 옳도다."

장이가 예상했던 대로 조왕은 이좌거의 의견을 물리치고 진여의 말에 따라 군대의 진발을 준비하도록 명령하였다.

이럴 동안에도 한신은 계속 첩자들을 풀어 정경성 안의 동태를 탐지했다. 마침내 조왕이 진여의 계책을 따르기로 하였음을 알아내자 한신은 크게 기뻐하며 밤이 되기를 기다렸다.

밤이 어두워진 후에 그는 기병 2천 명을 선발하였다.

"너희들은 산 속에 들어가 숨어 있다가 조나라 군대가 성을 비우고 나오거든 급히 뒤로 돌아서 쫓아 들어가 조나라 깃발을 모조리 내리고 한나라 깃발들로 바꾸어 꽂으라. 그리고 성문을 굳게 닫고 기다려라!"

이렇게 지시하여 내보낸 뒤 각 부대장들을 불러 모았다.

"오늘 밤에 적과 결전을 벌일 터이니 밤참으로 주먹밥을 서서 먹게 하시오. 내일 아침은 성 안에 들어가서 실컷 먹도록 해 줄 작정이오."

그런 다음 작전 명령을 내렸다.

"근흡 장군은 1만 기를 거느리고 금만수 물가로 나가시오. 이 강을 등지고 배수진을 치면 조군은 비웃을 거요. 그러나 비웃기만 할 뿐 적이 몰려나오지는 않을 것이오. 나는 이것을 노려 날이 환히 밝으면 군사들을 거느리고 성을 향하여 공격을 시작하겠소."

여러 장수들은 청령하고 말없이 물러나오면서도 마음속으로 한신의 배수진을 이해할 수 없었다. 이런 험지에서 배수진을 친다는 것은 병법에서도 금하는 위험천만한 짓이었다. 그러나 한신의 용병술이 뛰어난 데다 그의 위엄에 눌리어 입을 열지 못했다.

멀리 성루에서 한군의 움직임을 세세히 지켜보고 있던 진여가 조왕에게 말했다.

"저것 보십시오. 한신이 이 험지의 지형도 잘 모르면서 배수진을 치려는 것 같소이다. 진을 다 치고 나면 내일 아침 성문으로 몰려올 터이니 그 때를 타서 대군으로 들이친다면 한군을 모조리 금만수에 장사 지낼 수 있을 것입니다."

"과연 그 말씀이 옳소."

조왕은 진여의 말을 듣고 몹시 기뻐하였다.

이윽고 날이 밝아 한신이 대장기를 높이 세우고 성문을 향하여 진군을 시작하자 조군은 성문을 크게 열고 일제히 짓쳐 나왔다. 양군이 맞붙어 불꽃 튀기는 접전을 벌인 지 얼마 안 되어 한신이 돌연 말 머리를 돌려 달아나기 시작했다.

조군은 이를 놓칠세라 급히 뒤를 쫓았다. 한신과 장이 등은 워낙 다급했던지 대장기며 북이며 무기마저 함부로 버리면서 도망 가기에 급급했다. 마침내 금만수에 이른 한신이 목이 터져라 큰 소리로 외쳤다.

"우리 한나라 군사들은 듣거라! 우리 앞에는 강물이 가로막고 있어 더 물러났다가는 모두 물귀신이 되고 만다! 몸을 돌이켜 용전분투하라! 그것만이 살길이다!"

한신의 이 말은 군사들을 크게 고무시켰다. 어차피 죽을 바에는 물에 빠져 죽는 것보다 싸우다 죽자고 생각한 한군들은 갑자기 전의가 치솟아 후퇴를 거듭하던 몸을 돌려 조군을 무찔러 나갔다.

바로 이 때 조참·번쾌·주발·근흡의 네 장수가 대군을 거느리고 풍우같이 쏟아져 나왔다. 삽시간에 전세는 역전되어 죽고 다치는 자는 모두 조군들뿐이었다.

조왕은 난전 중에 죽고 진여는 죽을힘을 다해 좌충우돌했으나 사방에서 조수같이 밀려오는 한군의 포위망을 뚫을 수 없었다. 그가 마상에서 숨을 헐떡거리며 어찌 할 바를 모르고 있을 때였다.

"한국 대장 관영이 예 있다!"

호통 소리와 함께 진여의 머리가 땅 위에 굴렀다.

이윽고 한신은 징을 쳐서 군사들을 거두었다. 조왕과 진여가 죽은 데다 성마저 이미 점령당하고 만지라 조나라 군사들은 모조리 항복했다.

한신은 군사들을 모은 뒤 성중으로 들어가 약속대로 아침을 실컷 먹도록 했다. 번쾌 등 여러 장수들이 그제야 한신에게 궁금했던 바를 물었다.

"병법에서 가르치기를 진을 칠 때에는 '산은 우편으로 등지고 물은 좌편으로 두라'고 하였는데 원수께서는 오늘 강물을 등 뒤에 두고 진을 치고서 도리어 대승하신 까닭을 모르겠습니다. 가르쳐 주십시오."

한신이 웃으면서 대답했다.

"제장들은 병법에 이런 말이 있음을 기억 못하오? '죽을 땅에 든 뒤에라야 살게 되고 망하게 된 처지에 놓여야 일어난다'고 하였소. 지금 우리 군대는 각처에서 항복해 왔기 때문에 통일되지 못하고 조련 또한 받지 못한 군사들이니 적군과 싸우다가 도망하기 십상이오. 그런 까닭에 내가 일부러 배수진을 쳐서 도망 갈 길을 끊어 버린 탓에 그들로 하여금 분발하게 만들었던 것이오. 그래서 과연 기대했던 대로 승리를 얻은 것이오."

이 같은 한신의 설명을 듣고 모든 장수들은 탄복하였다.

"과연 귀신 불측의 묘책이십니다."

이렇게 승전 축하의 자리가 한창 무르익어 갈 때 군사들이 이좌거를 포박해 왔다. 한신은 급히 자리에서 일어나 그 결박을 풀어 주고 이좌거를 이끌어 상좌에 앉힌 다음 정중하게 예를 올렸다. 이좌거 또한 뜻밖의 예우에 몹시 감동한 듯 자세를 고쳐앉았다.

한신이 이좌거에게 조용히 물었다.

"선생은 부디 이 사람에게 가르침을 주십시오. 이제 저는 북쪽으로 연나라를 치고 동쪽으로는 제나라마저 아우르려고 합니다. 어떻게 하면 이 일을 이룰 수 있겠습니까?"

이좌거가 사양하며 대답했다.

"예로부터 망국의 대부는 살아남기를 도모할 수 없고 패배한 장수는 용맹을 말할 수 없다고 했습니다. 이 사람이 더 무엇을 말하겠습니까?"

"아니올시다. 옛날의 백리해(百里奚)는 우(虞)에 있었지만 우나라는 망했습니다. 그가 진(秦)에 갔을 때 진나라는 마침내 패업을 이룩했습니다. 이는 곧 그를 신임해 쓰느냐 아니냐의 차이였습니다. 이번에도 조왕이 선생의 계책대로 했더라면 저는 꼼짝없이 사로잡히고 말았을 것입니다. 선생께서는 더 사양치 마십시오."

이좌거는 생각에 잠겨 있다가 한참 만에 마침내 입을 열었다.

"지금 원수께서는 승승장구하여 다시 연과 제를 치겠다고 하셨습니다만 수차례의 전쟁을 치르는 동안 군사들은 지칠 대로 지쳐 있는데 게다가 군량마저 넉넉지 못한 형편입니다."

이좌거는 여기까지 말하고 잠시 말을 끊었다. 한신은 다음 말을 재촉하였다.

"과연 그러합니다."

"이제 원수께서 싸움에 지친 군마를 이끌고 멀리 연나라로 나가신다면 인마는 싸울 마음을 잃고 군량은 떨어져 굶주리게 됩니다. 연나라의 성이 견고하여 쉽게 깨뜨리지 못하고 나날을 보내는 사이에 연과 제가 연합하여 항거한다면 이쪽의 형편은 더욱 불리해질 것입니다."

"참으로 지당하신 말씀입니다. 그러면 어떻게 해야 좋겠습니까?"

"무엇보다 일단 싸움을 중지하고 군사들을 쉬게 하는 한편으로 이 곳 조나라 백성들을 위무하고 전사자들의 유족들을 잘 돌봐 주어야 합니다. 그래서 인심을 새로이 얻어 백 리 안에서 군량이 넉넉하게 들어오도록 해야 합니다. 그 사이에 이쪽의 유리한 점들을 연나라에 알리면 연나라는 마침내 복종해 오게 될 것이고 그 때가 되면 제나라도 반드시 대세를 거스르지 못하고 귀순해 올 것입니다."

"선생의 말씀은 진실로 고론(高論)이십니다. 가르침대로 따르겠습니다."

한신은 깊숙이 고개를 숙여 이좌거에게 경의를 표했다. 천하의 한신에게도 때로는 스승이 있었다.

이어 한신은 수하를 불러들여 한 통의 서한을 써 주면서 연왕 장도의 귀순을 권유해 오도록 사절로 보냈다.

이 무렵 연왕 장도는 한신이 대와 조를 잇달아 격파해서 그 위세가 자못 하늘을 찌르고 있다는 소식을 듣고 걱정이 컸다.

'다음 차례는 우리 연나라일 게 틀림없을 테지?'

연왕은 한신의 대군이 침공해 올 것에 대비하여 부지런히 군사를 모으고 군량을 준비했다. 그런데 뜻밖에도 수하라는 자가 한신의 사자로 왔다고 했다. 연왕은 수하를 맞기에 앞서 먼저 대부 괴철을 불렀다. 괴철의 자는 문통(文通)이라 그를 괴통이라 부르기도 하는데 연왕이 가장 신임하는 자로서 지모가 뛰어나고 깊이 도략을 감춘 책사였다.

"한신이 사자를 보냈는데 이건 대체 무슨 뜻이오?"

괴철이 서슴지 않고 대답했다.

"이는 대왕을 한왕에게 귀순시키려는 뜻입니다. 지금 비록 한신이 싸움에 거듭 이겨 위세를 떨치고 있으나 군사들이 많이 지쳐 있을 것입니다. 그래서 싸우지 않고 이기는 방법으로 사자를 보냈습니다. 대왕께서는 아무 말씀도 마시옵고 신으로 하여금 그 사신을 따라 한신에게 나아가게 하여 임기응변하도록 해 주소서."

"대부의 생각대로 주선하오."

연왕은 힘없이 말했다.

이리하여 괴철은 한왕에게 항복하는 것이 옳은가 항복하지 않고 그대로 버티는 것이 좋겠는가를 판단하기 위해 한신의 사자와 함께 조나라의 도성 정경으로 한신을 만나러 갔다.

수일 후에 괴철은 수하의 안내를 받으며 한신의 군문 안으로 들어갔다. 정기는 해를 가리는 듯하고 창검은 햇빛을 받아 눈이 부시도록 번쩍이는 가운데 용맹을 자랑하는 군사들이 질서정연하게 좌우로 도열해 있었다.

'한신은 참으로 용의주도한 사람이구나!'

괴철이 감탄하며 몇 걸음 더 옮기니 한신이 여러 장수들을 거느리고 괴철을 맞으러 나왔다. 그러나 괴철이 수인사를 마치기도 전에 한신이 말하였다.
 "선생이 여기 오신 뜻은 이 사람을 설득하여 연나라를 침공치 못하게 하시려는 심산이 아니오? 하지만 연왕이 스스로 항복해 오지 않는 한 내 칼이 가만있지 않을 것이오!"
 그러고는 괴철이 뭐라고 입을 열 기회도 주지 않고 급히 좌우에게 명령하였다.
 "너희들은 괴 대부를 객사로 인도하여 정중히 모시되 객사를 벗어나지 못하도록 엄중히 지키라! 내 가서 연을 치고 제를 평정한 후에 돌아와서 괴 대부를 만나리라!"
 말을 마치자 한신은 즉시 몸을 돌이켜 안으로 들어가고 좌우에서 괴철을 안내하여 객사로 들게 하였다. 사태가 이렇게 되고 보니 괴철은 그저 한숨만 쉴 따름이었다.
 '내 원래 한신을 달래 보고자 왔던 것인데 이 꼴이 뭐란 말인가?'
 사실상 연금 상태로 객사에 묵고 있은 지도 사흘이 지났건만 한신은 그 날 이후로 도무지 자기를 부르지 않았다.
 괴철은 마음이 초조해졌다. 이렇게 초조한 마음으로 하는 일 없이 홀로 앉아 있을 때 광무군 이좌거가 찾아왔다고 하인이 알려 왔다. 이좌거와는 이웃 나라의 같은 신하로서 서로가 잘 아는 사이였다.
 "어서 들어오시라 하라."
 괴철은 반가움을 이기지 못하며 자리에서 일어나 마중을 나갔다. 이좌거가 방에 들어와 두 사람이 인사를 나누고 마주 앉자 괴철은 탄식을 섞어 가며 호소했다.
 "이보시오, 광무군. 이건 마치 감옥에 있는 거나 다름이 없소. 앞으로 어찌 하면 좋겠소?"
 이좌거가 조용한 어조로 대답했다.

"자고로 순천자(順天者)는 흥하고 역천자(逆天者)는 망한다고 했습니다. 대부는 연나라의 명사로서 마땅히 천하대세를 살피고 흥망성쇠를 꿰뚫어 아시겠거늘 이 사람에게 무엇을 더 물으실 게 있다는 말씀이오?"

"원컨대 좀더 자세히 말씀해 주오."

"초나라 항왕이 무도하여 백성의 원성이 높으니 이는 그가 천하의 주인이 될 수 없음을 말함이요, 머지않아 반드시 망할 것임을 나타내는 징표요. 이에 비해 한왕은 관인대도하여 백성이 따르니 장차 사해를 소청하고 천하를 편히 할 사람이오. 이제 한신 대원수가 40만의 대군을 거느리고 연나라를 칠작시면 성이 깨어지는 날에는 옥석이 구분될 터이니 그 때 가서 후회한들 무슨 소용이 있겠소이까?"

이좌거의 말이 끝나자 괴철은 고개를 숙이고 한참 생각하다가 진정을 토로하였다.

"사실을 말씀드리자면 제가 한 원수를 설득하여 싸움을 그만두게 하려고 여기 온 것인데 지금 선생의 말씀을 듣고 마음을 결정하였습니다. 제가 연왕께 권하여 한나라에게 항복을 하도록 하고 저 역시 원수 휘하에서 웅도를 돕고자 하오니 이 뜻을 원수에게 전해 주십시오."

지자(智者)와 책사(策士) 사이의 문답은 이처럼 몇 마디 말로써 끝이 나고 이좌거는 그 길로 괴철을 동반하여 한신에게로 갔다. 한신은 전날의 무례를 사과하고 괴철을 상빈의 예로써 대했다.

"대부께서 도와 주시겠다니 백만의 원군을 얻은 것과 마찬가지입니다."

"삼가 견마지로를 다하겠습니다."

괴철 또한 진심으로 배복하였다.

이튿날 한신은 조참·번쾌 두 장수를 불러들였다.

"그대 두 사람은 괴철 대부와 함께 군사 만 명만을 거느리고 연나라로 가서 연왕으로부터 항복을 받아 오도록 하오."

두 장수는 청령하고 한신 앞에서 물러나왔다.

연왕 장도는 괴철이 혼자 오지 않고 한군들과 함께 온다는 소식을 듣고 이미 사태를 짐작할 수 있었다.

괴철이 먼저 연왕에게 두 번 절하고 세세한 경과를 보고했다.

"대부의 판단은 실로 만전지책이오. 내 무엇을 더 주저하겠소!"

연왕은 이같이 말하고 성문을 열게 해서 한군을 맞아들인 후 이어서 한장들을 비롯한 한나라 군사들에게 크게 잔치를 베풀어 이들의 노독(路毒)을 씻어 주었다.

다음날 연왕은 괴철과 함께 가서 한신에게 항복을 했다.

"일찍이 원수의 위덕을 사모해 왔습니다. 오늘 이렇게 항복을 받아 주시니 이만 다행이 없습니다. 바라건대 한왕께 주달하시어 우리 연나라를 길이 휘하에 두도록 해 주십시오."

한신이 크게 기뻐하며 대답했다.

"현왕(賢王)의 뜻을 길이 금석에 새겨 한가지로 공생공영토록 하겠습니다."

이리하여 마침내 연나라마저 유방의 장중에 들어가게 되었다.

한신은 연왕으로부터 항서를 받아 이를 영양으로 보내는 한편 크게 잔치를 베풀어 연왕을 환대하였다.

2. 반간지계(反間之計)

대(代)에 이어 연(燕)마저 유방의 손에 떨어졌다는 보고를 받은 항우는 크게 노하여 유방을 치기로 하고 급히 군사들을 모았다.

이 소식을 들은 유방은 즉시 장량과 진평을 불렀다.

"지금 한 원수가 여러 장수들과 함께 출정 중인데 이 틈을 타서 초패왕이 대군을 출동시켜 온다 하니 이를 어찌 하면 좋겠소? 영포는 멀리 구강에 있고 왕릉은 득병하여 쾌차하지 못하고 있으니 지금 성중에 초패왕을 대적할 이 아무도 없는 것이 걱정이오."

실로 위급한 상황이 아닐 수 없었다. 이 때 진평이 먼저 입을 열었다.

"폐하께서는 과도히 근심 마옵소서. 신에게 한 가지 계책이 있사옵니다."

"어서 그 계책을 말해 보오."

"지금 항왕이 가장 신임하는 신하는 범증·종리매·계포·용저·주은 등 대여섯에 불과합니다. 이번에 이 곳으로 침공해 오는 배경도 항왕의 주장이 아니고 이 사람들의 주장일 것입니다. 그러하므로 이제 반간계(反間計)를 써서 초나라의 제장들에게 뇌물을 먹이고 헛소문을 퍼뜨려 순식간에 이간을 시킨다면 항왕이 본시 단순하고 우직한 성품이므로 그 헛소문을 믿을 것이옵니다. 이렇게 되면 범증이 제아무리 좋은 꾀를 낸다 해도 항왕이 의심하여 쓰지 않을 것이옵니다."

"그 계교가 참으로 묘하오."

옆에서 듣고 있던 장량이 감탄을 했다. 진평은 이에 용기를 얻은 듯 더욱 자신 있게 말을 계속했다.

"이같이 저들 군신 사이에 의심하고 반목하는 때를 타서 신이 또 한 가지 계책을 쓰면 항왕이 마침내 범증을 죽이게 될 것이옵니다. 초나라에 범증이 없다면 항왕이 어떻게 그 용맹을 써 볼 수 있겠사옵니까. 그 때에 폐하께서 급히 초나라를 치신다면 초나라는 멸망하고 말 것이옵니다."

"경의 말이 십분 옳소."

유방은 즉시 진평의 계책을 받아들여 근신으로 하여금 황금 4만 근을 진평에게 내어주도록 명령하였다.

진평은 곧 심복 대여섯 명에게 황금을 나누어 주고 세세한 지시를 내렸다. 이들은 진평의 지시에 따라 저마다 장사꾼으로 변장을 하고 팽성으로 연기처럼 잠입해 들어갔다.

며칠 안 되어 팽성에는 이상한 소문이 나돌기 시작했다. 여러 장수들 사이에 은밀히 귀엣말로 오가기 시작한 이 소문이 급기야는 군사들과 백성들 사이에서도 공공연한 비밀처럼 나돌고 있었다.

마침내 이러한 소문은 소견 짧은 한 비장(裨將)의 밀고로 항우의 귀에까지 들어가게 되었다.

"폐하, 큰일났습니다. 범 승상과 종리매 장군이 그 동안 여러 번 싸움에 큰 공을 세웠음에도 폐하께서 아무런 봉작도 내리시지 않는 데 불만을 품고 지금 한왕 유방과 밀통하여 모반을 꾀하고 있다 하옵니다. 이 소문은 도성에 온통 퍼져서 이미 모르는 사람이 없사옵니다."

"아니, 뭐라고? 범증과 종리매가 모반을 꾀한다고? 여봐라…!"

항우는 울컥하는 성미에 두 사람을 당장 잡아들여 목을 베려 하다가 잠시 멈칫하였다. 아무래도 그 소문이 믿어지지 않았기 때문이었다. 그러나 의심하는 마음은 끝내 지울 수가 없었다.

'큰일날 뻔하지 않았는가. 이제야 두 사람의 심사를 알았으니 그들과는 일을 의논하지 말아야겠다.'

항우는 이렇게 결심하고 급히 출전 명령을 내렸다. 하루바삐 유방을 격멸해 화근을 제거하는 동시에 범증과 종리매는 우자기로 하여금 은밀하게 감시하면서 확증을 잡도록 분부하였다.

마침내 항우는 범증 이하 모든 막료들을 데리고 영양성 50리 밖에 도착하여 진영을 설치하였다. 이튿날 항우는 친히 선봉 부대의 선두에 서서 맹렬하게 성을 공격하였다. 그런데 뜻밖에도 성 안에서는 아무런 반응이 없었다.

이같이 공격하기를 연하여 사흘 동안이나 하였건만 그래도 한군은 한 놈도 성 위에 나타나지 않았다. 항우는 조급함을 이기지 못하고 크게 외쳤다.

"철포와 화전을 있는 대로 쏘아라!"

원래 영양성이 높고 견고하여 철포와 화전이 미치지 못하는 줄을 알면서도 내린 명령이었다. 그러나 그에 따른 한군의 피해도 적지 않았다.

항우의 이같은 공성(攻城)이 하루도 쉬지 않고 계속되자 장량과 진평이 유방 앞으로 나아가 아뢰었다.

"항왕의 공성이 심히 급하옵니다. 더욱이 그는 높은 사다리까지 수백 개를 만들고 있으니 이대로 있다가는 성이 함락될까 두렵습니다. 이제 사자를 항왕에게 보내 화친을 청하면 그는 반드시 받아들일 것이옵니다."

"항왕이 과연 그 청을 받아들일지가 의문이오."

유방이 유예하여 결단을 내리지 못하자 장량이 자신 있게 말했다.

"항왕은 성질이 조급하옵니다. 그간 대엿새나 공격을 했건만 우리들이 아무런 반응을 보이지 않아 내심으로 몹시 초조하고 번민할 것이옵니다. 이럴 때 사신이 찾아가서 화평을 제의한다면 반드시 응할 것이옵니다."

"경들이 알아서 실수가 없도록 하오."

유방이 마침내 허락하자 수하가 사신으로 백기를 들고 초진으로 갔다. 그는 항우 앞에 엎드려 절한 다음 조용히 입을 열었다.

"한왕은 일찍이 폐하의 명에 따라 포중으로 들어간 뒤 잠시도 고향을 잊지 못하여 동으로 군마를 이끌고 나오긴 했으나 그 뜻이 폐하를 배반하고 천하를 도모하려 함은 결코 아니옵니다. 한갓 향수를 이기지 못하여 그리 된 것에 불과합니다. 이제 한왕은 지금이라도 폐하께서 군대를 거두어 주신다면 영양을 경계로 삼아 한 발자국도 폐하의 땅을 넘보지 않겠다는 맹약이십니다. 바라옵건대 이 곳을 경계로 하여 양국 간에 길이 화친할 것을 청하오니 받아들여 주시옵소서."

항우는 입을 다물고 한참 동안 말이 없었다. 그는 어찌 했으면 좋을지 얼른 판단이 서지 않았다. 그는 범증과 군사의 일을 의논하지 않겠다고 생각했지만 이런 때에는 그에게 의견을 물어 볼 수밖에 없었다.

범증은 수하가 화친을 청해 왔다는 말을 듣고 펄쩍 뛰며 말했다.

"한왕의 이 같은 제의는 간교한 거짓 농간에 불과합니다. 그가 여태껏 천하의 각지를 유린해 놓고서도 이처럼 뻔뻔스러울 수가 있습니까! 그가 지금 화친을 제의하는 속셈은 영양성의 위급을 벗어나기 위한 간계에 불과합니다. 폐하께서는 즉시 사자를 내치시고 더욱 급히 영양성을 치도록 하십시오!"

범증의 진정 어린 간청에도 불구하고 항우는 평소의 그답지 않게 냉정하기만 했다. 마음속 깊이 범증을 의심하고 있기 때문이었다.

수하가 이 틈을 놓치지 않고 항우 앞에 다시 부복하고 아뢰었다.

"폐하! 이 일은 절대로 타인의 한마디 말에 흔들려서는 안 되는 중대사이옵니다. 한신은 이미 북방에서 회군해 오고 있는 중이올시다. 만일에 한신이 폐하의 뒤를 급습하게 되면 화친은 깨어지고 수많은 군사들이 또 한 번 피를 흘리게 될 것이옵니다. 폐하께서는 이 점을 깊이 통찰하소서."

항우는 생각했다. 범증의 말에 일리가 없는 것은 아니나 영양성 공략이 천연되어 시일을 허비하는 동안에 한신이 곧장 팽성을 들이치거나 영양성으로 와서 자기 배후를 협공하면 그것도 큰 걱정이 아닐 수 없었다. 차라리 일찌감치 화친하는 것만 같지 못하다는 생각이 들었다.

항우는 마침내 수하에게 말했다.

"그대의 말이 이치에 합당하다. 짐이 이제 마음을 정하였으니 그대는 먼저 돌아가라. 짐이 곧 사자를 보내 한왕과 화친을 도모하리라."

수하가 배사하고 항우 앞에서 물러나오자 이 모양을 본 범증은 깊이 한숨만 쉴 따름이었다. 항우는 범증을 한번 흘끗 쳐다보고는 우자기를 불러 영을 내렸다.

"짐이 한왕의 청으로 그와 더불어 화친코자 한다. 그대는 영양으로 가서 한왕에게 이 뜻을 전하고 성중의 허실도 함께 알아 오도록 하라."

우자기가 영을 받들고 영양성으로 가자 먼저 장량과 진평이 나와서 반갑게 맞으면서 화려하게 장식된 별관으로 안내하였다. 극상의 미주(美酒)에 산해진미를 내어 우자기를 극진히 대접하면서 진평이 은근한 어조로 물었다.

"범 승상께서는 그간에도 무양하십니까? 그런데 오늘은 범 승상께서 또 무슨 기별이신가요?"

"아니올시다. 나는 범 아부의 부탁으로 이 곳에 온 사람이 아니고 초패왕 폐하의 사자로 온 사람입니다."

우자기의 말이 끝나자마자 장량과 진평의 안색이 싹 바뀌었다. 지금까지 웃고 기뻐하며 반겨하던 두 사람의 얼굴빛이 금시에 냉랭해졌다.

"아, 그래요? 우리는 범 아부께서 보내신 사람인 줄로 알았지요."

그리고는 옆방에 있는 하인을 향해서 명했다.

"여봐라! 너희들은 초패왕의 사신으로 오신 이분을 객실로 안내해 드리도록 하라!"

장량과 진평은 이렇게 분부하고는 뒤도 돌아보지 않고 그대로 휑하니 나가 버렸다. 우자기는 별수 없이 하인을 따라 객실로 갈 수밖에 없었다. 들어가서 보니 아까의 별실과는 딴판이었다. 방 안에 놓인 문방제구는 시중에 흔해 빠진 것이었고 기껏 차려 놓은 음식도 조금 전의 산해진미와 비교도 안 되는 초라한 것이었다.

'어찌해서 장량과 진평이 내가 범증의 부탁으로 온 사람이 아니라는 것을 알고서는 이렇게 대접을 허술하게 한단 말인가? 혹시 시중에 떠도

는 소문은 사실이 아닐까?'

우자기는 이렇게 의심하기 시작했다. 불쾌한 마음으로 한식경이나 앉아 있으니 그제야 한왕의 근신이 찾아와서 통고하는 것이었다.

"들어오시라는 분부이십니다. 폐하께서는 지금 일어나 계십니다."

우자기는 얼른 일어나서 근신을 따라 밖으로 나왔다. 객실의 마당을 지나 조금 가려니 맞은편에서 수하가 마중을 나왔다.

"어서 오십시오. 자, 이리로 가시지요."

수하는 우자기를 정전의 한 구석에 있는 별실로 안내했다.

"여기서 잠깐만 기다려 주십시오. 이 사람이 들어가서 먼저 폐하를 뵈옵고 나오겠습니다."

그러고는 우자기를 그 방에 홀로 남겨 두고 나가 버렸다.

우자기는 방안을 둘러보았다. 사방에 책장이 있고 수천 권의 책이 쌓여 있었다. 책장 밑에는 문갑이 놓여 있는데 문갑 위에는 여러 가지 문서와 서류들이 정돈되어 있었다.

'음, 이 방이 한왕이 쓰고 있는 밀실이구나.'

우자기는 이렇게 생각하고 한나라의 기밀을 탐지해 보려는 마음이 발동하였다. 그는 급히 서류를 뒤지다 눈에 띄는 편지 한 통을 발견하고 얼른 집어 들었다.

　　초패왕이 군대를 이끌고 멀리 와서 사기는 떨어지고 군량 또한 넉넉지 않으며 병력은 20만 명에 불과하옵니다. 대왕께서는 속히 한신으로 하여금 팽성을 치도록 하소서. 노신(老臣)은 종리매 등과 내응하겠사오니 초나라를 격멸하신 후에 토지를 떼어 후작에 봉하여 주신다면 그보다 더 큰 은혜는 없을 것이옵니다. 폐하의 용안을 하루속히 우러러 뵙기를 고대하고 있겠나이다.

우자기는 편지를 읽어 보고 깜짝 놀랐다. 이것은 범증의 편지임에 틀림없었다. 범증과 종리매가 한나라와 내통하여 초나라를 뒤엎으려 한다는 소문이 사실로 드러난 이상 이 일을 한시라도 빨리 초패왕에게 알려야만 했다.

'옳지, 이 편지를 훔쳐 가지고 가서 물증으로 삼아야겠다.'

우자기는 혹시나 보는 사람이 없나 하고 사방을 둘러보았으나 다행히 보는 사람이 없음을 확인하고 그 편지를 얼른 품속에 감추었다.

그러나 이 때 옆방에 숨어서 숨소리도 내지 않고 이를 지켜보고 있던 장량과 진평은 서로 회심의 미소를 나누었다. 이럴 때에 수하가 들어왔다.

"대왕께서 기다리고 계십니다."

우자기는 얼른 일어나서 수하를 따라 유방 앞으로 나아갔다. 유방은 우자기가 예를 올리고 나자 말했다.

"내가 오랫동안 병화(兵禍)에 시달린 백성들을 생각하여 초패왕께 화친하기를 청하였더니 초패왕께서 이를 허락하시어 이만 다행이 없소이다. 지금부터 관서를 한나라의 땅으로 하고 관동을 초나라의 땅으로 정한 후 각각 군대를 거두고 강토를 지키고자 하는 터이니 그대는 나를 위해서 초패왕께 이 뜻을 잘 전해 주기 바라오."

우자기는 유방의 말을 듣고 즉시 아뢰었다.

"초패왕 폐하께서 이미 그같이 마음을 정하시고 이 사람으로 하여금 대왕을 뵈옵게 하신 것이옵니다. 대왕께서는 3일 이내에 성 밖에 나오시어 초패왕 폐하께 이 맹약을 다시 한 번 확인해 주시옵소서."

"그리 하리다."

유방은 한마디로 승낙하였다.

우자기는 공손히 인사를 마치고 유방 앞에서 물러나와 초나라 진영으로 돌아갔다. 그는 항우에게 영양성에서 있었던 일을 세세히 고한 후

훔쳐 가지고 온 편지를 항우에게 올렸다.
　항우는 편지를 읽자 자리를 차고 일어나며 소리쳤다.
　"늙은 여우가 감히 이럴 수 있단 말인가! 시정에 떠도는 소문을 듣고도 설마 했는데 이제 보니 그게 아니었구나! 속히 범증을 끌어내어 형틀에 매달아라! 짐이 친히 국문하리라!"
　항우의 호령 소리를 듣고 범증이 달려 나와 항우 앞에 꿇어앉았다.
　"폐하! 부디 고정하시고 노신의 말을 들어 주소서. 이제 노쇠하여 육신을 거둘 날도 멀지 않았는데 노신이 어찌 두 마음을 품겠습니까. 이는 필시 폐하와 노신 사이를 이간질하려는 장량과 진평의 반간계이니 폐하께서는 속지 마옵소서."
　범증의 깡마른 어깨가 애처롭게 들먹이고 있었다. 그러나 항우는 더욱 소리를 높여 호령했다.
　"듣기 싫소! 우자기는 짐의 심복지신인데 어찌 없는 일을 꾸미겠는가! 게다가 확실한 물증이 여기 있으니 더 이상 짐을 속이려 말라!"
　범증은 꿇어앉은 채 생각하였다. 항우가 저렇게 의심이 많고 성질이 조급하니 어찌 대업을 이룰 수 있으랴! 차라리 그만두자!
　범증은 마침내 고개를 들고 항우에게 말하였다.
　"이제 폐하께서는 노신을 베건 버리건 뜻대로 처분하소서. 다만 폐하를 모시고 지난 3년 동안 홍진만장의 전장을 누비며 전심갈력한 노신을 불쌍히 여기시거든 고향으로 돌아가서 와석종신이나 하게 해 주소서."
　범증은 이렇게 말하고서 하염없이 두 줄기의 눈물을 흘렸다.
　"여봐라, 저 노인을 고향으로 모셔다 드리도록 하라!"
　항우의 목소리가 떨려 나왔다. 그도 또한 이루 말할 수 없이 마음이 괴로웠다. 자신의 수족을 잘라 내는 듯한 비통함에 온몸을 떨었다.
　이리하여 범증은 마침내 한 사람의 평범한 늙은이가 되어 오랫동안 떠나 있던 고향 길을 더듬고 있었다. 두 사람의 종자가 그를 따르고 있을 뿐이었다.

3년 전 기고산으로 계표가 폐백을 가지고 찾아왔을 때부터 항우를 도와 진나라를 멸하고 천하의 제후들을 진압하여 오늘에 이르기까지 있었던 가지가지 일들이 주마등처럼 눈앞을 스쳤다.

그 동안 한 치의 사심도 없이 오직 초나라를 위하여 애써 왔건만 오늘날 이같이 목숨을 구걸해 쫓겨나다시피 돌아가는 신세를 생각하니 한숨이 절로 나왔다.

'아! 이는 나의 불행이고 또한 초나라의 불행이로다!'

범증이 팽성의 처소에 들자 그 날 밤으로 울화가 화병이 되어 등골에 깊이 사무친 듯 등허리에 주먹만한 종기가 불거지더니 운신을 못할 만큼 쑤시고 아팠다. 그는 눕지도 못하고 앉지도 못하고 그렇다고 일어서 있지도 못하는 엉거주춤한 상태로 고통에 시달렸다.

그는 마침내 종자를 불러 당부했다.

"여기서 동쪽으로 백여 리쯤 가면 와우산이라는 산이 있다. 그 산 속에 양진인(楊眞人)이라는 백발 선인이 계시는데 이분이 그 옛날 나에게 도를 가르쳐 주신 스승이시다. 너희 두 사람이 찾아가 뵈옵고 내 말을 여쭈면 종기를 치료할 영약을 주실 것이다."

두 종자는 범증의 부탁을 받고 즉시 와우산을 찾아갔다. 이튿날 그들은 가지고 간 황금과 비단을 양진인 노인에게 예물로 드리고 범증의 말을 전하였다. 그러나 뜻밖에도 양진인의 대답은 냉랭하였다.

"범증이 40년 전 내게로 와서 도를 배우고 떠날 적에 내가 저더러 이르기를 '너는 밀모와 기계(奇計)를 좋아하니 극히 조심하라. 반드시 덕있는 명주(明主)를 찾아서 섬기도록 하라'고 경계하였다. 그렇건만 무도한 항우를 섬겨 지은 죄가 적지 않으니 하늘이 천벌을 내리신 것이라 어찌 천벌을 면할 수 있으랴. 예물은 도로 가지고 가거라."

양진인은 말을 마치자 그만 돌아앉아 버렸다.

"황송하오나 범 승상의 용태가 위중하오니 부디 살려 주소서."

두 종자가 번갈아 가며 손이 발이 되도록 빌었으나 양진인은 요지부동이었다. 하는 수 없이 와우산을 내려와 팽성으로 가서 범증에게 전후 경과를 그대로 고하였다.

'무도한 항우를 섬겨 지은 죄가 적지 않으니 하늘이 천벌을 내리신 것이라….'

범증은 양진인의 이 말이 가슴속에 불덩어리가 되어 치밀어 오르는 것 같더니 별안간 눈앞이 캄캄해지며 숨이 꽉 막혀 버렸다.

"윽!"

외마디 비명과 함께 범증이 숨을 거두고 마니 때는 대한 4년 무술 4월의 일로 범증의 나이 71세였다.

항우는 범증이 운명했다는 소식을 듣고 몹시 애통해 했다. 잠시 비몽사몽 중에 무엇엔가 홀린 듯 범증을 내쫓아 버리긴 했지만 막상 그가 죽고 나니 모든 것이 허무하고 허탈하게 느껴졌다.

돌이켜 보면 산 속에 은거하고 있던 그를 모셔 온 뒤로 3년여 동안 초나라의 패업을 이룩하는 데 그의 공로는 적지 않았다. 만일 그가 없었더라면 과연 누구와 구국 대사를 의논하였을까? 이 같은 생각과 함께 항우의 가슴은 찢어지는 듯하였다.

"짐의 불찰로 범 아부를 죽게 하였구나!"

우자기가 유방의 밀실에서 훔쳐 온 편지의 진위 여부도 확인하지 않고 노인의 몸으로 전심갈력하는 범증을 죽음으로 몰아넣다니. 생각할수록 후회막급이었다.

항우는 즉시 근신을 불러 팽성으로 가서 범증의 장례를 성대하게 치르도록 명하고 이어 종리매를 들게 하였다.

"짐의 불찰로 적의 간계에 속은 것이 참으로 분하도다. 짐이 잠시 그대를 의심하였거니와 앞으로 그대는 마음을 편히 하고 더욱 충성하기 바라노라."

종리매는 머리를 땅에 조아리며 감격하여 아뢰었다.

"신이 간뇌도지하더라도 폐하의 은혜를 다 갚지 못하오리다."

3. 사항계(詐降計)

범증의 장례가 끝나자 항우는 군사 개편에 착수하였다. 그의 숙항(叔行)이 되는 항백을 군사(軍師)로 임명하여 모든 군무를 관리하게 하고 곧 군사 회의를 소집하였다.

"짐이 진작 범 아부의 말을 들었던들 지금쯤 유방을 사로잡고도 남았을 터인데 간교한 사자의 말에 현혹되어 허울 좋은 화친을 맺고 급기야는 장량·진평의 반간계에 속아 범 아부를 죽게 하였도다! 짐이 이제 영양성을 깨뜨리고 유방을 사로잡아 이 철천지한을 풀려고 하니 제장들은 혼신을 다해 싸움에 임하도록 하라!"

항우는 이같이 말하고 팽성에 남아 있는 몇 개의 부대도 영양성 공격에 참가하도록 명령을 내렸다. 대군을 휘몰아 조그만 영양성을 깨강정 부수듯이 박살을 내겠다는 결심이었다.

마침내 초군은 영양성을 완전히 포위하고 맹렬한 공격을 시작하였다. 철포와 화전이 빗발치듯 날아오는 가운데 사다리를 높이 걸고 개미 떼처럼 초군들이 기어올라 왔다. 한군은 뇌목과 포석을 굴려 이에 대항했으나 형세는 점점 위태로워져 갔다.

그 동안 영양성에서는 범증이 죽었다는 소리를 듣고 그들의 반간계가 성공했음을 크게 기뻐하고 있었으나 사태가 이처럼 급박해지자 유방은 수심이 가득한 얼굴로 막료들을 소집하였다.

"항왕이 화친의 맹약을 깨고 이처럼 맹렬히 공격하고 있는데 한 원수는 아직 돌아오지 않고 성중에는 이에 대적할 만한 장수가 없는 데다 군사마저 부족하니 이 일을 어이한단 말이오?"

"과연 큰 걱정이옵니다. 적이 만일 영하(滎河)의 물을 막아 성중으로 흘려 보낸다면 그 때에는 정말 속수무책이옵니다."

장량도 몹시 걱정스러운 듯이 이렇게 말했다.

"허어, 정말 그렇게 된다면 큰일이 아니오?"

유방이 몹시 당황해 하며 구원을 청하듯 좌우를 둘러보았다. 이 때 진평이 앞으로 나서며 아뢰었다.

"신에게 한 가지 계교가 있사오니 폐하께서는 과도히 심려치 마옵소서."

"어서 그 계교를 말해 보오."

유방이 반색을 하며 묻자 진평은 깊이 허리를 굽혔다.

"황공한 말씀이오나 계교는 기밀을 생명으로 하는 것이기에 장자방 선생과 상의하여 차후에 아뢰겠사오니 폐하께서는 잠시만 기다려 주시옵소서."

유방은 더 묻지 않고 이 날 회의는 그것으로 끝냈다. 진평은 장량과 함께 별실로 들어가 무엇인가 한참 동안 상의하였다.

이 날 밤 진평은 장량과 함께 은밀히 유방의 침전으로 들어가 아뢰었다.

"지금 사태가 위급하오니 폐하께서는 오늘 밤 항왕에게 거짓 항서를 바치고 이 성을 탈출토록 하소서. 뒷일은 장자방 선생과 신이 처리할 것이니 조금도 심려치 마소서."

"짐은 경들만 믿겠소."

유방은 두 사람의 의견에 따를 수밖에 없었다.

밤낮을 가리지 않고 연일 계속되는 초군의 공격은 그 날 밤 더욱 맹렬했다. 유방 앞에서 물러나온 두 사람은 즉시 항복하는 글을 만들어 사자로 하여금 항우 진영에 전하도록 하였다. 항우는 유방의 사자가 가져온 항서를 받아 보았다.

한왕 유방은 초패왕 폐하께 삼가 머리를 조아려 항서를 바치나이다. 신이 일찍이 폐하의 은혜를 입어 한왕으로 봉해져 포중에 가 있었으나 수토불복(水土不服)에 고향 생각이 간절하여 잠시 동진(東進)해 나왔나이다. 마침 팽성 대전에서 폐하의 응징을 받아 참패를 당한 후 영양성에 겨우 몸을 붙이고 구차한 잔명을 보존하고 있사옵니다. 다만 한신이 천운을 모르고 지금도 동정(東征)해 나갔사온데 이는 한신 스스로 원정하는 것이어서 신이 그를 불러도 돌아오지 않고 있으니 이는 신의 죄가 아니옵니다. 이제 문무 제신의 중론을 좇아 두 손을 모으고 폐하께 나아가 항복을 드림으로써 목숨을 건지려 하옵는 바이오니 폐하께서는 옛날의 정을 생각하시어 신을 불쌍히 여기시고 살길을 열어 주시기 바라나이다.

항우는 항서를 다 읽고 나자 사자에게 물었다.
"대관절 너의 한왕은 언제 나와서 항복을 하겠다는 말이냐!"
사자가 머리를 조아리며 아뢰었다.
"오늘 밤을 넘기지 않고 나오겠다 하시었사옵니다."
항우는 즉시 항백에게 회서를 써서 사자에게 주어 돌려보내라고 명했다. 사자가 물러가자 항우는 여러 장수들을 모아 놓고 영을 내렸다.
"유방 필부놈이 마침내 오늘 밤 안으로 짐에게 와서 항복을 하겠다고 한다! 그대들은 미리 정병들을 장막 뒤에 숨겨 두었다가 그놈이 짐에게 예를 베풀 때 뛰어나와 발기발기 난도질해 죽이도록 하라! 그래야만 비로소 범 아부의 원수도 갚고 짐의 평생 한도 풀리겠다!"

항우의 명령에 따라 계포와 종리매는 군사들을 거느리고 장막 안에 몸을 숨긴 채 유방이 오기만을 기다리고 있었다.

이윽고 저녁 어스름이 짙어져 사람의 얼굴을 알아보기 어려울 때쯤 되어서였다. 마침내 동문이 열리고 곱게 단장한 궁녀 50여 명을 앞세워 유방을 태운 수레가 천천히 나오기 시작했다. 어가 뒤에는 한 무리의 군사들이 따르고 있었다.

초군들은 너도나도 환호성을 지르며 이 광경을 보려고 야단법석이었다. 자연히 군사들의 대오도 흐트러지고 포위망도 느슨해졌다.

항우는 중군장 안에 드높이 앉아 있다가 유방이 온다는 전언을 듣고 껄껄 웃으며 말했다.

"유방이란 놈이 원래 여색을 탐한다더니 이런 전란 중에도 여색을 즐기고 있었구나! 이따위 색한(色漢)이 무슨 큰일을 도모하겠다는 거냐! 이놈, 오늘이 바로 네 제삿날이다!"

얼마 안 있어 유방 일행이 초진 안으로 들어왔다. 궁녀들이 줄지어 항우가 앉은 군막 앞에 차례로 엎드리고 이어서 유방이 탄 수레도 도착했다.

그런데 수레에서 내려 무릎걸음으로 기어와야 할 유방이 수레에 탄 채 꼼짝도 하지 않았다. 이를 본 항우가 호통을 쳤다.

"항복하는 패장놈이 어찌 이처럼 무례한가! 짐이 이미 나와 기다리고 있거늘 속히 수레에서 내려 엎드리지 않고 무얼 하고 있단 말인가!"

항우의 호통에 따라 군사들이 유방을 수레에서 끌어내어 그를 항우 앞으로 끌고 왔다.

"이놈 유방아! 네 어찌 감히 짐에게 항거하려 했단 말이더냐! 짐이 오늘 너를 죽여 철천지한을 풀까 보다!"

항우의 이 같은 호통에도 유방은 엎드리지 않고 꼿꼿하게 선 채로 말했다.

"나는 한왕이 아니고 한의 대장 기신(紀信)이오. 내 주군의 위급을 구하기 위해 거짓 한왕으로 꾸며서 이 곳까지 왔소이다."

"아니, 뭐라고? 어서 저놈의 얼굴에 횃불을 비춰라!"

항우는 자리에서 벌떡 일어나며 소리쳤다. 군사들이 횃불을 가까이 대자 기신의 얼굴이 환히 드러났다.

"아뿔싸! 또 속았구나!"

그러자 기신이 소리를 높여 말했다.

"이제 한왕 폐하께서는 한신과 영포와 팽월 등으로 하여금 텅 빈 팽성을 함락시키려 하고 있소이다! 여기서 이러고 있을 때가 아니지요! 하하하!"

"이, 이놈이 짐을 희롱하려 드는구나! 여봐라, 이놈을 불에 태워 죽여라!"

잠시 후 활활 타오르는 불더미 속에서 기신은 한 줌의 재로 변하고 말았다. 그러나 그는 숨이 끊어질 때까지도 웃음을 잃지 않았다.

'참으로 충신이다! 제 주군을 위하여 이처럼 목숨을 초개같이 버리다니! 짐의 주위에는 수많은 문무 제신들이 있건만 기신 같은 충신은 한 사람도 없구나!'

항우는 입 속으로 이같이 탄식했다.

이 틈을 타서 유방은 진평의 인도를 받으며 여러 신하들과 함께 군사들을 휘동해 포위가 느슨해진 영양성을 탈출한 뒤 성고(成皐)를 향하여 말을 달렸다.

생각건대 진평의 사항계는 유방을 비롯하여 여러 신하들과 수많은 군사들을 살리기는 했으나 기신 같은 충신을 죽음으로 몰아넣은 안타까운 계책이라 하지 않을 수 없었다.

나중에 이 일을 알게 된 유방이 진평을 질책하고 기신의 유족들에게 후한 상급을 내렸지만 모신(謀臣)들의 하는 일이 어찌 무섭다 아니하랴.

4. 항왕(項王)의 철군

영양성에 입성한 항우는 곧바로 대군을 이끌고 성고로 진격해 갔다. 성고성 20리 밖에 진영을 세운 항우는 몸소 수십 기를 거느리고 성고성 주위의 산등성이에 올라가 형세를 살폈다. 성의 4대문마다 수많은 전거들이 늘어서 있고 성벽 위에는 기치창검이 숲을 이루고 있었다.

"성을 깨치기가 쉽지 않겠구나!"

성미 급한 항우가 혀를 차면서 제장들에게 공성(攻城) 방법을 속히 강구해 보라 재촉하였다.

이 때 성고성 안의 유방은 근심이 가득한 얼굴로 장량과 진평을 불러 탄식조로 말했다.

"한신과 장이가 오랫동안 조나라에 머물면서 짐이 여러 차례 위급함을 알렸는데도 꿈쩍도 않고 있구려. 더욱이 영포와 팽월마저도 구원해 올 기미가 보이지 않으니 짐이 이번에야말로 이 성고에서 사로잡히는 게 아니겠소?"

그러자 장량이 나서서 계책을 말했다.

"미구에 그들이 구원을 올 것이옵니다만 그 때까지 이 곳에 머물러 있으려면 저쪽을 쳐서 이쪽을 구하는 이른바 격피구차지계(擊彼救此之計)를 쓸 수밖에 없사옵니다."

"좀더 자세히 말해 보오."

"우리 군대 중에 일군을 내어 급히 팽성을 치게 하면 항왕이 놀라 서둘러 군대를 돌려 팽성을 구하러 갈 것이옵니다."

유방은 그제야 얼굴을 펴며 장량을 치하했다.

"과연 장자방 선생이로소이다."

그 날 밤 유방은 왕릉에게 5천 기를 내주며 명령하였다.

"몰래 팽성으로 가서 그 곳을 치다가 항왕이 그리로 군대를 이끌고 오면 장군은 즉시 군대를 거두어 회군토록 하오."

왕릉은 그 길로 야음을 이용해 5천 정병을 이끌고 소로를 통해 팽성으로 달려갔다.

항우가 성고성을 칠 방책을 찾느라 고심하고 있을 때 팽성으로부터 사자가 달려와 급보를 올렸다.

"한나라 대장 왕릉이 대군을 거느리고 와서 팽성을 치고 있나이다."

급보에 접한 항우가 놀라워하고 있는데 이번에는 또 다른 급보가 왔다.

"팽월이 외황(外黃)의 열일곱 고을을 빼앗아 우리의 양도를 끊었사옵고 영포는 대군을 거느리고 이 곳 성고를 구하러 남계구까지 와 있사옵니다."

항우는 거듭되는 급보에 갈피를 잡지 못하고 급히 항백과 종리매를 불러 상의하였다. 먼저 항백이 입을 열었다.

"신의 생각으로는 팽성부터 구해야 할 것으로 보입니다. 오늘 밤 가만히 퇴군하여 군대를 나누되 외황의 위급을 구하고 또 남계구의 영포도 응징해야 할 것입니다."

항백의 말대로라면 결국 군대를 세 곳으로 나누어야 한다는 얘기였다. 군사(軍師)의 대답치고는 계책이라고 할 수 없는 너무도 평범한 말이었다.

항우는 답답하여 이번에는 종리매를 바라보았다.

"……."

종리매는 그나마 입을 다물고 아무 말도 없었다. 그에게도 별다른 묘책이 없는 것 같았다. 항우는 혀를 차면서 조구를 불러 영을 내렸다.

"그대는 1만 기를 거느려 정기를 많이 세워 허장성세하고 있으라. 짐의 생각으로 유방은 또 틀림없이 성고성을 버리고 도망을 할 것이다. 그러면 성고성을 점거하여 짐이 돌아올 때까지 굳게 지키도록 하라."

"예, 분부대로 거행하겠나이다."

조구는 명령을 받고 물러갔다. 항우는 즉시 퇴각 준비를 시키고 날이 어둡기를 기다려 그 날 밤으로 팽성을 향해 떠났다.

한군의 탐색병이 이러한 사실을 보고하였다. 유방은 곧 장량과 진평을 불렀다.

"항왕이 팽성을 구하러 급히 퇴각하는 이 때를 틈타 그 후미를 들이치는 것이 어떻겠소?"

장량이 손을 저으며 반대했다.

"불가하옵니다. 항왕은 틀림없이 대군을 매복시켰을 것이옵니다. 그는 팽성의 위기를 구하면 다시 이 곳으로 나올 것이옵니다. 그러나 우리가 성고를 떠나 한신의 군대와 합류했다는 소식을 들으면 그는 대량(大梁)의 팽월을 응징하려 군대를 돌릴 것이옵니다. 그 때에 다시 성고를 되찾기는 손을 뒤집듯 쉬운 일이옵니다."

"옳은 말씀이오."

이리해서 유방의 대군은 하루 낮 하루 밤 사이에 모두 성고성에서 나와 퇴각하였다. 이튿날 조구는 성중에 한군이 없어진 것을 알고 성 안으로 들어갔다. 항우의 예상이 그대로 적중한 셈이었다.

성고성에서 나온 유방은 거의 10일 동안 행군을 강행하여 조나라의 도성 장경구의 성 밖 50리쯤에 도착하였다. 유방은 여기에 진영을 설치하고 아침 일찍 수십 명의 호위 군사만 거느려 성중에 있는 한신의 진영으로 찾아갔다.

이 때 한신과 장이는 어제 저녁에 마신 술이 아직 깨지 않아 아침해가 높이 솟았건만 코를 골며 자리 속에 누워 있었다.

'짐이 위급에 처해 고생하고 있는 동안 이들은 태평세월을 즐기고 있구나!'

유방이 끓어오르는 분노를 누르며 방 안을 둘러보니 갑옷과 보검이 걸린 아래로 조그만 탁자가 있고 그 위에 대원수의 인수가 보자기에 싸여 있었다.

잠시 마음을 진정시킨 유방은 말없이 탁자 위에 있는 대원수의 인수만 집어 들고 도로 나오려 했다. 그 때에야 한신이 번쩍 눈을 뜨고 자리에서 일어났다. 그는 뜻밖에도 자기 눈앞에 서 있는 유방을 보고 황급히 뛰어내려 마루 위에 꿇어 엎드렸다.

"폐하께서 이처럼 돌연히 거동하실 줄을 신이 알지 못하옵고 멀리 나가서 영접치 못한 죄는 만사무석(萬死無惜)이옵니다."

유방이 처음으로 한신을 매섭게 힐책했다.

"짐이 수십 명의 군사를 데리고 진중에 들어와 사방을 둘러보고 난 뒤에 이 방에 들어오도록 그대는 그것을 알지 못하고 코만 골고 있었소! 게다가 원수의 인수를 가지고 가도 모를 지경이니 이러고서야 적군이 잠입해서 그대의 목을 베어 간다 해도 누가 알 것이오! 그대는 이 나라를 평정하여 진수(鎭守)하고 있는 터인데 새로 항복받은 땅에 와서 이렇게 소루(疏漏)하고서야 어떻게 장수라고 할 수 있겠소!"

한신이 유방의 추상 같은 꾸짖음을 듣자 몸 둘 바를 몰라 쩔쩔매고 있을 때 그제야 옆방에서 자던 장이가 놀라 깨어나 방으로 들어와서 유방 앞에 무릎을 꿇고 엎드렸다.

"폐하, 신을 죽여 주시옵소서."

유방은 이번에는 장이를 보고 꾸짖었다.

"그대는 한 원수의 부장으로서 마땅히 군무에 최선을 다해야 함에도 불구하고 어찌 이처럼 태만하단 말인고! 만일 군법대로 다스린다면 한 원수는 폐척(廢斥)을 당해야 하고 그대는 목이 베여 여러 사람들의 경계가 되어야 할 것이다! 그러나 내 특히 그대들의 전공을 참작하여 용서하는 터이니 차후로는 이런 일이 없도록 하렷다!"

유방은 꾸짖기를 다하자 분연히 그 방을 나왔다. 한신과 장이는 허리를 있는 대로 굽히고 그의 뒤를 본진까지 따르면서 거듭 용서를 빌었다. 유방은 본진으로 돌아오자 여러 신하들을 모아 놓고 입을 열었다.

"짐이 한신의 진영에 가서 중군에 이르도록 이를 아는 사람이 없고 원수의 방에 들어가서 원수의 인수를 가지고 나와도 원수라는 사람이 이를 모르니 군에 규율이 이렇게 없고 사졸들에게 이처럼 절제가 없고서야 어찌 적을 막으며 더불어 싸울 수가 있겠소! 그래서 짐은 재주 있고 능한 사람을 택하여 그를 원수로 새로 임명하고자 하는데 경들의 의향은 어떠하오?"

장량이 놀란 얼굴로 아뢰었다.

"폐하, 이는 지극히 부당한 말씀이옵니다. 지금과 같이 어렵고 중요한 때에 어찌 한 원수와 같은 뛰어난 인재를 배척하려 하십니까. 그에게 비록 옥에 티 같은 과오는 있사오나 그 옛날 자사(子思)가 위후(衛侯)에게 간하였듯이 좋은 점은 크게 취하시고 나쁜 점은 버리도록 하소서. 더욱이 한 원수로 말씀드리면 전공이 혁혁한 터에 그만한 일로 지금 일벌백계로 다스리시면 오히려 군사의 사기를 죽이게 될 것이옵니다."

장량의 말에 진평도 나서서 거들었다.

"장자방 선생의 말씀이 옳사옵니다. 부디 폐하께서는 진노하심을 거두소서."

유방은 잠시 생각하다 말했다.

"그건 그렇다 하더라도 짐이 영양과 성고에서 초군에 포위되어 심히 다급한 지경에 이르렀음에도 이들은 짐을 구원하러 오지 않았소! 이 일은 짐이 따지고 넘어가야 하겠으니 경들은 상관치 마오!"

그러고는 한신과 장이를 불러 그 일을 문책했다. 그러자 한신이 아뢰었다.

"연과 제 두 나라는 전부터 변화무쌍한 지방이옵니다. 신의 대군이 이동한다 하면 필경 변사가 생길 것 같았고 또 영양성이 포위되었다는 소문은 들었사오나 사실의 진부를 알지 못하여 가벼이 군대를 움직이지 못했던 것이옵니다."

"그렇다면 그 동안 조나라를 평정한 지가 오래인데 지금까지 제나라를 치지 않은 것은 무슨 까닭인고?"

유방은 연거푸 또 이같이 추궁했다.

"신이 군마를 거느리고 전진(戰塵) 속에 치닫기를 대와 연에서 조에 이르렀사옵니다. 이에 군마는 지치고 장수들은 힘이 진해 있사옵니다. 그래서 신은 잠시 이 곳에 머물러 다시 군사들의 예기를 기르면서 제를 칠 준비를 하고 있었던 것이옵니다. 신이 불일간 제를 정벌하기 위하여 출군하겠사오니 폐하께서는 수무(修武)에 머무시며 승전보를 기다려 주시옵소서."

"그러면 그렇게 하오."

유방은 그제야 노엽던 마음을 풀었다. 그리고 한신이 거느리고 있는 군사들 중에서 10만을 떼어 자기 휘하에 편입시켰다.

이런 조치가 끝나자 유방은 다시 중신들과 함께 빼앗긴 성고와 영양의 두 성을 되찾는 일에 골몰하였다.

5. 반전(反轉)의 반전

그 무렵 초패왕 항우는 팽성에 와 있었다. 항우가 급히 팽성에 이르렀을 때 왕릉은 이미 군사들과 함께 북쪽의 소로를 통해 유방의 본진으로 떠난 뒤였다. 항우는 장수들을 불러 모아 말했다.

"짐이 성고에서 유방을 거의 사로잡을 뻔했는데 팽월이 우리의 양도를 끊는 바람에 뜻을 이루지 못했도다. 짐이 이참에 이놈부터 먼저 쳐야겠다."

용저가 항우 앞에 나아가 아뢰었다.

"폐하께서는 잠시 성체를 쉬소서. 신이 외황으로 나가 일개 용부(勇夫)에 지나지 않는 팽월을 사로잡아 오겠나이다."

"아니다. 팽월은 심복지환이야. 그대는 주란과 함께 3만 군을 거느리고 제나라로 가서 제왕 전광을 도우라. 그러면 한신 이놈도 감히 어쩌지 못할 것이다. 짐은 이 길로 팽월을 먼저 친 다음 정경성으로 가서 유방마저 베어야 하겠다."

항우는 이렇게 분발하고 나서 대량으로 팽월을 치러 떠났다.

탐마를 띄워 항우의 움직임을 예의 주시하고 있던 팽월은 항우가 마침내 대군을 이끌어 진군해 온다는 소식을 듣고 장수들을 모아 대적할 일을 상의하였다. 이 때 지모가 뛰어난 난포가 의견을 말했다.

"항왕이 친히 대군을 거느리고 쳐들어온다 하니 우리의 군세로는 막아 내기가 어렵습니다. 소장에게 세 가지 계책이 있사오니 대왕께서 그 중 한 가지를 선택하소서. 첫째는 북으로 곡성을 치고 창읍을 취하여 항왕이 물러갈 때를 기다리는 계책이 상계(上計)입니다. 둘째는 우리가 이 곳을 버리고 한왕 유방에게로 돌아가 그와 함께 항왕을 막는 계책이 중계(中計)입니다. 마지막 셋째는 이 곳을 사수하는 계책이니 이는 하계(下計)입니다."

"나는 상계를 취하겠다! 그럼 이 길로 곧장 곡성을 치도록 하자!"

팽월은 말을 마치기가 바쁘게 출동 준비를 서둘렀다.

이렇게 되어 항우는 피 한 방울 흘리지 않고 외황성에 입성했으나 팽월을 놓친 게 몹시 분했다. 그는 장수들을 모아 놓고 영을 내렸다.

"팽월이 짐과 싸우려 하지 않고 곡성으로 해서 창읍으로 갈 모양이다. 짐이 이놈을 잡아 목을 베어야 분이 풀릴 터이니 제장들은 즉시 군사들을 진발토록 하라!"

그 때 종리매가 급보를 아뢰었다.

"지금 탐마의 보고에 따르면 유방이 한신에게서 대군을 넘겨받아 성고와 영양을 향해 진발하였다 하옵니다. 팽월은 옴딱지에 불과하오나 유방은 심복지환이오니 먼저 유방을 무찔러 관동 지방을 차지하신 연후에 팽월을 치시더라도 늦지 않을 것이옵니다."

"그 말이 옳다. 그대는 즉시 일군을 거느리고 영양을 지키고 있는 오단을 도우라. 짐은 이 길로 성고로 가겠다."

항우는 종리매에게 군사 1만을 주어 먼저 떠나게 하고 자기는 대군을 이끌어 성고로 향하였다.

이 때 유방은 조나라를 떠나 성고에 도착하여 왕릉으로 하여금 성을 치게 했다. 그러나 항우로부터 자기가 돌아올 때까지는 출전하지 말라는 명령을 받은 조구는 굳게 지키기만 할 뿐 꿈쩍도 하지 않았다.

이를 본 유방이 왕릉을 불러 말했다.

"조구는 초의 대사마에까지 오른 자이나 성미가 급하고 자존심이 강하기로 유명한 장수라고 들었소. 사졸들로 하여금 심한 모욕을 주게 하면 참지 못하고 뛰어나올 것이니 그 때를 타서 치도록 하오."

이리하여 왕릉의 공성 작전은 기묘한 욕설 작전으로 변하고 말았다. 한군은 성 밑에 드러눕기도 하고 벌거벗고 돌아다니며 입에 담지 못할 욕을 하기도 했다.

"조구야, 이 비겁한 겁쟁이 자식아!"

"똥물에 튀겨 죽일 조구 이놈아, 썩 나오너라!"

또 어떤 놈들은 커다란 헝겊에 조구를 조롱하는 그림을 그려서 그것을 장대 끝에 매달아 높이 흔들어 대기도 했다.

이 같은 일이 며칠째 계속되자 성 안에서 꿈쩍도 하지 않던 조구가 마침내 분통을 터뜨리고 말았다. 그는 1만 군을 거느리고 질풍같이 달려 나왔다.

"네 이놈들! 모조리 죽이고 말겠다!"

조구의 호통 소리에 한군들은 거짓 패하여 도망치기 시작했다. 병기와 기고(旗鼓)마저 팽개치고 사수를 건너 달아나기에 정신이 없었다. 조구는 기고만장하여 사수를 건너 추격을 계속하였다.

조구의 군사들이 절반쯤 사수를 건넜을 때였다. 별안간 강 건너 언덕 좌우에서 요란한 철포 소리와 함께 한군의 복병들이 일제히 고함치며 벌 떼같이 일어났다.

주발·관영·주창·여마통 네 사람의 장수들이 이끄는 한군이 사방으로 초군을 에워싸고 치니 삽시간에 초군의 형세는 풍비박산이 되고 말았다. 초군으로서 죽거나 사로잡히는 자는 그 수효를 헤아릴 수 없을 지경이었다.

조구는 고군분투했으나 이미 에움을 뚫고 나아갈 수가 없었다.

"아아, 내가 너무 성급했구나!"

조구가 장탄일성(長嘆一聲)에 칼로 목을 찔러 자결해 버리니 그 피가 사수를 붉게 물들였다.

조구가 이처럼 비장한 최후를 맞았을 때 유방은 이미 성고성에 입성하여 백성들을 위무하고 있었다. 이 때 파발마가 달려와 기쁜 소식을 알렸다.

"지금 구강왕 영포 장군과 진류 태수 진동이 함께 3만 명의 군사를 거느리고 구원하러 오고 있나이다."

이윽고 두 사람이 유방 앞에 나와서 예를 올렸다. 유방은 만면에 미소를 띠고 먼저 진동에게 말하였다.

"짐이 전일에 진류를 지날 때 경이 많은 군량을 보내 주어 큰 도움이 되었소. 그런데 지금 또 영포 장군과 함께 짐을 도우니 그 공이 가히 금석에 남을 만하오."

이같이 사례하고 다시 영포에게 말하였다.

"짐이 이제 영양을 공략하려는 참이오. 때마침 잘 오셨으니 장군은 진동 장군과 함께 이 성을 지켜 주기 바라오."

"그리 하겠나이다."

영포가 쾌히 응낙하자 유방은 매우 만족했다. 그는 즉시 크게 연회를 베풀어 두 사람을 위로하였다.

이튿날 날이 밝자 유방은 군대를 인솔하고 출동하였다. 며칠 후 영양성 밖에 도착한 그는 즉시 왕릉에게 성 안의 형세를 탐지하라는 명령을 내렸다.

이 때 성 안에서는 항우의 명을 받고 성을 지키던 오단이 유방의 군대가 성 밖에 도착했다는 보고를 받고 곧 성중의 백성들 가운데 덕망 있는 노인들을 청해 회의를 열었다.

"이 사람은 영양성을 지키는 초나라의 장수이지만 일찍이 한왕을 사모해 오던 터입니다. 그래서 간과를 움직여 피를 흘리게 할 것이 아니라 일찌감치 항복하고자 하는데 여러분들의 의향은 어떠하신지 궁금하오."

오단은 이같이 자기의 심중을 솔직하게 털어놓았다. 그러자 노인들은 한가지로 입을 모아 오단의 말에 찬성하였다.

"한왕은 장자이시니 장군의 말씀이 십분 옳소이다."

이리하여 이번에는 유방이 피 한 방울 흘리지 않고 영양성에 다시 입성할 수 있었다. 유방은 오단을 극구 치하하고 이어 성 안의 백성들을 위무한 뒤에 군사들을 오창의 곡창으로 보내 군량을 확보하였다.

이처럼 모든 일이 순풍에 돛을 단 듯이 순조롭게 잘 이루어져 가고 있을 때 초장 종리매가 1만의 군사를 거느리고 성 밖 30리 되는 곳에 진을 치고 있다는 보고가 들어왔다.

유방은 즉시 왕릉을 불러 명령을 내렸다.

"종리매가 1만의 군사를 이끌고 원로에 여기까지 행군해 왔으니 장졸들이 함께 몹시 지쳐 있을 것이오. 아직 방비할 준비도 채 갖추지 못했을 터이니 이 때를 놓치지 말고 급히 치도록 하오."

왕릉은 유방의 명령에 따라 주발·관영·주창과 함께 각각 3천 명의 군사들을 인솔하고 성 밖으로 출동하였다.

과연 유방이 예상했던 대로였다. 종리매는 먼길을 급히 오느라 군사들과 함께 몹시 지쳐 있는 데다 영채도 미처 세우기 전에 정면의 관영과 동쪽의 왕릉, 서쪽의 주발, 그리고 배후의 주창, 이 네 갈래의 기습을 받고 대패하였다.

군사의 태반을 잃고 항우 앞에 나아간 종리매는 엎드려 죄를 청하였다.

"폐하, 뵈올 면목이 없사옵니다. 소장을 죽여 주소서."

항우는 잠시 묵묵히 그를 내려다보다가 탄식하듯이 혼자 중얼거렸다.

"성고를 지키던 조구는 자결해 버렸고 영양성의 오단은 항복을 했으며 영포와 진동은 유방과 합세하여 바야흐로 짐을 노리고 있는데 그대 또한 패했으니 이 일을 어찌 할꼬? 아, 이 모든 것이 범 아부가 없기 때문이야. 그가 있다면 형세가 이토록 고단하게 되지는 않았을 터인데."

"폐하, 신 등이 불민하여 폐하께 심려를 끼친 죄 만 번 죽어도 모자라겠나이다."

종리매의 목소리는 울분에 목이 메어 있었다.

"아니다! 그대는 어서 일어나라! 우선 광무산(廣武山)으로 가자! 그곳으로 가서 군대를 새롭게 가다듬어 이 원한을 씻도록 하자!"

항우는 평소의 그답지 않게 차분히 가라앉은 목소리로 말했다. 이제 항우도 사태의 심각성을 깨달았는지 그로서는 보기 드문 결심을 했다.

6. 물실호기(勿失好機)

이 때 한신은 제나라를 치기 위한 준비를 하고 있었다. 그런데 항우가 대군을 거느리고 종리매와 군대를 나누어 성고와 영양을 공격하려 한다는 소식을 듣고는 형세를 관망하고 있었다. 만일 성고나 영양에서 유방이 위태롭게 된다면 제나라를 공격하는 일보다 먼저 유방을 구원하기 위해서였다.

한신이 아직 움직이지 않고 있었지만 제나라에서는 제왕 전광이 한신의 침공에 대비해 그의 숙부 전횡과 함께 그 대비책을 열심히 숙의하고 있었다.

이러한 형세를 간파한 역이기 노인이 유방에게 나아가 아뢰었다.

"제나라의 전 씨 일족은 본시부터 강대한 족속인 데다 항왕이 구원병을 보낸다면 쉽사리 파하기가 어렵사옵니다. 이 때를 타서 신이 폐하의 조칙을 받들고 나가 제나라를 귀순시키고자 하오니 윤허하여 주시옵소서."

유방이 기뻐하며 말했다.

"과연 제왕을 설득하여 우리에게 귀순시킨다면 그보다 좋은 일이 또 어디 있겠소. 어서 그렇게 하시오."

유방의 허락을 받은 역이기 노인은 한신이 무력으로 제나라를 치기 전에 먼저 공을 세우려 종자 한 사람만 데리고 서둘러 제나라로 떠났다.

며칠 후 제왕의 알현이 허락되자 역이기는 방약무인한 태도로 제왕 앞으로 나갔다. 이 모양을 전상(殿上)에서 지켜본 제왕은 노기 띤 어조로 말했다.

"한나라 사신의 태도가 어쩌면 그리도 오만불손한가! 아마도 세객으로 여길 찾아온 모양인데 이 나라 안에는 한 치의 쇠붙이도 없는 줄 아는가!"

그러자 역이기는 더욱 뻣뻣하게 고개를 쳐들고 말했다.

"이 사람은 한왕의 사신으로서 대왕을 구원키 위해 온 사람이외다! 예의를 갖출 사람은 대왕이지 이 사람이 아니오!"

"아니, 뭐라고? 우리 제나라는 지경이 수천 리에 국부민강(國富民康)하여 문신은 내치에 힘쓰고 무신은 외적을 막아 편안하기가 반석과도 같은데 나를 구원키 위해 왔다니 그 무슨 해괴한 망발인고!"

"대왕께서는 어찌하여 이 사람을 속이려 하시나이까! 지금 한왕께서는 대갑(帶甲)이 백만에 무위(武威)는 중외에 떨치고 한신은 대군을 거느려 조나라에 주둔하고 있어 서북 지방을 석권하고 있습니다. 이에 제나라 백성들은 가마솥에 들어 있는 물고기와 같아 위태한 목숨이 조석에 걸려 있고 대왕 또한 제왕의 지위를 보전하기 어렵습니다. 제가 지금 여기 온 까닭은 만민의 생명을 구하고 대왕으로 하여금 영구히 제왕의 부귀를 누리게 하기 위해서입니다."

"비록 그렇다고는 하나 초패왕이 우리를 보호하고 있는 터에 무슨 근심할 일이 있단 말인가!"

제왕이 한풀 꺾이어 말했다.

"항왕은 이미 관중을 잃고 다섯 나라마저 빼앗긴 채 겨우 팽성으로 물러나 있습니다. 더욱이 지금은 성고에서 패하고 영양에서 낭패를 보아 고단한 형세로 광무산에 들어가 가쁜 숨을 헐떡이고 있는데 어느 때에 제나라를 돕는단 말입니까! 이제 대왕께서는 나라를 오랫동안 보존하실 장책(長策)을 써야 할 때이니 깊이 통찰하시기 바랍니다."

제왕은 마침내 한숨을 쉬며 마음을 정하였다.

"천하의 대세가 그러한 줄을 모르는 바 아니오만 한왕이 과연 맹약을 지켜 줄지 의문이오."

"한왕은 관인대도하여 일찍이 한 번 맹약한 바를 어긴 일이 없습니다. 대왕께서는 한시바삐 항서를 사자에게 주시어 한왕에게 바치도록 하십시오. 이 사람은 그간 여기 남아 한왕께서 오시기를 기다렸다가 대왕과 함께 맞아들이고자 합니다."

"그렇다면 항서를 쓰기에 앞서 한신이 군대를 거느리고 우리 나라에 오지 못하도록 해 주셔야 하지 않겠소?"

"이 사람이 곧바로 한신에게 서한을 보내리다. 저는 사사로이 대왕을 뵈러 온 사람이 아니라 한왕의 조칙을 받들고 온 몸이외다. 한신이 이 사람의 서한을 보면 곧 진군을 멈출 것입니다."

"어서 그렇게 해 주오."

역이기는 즉시 한 통의 서한을 쓴 뒤 이것을 그의 종자에게 주어 한신에게 보냈다.

한신이 서한을 받아 펴 보니 글 뜻은 대개 다음과 같았다.

    한나라 대부 역이기는 한신 대원수 휘하에 머리 숙여 글월을 올리나이다. 이 사람이 조칙을 받들고 제나라에 이르러 제왕의 귀순을 받아 싸움을 그치게 한 것은 다름 아니라 한왕의 성명(聖明)과 원수의 위덕에 의지된 바이옵니다. 싸우지 아니하고 70여 성을 평정함은 삼군으로 하여금 수고를 없게 함이요, 일국의 백성을 도탄에서 구하고자 함이므로 이제 원수께 이 뜻을 고하는 바이옵니다.

한신은 역이기의 서한을 읽어 보고 대단히 기뻐하였다. 그는 역이기의 종자에게 답서를 써 주며 말했다.

"역 대부가 나를 대신해서 이미 제나라의 항복을 받았으니 그 수고가 참으로 크셨다. 나는 이제 군대를 거두어 영양으로 돌아가 폐하와 군대를 합쳐서 초를 멸하겠다더라고 전하라."

역이기의 종자는 한신에게 절한 다음 답서를 가지고 제나라로 돌아갔다. 한신의 답서를 본 제왕 전광은 항서를 써서 유방에게 사신을 보내고 역이기를 후대하였다.

역이기는 미주호식(美酒好食)하며 유쾌한 나날을 보내었다. 자기의 세 치 혀끝으로 강대한 제나라를 한나라에 귀속시켰으니 생각할수록 마음이 즐겁기가 그지없었다.

그러나 뜻밖에도 사태는 급전직하로 역전되고 있었으니 한신에게는 연나라에서 온 책사 괴철이 있었기 때문이다.

괴철이 한신에게 건의했다.

"이제 원수께서 만일 군대를 거두어 영양으로 가셨다가는 일생의 대사를 그르치게 될까 두렵습니다."

"아니, 문통(文通: 괴철의 자)께서 그게 무슨 말이오?"

"원수께서는 대군을 거느리고 1년이 지나도록 아직 제를 공략치 못했습니다. 그러나 역이기는 단지 세 치 혀끝 하나로 제의 항복을 받았으니 원수의 위력이 한 사람의 유생에 못 미치는 바가 되고 말았습니다. 지금 군대를 거두어 영양으로 돌아가 보았자 한왕의 비웃음만 살 것이 뻔합니다. 이제 제왕이 마음놓고 있는 틈을 타서 급히 친다면 한 번 북을 쳐 제를 진압할 수 있을 것입니다."

그러나 한신은 고개를 가로 저었다.

"역이기 노인이 제에게 항복을 받은 것은 한왕의 조칙을 받들고 한 일인데 내가 새삼스러이 군대로 들이친다면 이는 분명히 왕명을 거역하는 일이 아니겠소. 또 역이기 노인의 처지도 심히 난처하게 될 것이오."

"그건 그렇지 않습니다. 한왕이 영양으로 떠날 때 원수에게 제나라를 치라고 간곡히 당부한 바 있습니다. 그럼에도 역이기가 원수의 공을 빼앗기 위해 교묘한 언사로 한왕의 마음을 충동하여 오늘의 사태가 벌어진 것입니다."

한신이 듣고 보니 딴은 그러했다. 그는 자기도 모르게 혼자 중얼거렸다.

"역이기 노인이 부질없는 노욕(老慾)을 부린 게로군."

이 때 곁에서 듣고 있던 장이가 비로소 입을 열었다.

"문통의 말씀이 옳습니다. 원수께서는 이미 곤외지권(閫外之權)을 갖고 계십니다. 대궐 밖을 나와 군대를 부림에 있어서는 군명(君命)도 따르지 않을 권한이 있사온데 항차 지금과 같이 왕명이 둘로 나뉘어서 나온 이상 이를 묵살해도 무방할 것입니다."

한신은 한참 동안 생각하다 마침내 결심한 듯 말했다.

"두 분의 의사에 좇기로 하겠소. 나는 분명 역이기 노인에 앞서 제를 치라는 왕명을 받았고 아직도 그 왕명이 취소된 바 없으니 마땅히 나의 위세를 보여 주어야겠소."

한신은 그 날로 영양으로 향하려던 군대의 진로를 제나라로 바꾸었다. 황하를 건너 제나라로 진군하는 한신의 30만 대군이 이르는 곳마다 백성들은 모두 혼비백산하여 도망을 쳤다.

이 무렵 제왕 전광은 역이기와 함께 매일 술 마시며 노래를 즐기고 있었는데 근신이 들어와서 급한 보고를 드렸다.

"한신이 30만 대군을 이끌고 국경을 침범해 들어오고 있나이다."

제왕이 대경실색하여 급히 중신들을 모으고 대책을 물었다. 전횡이 먼저 의견을 말했다.

"한신이 오랫동안 군사들의 예기를 길러 사기가 자못 왕성할 터이니 우리가 섣불리 나가서 싸우려 하다가는 패하기가 십상일 것입니다. 그러니 성 바깥으로 해자를 깊이 파고 굳게 지키며 초패왕에게 급히 구원을 청하는 것이 좋을 듯합니다. 구원병이 오면 그 때에 성문을 열고 나가 앞뒤로 협공한다면 한신은 패주하고 말 것입니다."

제왕은 그 말을 듣고 전횡에게 물었다.

"숙부님의 말씀이 옳습니다. 그런데 사신으로 와 있는 저 역 대부는 어떻게 하는 것이 좋겠습니까?"

"역 대부는 아직 그대로 두시지요. 만일 한군이 성 밑까지 가까이 오거든 또 한 번 역 대부로 하여금 한신에게 서한을 보내게 하시되 한신이 군대를 거두어 물러가면 처음 약속대로 한왕에게 복종하시고 만일 한신이 물러가지 않는다면 그 때는 역 대부를 죽이시지요."

"그게 좋겠습니다. 역 대부가 나를 속여 우리들의 방비를 허술하도록 만든 후 한신이 기습하기로 한 계략이 틀림없는 것 같습니다."

이튿날 한신의 대군은 임치성 밖 30리 지점에 영채를 세우고 나서 선봉 부대를 보내 싸움을 걸어 왔다.

제왕은 급히 역이기를 불러 힐책했다.

"대부가 전일에 서한을 보내 한신을 물러나게 하겠다고 장담하더니 오늘 이 일은 어인 연고요? 대부가 한신과 짜고 우리의 방비를 해이케 하려는 술책이 아니라면 어서 저 한신의 군대를 물러가게 해 보시오."

역이기는 자못 민망해 하며 대답했다.

"내 명백히 왕명을 받들고 왔거늘 한신이 공을 세우려 약속을 어기고 왕명을 거역하고 있습니다. 대왕께서 잠시만 기다려 주신다면 곧 나가서 한신에게 알아듣도록 말해 군대를 물리도록 하겠습니다."

"대부는 누구를 놀리는가! 대부가 이제 곧 나가서 돌아오지 않는다면 우리는 그대로 속고 말 것이 아닌가! 그러니 대부는 여기 있고 종자에게 서한을 써서 한신에게 보내도록 하라!"

역이기의 입에서 한숨이 절로 나왔다.

'내가 나가서 직접 말해도 들을지 안 들을지 모르는데 서한을 보낸다고 한신이 과연 내 말을 들어 줄까?'

역이기는 탄식하면서 급히 서한을 써서 종자를 내보냈다. 그러나 한신이 역이기의 서한을 보고 군대를 물릴 리가 없었다. 한신은 역이기의 종자에게 말했다.

"너는 돌아가서 역 대부에게 내 말을 잘 전하라. 역 대부가 예의와 절차를 아는 노인이라면 제나라로 가기에 앞서 먼저 나에게로 와서 조칙을 알렸어야 했다. 그래야 나도 왕명이 바뀌었음을 알고 진작 군사를 돌렸을 것이다. 그럼에도 역 대부는 자기 공만 앞세워 제나라로 와서 이제 나더러 돌아가라고 하니 어디 이래서야 되겠는가. 그리고 제왕 전광이나 그를 돕고 있는 전횡은 장자풍의 대인이라 홀홀히 남의 밑에 항복할 사람이 아니다. 잠시 역부족해서 항복을 가장하는 것에 불과하니 내가 이를 완파하고자 하는 것이다. 역 대부가 남의 공을 가로채려다 죽는 것은 어쩔 수 없는 자업자득이니 나를 원망치 마시라고 하여라."

종자로부터 한신의 말을 전해 들은 역이기는 고개를 툭 떨어뜨리며 탄식해 마지않았다.

"허어, 가랑이 밑을 긴 놈에게 이렇듯 처참하게 당하다니! 내가 늙어서 과욕을 부린 것도 잘못이지만 그놈 곁에 괴철이 있음을 내 미처 몰랐었구나!"

역이기의 장탄식에 이어 제왕의 호통이 떨어졌다.

"저 늙은이를 어서 기름 솥에 삶아 죽여라!"

당세의 모사 역이기는 이렇게 해서 죽고 말았다. 공을 다투다 어처구니없게 죽음을 당한 노인의 비참한 종말이 아닐 수 없었다.

이 소문은 그 이튿날 성 밖에 있는 한신의 진영에도 알려졌다. 한신은 짐짓 크게 노한 얼굴로 제장들을 불러 명령을 내렸다.

"지체하지 말고 즉시 성을 치도록 하라!"

한신은 자신이 직접 진두지휘하며 맹렬하게 성을 공격하기 시작했다. 그는 군대를 3개 조로 나누어 임치성을 철통같이 에워싸고 새벽에서 한낮, 한낮에서 저녁, 저녁에서 다시 새벽까지 교대해 가며 쉬지 않고 성을 쳤다.

이러한 한군의 교대 작전은 군사들을 쉬게 함으로써 피로를 모르고 싸울 수 있게 하는 반면에 임치성의 제나라 군사들은 계속되는 싸움에 지치게 마련이었다. 적은 병력으로 군대를 나누어 싸울 수가 없기 때문이었다.

이러한 공방전이 6일째 접어들자 전횡은 마침내 도저히 더 지킬 수 없음을 깨닫고 최후의 결전을 결심하였다.

"성 안에 가만히 앉아서 성이 깨지기를 기다리느니보다 차라리 성을 나가서 승부를 결판 짓는 게 나을 것 같습니다. 구원병이 쉽게 오지도 않을 것 같은데 이대로 싸우다가는 내일을 넘기기 어려울 것입니다."

"내 생각도 그렇습니다."

언제나 숙부 전횡의 말을 잘 듣는 제왕 전광의 대답이었다.

이리하여 날이 어두워지기를 기다려 제왕 전광과 전횡은 군사를 이끌고 성의 동문을 나와 한군 진영으로 기습해 들어갔다. 그러자 조참이 칼을 뽑아 들고 마주 나오며 소리쳤다.

"너희 놈들이 이제야 죽으러 나오는구나!"

전횡이 대로하여 창을 휘두르며 조참에게 달려들었다. 두 장수가 어우러져 싸우기 20여 합에 좀처럼 승부가 나뉘지 않았다. 이 때 한신이 대군을 휘동하여 제나라 군대를 포위하기 시작했다.

양군의 싸움은 그 날 밤을 새우지도 못하고 제나라의 참패로 끝나고 말았다. 원체가 중과부적인 데다 정예한 한군을 당할 수가 없었다. 제나라군은 풍비박산되어 제왕 전광은 고밀로 도망치고 전횡은 박양으로 도망치고 말았다.

한신은 그들이 패주하자 밤도 깊은데 혹 복병이 있을까 두려워 일단 추격을 멈추고 임치성으로 입성하였다. 여기서 군사들을 쉬게 하는 한편 백성들을 위무하였다.

고밀성으로 패주한 제왕 전광은 그 곳에서 3만 군사를 이끌고 제나라를 구하러 온 초나라 대장 용저와 주란을 만나 한숨 돌렸다.

"초패왕의 명령을 받들어 대왕을 구하러 오는 길입니다. 소장이 한신을 사로잡아 대왕의 치욕을 설분토록 하겠습니다."

용저가 제왕을 위로하며 말했다.

"고맙소이다."

제왕은 감격하여 사례하였다.

한신은 용저와 주란이 거느린 초의 구원병이 고밀에 입성해 있다는 보고를 듣고 성 밖 10리 지점에 진을 치고 장수들을 불러 말했다.

"용저는 항왕이 극히 아끼는 초의 명장으로 무예가 절륜하나 성미가 급하고 오만한 것이 흠이오. 이는 꾀를 써서 잡도록 해야 할 것이오."

그는 이어 조참에게 명령을 내렸다.

"장군은 3만 군사를 거느리고 은밀히 유수의 상류로 가 모래 포대로 강물을 막도록 하시오. 이틀 뒤 밤중에 강둑에 큰 등불을 켜 놓을 터이니 그 등불이 깨어지거든 이를 신호로 강물을 틔우고 적을 치도록 하오."

한편, 고밀성에서는 용저가 그의 부장 주란에게 말했다.

"내 마음 같아서는 지금이라도 당장 쳐 나가 한신 이놈을 사로잡고 싶지만 먼길에 군사들이 지쳐 있어 참는 중이야. 내 내일 전서(戰書)를 보내 한신 이놈을 잡아 폐하께 바쳐야지."

이에 주란이 대답했다.

"한신은 용병의 귀재로 널리 알려져 있는 장수입니다. 장군께서는 결코 가벼이 보아서는 안 됩니다."

"거 무슨 소리! 저놈이 아직 강자를 못 만났기 때문에 그런 소문이 난 것에 불과해."

용저는 이렇게 큰소리를 치고는 이튿날 군사 한 사람을 한신에게 사자로 보내 전서를 전하게 했다. 한신은 전서를 읽고 나자 뜻밖에도 용저의 사자에게 곤장 30대를 치게 하고는 그의 이마에 붉은 물감으로 '명일 결전'이라는 네 글자를 문신으로 새겨 쫓듯이 내보냈다. 이는 말할 것도 없이 용저를 격노케 하려는 한신의 계책이었다.

사자의 처참한 꼴을 본 용저는 대로하여 칼자루를 잡고 부르르 떨었다.

"이런 쳐죽일 놈을 보았나! 그래, 내일 네놈의 이마빼기에다가 '사타구니 밑을 긴 놈'이라고 새겨 주마. 에잇, 내 이 원한을 반드시 풀고야 말리라!"

다음날 아침 일찍 용저는 군사들의 선두에 서서 성을 나섰다. 한신 역시 군사를 거느리고 나와 용저를 맞았다.

용저는 한신을 보자 이를 갈며 호통을 쳤다.

"네 이놈, 한신아! 오늘은 네놈이 내 사타구니 밑을 기도록 만들어 주겠다!"

한신은 하늘을 우러러 크게 웃었다.

"하하하! 하찮은 무용만 믿고 큰소리치는 놈! 네놈은 오늘 이미 죽은 송장이나 마찬가지라는 걸 아느냐?"

이 말에 용저는 대로하여 말을 박차고 나가 한신을 취하였다. 두 필의 말이 서로 사귀고 두 자루 칼이 서로 어우러져 싸우기 10여 합에 한신은 맹장 용저를 당할 수 없는 듯 말 머리를 홱 돌려 달아나기 시작했다. 용저는 이를 놓칠세라 급히 그 뒤를 쫓았다.

원래 기마에 능하며 재빠르고 날쌘 한신은 도망하는 데도 능수였다. 요리조리 용저의 추격을 따돌리며 어느덧 유수에 이르렀다. 이 강은 한겨울에도 수심이 깊고 강폭이 넓기로 유명한 큰 강이었다. 그런데 웬일인지 수심은 겨우 말굽에 찰 정도였다.

이 얕은 강을 한신과 그의 군사들은 어렵지 않게 건너 강기슭 저쪽으로 달아나고 있었다. 용저도 이에 뒤따라 막 강을 건너려는데 주란이 급히 앞을 막으며 말했다.

"강을 건너지 마십시오! 이 강은 수심이 깊기로 유명한 강인데 이처럼 얕은 걸 보면 강 상류를 막아 둔 것이 분명합니다! 이는 한신의 계교이니 우리 군사들이 강을 건널 때 강물을 터 놓으려는 흉계입니다!"

"음, 그럴지도 모르겠군."

용저는 의외로 순순히 주란의 말을 받아들여 그 자리에서 군대를 멈춰 쉬게 하는 한편 점심을 겸한 저녁 식사를 준비하도록 했다. 하루 종일 싸우느라 아직 점심도 먹지 못했던 것이다.

식사를 마치고 나자 어느덧 짧은 겨울 해가 지고 사방이 어둑어둑해졌다. 그 때 한참 동안 강물만 지켜보고 있던 용저가 주란을 불러 말했다.

"그대가 아까 한 말은 지나친 기우였네. 이걸 한번 보게. 지금껏 강물은 그대로이지 않은가. 아무리 강 상류를 막았다 해도 지금까지 이 모양일 수가 있나. 더욱이 지금은 수량(水量)이 많지 않은 겨울철이지 않은가."

"……."

용저의 말에도 일리가 있다고 생각한 주란이 더 이상 할말을 찾지 못하고 있을 때 탐마가 나는 듯이 달려와 보고했다.

"강 건너 20리 지점에서 한군이 저녁 취사 준비를 하고 있습니다."

"뭐, 한군이 취사 준비를?"

용저는 자리에서 벌떡 몸을 일으키며 소리쳤다.

"전군은 즉시 출동하라!"

용저는 주란이 뭐라고 말하기도 전에 성큼 말 위에 올라 앞장서서 강을 건너기 시작했다. 뒤이어 초의 대군이 가득히 깔리듯 강을 건너고 있었다.

용저가 강을 다 건너 언덕에 닿자 그 곳에 말뚝이 박혀 있고 그 말뚝에 커다란 등롱이 불을 밝힌 채 걸려 있었다. 용저가 이상하게 생각하고 가까이 가 본즉 등롱에 글이 씌어 있었다.

"이게 뭔가?"

용저는 한 줄로 커다랗게 쓰인 글을 읽어 보았다.

조등구 참용저(弔燈毬斬龍沮: 용저의 머리를 베어 등불로 조상하노라).

용저는 읽기를 다하자 화가 머리끝까지 치솟았다.

"이 무슨 어린애 장난 같은 짓인가!"

그는 칼을 뽑아 등롱을 후려쳤다. 그러자 등불은 꺼지고 사방이 컴컴해졌다. 이와 동시에 갑자기 요란한 고함 소리와 함께 한군이 좌우에서 벌 떼처럼 일어나고 강 위로 집채만한 물결이 높은 파도를 일으키면서 쏟아져 내려왔다.

초군들은 혼비백산하여 먼저 강에서 벗어나려고 서로 떠밀고 넘어지는 동안에 물에 빠져 죽거나 밟혀 죽는 자가 부지기수였다. 용저는 기가 막혔다. 선두로 강을 건너 겨우 2, 3천 명밖에 안 되는 군사로 한의 대군과 맞붙어 싸울 수밖에 없었다.

캄캄한 밤인데 뒤는 도도한 유수요 앞에는 한신이 대군을 몰고 짓쳐오며 강 위쪽에서는 조참이 거느린 3만 군이 풍우처럼 내달려오고 있었다. 용저는 싸울 마음이 없어 이리저리 에움을 뚫고 달아나려 하고 있을 때 조참이 탄 성난 말이 바람처럼 용저 앞에 나타났다.

"용저는 내 칼을 받으라!"

대갈일성과 함께 조참의 보도는 희미한 달빛을 가르며 용저의 목을 베어 땅에 떨어뜨렸다.

이 때 고밀성의 제왕 전광은 용저가 죽고 초의 구원병들이 거의 전멸했다는 소식을 듣자 서둘러 성에서 나와 도망쳤다. 그러나 얼마 가지 못해 맞은편에서 말을 달려오는 한 장수와 맞닥뜨리게 되었다.

"제왕은 도망하지 말라!"

마주 오던 장수는 무 베듯 제왕의 호위병들을 베어 넘기고 눈 깜짝할 사이에 제왕을 수레에서 끌어내렸다. 제왕을 사로잡은 장수는 하후영이었다.

하후영이 제왕을 한신에게로 끌고 가자 한신은 웃으며 말했다.

"반복무상(叛服無常)한 자를 살려 두어 무엇에 쓰겠는가."

이어서 끌어내어 목을 베라고 명령하였다.

한신은 하후영과 함께 고밀성으로 들어가 백성들을 위무하였다. 며칠 사이에 이 소식을 들은 각처의 태수와 현령들이 모두 한신을 찾아와 항복을 했다. 제나라 전토가 완전히 평정된 것이다.

한신은 진영을 옮기어 대군을 임치성에 주둔시킨 다음 비로소 제왕의 궁정으로 들어갔다. 진시황의 아방궁에 다음간다는 유명한 왕궁이었다. 높은 누각과 화려한 궁실은 금은주옥으로 화려하게 수놓여 있고 비단 방석에 화류 탁자와 안석은 아름다운 조각으로 장식되어 있었다. 한신의 얼굴에 만족한 미소가 떠올랐다.

7. 제왕(齊王)이 된 한신

이 때 한신의 곁에서 그를 모시고 있던 괴철이 의미심장한 말을 했다.
"본시 제나라는 육국 중에서도 국토가 가장 광대하고 산물이 풍부할 뿐더러 뒤로는 산을 등지고 앞으로는 바다를 안고 있어 가히 기업(基業)을 이룰 만한 곳입니다. 지금 원수께서 이 같은 나라를 평정하시어 모든 군현이 복종하는 터이니 때를 놓치지 말고 속히 한왕께 표문을 올려 제왕의 인수를 받아 이 나라를 다스리도록 하십시오."
한신은 그 말이 듣기에 싫지는 않은 모양이나 유예하여 얼른 결단을 내리지 못하고 난색을 표했다.
"대부의 말이 사리에 합당하나 남의 신하된 도리에 내가 어찌 그것을 먼저 청할 수 있겠소?"
"아닙니다! 때를 놓쳐서는 뒤에 반드시 후회하게 될 것입니다. 깊이 생각하시어 결단을 내리십시오."
한신도 괴철의 말이 무엇을 뜻하는지 모를 리 없었다. 그러나 너무도 엄청난 일이라 함부로 대답할 성질의 것이 아니었다.
바로 이 때 유방이 보낸 사자가 칙서를 가지고 왔다. 한신은 사자를 맞아 칙서를 두 손으로 받아 읽었다.

짐이 원수의 계책으로 초의 여러 지방을 얻었으나 초패왕은 아직도 태공을 억류하고 있으므로 짐의 흉중이 억색(臆塞)하고 간장이 끊어지는 듯하도다. 더욱이 초패왕은 광무산에 들어 짐과 더불어 자웅을 결하려 하는데 짐이 거느린 사졸과 군마가 모두 피곤한지라 접전해서 이기기 어려우니 어찌 하면 좋으리오. 생각건대 원수는 제나라를 공략하여 이긴 늠름한 사기로써 초패왕을 무찌르기에 넉넉할 터이니 속히 짐에게 와서 짐의 안타까운 마음을 덜게 할지어다.

칙서를 읽고 난 한신은 유방의 사자를 융숭하게 대접하도록 이르고는 따로 괴철을 불러 이 일을 숙의했다.

괴철이 말했다.

"원수께선 제왕으로 봉해 달라는 표문을 써서 주숙에게 주어 한왕의 사자와 함께 영양으로 가게 하십시오. 주숙이 제왕의 인수를 받아 오면 왕위에 오르신 다음 군대를 내어 한왕을 도우십시오. 짐작하건대 한왕은 이번에 원수를 제왕에 봉하지 않을 수 없을 것입니다."

"대부의 말씀이 옳소이다."

괴철의 말을 들은 한신은 은근히 기쁨을 감추지 못했다.

그로부터 이틀 후에 영양에 도착한 주숙과 사자는 유방에게 한신의 표문을 올렸다. 유방이 받아서 펴 보니 글 뜻은 다음과 같았다.

　　신 한신은 돈수재배하고 폐하께 감히 표문을 올리나이다. 나라에 임금이 없으면 백성을 다스리지 못하고 백성들에게 법령이 없으면 무엇으로 그 백성들을 복종케 할 수 있겠나이까. 신이 천위(天威)에 힘입어 비록 제나라를 평정하였으나 고래로 이 나라는 반복무상하여 혹시나 변란이 생기지 아니할까 두렵사옵니다. 엎드려 바라옵건대 신에게 제왕의 인(印)을 내리시어 신이 잠시 가왕(假王)이 되어 이 땅을 진정한 후에 군대를 인솔하여 어가를 모시고 항왕을 쳐서 깨뜨리려 하오니 이같이 하면 강토는 통일되고 백성은 편안함을 얻을 것이옵니다.

한신의 표문을 다 읽고 나자 유방은 발연(勃然)하여 말했다.

"한신이 어찌 이리도 무례한가! 짐이 이 곳에서 오랫동안 곤욕을 당하고 있건만 와서 구하지 아니하고 지금 도리어 제왕이 되겠다고 한단 말인가!"

이 때 장량이 급히 유방에게로 다가가 그의 귀에다 입을 가까이 대고 나직이 말했다.

"폐하, 지금 우리는 아주 불리한 처지에 놓여 있사옵니다. 한 원수가 스스로 왕이 되겠다고 하는 청은 무례한 일이나 초군을 눈앞에 두고 어찌 이를 만류하겠사옵니까. 차라리 그가 원하는 대로 쾌히 제왕으로 봉해 주면 그는 은혜에 감동하여 기꺼이 초를 칠 것이옵니다. 하오나 만일 이를 거절하시면 그가 어떤 환란을 일으킬까 두렵사옵니다."

옆에서 듣고 있던 진평도 가만히 고개를 끄덕여 장량의 말에 찬동하는 뜻을 표했다. 유방은 크게 깨닫고 곧 주숙을 향하여 말했다.

"그대는 짐의 말을 한 원수에게 전하라. 대장부가 강국 제나라를 쳐서 평정했으면 그대로 왕이 되는 것이지 구차하게 어찌 가왕이 되려는가 하고 짐이 호통을 치더라 일러라. 짐은 한 원수를 제나라의 영구한 왕으로 봉하노라!"

유방의 임기응변도 일품이었다.

여하튼 유방은 즉시 크게 연석을 베풀고 주숙을 융숭히 대접하였다. 이 자리에서 유방은 이런저런 이야기 끝에 제왕에게 죽음을 당한 역이기의 일을 떠올리며 몹시 비감 섞인 어조로 말했다.

"역 대부가 그 옛날 고양(高陽)에서 짐에게 종군하여 지금까지 세운 공로가 무척 많았는데 어리석은 제왕의 오해로 죽음을 당했으니 참으로 애석한 일이로다. 내 어찌 그의 자손에게 후한 작록을 내리지 않을 수 있으리오."

유방은 능란한 말솜씨로 또 한 번 한신의 심기를 건드리는 말을 슬쩍 피했다. 역이기가 한신 때문에 죽은 것을 유방은 꿰뚫어 알고 있었다.

유방은 이어 기록관을 들게 하여 역이기의 이름을 명부에 적도록 하면서 그 붓을 손수 받아 주숙이 보는 앞에서 한신을 제왕에 봉하는 칙서를 썼다.

다음날 유방은 장량에게 제왕의 인수와 칙서를 주어 주숙과 함께 임치성으로 보냈다.

한신은 1년여 만에 장량을 만나는데 그가 인수와 칙서까지 가지고 오자 그것을 받고는 크게 감격하여 유방이 있는 영양 쪽을 향해 거듭 절하여 사례하였다.

그리고 문무 제신들을 모은 가운데 마침내 왕위에 올라 백관들의 배하(拜賀)를 받았다. 이로써 한신은 이 날부터 제나라의 왕이 되었다.

배하(拜賀)의 예가 끝나자 한신은 크게 연회를 베풀고 연하여 수일 동안 잔치를 즐겼다. 장량은 제나라를 떠나는 날 한신과 작별하면서 간곡히 당부하였다.

"폐하가 영양에 계시면서 조석으로 침식이 불안하시니 제왕께서는 속히 군마를 거느리고 나와 주십시오."

한신이 머리를 숙이며 대답했다.

"선생께서는 조금도 염려 마십시오. 곧 격문을 군현에 보내 군사를 더 모아 앞으로 열흘 이내에 반드시 이 곳을 출발하겠습니다. 이 말씀을 폐하께도 아뢰어 주십시오."

"잘 부탁하오."

장량이 떠나자 한신은 제나라의 왕명으로 각 군현에 군사를 모으기 위한 격문을 띄우는 한편으로 출전 준비를 서둘렀다.

8. 모사쟁공(謀士爭功)

용저의 죽음은 광무산에서 의기소침해 있는 항우에게 또 한 번 큰 충격을 주었다. 초나라의 간성(干城)이 허물어지는 듯한 위기감마저 느꼈다. 그는 놀라움과 실망이 큰 나머지 처음으로 한신에 대해 두려운 마음까지 들었다.

"짐은 여태껏 한신을 한낱 비렁뱅이 필부로만 알고 있었는데 과연 전필승(戰必勝) 공필취(攻必取)의 명장임에 틀림없소. 그를 중용하거나 아니면 죽이라고 한 범 아부의 말이 새삼 생각나는구려."

항우의 말은 탄식에 가까웠다. 이를 듣고 있던 종리매가 항우 앞에 엎드려 아뢰었다.

"목하 한신의 위명이 유방을 누르고 있으니 이 두 사람 사이를 갈라놓을 수만 있다면 유방은 힘을 쓰지 못할 것이옵니다. 지금 우간의 직위에 있는 무섭(武涉)은 우이 땅 출신으로 지혜는 소진보다 낫고 언변은 자공을 능가하는 세객이옵니다. 이 사람을 사자로 삼아 한신에게 한번 보내 보는 것이 어떠하올지요?"

"장군의 말이 십분 합당하오."

종리매의 진언에 항백도 찬동하였다. 항우는 즉시 무섭을 불러들여 명했다.

"우간의는 한신을 달래어 짐에게 귀순토록 하되 그것이 여의치 않으면 최소한 한신이 홀로 서도록 부추겨 보라."

한신은 항우의 사자가 왔다는 전갈을 받고 혼자 생각했다.

'변설에 능한 무섭이 사자로 온 것을 보니 나를 설득하러 왔음이 분명하구나.'

한신은 그를 불러들였다. 무섭은 한신에게 깍듯이 왕에 대한 예로써 대하였다. 한신은 이를 만류하였다.

"왜 이러시오? 우간의는 내가 초를 섬길 때 다 같은 초나라의 신하가 아니었소."

이렇게 말하자 무섭이 차분히 대답했다.

"천만의 말씀입니다. 대왕께서 이제 백만 대군을 거느리고 광대한 제나라의 왕으로 계신데 어찌 새삼스럽게 초에 계실 때와 비교해 말할 수 있겠습니까. 이 사람이 대왕을 찾아뵙는 뜻도 초패왕의 뜻으로 양국의 우호를 길이 맺어 무궁한 부귀를 함께 누리고자 함이올시다."

"무릇 사람의 몸으로 가장 높은 자리는 일국의 왕일 것이외다. 내 이미 제나라의 왕이 되어 부귀가 극에 달했거늘 달리 또 무엇을 바라겠소."

한신이 웃으면서 다소 겸연쩍어하자 무섭이 정색하고 말했다.

"대단히 죄송한 말씀이오나 지금 대왕께서 이 사람의 말씀을 들으시면 제왕의 지위를 영구히 누릴 수 있을 것이지만 그렇지 아니하면 오늘 초나라를 멸망시키실지라도 내일은 제왕의 지위를 보존하지 못할 것입니다."

"아니, 그게 무슨 말씀이오?"

한신의 얼굴에서 웃음이 사라졌다.

"한왕 유방은 천하를 다 삼키지 않고는 만족할 줄 모르는 탐욕자이며 초패왕이 몇 번이나 그를 불쌍히 여겨 살려 주었건만 번번이 약속을 어기고 이제 와서는 오히려 은혜를 원수로 갚는 배신자입니다. 초패왕께서 이 사람을 여기 보내신 뜻은 대왕과 우호 관계를 맺고 한왕과 세 사람이 천하를 삼분(三分)하여 정족지세(鼎足之勢)를 이루어 강토를 나누어 가지고자 함이올시다. 이렇게 되면 대왕의 기계(奇計)와 묘책은 본시 초패왕이나 한왕보다 위에 있으므로 부귀를 영구히 누리실 수 있을 것입니다."

실로 중대한 제안이고 과녁을 꿰뚫은 말이었다. 그러나 천하의 운세가 유방의 것이었기 때문이거나 한신의 그릇이 크지 못한 때문이었는지는 몰라도 한신은 무섭의 말에 고개를 흔들며 대답했다.

"우간의의 말씀이 이치에 맞는 것은 분명하오. 그렇지만 내가 초에 있을 때 초패왕은 언불청(言不聽)에 계불용(計不用)으로 내 말은 들어주지 않고 내 계책은 써 주지 않았소. 그래서 나는 초를 버리고 한나라로 온 것이오. 한왕은 내게 대원수의 인수를 주고 언청계종(言聽計從)이란 말 그대로 내 말을 듣고 내 계책을 따랐소. 그랬기에 내가 공을 세울 수 있었고 오늘날 마침내 제왕이 된 것인데 내가 어찌 이를 배반할 수 있겠소. 내 마음은 이미 정해져 있으니 우간의는 어서 돌아가셔서 이 말을 그대로 초패왕에게 전해 주시오."

한신의 결심이 단호한지라 무섭은 더 말을 못하고 왕궁을 나와 그 길로 팽성으로 돌아가고 말았다.

이렇게 무섭이 하릴없이 떠나고 난 뒤에야 잠시 지방에 나갔던 괴철이 돌아왔다. 일이 잘 안 되느라고 서로 오가는 때가 엇갈린 것이었다. 이것이 한신의 운명이고 괴철의 팔자인지도 모를 일이었다.

괴철은 한신으로부터 초의 사자로 무섭이 왔다 간 전말을 다 듣고 나서 길게 한숨을 쉬며 말했다.

"대왕께서는 어찌하여 좋은 기회를 스스로 버리십니까?"

"그건 왜 그렇소?"

"신의 생각으로는 대왕께서 천하를 삼분하여 가지신 후에 제나라를 기반으로 하여 연·조 두 나라를 이끌고 서쪽으로 치고 나아가신다면 천하 대왕의 것이 되고 백성들은 그림자와 같이 따라올 것입니다. 하늘이 주시는 것을 받지 아니하면 도리어 괴로움을 당하고 때가 이르렀음에도 행하지 아니하면 도리어 재앙을 받는 법입니다. 대왕께서는 깊이 통찰하시어 기회를 놓치지 마옵소서."

그러나 한신의 마음은 요지부동이었다.

"그게 무슨 말이오? 한왕께서 나를 예로써 대하고 후한 봉작을 내리셨거늘 내 어찌 소리(小利)를 탐하여 대의를 저버릴 수 있단 말이오?"

"옛말에 이르기를 야수가 없어지면 사냥개로 개장국을 만든다고 하였습니다. 지혜와 용맹이 주인으로 하여금 두려움을 느끼게 하는 자는 몸이 위태로워지고 공훈이 천하를 덮는 자에게는 오히려 상을 주지 않는 법이옵니다. 대왕의 용병술은 한왕이 두려워하는 바이고 대왕이 세운 공훈은 가히 천하를 덮고 있으니 어찌 대왕의 일신이 안전할 수 있으며 상 받기를 기대할 수 있겠습니까. 엎드려 비옵건대 깊이 생각하소서."

"……."

한신은 그 말을 듣고 묵묵히 대답이 없었다. 천만 가지 생각이 그의 머리속을 오락가락하고 있는 듯했다. 그 때 돌연 뜰 아래에서 큰 소리로 외치는 사람이 있었다.

"대왕께서는 결단코 문통의 말을 듣지 마소서. 그의 말은 하늘의 뜻을 거스르고 도리에 맞지 않는 망언이옵니다. 소신이 문통과 함께 한왕 앞으로 나아가 명백하게 시비를 가리겠사옵니다."

괴철이 깜짝 놀라 밖을 내다보니 대중대부 육가였다. 순간 괴철의 얼굴이 창백하게 질렸다.

육가는 안으로 들어와 괴철을 정면으로 바라보며 말을 이었다.

"문통 선생은 내 말을 들어 보시오. 능히 사물을 평론하려면 먼저 그 형세를 살피고 다음에 그 형상을 보아야 할 것입니다. 지금 천하의 대세를 말한다면 초나라는 이기고 있는 것 같으나 형상으로만 이기고 있는 것이고 한나라는 약한 것 같지만 형상으로만 약하게 보이는 것입니다. 비록 강약성쇠가 아직 미정이지만 한왕은 잠시 불리해서 힘을 펴지 못하고 있을 뿐 이미 천하의 팔구를 얻었고 관인후덕하여 민심이 따르고 있습니다. 이에 비해 항왕은 왜소해진 땅덩이에다 무도강폭하여 백성들의 원성이 드높습니다. 대부는 이 같은 형세를 살피지 못하고 함부로 입을 놀리니 앙화가 멀지 않을 것입니다."

괴철은 묵묵부답으로 있는 한신과 사정없이 자기를 질타하는 육가를 한동안 번갈아 보다가 깊은 한숨을 쉬며 말없이 물러나갔다.

'내가 앞으로 대공을 세운다 할지라도 한신에게 배반하라 권했다는 사실이 알려지면 그 때 나는 죽음 목숨이나 다름이 없지 않은가.'

괴철은 그 길로 제왕의 궁전을 나와 거리로 돌아다니며 미친 사람 흉내를 내기 시작했다. 그의 심중을 누구보다 잘 아는 한신이었지만 그와 대면하는 것이 마음에 부담이 되어 그를 다시 부르지 않았다.

다만 마음속으로 그의 날카로운 혜안에 탄복하면서도 대군을 이끌고 영양으로 출전할 준비에 바빴다. 초를 멸하고 나서 누리게 될 일등 공신의 부귀영화와 공명심에 그의 마음은 한껏 부풀어 있었다.

이 무렵 항우는 한신을 설득하러 갔던 무섭이 허탕을 치고 돌아오자 결국 맞붙어 승부를 결하기로 마음을 굳히고 10만 대군으로 영양성부터 치기로 하였다.

이 소식은 곧 영양성의 유방에게 전달되었다. 유방은 사자를 한신에게 보내 속히 와서 도울 것을 재촉하는 한편 제장들을 모아 방비책을 숙의했다. 이 때 함양에 있던 승상 소하가 한 장수를 데리고 와서 유방에게 아뢰었다.

"폐하, 이 장수의 이름은 누번으로 멀리 북연(北燕) 땅에서 폐하의 성덕을 사모하여 찾아온 번장(蕃將)이옵니다. 실로 만부부당의 용맹이 있사오니 수하에 거두어 주시옵소서."

유방이 눈을 들어 누번을 보니 신재(身材)는 우람하여 9척을 넘고 기골은 강건하여 바윗돌과 같았다. 유방은 크게 기뻐하며 그에게 특별히 갑옷 한 벌을 지어 입게 하고 황금 백 냥을 내린 다음 장하(帳下)의 대장으로 임명하였다. 이어 유방은 그 자리에서 누번을 선봉으로 삼고 왕릉과 주발에게 그를 도우라 명하였다.

이튿날 항우는 환초·정공·옹치·우자기 등 네 장수를 선봉으로 하여 싸움을 걸어 왔다. 초군의 선봉장들이 보니 처음 보는 거한(巨漢)이 말

한마디 없이 군대를 휘몰아 오며 네 장수들에게 달려들었다.

누번이 혼자서 초장 네 사람을 상대로 싸우는데 그의 무예는 참으로 절륜하여 조금도 흐트러짐이 없었다. 이들과 어우러져 싸우기 50합이 넘었건만 정신은 더욱 맑아지고 검풍(劍風)은 갈수록 날카로워졌다.

네 장수는 약속이나 한 듯 일제히 말 머리를 돌려 도망을 치기 시작했다. 이를 본 초의 진영에서는 계포·이번·장월·항앙 등 네 장수가 교대로 한꺼번에 누번에게 달려들었다. 누번은 조금도 어려워하지 않고 다시 이들과 20여 합을 싸웠다.

이 때 왕릉과 주발이 군사들을 휘몰아 짓쳐들어가자 계포 등 네 장수는 또 아까처럼 일제히 도망을 쳤다. 누번은 칼을 거두고 마상에서 연달아 활을 쏘아 이번과 장월 두 장수를 말 아래로 떨어뜨렸다. 이를 본 항앙이 두 장수를 구하려고 달려왔지만 왕릉의 칼날이 한 번 번쩍하자 항앙의 머리가 땅에 굴렀다.

이 모양을 지켜보고 있던 항우가 크게 노하여 초천검을 높이 들고 오추마를 급히 몰아 나오며 벽력같은 호통을 쳤다.

"네 이놈!"

싸움은 기세가 좌우한다고 했던가. 천하의 누번도 항우의 호통 소리를 듣자 온몸이 굳어진 듯 잠시 어쩔 줄을 모르다가 마침내 말 머리를 돌려 달아나기 시작했다. 누번이 이 모양이 되니 왕릉과 주발도 말 머리를 돌렸다.

그러자 지금까지 기세등등하던 한군은 삽시간에 대오가 흐트러져 각자 목숨을 지키려고 도망하기에 바빴다. 그 뒤를 초군이 급히 들이쳤다. 전세는 역전되어 한군으로서 죽거나 다친 자들이 부지기수였다.

멀리 후진에서 전세를 관망하던 유방이 놀라서 물었다.

"누번을 쫓는 장수가 누군고?"

"항우이옵니다."

"뭐? 항우라고?"

유방은 적지 아니 당황하여 얼굴빛이 달라졌다. 그는 아무래도 항우를 당해 낼 수 없음을 알고 먼저 말 머리를 돌려 영양성으로 향했다. 여러 장수들이 유방을 보호하면서 함께 도망을 쳤다.

그런데 언제 매복하고 기다렸는지 종리매가 일군을 거느리고 앞길을 막으면서 무수히 활을 쏘아 댔다. 유방은 간담이 서늘해졌다. 그를 옹위하여 달리는 여러 장수와 군사들의 방패막이로 겨우 몸을 피하며 정신없이 달리는데 화살 한 대가 가슴에 와서 '퍽!' 하고 꽂히었다.

"으음!"

유방은 달리는 말 위에서 한 손으로 가슴을 더듬어 화살을 뽑아 던졌다. 다행히 그것은 유시(流矢)여서 깊이 꽂히지는 않았다. 그는 이를 악물고 아픔을 참으면서 계속 말을 달렸다.

이렇게 유방이 일전에서 참패당하고 겨우 영양성에 입성하자 뜻밖에도 초군이 서둘러 퇴각을 하는 것이었다. 모두들 의아해 하고 있을 때 탐마가 나는 듯이 달려와 보고를 올렸다.

"한신 원수가 10만 대군을 거느리고 성고성에 도착했으며 팽월 장군이 적의 양도를 끊었사옵니다."

유방은 비로소 한숨 돌리며 침상에 드러누웠다. 화살에 다친 가슴의 상처가 몹시 쑤시고 저렸다. 그가 고통을 참으며 신음하고 있을 때 장량과 진평이 찾아왔다.

"고통이 심하옵니까?"

"차마 견딜 수가 없소."

"비록 그러하오나 항왕이 기세가 꺾이어 본진으로 후퇴하였고 한신은 이미 성고성까지 나와 있으니 이 때를 타서 속히 성고로 가시어 한신과

회동하시고 급히 항왕을 치셔야 하옵니다. 지금이 아주 중대한 시기이옵
니다. 황공하오나 어서 자리에서 일어나소서."
　장량의 말이 끝나자 유방은 벌떡 일어났다.
　"선생의 생각이 옳소이다. 말씀대로 하겠소!"
　그러면서 장수들을 불러 출전 준비를 명령하였다.
　"내일 새벽이면 항우가 또 공격해 올지 모르니 오늘 밤 어둠을 타서
성고로 가도록 하라!"
　한편, 항우 역시 장수들을 모아 놓고 영을 내렸다.
　"한신이 대군을 이끌고 왔는데 이어 팽월이 또 우리의 양도를 끊었
소. 이 곳에서는 아무래도 저들을 감당하기 어렵겠으니 다시 광무산으로
가서 그 곳에서 결전을 벌이는 것이 좋겠소."
　"폐하의 성견(聖見)이 십분 지당하십니다."
　군사 항백이 찬동하자 종리매가 의견을 말했다.
　"폐하, 그렇다면 이 밤에 어둠을 타서 군대를 옮기도록 하소서."
　"좋은 생각이오."
　이리하여 이 날 밤에는 기묘하게도 한군과 초군 모두가 각자의 계책
에 따라 야음을 이용하여 거의 같은 시간에 은밀히 군대를 이동시켰다.

9. 광무산(廣武山) 대전

　항우는 광무산 아래에 영채를 세운 후 항백과 종리매를 불렀다.
　"지금 우리는 저들에 비해 군사도 적은데 군량마저 넉넉하지 못하여
오래 싸울 수 없으니 이에 대한 계책이 없겠소?"
　종리매가 나서서 아뢰었다.

"폐하께서는 달갑지 않게 여기실지 모르나 전쟁이란 비정한 것이옵니다. 아뢰옵기 황송하오나 만일의 경우에 대비해 팽성에 있는 유방의 권속들을 이리 데리고 와서 볼모로 이용하는 것이 어떨까 하옵니다."

항우는 한참 동안 생각하더니 종리매의 의견을 받아들였다.

"짐의 성미에 맞지 않는 일이지만 일단 그렇게 해 보라. 유방 그 필부놈이 사항계까지 써서 짐을 속이니 짐도 어느새 그놈을 닮게 되는구나."

이튿날 유방의 권속들이 모두 광무로 끌려 왔다. 항우는 유방의 부친 태공을 보고 말했다.

"그대의 아들 유방이 짐에게 항거하니 마땅히 그의 구족을 멸할 일이로다. 이는 그대나 가족들을 조금도 염두에 두지 않음이라 불효막심도 천지간에 이만한 경우가 없으리로다. 그러니 그대가 지금 서신을 써서 그대 아들로 하여금 군대를 물리게 타일러 보라. 만일 그렇게 된다면 그대의 권속들을 성고로 돌려보내 주리라."

태공은 어쩔 수 없이 아들 유방에게 보내는 편지를 썼다. 태공의 편지는 항우의 명에 따라 중대부 송자련이 성고의 유방에게 전달했다.

유방은 태공의 편지를 펼쳐 보았다.

가아(家兒) 유방은 보아라. 천하에 골육지간보다 중한 것이 없거늘 너는 공명과 부귀를 소중히 알고 아비 보기를 길가에 있는 사람같이 하니 어찌 통탄치 않을 수 있으랴. 다행히 이 아비와 네 처는 초패왕 폐하의 불살지은(不殺之恩)을 입어 하루 세 끼의 밥을 먹으면서 연명하고 있으나 불효자식을 둔 부끄러움으로 한시도 편할 날이 없구나. 그러니 너는 속히 군대를 거두어 돌아가도록 하라. 그리하여 부자와 부부가 일실에 모이게 된다면 그 아니 좋겠느냐. 만일 군사를 주둔시켜 싸움을 계속한다면 내 목숨은 붙어 있지 못할 것이니 네 어찌 마음이 편할까 보냐. 너는 마땅히 자성하여라.

태공의 편지를 다 읽고 난 유방은 난처한 표정으로 장량과 진평을 불러 물었다.

"이제 초나라 사자가 짐의 부친께서 쓰신 서한을 가져왔구려. 이 일을 어떻게 처리하면 좋겠소?"

장량이 그 편지를 받아서 읽어 보고 대답했다.

"폐하, 태공의 서신에 과도히 상심하지 마소서. 이 글은 태공의 필적만 빌렸을 뿐 모두가 저들이 지어 만든 것이옵니다. 하오니 폐하께서는 초의 사자를 불러 짐짓 술에 몽롱하게 취한 듯하면서 여차여차하게 하시면 앞으로 열흘을 넘지 못하여 모두 무사히 될 것이옵니다."

"그러하옵니다. 폐하께서 방심하고 계셔도 항왕은 결코 태공과 폐하의 권속을 해치지는 못할 것이옵니다."

진평도 장량의 의견을 거들었다. 유방은 잠시 입을 다물고 생각을 굳히는 듯하더니 초의 사자 송자련을 불러들였다.

송자련이 앞으로 나오자 유방은 장량이 일러 준 대로 정말 술에 취한 듯 몽롱한 얼굴로 횡설수설했다.

"내가 오래 전에 초패왕과 결의형제를 했으니까 나의 아버지는 곧 저의 아버지일 것이다. 태공께서 지금 초나라에 계시지만 이 곳 한나라에 계시는 것과 다름이 없다. 그러니 그가 만일 태공을 살해한다면 천하 사람들은 나를 욕할 뿐만 아니라 그도 또한 욕할 것이다. 맹자도 말씀하시기를 사람의 아버지를 죽이면 사람들도 그의 아비를 죽이느니라 하셨다."

한참 이렇게 지껄인 유방은 좀 정신이 든다는 듯이 송자련을 똑바로 쳐다보면서 다시 말을 이었다.

"그대는 돌아가서 태공을 뵈옵고 '아무 염려 마시고 초나라에 잠시 더 머물러 계십시오. 한나라로 돌아오실지라도 그 곳에 계시는 것과 다를 것이 없습니다' 이렇게 말씀 전해 주기 바란다."

이같이 말하고는 송자련이 무어라고 말할 사이도 없이 유방은 자리에서 일어났다. 두 시녀가 그를 부축하자 유방은 비틀거리며 내전으로 향하고 말았다.

송자련은 장량과 진평이 권하는 술을 받아 마시면서도 유방이 다시 나와 주었으면 하고 기다렸으나 유방은 그 뒤로 다시는 모습을 나타내지 않았다.

이튿날 송자련은 하는 수 없이 광무로 돌아와 자초지종을 항우에게 고한 다음 이어서 자기 나름대로 느낀 바를 덧붙였다.

"한왕은 주야로 주색에 빠져 자기 부모나 처자식 생각은 추호도 하지 않는 것 같사옵니다."

"허어, 천하에 고얀 놈이로고! 사람의 탈을 쓰고 어찌 그럴 수 있단 말인가!"

그러자 옆에 있던 항백이 한마디 거들었다.

"그러기에 신이 생각건대 한왕은 결코 대업을 이룰 사람이 못 되옵니다."

항우는 이 말을 듣고 기분이 좋아서 혼자 중얼거리듯 말했다.

"유방은 본시 탐주호색하는 소인배에 불과해. 그리고 제아무리 태공을 생각하는 마음이 없다 할지라도 태공이 이 곳 초의 진영에 있는 이상 저도 힘을 다해서 공격하지는 못할 것이야."

항우는 이렇게 생각하고 여러 장수들을 불러 군대를 사방으로 나누어 모든 요해지에 진을 치고 엄중히 수비하라는 명령을 내렸다.

이 때 유방은 화살에 맞은 상처도 쾌차하였으므로 한신을 불러 항우를 칠 계책을 물었다.

"항왕이 오랫동안 광무에 주둔해 있어 양식은 모자라고 사기는 떨어져 있을 것이옵니다. 신의 군마는 그 동안 조련을 충실히 하였으니 이 때를 타서 폐하를 모시고 진발하고자 하옵니다."

한신이 서슴지 않고 이같이 아뢰자 유방은 크게 기뻐하였다.

"오로지 원수의 뜻에 일임하오."

한신은 곧 여러 장수들을 모으고 군사들을 분발하였다. 제1진은 번쾌와 관영, 제2진은 주발과 주창, 제3진은 근흡과 노관, 제4진은 장이와 장창, 제5진은 번장 누번, 제6진은 하후영과 왕릉, 제7진은 조참과 시무, 제8진은 영포, 제9진은 유방으로 맨 후진을 맡겼다. 그리고 한신 자신은 따로 편성된 별동대를 맡았다.

이어서 한신은 미리 광무산의 지형과 지세를 살펴본 바에 따라 각 부대들을 적소(適所)에 배치 또는 매복토록 하였다.

이럴 즈음 마침내 항우가 전군을 거느리고 접근해 왔다. 한신은 기다렸다는 듯이 별동대를 거느리고 항우와 맞섰다. 한신이 먼저 항우에게 흠신(欠身)하고 말했다.

"폐하는 당대의 제왕이며 천하의 주인으로서 마땅히 구중궁궐에 계셔야 할 터인데 어찌 수고로이 창검을 들고 싸움터에 나오셨나이까? 폐하의 이런 모습이 오늘 따라 유난히 처량해 보입니다."

한신의 빈정거림에 항우는 심한 모멸감을 느꼈다.

"아니, 이놈이 짐을 놀리는구나!"

항우는 대로하여 철편을 꺼내 들고 오추마를 급히 몰아 한신을 향하여 내달았다. 한신은 급히 말 머리를 돌려 동남방으로 달아나기 시작했다. 항우는 분함을 참지 못하고 소리를 질렀다.

"네 이놈! 오늘은 또 무슨 수작을 부리려는 거냐! 내 기어이 네놈을 사로잡고야 말리라!"

항우의 뒤를 따라 제장들이 군사를 몰아 한신을 추격했다. 달리다 보니 어느덧 광무산으로 접어드는 길이 나타났다. 이 때 종리매가 큰 소리로 말했다.

"폐하, 광무산은 수목이 울창하고 산세가 험하옵니다. 들어가기는 쉬워도 나오기는 어려우니 추격을 멈추소서."

"짐이 언제나 고집을 부리다가 낭패를 본 적이 한두 번 아니니 오늘은 그대의 말을 듣기로 하겠다."

이같이 말한 항우가 군사들의 대오를 다시 정비하려는데 한신이 말을 세우고는 웃으면서 말했다.

"폐하께서 지금 완전히 포위된 것을 아셨다면 말에서 내려 항복을 하십시오."

"아니, 이놈이 또 나를 속이려 드는구나!"

항우가 바야흐로 호통을 치며 한신을 다시 쫓으려 할 때였다. 난데없이 일성포향이 천지를 진동하는 가운데 사방에서 한군이 일시에 엄습해 왔다. 북으로부터는 번쾌와 관영, 좌로부터는 주발과 주창, 우로부터는 근흡과 노관, 남으로부터는 하후영과 왕릉이 각각 대군을 휘몰아 짓쳐들어오고 있었다.

"아니, 이놈들이!"

과연 항우였다. 그는 조금도 두려워하는 기색이 없이 좌충우돌하며 길을 열어 나갔다. 휘두르는 창끝에서 용장의 진면목을 볼 수 있었다.

그런 지 얼마 안 되어 이번에는 구강왕 영포가 군사들을 거느리고 와서 항우의 앞을 가로막았다. 이를 본 항우는 크게 노하여 꾸짖었다.

"얼굴 푸른 반적 놈이 무슨 면목으로 짐의 앞을 막고 서느냐!"

이에 영포도 지지 않고 당당하게 마주 소리쳤다.

"네가 지난날 나를 시켜 의제를 살해케 하고 도리어 그 죄를 모두 나에게 뒤집어씌웠으니 너야말로 비겁한 군주가 아니고 무엇이냐!"

말을 마치자 영포는 대부를 휘두르면서 항우에게 대들었다. 항우는 창을 거두고 초천검을 빼서 영포를 공격했다. 칼과 도끼가 바람을 가르며 맞서기 20여 합, 이 때 누번이 일군을 거느리고 와서 영포를 도왔다.

항우는 두 맹장을 상대로 이리 치고 저리 찌르며 불같이 싸웠다. 이 때 계포와 환초가 말을 달려와 항우에게 말했다.

"이놈들은 우리가 맡겠으니 폐하께서는 길을 여십시오."

"그리 하라!"

항우는 이같이 대답하고 다시 길을 열어 나갔다. 그 사이에 종리매도 혈로를 뚫고 나와 항우를 옹위하여 같이 말을 달렸다.

이들이 얼마쯤 광무산의 능선을 타고 길을 열어 나갔을 때 별안간 풍악 소리가 들리기에 돌아보니 머리 위 높은 바위 위에서 한신이 보라는 듯이 여러 장수들과 함께 술을 마시고 있었다.

"저 비렁뱅이놈이 짐을 이처럼 심히 모욕할 수가 있는가! 내 당장 올라가서 저놈의 목을 베고야 말리라!"

항우는 곧바로 정상을 향해 말을 몰고 올라갔다. 군사들이 새까맣게 그 뒤를 따랐다. 한참 올라가다가 종리매가 말했다.

"한신이 저렇게 방약무인하게 굴고 있음은 폐하를 노하게 하여 올라오기를 기다리는 것 같사오니 올라가지 마소서."

종리매의 말이 채 끝나기도 전이었다. 요란한 징 소리와 함께 철포와 석뢰가 비 오듯 쏟아지며 산 위로부터 커다란 바윗돌과 뇌목이 홍수처럼 굴러 내렸다. 이와 함께 사방에서 복병이 일어나며 질풍처럼 짓쳐들어왔.

이에 초군으로서 죽고 다치는 자가 부지기수였으며 모두들 도망가기에 정신이 없었다. 항우는 여러 장수와 힘을 합쳐 군사들을 수습하며 한 가닥 혈로를 열어 나오는데 어느새 왔는지 누번이 앞을 가로막고 섰다.

"무지한 번장 놈이 감히 짐의 앞을 가로막다니!"

항우가 대로하여 누번을 취해 싸우기 10여 합에 누번을 베어 말 아래로 떨어뜨렸다. 그제야 한군은 크게 놀라 뒤로 물러서며 길을 열어 주었다. 항우가 그 틈을 타고 말을 채쳐 산기슭까지 나가니 이번에는 한 줄기 큰 강물이 달빛 아래 출렁이고 있었다.

항우가 강물의 깊이를 알 수 없어 잠시 군사들과 더불어 주저하고 있는데 뒤에서 또 함성이 크게 일어났다.

"앞에는 강물이요 뒤에는 한군의 추격이 급하니 짐의 운도 여기서 끝나는구나!"

항우가 탄식해 마지않을 때 계포가 말을 달려와 아뢰었다.

"뒤에 오는 군사들은 주란과 주은이 거느린 우리 초군이옵니다."

항우는 가장 위급한 지경에 뜻하지 않은 구원을 받았다.

"나에게도 아직 군사들이 있었구나!"

항우가 열 차례도 넘는 싸움에서 참패를 당하고 가까스로 본진에 돌아와 군사들을 점검해 보니 5만 명이 비었고 환초·계포·우자기·주은이 중상을 입었다.

"이 철천지한은 반드시 설분하고야 말리라!"

항우는 이를 갈면서 방비를 튼튼히 하도록 명령을 내리는 한편으로 최후의 결전을 준비하기 시작했다.

10. 허울 좋은 휴전

이 무렵 한군 진영에서는 유방의 권속들을 구하기 위한 계책을 숙의하고 있었다. 장량은 초군의 포로병 가운데 영특해 보이는 사졸 하나를 뽑아 장하로 데리고 와서 은밀히 말했다.

"너에게 한 가지 중대한 일을 맡기려고 한다. 일을 성사시키면 큰 상을 내리고 고향으로 돌아가도록 해 줄 터인데 네 의향은 어떠한가?"

사졸이 눈을 빛내며 물었다.

"제가 할 일이 무엇입니까?"

"내가 초의 군사 항백 장군에게 서한을 보내려 하는데 마땅한 인편이 없다. 너는 본시 초나라 군사이니 초군의 진영으로 가서 항백 장군에게 내 서한을 전하고 답서를 받아 오면 된다."

"그건 별로 어려운 일 같지 않습니다. 말씀대로 해 보겠습니다."

장량은 사졸에게 서신과 함께 충분한 노잣돈을 주면서 거듭 당부했다.

"서한을 품속 깊이 감추었다가 항백 장군에게 직접 전해야 한다."

"잘 알겠습니다."

사졸은 그 길로 초진으로 가서 순초관에게 말했다.

"저는 지난번 광무산 싸움에서 사로잡혔다가 죽음을 무릅쓰고 탈출해 왔습니다. 저는 죽어도 초나라에 와서 묻히기가 소원이었습니다."

"음, 장하구나."

순초관은 별로 의심하지 않고 그를 원대에 복귀시켜 주었다. 그는 틈을 타서 항백의 장막으로 가 좌우에 사람이 없을 때 장량의 서한을 항백에게 전하였다.

항백이 서한을 읽어 보니 부디 한왕 유방의 권속들을 잘 보호해 달라는 내용이었다. 항백은 즉시 붓을 들어 답장을 써서 사졸에게 주면서 말했다.

"잘 간직하여 장량 선생에게 전해 주고 오너라."

그러면서 좌우의 심복을 불러 사졸을 진문 밖까지 데려다 주도록 일렀다. 이에 사졸은 다시 한의 진영으로 무사히 와서 항백의 답서를 장량에게 바쳤다.

장량이 항백의 답서를 보니 예상했던 대로 한왕의 권속들을 자기가 책임 지고 보호할 터이니 안심하라는 내용이었다. 장량은 사졸의 노고를 치하하고 약속대로 후한 금백을 주며 가고 싶은 곳으로 가게 하였다.

그런데 바로 그 이튿날이었다. 항우가 다시 대군을 인솔하고 한군의 진문 가까이 왔다. 그는 한군 진영에서 잘 보이는 곳에 커다란 가마솥을 걸어 놓고 기름을 끓이면서 큰 소리로 외쳤다.

"유방은 나와서 짐의 말에 답하라! 네가 만일 속히 군대를 물려 퇴각하지 않는다면 너의 아비 태공을 기름 가마에 삶아서 죽이겠다!"

그러자 한군의 진문이 열리면서 유방이 말을 타고 달려 나왔다. 그는 이미 예상하고 있던 일이었기에 큰 소리로 호령했다.

"이놈아! 내가 전일에 너와 함께 북면(北面)하여 회왕을 섬길 때 나와 너는 이미 형제가 되었다! 그러니 내 아버지는 즉 너의 아버지이니 네 마음대로 하여라! 네가 만일 태공을 기름에 삶거든 그 국물을 한 사발 내게 보내라!"

이같이 호령하는 유방의 얼굴에는 조금도 두려워하거나 슬퍼하는 기색이 없었다. 항우는 이러한 유방의 태도에 분개하여 소리쳤다.

"저런 개돼지만도 못한 놈이 있나! 여봐라, 태공을 기름 가마에 처넣어라!"

항우가 군사들에게 명령을 내리자 곁에 있던 항백이 급히 나서며 항우를 보고 간하였다.

"불가합니다. 한왕이 지금 폐하와 천하를 쟁탈하면서 태공이 구금된 지 3년이 되었건만 지금껏 돌보지 않은 것은 천하를 중히 아는 까닭이옵니다. 지금 폐하께서 태공을 죽이신다 할지라도 그것은 승부와는 관계가 없사옵니다. 도리어 천하의 백성들이 폐하를 원망할까 두렵사옵니다. 한군을 퇴각시키기 위한 일이라면 더 좋은 방법이 있을 것이옵니다. 그러니 잠시 본진으로 돌아가시어 다시 계책을 세우소서."

항우는 입을 꽉 다물고 잠시 무엇을 생각했다.

"숙부의 말씀이 옳소이다."

결국 항백의 말을 받아들여 군사들을 보고 명령했다.

"태공을 다시 본진으로 데리고 가라!"

이같이 하고 자기도 군사들을 인솔하여 본진으로 돌아가 버렸다.

항우가 태공을 죽이지 않고 돌아가는 광경을 끝까지 지켜보고 있던 유방은 그제야 자기 본진으로 돌아와 상 위에 엎드려 대성통곡을 하였다.

"아, 나 같은 불효막심한 놈이 하늘 아래 또 있을까? 나는 천하의 죄인이로다!"

조금 전 항우에게 한 말은 모두가 장량의 계책에 따른 것이기는 해도 차마 입에 담을 수 없는 참혹한 말이었다. 유방은 심한 자책감으로 가슴이 찢어지는 듯했다.

이 때 장량과 진평이 들어와서 유방을 위로했다.

"폐하께서는 과도히 상심치 마옵소서. 그것이 다 태공을 살리시는 길임을 어찌하리까."

"짐은 죄인이오! 오늘은 비록 무사하셨다 하지만 내일 또 어찌 될까 근심하지 않을 수 없으니 태공을 구할 좋은 방책이 없겠소이까?"

유방은 계속 눈물을 줄줄 흘리며 두 사람에게 물었다.

"지금 신의 생각으로는 폐하께옵서 말 잘하는 변객을 항왕에게 보내시어 화평을 하자고 하는 도리밖에는 태공을 구할 방도가 없을 듯하옵니다."

"거 참 좋은 생각이오. 그렇게 합시다."

유방은 그제야 눈물을 그치고 자리에 바로 앉았다.

이리하여 한군에서 먼저 후공(侯公)을 사자로 초진에 보내 항우에게 화친을 청하였다. 한왕 유방의 권속을 내어주면 한왕은 필히 군대를 성고 쪽으로 돌려 초·한 양국의 화친을 세세영영토록 지키겠다는 뜻이었다.

항우는 뜻밖의 제안을 받고 생각했다.

'내 이제 광무산 대전 이래 군대는 피폐하고 양식은 모자라는 터에 유방이 먼저 화친을 청해 오니 거절할 이유가 없구나. 아직은 아무래도 싸움에 승산이 없고 형세 또한 고단하니 이 때 화친을 들어 주기로 하자.'

항우는 이렇게 마음을 정하고 후공에게 말했다.

"짐이 이참에 한왕과 싸워 기어이 자웅을 결하려 했으나 그도 인륜을 알아 제 아비와 처를 찾고 화친을 하자는데 내 어찌 이를 마다할 수 있겠는가. 내일 아침에 짐과 대면하고 문서로 화친을 서약한 다음 군대를 물리도록 하라."

다음날 아침에 항우는 유방의 권속을 데리고 홍구(鴻溝)로 나아갔다. 유방이 먼저 와서 기다리고 있다가 그를 맞았다.

항우가 유방의 정면에서 30칸 가량 떨어진 곳에 말을 세우자 유방은 미리 준비해 온 서약서를 환초로 하여금 항우에게 바치도록 했다. 항우는 그것을 받아서 항백에게 주고 자기의 서약서를 계포에게 시켜 유방에게 전하도록 했다.

문서의 교환이 끝나자 항우는 우렁찬 목소리로 말했다.

"이제부터 각자의 경계를 지키고 피차에 상쟁함이 없도록 할지어다!"

그런 다음 좌우를 보고 유방의 권속들을 인도하라 분부하였다. 3년 동안이나 인질로 잡혀 있던 태공 이하 일가권속들이 모두 인도되어 넘어오는 것을 보고 유방의 마음은 무한히 기뻤다.

"폐하의 성덕으로 저의 권속들이 모두 무사히 돌아오게 됨을 깊이 사례 드리옵니다! 앞으로 마음을 다하여 화친의 서약을 지키겠나이다!"

이리하여 항우와 유방 사이에는 화친이 성립되고 전진(戰塵)이 자욱하던 광무산에는 다시 평화가 깃드는 듯했다.

유방이 홍구로부터 본진으로 돌아오자 한신 · 영포 · 팽월 등 세 사람이 유방 앞에 와서 각기 돌아가기를 청원하였다. 유방은 이제 전쟁이 끝났으니 각기 자기 나라로 돌아가는 것이 좋겠다고 생각하여 이를 허락하였다.

"그 동안 수고가 많으시었소. 돌아들 가서 편히 쉬도록 하오."

그들이 모두 돌아가고 나자 유방은 자기도 막료와 군사들을 인솔하여 영양으로 돌아가려고 생각했다. 하루라도 빨리 태공께 나아가 사죄를 하고 여후도 만나고 싶었다.

"우리도 영양성으로 돌아가자."

유방이 이처럼 분부하는 소리를 듣고 장량이 급히 들어와 아뢰었다.

"대단히 불가하옵니다. 지금 태공과 여후께서 환국하시어 군사들의 사기는 높고 사방의 제후들도 모두 한나라를 우러러보는 터이므로 항왕과 더불어 승패를 결정지을 좋은 시기가 바로 이 때이옵니다. 폐하께서 이미 십중칠팔이나 천하를 얻어 놓고서 지금 돌아가신다면 후일에 항왕이 다시 군대를 길러 공격해 올 때는 어떻게 나라를 보전하시겠사옵니까? 깊이 생각하시고 이 기회를 놓치지 마옵소서."

휴전 서약을 파기하고 재차 군사 행동을 단행하자는 권고였다. 그러나 유방은 쉽게 그 말을 듣지 않았다.

"이미 서약서를 교환하고 굳게 맹약한 일을 이쪽에서 먼저 파기한다면 천하의 신의를 저버리는 일이 될 것이오."

"소의 때문에 대의를 잃어버리시는 것은 명지 있는 사람의 일이 아니옵니다. 옛날의 탕무(湯武)가 군신의 의리에만 구애되었던들 어떻게 걸주(桀紂)를 정벌하여 천하를 얻을 수 있었겠습니까. 폐하께서 홍구의 약속을 지키시고 이에 구애되어 통일 성업을 완성하지 못하신다면 천하는 항왕의 것이 되고 말 것입니다."

뒤에 서 있던 진평·육가·수하 등 세 사람이 이 말을 듣고 이구동성으로 말했다.
"자방 선생의 말씀이 과연 옳습니다. 신 등이 오랫동안 동분서주하며 만난을 무릅쓰고 폐하를 모신 뜻은 폐하로 하여금 천하의 주인이 되게 하옵고 신 등도 성조(聖朝)의 공신이라는 이름을 얻고자 함이옵니다. 원하옵건대 자방 선생의 말씀과 같이 속히 결심을 지으소서."
유방은 그제야 휴우 하고 한숨을 쉬었다.
"그럼 그리 하도록 하오."
그런 뒤 한신·영포·팽월 등에게 사자를 보내도록 분부를 내리었다.
이리하여 이 날부터 한나라 진영에서는 다시 출전 준비로 분망해지기 시작했다.
이 무렵 팽성으로 돌아온 항우는 막료 장수들을 각기 집으로 돌려보내 편히 쉬게 하고 자기도 피로한 심신을 정양하기로 하였다. 그는 날마다 누각에 올라가서 사랑하는 우희를 데리고 술을 마시며 즐거워하였다.
이럴 때에 주란이 알현을 청해 와 항우 앞에 엎드려 간하였다.
"폐하, 한왕 유방은 반복이 무쌍하여 그 속을 헤아릴 수 없는 자이옵니다. 이런 자와 화친을 맺었다고 해서 마냥 믿고 있을 수는 없는 일이옵니다. 자고로 성제명왕은 편안한 때에 위태함을 잊지 아니하고 화평스러운 때에 소란함을 잊지 않았으니 폐하께서는 마땅히 군마를 조련케 하시어 만약의 경우에 대비하소서."
이 말에 항우는 고개를 끄덕였다. 그로서는 유방에게 속은 일이 한두 번이 아니었기 때문이다.
"그대의 말이 옳다!"
항우는 곧 종리매를 부르라 해서 두 장수에게 영을 내렸다.
"그대들은 항상 삼군을 조련하여 한군에 대비토록 하라."
이렇게 되어 마침내 초나라에서도 다시 군사들이 소집되어 조련에 들어갔다.

한편, 유방은 휴전 맹약을 먼저 파기했다는 세론이 두려운 나머지 진병을 유예하고 있다가 마침내 장량과 진평을 불러 이 일을 상의하였다.

"짐의 생각으로는 항왕이 먼저 화약(和約)을 깨뜨리고 쳐들어올 줄 알았는데 꿈쩍도 하지 않고 있소. 그렇다고 우리가 먼저 진병하는 것도 천하의 비난을 들을까 걱정이오."

장량이 먼저 대답했다.

"본래 휴전이라 함은 전쟁을 잠시 쉰다는 뜻이지 영구히 화평을 하자는 것은 아니옵니다. 이제 항왕의 분노를 자아낼 만한 전서를 닦아 보낸다면 그가 먼저 군대를 움직일 터이니 그 때에 출병을 한다면 천하의 세론도 잠재울 수 있을 것이옵니다."

"과연 옳은 말씀이오. 그럼 전서는 누구에게 주어서 보내는 것이 좋겠소?"

"육가가 적임인 줄로 아옵니다."

유방은 장량의 권고를 받아들여 육가로 하여금 전서를 가지고 항우를 찾아가게 하였다.

육가가 항우 앞에 엎드려 아뢰었다.

"전일 한왕이 태공을 환국케 하기 위해 거짓으로 화평을 서약한 후 한 달도 못 되었사옵니다. 그런데 여러 신하들의 간언을 듣지 않고 군사를 고릉(固陵)에 모으면서 폐하와 더불어 결전을 하려고 신으로 하여금 전서를 폐하께 올리라 하여 이렇게 찾아뵌 길이옵니다."

듣고 나자 항우는 의외로 침착하게 말했다.

"짐은 이미 그 배은망덕한 놈이 이럴 줄 알고 있었다. 전서고 뭐고 읽어 볼 필요도 없으니 그대로 가지고 가라. 그리고 천하에 그와 더불어 양립할 수 없으니 어서 싸우러 나오라고 일러라."

육가가 등줄기에 식은땀을 흘리며 물러가자 주란이 나서서 아뢰었다.

"한왕이 우리들로 하여금 화친 맹약을 먼저 깨도록 유인하기 위해 전서를 보낸 것이 분명하옵니다. 비록 그러하오나 신의 생각으로는 저들에게 아직 싸울 준비가 충분히 되어 있지 않고 또 한신과 영포·팽월의 무리가 오지 않았으니 이 때를 타서 급히 친다면 가히 승전을 거둘 수 있을 것이옵니다."

"그대의 말이 짐의 뜻에 합당하다."

다음날 새벽에 항우는 급히 모은 30만 대군을 거느리고 질풍노도처럼 고릉성으로 쳐들어갔다. 고릉성은 성벽이 낮고 성곽이 견고하지 못한 작은 성이라 초군이 성을 에워싸고 맹렬하게 들이치니 주란이 예상했던 대로 미처 싸울 준비를 갖추지 못한 듯 대오를 정렬하지 못한 한군이 마침내 성문을 열고 나왔다.

번쾌·관영·왕릉·노관의 네 장수가 앞장서서 항우를 향하여 치달려 들었다. 항우는 이들을 맞아 함께 어울려 30여 합을 싸우는데 항우의 칼에 몇 번 위험한 고비를 넘긴 왕릉이 겁을 집어먹고 먼저 말 머리를 돌려 달아났다.

남은 세 장수들이 기를 쓰고 항우를 막았으나 항우의 칼은 갈수록 맹위를 떨쳤다. 그러자 한의 진영에서 근흡·주창·고기·여마통의 네 장수가 나와 싸움을 도왔다.

이를 본 초진에서 계포·종리매·환초·우자기 등의 네 장수가 달려 나와 이들을 가로막으면서 싸움은 양 진영 장수들끼리의 혼전으로 들어갔다.

이 때 초진으로부터 일성포향이 울리며 주란이 대군을 휘동하여 한군을 무찌르기 시작했다. 한군은 여지없이 패하여 성 안으로 도망치기에 바빴다. 성루에서 이를 지켜보던 유방은 한군이 성 안으로 들기를 기다려 4대문을 내리고 굳게 지키기만 했다.

　어느덧 해가 저물고 저녁 어스름이 깔리기 시작했다. 항우는 비로소 군대를 거두고 야습할 준비를 서둘렀다.

　이 때 유방은 얼굴을 찌푸리며 걱정이 태산 같았다.

　"초군들이 사다리를 만들고 화전(火戰)을 준비하는 것으로 보아 오늘 밤 야습을 해 올 것이 분명하오."

　장량이 나서서 말했다.

　"예, 그러하옵니다. 지금 적들이 야습을 준비하느라 포위를 푼 이 틈을 타서 우리는 지체 없이 성고로 탈출해야 합니다."

　"그리 하오."

　유방은 삼군에 영을 내려 가만히 서문으로 빠져 나갔다. 맨 먼저 번쾌·주발·근흡·시무에게 군사를 딸려 내보내고 이어서 유방도 여러 장수들의 호위를 받으며 성고성으로 향했다.

　한군의 탈출을 모른 채 초군이 사다리를 걸치고 불 화살을 쏘아 댔으나 그 때는 이미 모두 빠져 나간 뒤였다. 뒤늦게 성이 비었음을 알게 된 항우가 화가 머리끝까지 나서 급히 유방의 뒤를 추격하려 하자 종리매가 만류했다.

　"추격하지 마소서. 한왕이 반드시 복병을 두었을 것이옵니다. 차라리 날이 새기를 기다려 나아가심이 안전할 것이옵니다."

　이 말에 주란도 동감을 표했다.

　"그러하옵니다. 군사들을 일단 쉬게 해서 밝은 아침에 추격해도 늦지 않을 것이옵니다."

　이에 항우도 고릉성에 그대로 주저앉아 군사들을 쉬게 했다.

　이윽고 날이 새고 먼동이 틀 무렵이었다. 고릉으로부터 백여 리쯤 도망쳐 잠시 쉬고 있는 유방에게 장량이 말했다.

"폐하께서 밤새 오시느라 몹시 곤고하실 줄 아오나 속히 성고까지 가셔야 하옵니다. 그 곳까지 가시기만 하면 설령 초군이 추격해 온다 할지라도 사흘 안으로 물러가게 할 계책이 이미 마련되어 있사옵니다."

"짐은 오로지 경만 믿소."

장량의 독촉에 따라 계속해서 며칠을 두고 행군을 강행한 끝에 한군은 마침내 무사히 성고에 이르게 되었다.

제7편 천하통일(天下統一)

1. 배신과 회유
2. 다시 감도는 전운
3. 대출전(大出戰)
4. 사면초가(四面楚歌)
5. 오강자문(烏江自刎)
6. 황제즉위(皇帝卽位)
7. 토사구팽(兎死狗烹)
8. 적송자(赤松子)
9. 한신(韓信)의 최후
10. 권력무상(權力無常)

제7편 천하통일(天下統一)

1. 배신과 회유

유방이 고릉성에서 탈출하여 성고에 이른 바로 그 다음날 항우는 성고까지 추격해 와서 성을 공격하기 시작했다.

"이번에야말로 유방 이 필부놈을 사로잡고야 말리라!"

항우는 여러 장수들에게 더욱 급히 성을 치도록 명령하고 자기도 선두에 서서 친히 진두지휘를 하였다.

그런데 성고성을 포위하여 공성하기 사흘 만에 탐마가 헐레벌떡 달려와서 급보를 올리었다.

"큰일났습니다. 유주(柳州)에 쌓아 둔 우리의 군량이 한군의 기습을 받아 모두 불에 타 버렸사옵니다. 그리고 제나라로부터 한신의 대군이 지금 이리로 몰려오고 있사옵니다."

"아니, 뭐라고 했느냐?"

항우가 깜짝 놀라며 되물었다.

"폐하께서 성고로 한군을 추격하는 사이에 한장 장창(張倉)이 거느린 군사들이 지름길을 통해 유주로 가서 둔량소에 불을 질러 군량을 모두 불태우고 한신의 대군과 합류하여 이 곳 성고로 오고 있사옵니다."

그것은 사실이었다. 장량은 고릉성에서 탈출해 오는 길에 장창에게 군사 5천을 주어 유주로 가게 했던 것이다.

항우는 길이 탄식했다.

"허어, 짐이 이 성을 깨쳐 유방을 사로잡을 날이 멀지 않았는데 이건 또 무슨 변괴란 말인가! 짐은 항시 이놈의 군량 때문에 마음놓고 싸움 한 번 제대로 못하는구나! 사태가 이 지경에 이르렀다면 진퇴유곡에 빠지기 전에 군사들을 거두는 수밖에 도리가 없도다!"

항우는 탄식하기를 마치자 환초와 우자기에게 각기 일군을 주어 한군의 추격을 막게 하고는 즉시 군대를 거두어 퇴군 길에 올랐다.

성고성의 성루 위에서 이를 지켜본 유방이 장량에게 물었다.

"과연 장자방 선생의 예측이 틀리지 않았구려. 그런데 항왕이 저렇듯 급급히 물러감은 무슨 까닭이오?"

"신이 성고로 오는 길에 장창더러 유주의 양곡을 불사르고 그 곳을 떠나면서 한신의 대군과 합쳐 이 곳으로 온다고 소문을 내도록 했더니 항왕이 이를 곧이듣고 급히 떠나는 것이옵니다."

"선생의 기모(奇謨)에는 그저 놀랄 뿐이오. 그런데 한신은 어찌하여 여태껏 오지 않는단 말이오?"

"한신은 지금 제왕으로 봉해졌으나 폐하께서 제나라 땅을 모두 주시지 않아서 속으로 은근히 불만을 품고 있을 것이옵니다. 팽월도 몇 차례 큰 공을 세웠으나 그에게도 충분한 봉작이 내려지지 않은 것 같사옵고 영포 또한 상급이 적다고 망설이고 있을 것이옵니다."

"그렇다면 어찌 해야 좋겠소?"

"한마디로 이들 세 사람은 이로움을 보면 즉각 따를 무리들이오니 폐하께서는 지체 없이 이들에게 크게 봉작을 더하여 주시옵소서."

장량의 권고에 유방은 무릎을 치면서 말했다.

"짐이 미처 이를 깨닫지 못했구려. 짐은 이제 한신을 삼제왕(三齊王)으로 봉해 제나라 전역을 다스리게 하겠소. 그리고 영포를 회남왕으로 삼아 그 땅을 넓혀 주고 팽월은 대량왕으로 봉해 그 지위를 크게 높여 주려고 하는데 선생의 의향은 어떠하오?"

"참으로 지당하신 처사이옵니다. 그렇게만 하신다면 이들은 폐하의 부르심에 즉각 달려올 것이옵니다."

"그렇다면 선생께서 수고롭지만 그들 세 사람에게 각각 인수를 전하여 그들로 하여금 속히 이 곳으로 오게 해 주오."

"분부대로 거행하겠나이다."

장량은 유방의 인수를 받아 그 날로 먼저 제나라를 향해 떠났다.

며칠 뒤 한신은 장량의 내방을 받고 그를 상좌에 모셨다. 장량이 자리를 사양하고 말했다.

"폐하께서 이 사람을 사자로 삼으시어 원수를 삼제왕으로 봉하시면서 제나라 70여 성을 모두 원수에게 내리셨습니다."

이에 한신은 서향(西向)하여 두 번 절한 다음 인수를 받고는 크게 잔치를 베풀었다. 이 자리에서 장량이 한신에게 말했다.

"폐하께서는 고릉 싸움에서 패한 이후로 몹시 의기소침해져서 삼제왕께서 급히 와서 돕기만을 일각이 여삼추로 기다리고 계십니다."

한신이 머리를 숙이며 대답했다.

"신이 폐하의 대은을 입고서 어찌 서둘러 나가지 않겠습니까. 선생께서는 과히 심려치 마십시오."

이튿날 장량은 한신의 환송을 받고 대량으로 가서 팽월에게 한왕의 봉작을 전하였다. 팽월은 감격하여 대량왕의 인수를 받은 후 장량에게도 거듭 배사하였다.

"선생의 은혜를 폐하의 은덕에 못지 않게 길이 가슴에 새겨 두겠습니다. 그리고 금명간 곧 군대를 내겠으니 폐하께 그리 전하여 주시기 바랍니다."

이렇게 팽월의 약속까지 받은 장량은 다음날 멀리 회남을 향해 발길을 재촉했다.

영포 역시 회남왕에 봉해진 것을 크게 기뻐하며 즉시 군대를 내겠다고 약속하였다.

2. 다시 감도는 전운

유방이 장량의 계책에 따라 각처의 군대들을 집결시키고 있을 때 팽성의 항우 역시 인마를 모으고 조련하느라 여념이 없었다.

바야흐로 천하 쟁탈을 위한 최후의 결전을 앞두고 한·초 양국이 정중동(靜中動)과 동중정(動中靜)으로 움직이는 가운데 전운은 점점 짙어 가고 있었다.

한신이 출전 준비를 끝내고 마지막 점검을 하고 있을 때 그 동안 미친 사람처럼 거리를 떠돌아다니던 괴철이 불쑥 찾아왔다.

"신이 아예 종적을 감추려 하였사오나 이제 대왕께서 스스로 재앙을 불러들이시기에 차마 보고만 있을 수 없어 이렇게 찾아뵈었나이다."

한신은 괴철이 나타난 것이 반가우면서도 재앙이라는 불길한 말에 눈살을 찌푸리며 물었다.

"대부가 떠나신 뒤로 내 마음이 참으로 허전했소이다. 이제 다시 만나서 반갑기 그지없는데 내가 스스로 재앙을 불러들이고 있다니 그건 무슨 말씀이오?"

괴철이 앙연히 고개를 쳐들고 대답했다.

"한왕이 그 동안 몇 차례나 대왕을 불렀으나 대왕께서는 가벼이 움직이지 않았습니다. 이에 한왕은 어쩔 수가 없어 장량의 계책에 따라 대왕을 삼제왕으로 봉해 주면서 대왕의 마음을 홀리고 있사옵니다. 이제 신이 헤아리건대 장차 천하가 통일되는 날에는 한왕이 반드시 대왕의 과오를 낱낱이 들어 그 죄를 물을 것이옵니다. 그럴 바에야 차라리 한·초 두 나라가 아직 승부를 가리지 못하고 있는 때를 틈타서 삼국 정립의 기틀을 튼튼히 다지시옵소서. 만일 대왕께서 오늘 신이 드리는 간언을 듣지 않으시고 군대를 내어 마침내 초를 멸하신다면 그 때는 필경 목전의 재앙을 면치 못하시게 될 것이옵니다."

괴철의 말이 끝나자 한신이 정색하고 말했다.

"대부의 말씀에도 일리는 있소이다. 하지만 며칠 전 내가 장자방 선생을 만나 군사를 일으켜 한왕과 함께 초를 치기로 약속하였소. 그런데 만일 이를 행하지 않는다면 첫째로는 임금의 명을 거역하는 것이 되고, 둘째로는 붕우간의 신의를 저버리는 것이 되며, 셋째로는 은혜를 배반함으로써 도리를 잃게 되는 것이오. 이 세 가지 불의를 범하게 되면 천하 제후들의 비난과 치소(恥笑)를 면치 못하게 될 터이니 내 이제 와서 진정으로 한왕을 배반치 못하겠소."

괴철은 길이 한숨을 쉬며 자리에서 일어났다.

"오호라! 대왕께서는 장차 후회하실 날이 멀지 않았나이다. 소신은 이만 물러가나이다!"

괴철이 물러가자 한신의 입에서도 왠지 모르게 한숨이 새어 나왔다.

한편, 성고에서는 여러 제후들의 군대를 맞느라고 분주한 나날을 보내고 있었다. 제일 먼저 팽월이 대군을 인솔하여 오고 이어서 영포도 군대를 거느리고 왔다.

그 밖에 여러 곳에서도 계속 군사들이 몰려드니 성고와 영양 사이의 수백 리 길이 연일 먼지로 뽀얗게 뒤덮였다. 여기에 한신의 대군까지 합류하니 그 수가 무려 120만에 가까웠다.

유방은 다시금 한신에게 파초대원수의 인수를 내리고 삼군을 지휘하게 했다. 한신은 먼저 모든 장졸들의 명부를 작성하고 이어 소하·진평·하후영 등으로부터 운송해 온 군량의 점검도 게을리하지 않았다.

더욱이 그는 장장 2백 리에 걸쳐 진을 친 대군을 매일같이 조련시키면서도 부상자가 생기면 치료해 주고 죽는 군사가 있으면 관곽을 갖추어 정중히 장사를 치러 주니 군사들의 사기는 나날이 드높아 갔다.

이를 본 유방은 마음이 흡족하고 투지가 용솟음쳐 한신을 보고 말했다.

"이제 원수는 언제쯤 출전하려 하오?"

한신이 조용히 아뢰었다.

"싸움이란 천시와 지리를 먼저 살펴야 하므로 신이 지리에 밝은 군사 수십 명을 보내 양무와 팽성 사이를 샅샅이 조사시켰습니다. 그러나 아직 적당한 곳을 발견하지 못했사온데 다만 구리산(九里山) 남쪽 해하(垓下)라는 곳이 그 중에서 가장 적지인 듯하옵니다. 그 곳은 언덕이 높고 산봉우리는 험준하여 앞에는 군대를 매복시키고 뒤로는 적을 방어할 수 있을 것 같기에 오늘 아침에 다시 사람들을 보내서 상세히 알아오라 하였사옵니다. 이 사람들이 돌아와서 과연 그와 같다고 한다면 그 때는 지체하지 않고 즉시 진발하려 하옵니다."

이에 장량이 또한 나서서 출전의 분위기를 고조시켰다.

"신이 간밤에 천문을 보니 자미성(紫薇星)이 크게 빛을 발하고 오성(五星)이 모두 광채 명랑하여 우리 한나라의 운세가 대단히 성대함을 나타내고 있사옵니다. 이는 폐하를 도와 한 원수가 마침내 초를 깨쳐 폐하의 제업을 이룰 조짐이 분명하옵니다."

유방은 만족한 얼굴로 연신 고개를 끄덕였다.

이 때 초나라의 첩자들은 항우에게 한군의 군사 형세를 보고하였다.

"지금 성고와 영양 사이 2백 리 지구에 120만의 한군 부대가 2백여 군데에 진을 치고 있사온데 밤에는 횃불이 대낮과 같고 낮에는 기치와 창검이 삼엄한 만큼 일광이 무색하여 전일의 한군과 같지 않사옵니다. 한신은 다시 대원수의 인수를 차고 불일간 팽성으로 나와 폐하와 더불어 자웅을 결하려 하고 있나이다."

항우는 듣고 나자 잠시 어쩔 줄을 모르다가 갑자기 울기 시작했다.

"어이구! 어이구!"

제장들은 깜짝 놀라 항우 앞으로 달려갔다.

"폐하, 이 어인 일이시옵니까?"

"고정하소서, 폐하."

항우는 한참 동안 울고 나서 곤룡포 자락으로 눈물을 씻으면서 말했다.

"일찍이 범 아부가 짐에게 말하기를 한왕 유방은 큰 뜻을 품은 사람이므로 그대로 살려 두었다가는 훗날 반드시 심복지환이 되리라 하며 몇 번이나 죽이라는 것을 짐이 그 말을 듣지 않았다가 오늘 이런 꼴을 당하게 되었구나! 짐이 지금 50만도 안 되는 군사들로 어떻게 이 적을 당한단 말인가! 아아, 슬프다! 아아, 아깝다! 범 아부의 죽음이여!"

줄곧 탄식하자 이를 듣고 있던 제장들도 모두 숙연해져 눈물을 흘렸다.

3. 대출전(大出戰)

구리산 일대의 지형을 샅샅이 조사하고 돌아온 군사들의 보고를 듣고 한신은 크게 만족하였다.

'그 곳에 백만 대군을 매복시킨다면 어렵지 않게 항우를 사로잡을 수 있겠구나! 그런데 어떻게 해야 항우를 그 곳으로 끌어들일 수 있을까?'

한신은 유인 방법을 고심하다가 문득 이좌거를 생각해 내고 즉시 그를 불렀다.

"선생께서 이 사람을 좀 도와 주셔야겠습니다. 항우를 잡으려면 그를 해하의 구리산까지 끌어들여야겠는데 그 동안 몇 번이나 속은 적이 있어 좀처럼 넘어가지 않을 것 같습니다."

이좌거가 자신에 찬 얼굴로 대답했다.

"원수께선 조금도 심려치 마십시오. 제가 원수의 지우지은(知遇之恩)을 입었어도 아직 이에 보답치 못하고 있어 항상 마음이 불안했습니다. 이 길로 팽성으로 가서 구처할 도리가 있사오니 원수께서는 안심하고 군대를 구리산으로 진발시키십시오. 내가 기어코 항왕을 구리산으로 가도록 하겠습니다."

"그렇게만 해 주신다면 이번 싸움의 첫째 공은 바로 선생의 것입니다."

수일 후에 팽성에 도착한 이좌거는 대사마의 공청으로 항백을 찾아갔다. 항백은 공청에 앉아 있다가 이좌거가 찾아왔다는 전갈을 받고 곧 그를 불러들였다.

"선생은 본시 조나라의 신하였으나 최근에는 제나라에서 한신의 빈객으로 계신다는 소문을 들었는데 무슨 일로 지금 이 사람을 찾아오셨습니까?"

항백이 이같이 묻자 이좌거는 천연스런 태도로 대답했다.

"조나라가 망한 뒤로 이 사람은 몸 둘 곳이 없어 잠시 한신의 휘하에 있습니다만 그가 지난번에 제왕이 된 후로 전과 사뭇 달라져 망자존대(忘自尊大)하기 짝이 없으므로 뜻있는 사람들은 모두 그의 곁을 떠나고 있습니다. 지금 초패왕 폐하께옵서 한나라와 자웅을 결하려 하시는 터이므로 이 사람이 비록 재주는 없으나 휘하에 두신다면 삼가 견마지로를 다하겠습니다."

이 말을 듣고 항백은 고개를 갸우뚱하며 물었다.

"지금 초·한이 서로 싸우고 있는 이 때 피차에 사모기계(詐謀奇計)가 없을 수 없습니다. 선생은 일부러 우리에게 거짓 항복하여 우리의 군정을 정탐하려는 속셈 아닙니까?"

이 말이 끝나기가 무섭게 이좌거는 갑자기 허리에 차고 있던 칼을 뽑아 자기의 목을 찌르려 하였다. 항백이 깜짝 놀라 이좌거의 손을 붙들자 이좌거는 분연히 말했다.

"이 사람은 진심으로 초패왕 폐하의 위덕을 사모하여 이같이 찾아왔는데 장군으로부터 그런 말을 들을 줄은 과연 몰랐소이다. 내 이제 장군에게 의심을 받고 돌아간댔자 갈 곳이 없으니 차라리 장군 앞에서 죽어 내 마음속에 이심이 없는 것이나 보여 드리겠습니다."

"선생, 이 사람이 잘못 생각했소. 부디 노여움을 거두시고 실례를 용서하시오."

이리하여 이좌거를 항백이 항우에게 천거하였다. 항우는 그렇지 않아도 주위가 허전하게 느껴지던 참이었기에 크게 기뻐하며 이를 받아들였다.

한신은 이좌거가 항우 막하의 모사로 기용되었다는 첩자들의 보고를 듣자 드디어 군사들을 진발하였다. 그는 먼저 지용을 겸비한 공희와 진하에게 3만 군을 주어 선봉으로 삼으면서 거듭 당부하였다.

"그대들은 해하의 구리산까지 가면서 군현의 백성들에 추호도 민폐를 끼치는 일이 없도록 하라."

이렇게 지시를 받은 선봉 부대가 떠나자 이어 다음날 한의 백만 대군이 차례로 행렬을 지어 나아갔다. 사기는 드높아 하늘을 찌르고 기치와 창검은 해를 가리니 그야말로 황진만장(黃塵萬丈)의 구름 바다와도 같았다. 때는 대한 5년 8월, 기원전 202년이었다.

한신은 마침내 구리산에 이르자 여러 대장들에게 영채를 세우라 명하고는 패군(沛郡)을 둘러보다가 문득 한 꾀를 생각해 내었다. 그는 곧 사람들의 왕래가 빈번한 한 누각에 여덟 구절로 된 시 한 수를 크게 쓴 목판을 걸어 놓았다.

  천하 제후가 의리로서 모였으니
  도덕이 아니고는 어찌 천하를 얻으랴
  민심은 모두 초나라를 배반하니
  하늘이 천하를 유 씨에게 부치는도다
  불일간 해하 땅에서 그대 멸망하리니
  내 패루(沛樓)에 올라 그대를 조상하노라
  칼날이 번뜩 날카롭게 빛날 제
  항우의 머리는 땅에 떨어지는도다

이 시를 초의 첩자들이 곧장 항우에게 전달했다. 항우는 이를 부드득 갈며 소리를 질렀다.
"한신 이놈! 남의 가랑이 밑을 기던 놈이 이럴 수가 있단 말인가! 내 이놈을 베지 않고는 죽어도 눈을 감지 못하리라!"
이같이 분노를 터뜨린 항우는 소리쳐 제장들을 불러 모으고 명령을 내렸다.
"삼군은 즉시 구리산으로 진발하라!"
이에 계포와 주란이 이구동성으로 간했다.
"심히 불가하옵니다. 이것은 폐하를 그 곳으로 유인하려는 한신의 술책이옵니다. 부디 고정하옵소서."
이 말에 항우는 잠시 멍청해 있다가 소매를 떨치고 내실로 들어가 버리고 말았다.
그 다음날이었다. 전날의 일을 알게 된 이좌거가 짐짓 아무것도 모르는 척하고 항우 앞으로 나가 아뢰었다.

"폐하께서는 패군의 누각에 걸린 한신의 시를 아시옵니까?"

이좌거의 말에 항우는 겨우 가라앉았던 분통이 다시 터지고 말았다.

"알다 뿐이겠소! 그래서 짐이 어제 곧장 나가 그 비렁뱅이놈을 죽이려고 했으나 제장들이 만류하는 바람에 겨우 참았던 것이오!"

이좌거는 속으로 '옳다구나' 하면서도 자못 분개해서 말했다.

"폐하께서 그런 치욕에도 불구하고 가만히 계시면 천하의 제후들이 비웃을 것이고 한신은 폐하께서 겁을 내시는 줄 잘못 알고 급히 이리로 공격해 올지도 모르는 일이옵니다. 우리보다 갑절도 더 되는 군사로 주야 교대해 가면서 성을 공격한다면 팽성은 위태로워질 것이 분명하옵니다. 신의 생각으로는 오로지 폐하께서 싸우러 나가시는 것이 상책이옵니다. 그래서 이긴다면 한군은 재기불능이 될 것이고 만일에 지더라도 다시 팽성으로 후퇴해서 굳게 지키면 저들은 군량이 딸려서라도 스스로 물러갈 것이옵니다."

"제장들이 짧은 소견으로 짐의 출진을 막기만 해서 답답하던 차에 선생의 말을 듣고 나니 속이 후련하오."

항우는 비로소 얼굴에 기뻐하는 빛을 띠며 이같이 말하고 그 날로 군대를 진발시키라는 엄명을 내렸다. 제장들이 또 수성(守城)할 것을 간청하였으나 항우는 듣지 않았다.

이 때 어떤 예감이라도 느꼈던지 뜻밖에도 우후(虞后: 우희)가 항우에게 종군할 것을 청했다. 항우가 이를 만류했다.

"그대는 궁성에 있어 주오."

우후가 수심 어린 얼굴로 나직이 말했다.

"소첩은 이제부터 폐하께서 계시는 곳을 따르기로 결심하였나이다. 소첩의 간절한 소망이니 부디 물리치지 마옵소서."

우후의 눈에서 두 줄기 눈물이 구슬처럼 얼굴을 타고 내려 옷깃을 적시었다. 항우는 더 만류하지 못하고 마침내 종군을 허락하였다.

이같이 하여 초군의 행렬이 팽성의 성문을 나서려는데 이 무슨 불길한 징조인가! 갑자기 일진광풍이 일어나면서 중군기가 뚝 부러졌다.

여러 장수들과 군사들이 모두 놀라워하며 서로 얼굴을 쳐다보았으나 항우는 못 본 척하고는 태연히 말을 몰았다. 바로 그 때 오추마가 우뚝 그 자리에 멈춰 서서 연거푸 구슬프게 울부짖는 것이었다.

이를 보고 주란이 항우에게 다가가 간하였다.

"폐하, 우리 군이 성문을 나서면서 중군기가 꺾이고 폐하의 애마가 구슬프게 울부짖는 것이 아무래도 불길한 징조가 아닌가 하옵니다. 황후께서도 폐하의 회군을 읍소하고 있나이다."

항우는 너털웃음을 웃으며 말했다.

"허허, 그대는 옛날의 고사도 모르는가. 상주(商紂: 상나라의 주왕)는 갑자일에 망했고 주무왕(周武王)은 같은 갑자일에 흥하지 않았나. 천하의 대장부가 가는 길에 그런 쓸데없는 말은 하지 말라. 우후야 연약한 여자이니 근심이 있을 수밖에."

이같이 말하고 항우는 오추마의 고삐를 잡아당겼다. 그 때 이좌거가 항우 옆으로 다가오며 그런 결심을 더욱 굳히도록 부추겼다.

"미신을 믿고 따르는 것은 소인배들이나 하는 짓이옵니다. 그리고 신의 종자가 패군에서 가지고 온 소식을 들어 보면 그것은 흉조가 아니옵고 도리어 길조 같사옵니다."

"선생의 종자가 무슨 소식을 가지고 왔소?"

"한왕 유방이 갑자기 일지군을 거느려 성고로 되돌아가고 한신 역시 군대를 퇴각시키고 있는 중이라 하옵니다."

"그건 또 어인 연고요?"

항우가 알지 못하겠다는 듯이 물었다.

"신의 생각으로는 한군의 수가 너무 많아 군량미 조달에 어려움이 있는 데다 각처에서 모인 군사들 사이에 내분이 일어난 듯 하옵니다. 더욱이 폐하께서 친히 대군을 거느리고 나오신다는 소식을 탐지하고 급히 철수하는 모양입니다. 이 절호의 기회를 타서 급히 치신다면 가히 전승을 거둘 수 있을 것이옵니다."

이 말에 항우는 마음속으로 잠시 떨떠름해 하던 생각이 눈 녹듯 사라지고 새로운 투지가 용솟음쳐 올랐다.

"군사들은 계속 진군하라!"

이렇게 해서 초군은 다음날 황혼 무렵에는 패군의 접경 50리 지점까지 나아가 영채를 세웠다. 항우가 탐마를 내어 유방과 한신의 동향을 탐지케 하였더니 이들이 돌아와 보고하였다.

"한왕은 패군의 성 밖에 있는 서봉파에 진을 치고 많은 궁녀들과 함께 술 마시며 노래와 춤을 즐기고 있나이다. 한신은 그 동쪽에 대채(大寨)를 세우고 전세를 관망하고 있는 것 같사옵니다."

"유방의 탐주호색이 전쟁터에까지 이어지니 그가 어찌 천하의 주인이 될까 보냐. 내 이놈의 목을 베어 여자의 치마폭에 싸서 술독에다 처넣으리라."

항우는 유방을 비웃으며 이좌거를 불렀다. 그런데 온 군중 안을 다 찾아도 그의 모습을 볼 수가 없었다. 그 때 진문을 지키던 군사가 들어와서 아뢰었다.

"어젯밤 늦게 이좌거가 그의 종자들과 함께 진문 밖으로 나가는 것을 보았나이다."

"뭣이? 그놈이 한신의 첩자인 줄 모르고 짐이 그놈에게 속아서 여기까지 이끌려 왔구나. 비록 그렇더라도 내 이참에 한신을 죽이고 유방을 사로잡고야 말리라!"

항우는 이같이 말하고 즉시 장수들을 불렀다.

"제장들이 짐을 따라 전장에 나오기 수백 차례였으나 싸우면 반드시 이기었소. 그러나 이번만은 한군의 형세가 워낙 커서 가벼이 볼 수 없으니 제장들은 더욱 분발하여 주기 바라오."

말을 마치자 항우는 환초를 선봉으로 삼고 종리매와 계포에게 각각 3만 군을 주어 좌우익을 삼으며 자신은 중군이 되고 우자기를 후군으로 삼고 나서 다시금 당부하였다.

"제장들은 전심전력을 다해 싸우되 적군이 패하여 달아나더라도 결코 멀리 추격하지 마오. 짐이 요량컨대 적군은 앞으로 한 달 이내에 군량이 다하여 혼란에 빠지게 될 것으로 보이오. 그 때 가서 급히 친다면 가히 대승을 거둘 수 있을 것이오."

그러나 항우의 이런 예상은 크게 빗나갔다. 한군은 군량의 조달이 넉넉한 데 비해 먼저 양식이 떨어져 자멸의 위기에 빠진 쪽은 초군이었다.

같은 시간에 한신은 이좌거와 머리를 맞대고 작전을 숙의하였다.

"항우가 군대를 이끌고 비록 중지에까지 들긴 했으나 이들을 좀더 깊이 끌어들일 묘안이 없겠소?"

한신의 물음에 이좌거가 대답했다.

"원수께서 전일 항우와 싸우실 때 몇 번이나 거짓으로 패하여 적을 유인하신 바 있기 때문에 항우가 이번에는 좀처럼 속지 않을 것입니다. 그러하므로 내일 교전하실 때에 원수께서 선두에 나가지 말고 한왕께서 친히 나가시어 항우를 격동시켜 서쪽으로 이끄신 다음에 제가 또 나가서 그를 비웃고 욕한다면 그는 마침내 격노한 나머지 깊이 들고 말 것입니다."

이좌거의 말에 한신은 고개를 끄덕이며 찬동했다.

"대부의 생각이 가히 묘책이오."

한신이 곧 유방에게 이 계책을 아뢰자 그 또한 찬성했다. 이어 한신은 여러 대장들을 모이게 한 후 엄숙하게 말했다.

"지금이야말로 초를 완전히 멸할 수 있는 절호의 기회요. 제장들은 한층 더 분발하여 다 함께 왕사(王事)를 도와 모두 열후(列侯)에 봉함을 받도록 이번 결전에 임해 주기 바라오."

한신은 말을 마치고 난 뒤 여러 장수들을 일일이 호명해 가면서 그가 구상해 놓은 진법에 따라 임무를 부여하기 시작했다. 그가 구상한 진법은 주역의 이치를 응용한 새로운 군진(軍陣)으로 십면매복이 그 핵심 내용이었다. 곧 주역의 점괘인 8괘를 동원하고 그 뒤로 5행을 받치는 진법인데 그 내용은 대강 다음과 같다.

건(乾)을 하늘로 해서 왕릉에게 군사 4만을 주어 구리산의 서북쪽에 매복하도록 하고, 장이는 곤(坤)을 땅으로 해서 서남쪽, 조참은 간(艮)을 산으로 해서 동북쪽, 노관은 감(坎)을 물로 해서 정북쪽, 주발은 이(離)를 불로 해서 정남쪽, 팽월은 손(巽)을 바람으로 해서 동남쪽, 영포는 진(震)을 우레로 해서 정동쪽, 장도는 태(兌)를 못으로 해서 정서쪽에 각각 매복토록 했다. 이들에게 모두 부장 16명과 군사 4만 명씩을 딸려 모두 64면으로 기치를 두게 하였다.

이렇게 함으로써 앞으로는 8괘를 어루만지고 뒤로는 5행을 베풀어 왼쪽을 받치고 오른쪽을 도와 글자 그대로 좌보우필(左輔右弼)의 물샐틈마저 없게 해 놓았다.

한신은 이어 장량을 방호사로 삼아 군사 10만을 주어 한왕의 좌편, 진평을 구응사로 삼아 역시 군사 10만으로 한왕의 우편, 그리고 하후영에게도 군사 10만을 주어 한왕의 후면을 지키게 하였다.

다음으로 공희와 진하는 각각 2만의 군사들로 한왕의 좌우 양쪽의 앞을 서게 하고 여마통과 여황은 군사 2만으로 일월정기를 표하며 한왕을 따르게 했다.

그리고 근흡은 1만 명의 군사를 거느리어 12방위를 형상하게 하고 시무는 3만 명의 군사를 거느리어 28숙(宿)을 형상하게 하며 임오는 군사 2만 5천 명을 거느리어 한왕의 본진을 지키게 하고 유택은 군사 5천 명을 이끌고 계명산으로 들어가 무수한 기치를 세워 의병(擬兵)을 꾸미게 했다.

또 진희·육가·부필·오예 네 장수는 각각 5천 명의 군사들을 거느리고 좁은 길로 가서 팽성을 급습하게 하고 양희·양무·양익·여승 네 장수는 각각 1만 군을 거느리고 오강(烏江)으로 가서 매복해 있다가 항우를 사로잡도록 하였다.

이와 같이 모든 배치가 끝났을 때 한편 구석에서 커다란 목소리로 항의하는 사람이 있었다.

"폐하께옵서 포중에서 나오신 이래 수백 번 싸움에 이 사람이 한 번도 빠져 본 적이 없습니다. 그런데 원수께서 지금 모든 대장들에게 임무를 맡기시고 이름 없는 장수들까지 모두 일방의 책임을 주시면서 어찌하여 이 사람은 빼놓으십니까?"

모두들 놀라서 바라보니 그는 다른 사람이 아닌 번쾌였다. 한신은 빙그레 웃으면서 말했다.

"내 그렇지 않아도 번 장군을 위해서 중대한 일 한 가지를 남겨 둔 터이오."

"그게 무슨 일인지 맡겨만 주십시오."

"내가 구리산에 대군을 몇 겹으로 매복시켜 두었는지라 혼전이 벌어지면 적과 우리 편을 분간키 어렵게 될 것이오. 그래서 큰 기를 하나 세워 좌편으로 가야 할 때는 좌편으로, 우편으로 가야 할 때는 우편으로, 진격해야 할 때는 앞으로, 물러가야 할 때는 뒤로 기를 기울여 신호를 하려 하오. 백만의 군사들이 이 깃발 하나로 움직이게 되므로 이 싸움의 승패와 삼군의 생사는 오직 이 깃대를 가진 사람에게 달려 있는데 장군은 이 일을 넉넉히 할 수 있겠소?"

"넉넉히 해낼 수 있습니다!"

번쾌는 씩씩하게 대답했다.

"그러면 장군은 군사 3천 명을 거느리고 구리산 정상으로 올라가서 적군의 동향을 보아 수시로 임기응변해서 깃발로 우리의 삼군을 지휘해 주시오."

"그런데 어두운 밤중이 되면 적군과 아군을 분간하기 어렵고 또 깃발이 보이지 않을 테니 그 때는 어찌 합니까?"

번쾌의 말이 끝나자마자 한신이 다시 웃으면서 말했다.

"참으로 좋은 질문을 해 주시었소. 그러나 조금도 염려 마오. 밤에는 깃발 대신 등롱을 사용하면 될 것이오. 그리고 피아(彼我)의 식별도 어렵지 않은 문제요. 횃불을 가지고서 움직이지 않고 각 방면을 수비하고 있는 군대는 아군이고 횃불을 들고 분주히 왕래하는 군대는 적군이라 보면 틀림없을 것이오."

"예, 잘 알았습니다. 착오 없도록 각별히 유념하겠습니다."

한편, 항우는 이 때 모든 장수들을 모아 놓고 출전 명령을 내렸다.

"짐이 오늘 군사 20만을 거느리고 앞장서 나가겠다. 종리매와 주란은 좌우에서 짐을 도우라. 그리고 나머지 30만을 여섯 사람의 대장이 각각 나누어 짐의 뒤를 따르고 우자기는 이 곳에 머물러 본진을 지키도록 하라?"

지금까지 출전을 반대하던 장수들도 항우의 결심이 워낙 굳을 뿐더러 이런 상황에서 가만히 있을 수도 없어 묵묵히 명령에 따랐다. 항우는 마침내 대오를 정비하여 한군 진영을 향해 서서히 나아갔다.

오시가 미처 못 되어 항우는 한군 진영 앞에 이르렀다. 그는 창을 꼬나 들고 마상에 높이 앉아 큰 소리로 외쳤다.

"유방 이놈아! 네가 불알을 찬 남자라면 어서 나와서 자웅을 겨뤄 보자! 만일 또 전날과 같이 복병을 두고 유인계나 쓴다면 너야말로 대장부가 아니니라!"

듣고 나자 유방이 대답했다.

"하하하, 네놈은 여전히 필부지용만 믿고 대언 장담하기를 좋아한다만 추호라도 두려워할 내가 아니다! 무릇 군사들을 통솔하여 승부를 결하는 일은 계획에 달린 것이지 네놈처럼 가마솥이나 번쩍 드는 힘에 달린 것이 아니라는 것쯤은 산야의 촌부도 다 아는 일이다! 네 이놈! 세상이 크게 바뀌고 천하가 다 나에게 귀복하고 있으니 어서 항복하여 목숨이나 보존토록 하여라!"

"아니, 저놈이! 사상 정장이나 하던 저 필부놈이!"

예상했던 대로 항우는 불같이 노하여 창을 휘두르며 곧장 유방을 향해 살같이 짓쳐들어왔다. 그러자 유방의 좌우에서 공희와 진하가 마주 뛰어나갔다.

"네까짓 무명 하졸 놈들이 감히 짐의 앞을 가로막다니! 내 창 맛을 보아라!"

항우의 손이 한 번 번득하자 진하가 창에 찔려 말 아래로 떨어졌다. 이에 놀란 공희는 단 1합도 겨루지 못하고 말 머리를 돌렸다.

이를 본 유방이 황급히 말 머리를 돌리자 방죽이 터진 듯 한군은 무너지며 패주하기 시작했다. 항우가 이를 뒤쫓으려 할 때 계포가 달려와 간했다.

"폐하 쫓지 마옵소서! 저놈들이 패주해 가는 모양을 보니 조금도 그 대오가 흐트러짐이 없사옵니다! 이는 놈들이 우리를 유인하려는 간계이옵니다."

"하긴 그럴지도 모르겠구나! 여기서 잠깐 더 두고 보자!"

항우가 계포의 말을 옳게 여겨 말고삐를 늦추고 말을 멈추었다. 바로 그 때 어디로 해서 왔는지 뜻밖에도 이좌거가 항우 앞에 나타났다.

"폐하, 신이 폐하를 찾아갔을 때 은혜를 입은 바 있어 올리는 말씀입니다만 지금 폐하께서는 한신의 꾀에 깊이 빠졌습니다! 이렇게 된 이상 도저히 벗어날 수 없으니 속히 갑옷을 벗고 항복하신다면 신이 한왕께 아뢰어 폐하의 목숨이나마 건지게 해 드리겠습니다! 의향이 어떠하신지요!"

"늙은 여우놈이 뭐라고 주둥아리를 함부로 놀리느냐! 짐이 네놈에게 속은 걸 생각하면 네놈을 천 조각 만 조각 내어도 시원치 않겠다!"

항우는 격분을 누르지 못하고 부들부들 떨면서 이좌거에게 달려갔다. 이좌거는 깜짝 놀라 급히 달아났다. 항우가 이를 갈며 계속 추격하여 10여 리쯤 갔을 때 별안간 이좌거의 모습은 온데간데없고 사방에서 한군이 구름 떼처럼 몰려나왔다.

"폐하, 한군이 저렇듯 몰려나와 에워싸려는 것을 볼 때 팽성도 이미 적군의 수중에 들어가고 만 것 같사옵니다. 한신의 대군도 곧 이리로 올 것이니 폐하께서는 강동(江東)의 정예 군사 8천만 거느리고 곧바로 노국(魯國)으로 가셔서 후일을 도모하도록 하소서."

종리매와 주란이 같은 말을 하였다.

"그러하옵니다. 폐하께서는 곧 그리 하옵소서."

그러나 항우는 고개를 가로 저었다.

"짐은 팽성을 버릴 수 없다! 그대들은 내 뒤를 따르면서 내가 한군을 무찌르면 구경이나 하라! 만일 짐의 창법이나 검법에 조금이라도 흔들림이 있다면 스스로 목을 찔러 자결하고 말겠다! 그러나 목숨이 붙어 있는 한 결코 비겁하게 멀리 도망 가지는 않겠다!"

말을 마치자 항우는 오추마를 급히 몰아 팽성을 향해 그대로 적진을 뚫고 나갔다. 제장들은 그의 뒤를 따르지 않을 수 없었다.

그러나 종리매가 예견했던 대로 팽성은 이미 한군에게 떨어져 성루에는 한나라 기가 펄럭이고 4대문은 모두 굳게 닫혀 있었다.

항우는 크게 낙담하여 잠시 어찌 할 바를 몰랐다.

"좋다! 구리산으로 가서 최후의 결전을 하자!"

그러고는 얼마 남지 않은 군사들과 더불어 왔던 길을 되돌아갔다. 때는 벌써 날이 저물어 어두워진 뒤였다.

항우의 군사들이 구리산을 돌아들 때였다. 구리산 정상으로부터 일성포향이 하늘을 진동하는 가운데 커다란 등롱이 전후좌우로 크게 흔들렸다.

이를 신호로 구리산의 사면팔방으로부터 한의 복병들이 일시에 함성을 지르며 벌 떼같이 일어났다.

서북에서는 왕릉, 북에서는 노관, 동북에서는 조참, 동에서는 영포의 대군이 내달아 왔다. 그리고 남에서는 주발, 동남에서는 팽월, 서남에서는 장이, 서쪽에서는 장도의 대군이 몰려오며 초군을 들이치니 살기는 하늘에 뻗치고 초군의 시체는 들을 덮었다.

그러나 항우는 복병에도 아랑곳하지 않고 더욱 무용을 다하여 한꺼번에 8명의 장수를 상대로 싸웠다. 마침내 항우가 이들을 모두 물리쳐 쫓아 버리니 이번에는 박소·손가회·고기·장창·척사 등의 부장급 장수들이 일시에 항우에게로 달려들었다.

항우는 조금도 피로하거나 지친 기색도 없이 다시 이들을 맞아 싸우는데 두어 합이 채 못 되어 먼저 손가회의 목이 땅에 떨어지고 이어서 척사는 말발굽에 밟혀 목숨을 잃었다.

이 서슬에 놀란 나머지 부장들이 뺑소니를 치자 이번에는 진희와 부관·시무·오예 등의 네 장수가 짓쳐 왔다. 그러나 이들마저 몇 합 겨루지 못하고 저마다 뿔뿔이 흩어지고 말았다.

이렇게 해서 항우는 하룻밤 사이에 칼과 창을 번갈아 쓰면서 한나라 장수 50여 명과 차례로 싸웠지만 그의 검법이나 창법은 한 점의 틈도 보이지 않았다. 천하 장수 항우를 태운 오추마 역시 그 주인과 더불어 조금도 지칠 줄 모르고 이리 뛰고 저리 뛰었다.

그 통에 한의 10면 복병도 잠시 주춤하며 물러가게 되어 쉴 틈을 얻은 항우는 수하 장수들을 둘러보며 물었다.

"그래, 짐이 창검을 씀에 흔들림이 있더냐?"

제장들이 땅에 엎드리며 이구동성으로 말했다.

"폐하의 창검법은 실로 천신(天神)의 신법이옵니다."

이 때 항백이 근심스런 얼굴로 아뢰었다.

"폐하께서는 이제 더 나아가지 마시고 여기서 밤이 새기를 기다리시는 게 좋을 듯하옵니다."

이 말에 항우도 고개를 끄덕이며 우자기가 호위하고 있는 우후 곁으로 다가가서 가만히 그녀의 손등을 어루만졌다. 우후가 나긋한 목소리로 항우를 위로했다.

"소첩은 폐하의 천위(天威)를 믿어 조금도 의심치 않나이다."

이에 항우도 부드러운 목소리로 대답했다.

"그대는 어서 편히 쉬도록 하오."

우후가 아미를 숙이며 가만히 항우의 가슴에 안겼다.

4. 사면초가(四面楚歌)

이 때 한신은 10면 복병으로도 항우를 파하지 못하자 마음이 초조해져 이좌거를 불러 먼저 자기의 의견을 말했다.

"항왕의 용맹은 실로 만부부당(萬夫不當)이오. 내 생각으로는 내일은 접전을 하지 말고 전거(戰車)로 구리산 주위를 에워싸고 적의 군량미가 수송되지 못하도록 할까 합니다. 그렇게 되면 적은 안으로는 군량이 떨어지고 밖으로는 구원병이 없으니 힘 안 들이고 항왕을 파할 수 있지 않겠습니까?"

그러자 이좌거는 고개를 가로 저으며 대답했다.

"아니올시다. 항왕의 용맹이란 필부의 그것에 지나지 않습니다. 다만 근심되는 것은 계포·종리매·주란 등의 몇몇 지용을 겸비한 장수들과 항왕이 거느린 8천의 강동 자제들입니다. 이들이 항상 철석같이 단결하여 항왕을 도와 주므로 원수께서 애를 쓰시지만 번번이 뜻을 이루지 못하는 것입니다. 그러므로 묘책을 써서 적장들의 마음을 풀어지게 만들고 8천 자제들을 흩어지게 만든다면 그 뒤에는 항우가 비록 하늘에 오르고 땅 속에 숨는 신통력을 가지고 있다 하더라도 혼자 힘으로는 어쩔 수가 없을 것입니다. 그렇게 하지 않고서는 설령 군량미가 떨어진다 하더라도 저들은 끝까지 대항할 것입니다."

"듣고 보니 그 말씀이 옳소이다."

한신이 감탄하며 말했다.

"뿐만 아니라 항왕이 여기서 아군의 포위망을 벗어나 강동으로 가서 다시 군마를 모으고 사기를 양성한다면 원수께서 용이하게 평정하시기 어려울 것입니다. 그러니 조금 전 말씀드린 대로 묘책을 써서 이번 싸움으로 완전히 초를 멸망시켜야 합니다."

"선생의 말씀이 과연 금옥과도 같습니다만 나에게 그런 묘책이 없으니 어떻게 하면 좋겠습니까?"

한신은 이렇게 말하고 눈을 깜빡이면서 한참 생각하더니 다시 말했다.

"장자방 선생이 본시 지모가 깊고 기변(機變)에 능하니 필시 묘책을 가지고 계실 것입니다. 그분과 상의해 보는 것이 어떨까요?"

"거 또한 묘책입니다."

이좌거가 웃으면서 대답했다.

이같이 의논을 정한 두 사람은 곧장 방호사의 장막으로 장량을 찾아가 전후수말을 말하고 묘책을 물었다.

"이 사람이 어렸을 적에 하비라는 곳에서 한 이인을 만나 퉁소 부는 법을 배워 마침내 득음(得音)을 하게 되었지요. 이 퉁소 소리는 능히 사람의 마음을 감동케 하여 즐거움이 있는 사람이 들으면 더욱 즐겁고 근심이 있는 사람이 들으면 더욱 슬퍼지는 신비한 가락입니다. 지금 가을이 깊어 금풍(金風)은 소슬하여 초목은 단풍지고 나그네는 고향 생각이 간절할 때입니다. 이런 때에 이 사람이 계명산에 올라가 한 곡조 퉁소를 처량하게 분다면 그 애절하고도 곡진한 가락에 초나라 군사들은 절로 마음이 비통해져 모두들 진영을 떠나고 말 것입니다. 그렇게 되면 천하의 항우도 더 견딜 재간이 없겠지요."

한신은 이 말을 듣고 너무도 기쁜 나머지 두 손으로 장량의 손을 잡고 칭사하기를 마지않았다.

"선생의 묘계와 다양한 재주는 가히 따를 사람이 없습니다!"

이리하여 그 다음날부터 한신은 여러 장수들에게 교전을 피하고 전거를 늘어 세워 엄중히 방비에만 전념하도록 명령을 내렸다.

한신의 작전이 이처럼 공격에서 수비로 바뀌어 새롭게 진행되고 있을 무렵 항우는 성녀산 기슭에 둔영하여 한군의 침공에 대비하고 있었다.

사흘이 지났을 때였다. 항백과 계포가 항우의 장막으로 와서 보고를 올렸다.

"진중에 군량미가 다해 가고 말에게 먹일 마초도 부족하옵니다. 사졸은 겉으로는 나타내지 않으나 속으로는 은근히 원망하는 자가 많은 것 같사옵니다. 한시바삐 강동으로 돌아가 다음날을 기약해야 하겠사옵니다."

"아니, 군량이 벌써 다해 간다고?"

항우는 깜짝 놀랐다. 그가 예상하기로는 한군의 군량이 먼저 떨어질 줄 알았는데 그 반대가 되고 보니 놀라지 않을 수 없었다.

"군량이 다해 간다면 어쩔 수가 없군. 내일 아침 짐이 용감한 8천 자제와 앞서 나간다면 한군들이 지레 겁을 집어먹고 감히 앞을 막지 못할 것이다. 길을 열거든 곧바로 따라 나오도록 하라."

이렇게 해서 강동을 향해 떠나기로 한 바로 전날 밤이었다. 하필이면 바로 그 날 밤에 어디선가 애절한 퉁소 가락이 초군의 군막 안으로 유량하게 흘러 들어왔다.

이 퉁소 소리는 장량이 며칠 동안 음률에 소질이 있는 군사 수백 명을 뽑아서 열심히 가르친 초나라의 가락이었다. 이 초가(楚歌)를 장량이 계명산에 올라 불기 시작하자 구리산과 성녀산에 매복시킨 수백 명의 한군들이 동시에 따라 불어 애간장이 녹아드는 듯한 초가가 사방에서 가득히 울려왔다.

초나라 군사들은 모두 다 귀를 기울여 듣고 있었다. 퉁소 소리와 함께 노랫소리도 처량하게 들려 왔다.

9월 단풍 깊은 가을 서리 바람 불어오고
하늘 높고 물 맑은데 외기러기 울고 간다
창을 짚고 문득 서니 집 떠난 지 10년일세
어머니는 안녕하고 마누라는 무고한지
사는 것이 뭣이기에 부모처자 다 버리고
고향 산천 등지고서 죽을 땅을 헤매이노
창칼 들고 부딪히면 중한 목숨 이슬일세
초패왕의 군사들아 너희들은 들어 보라
양식은 떨어지고 살길마저 막막하니

미구에 망할 나라 지킨들 무엇 하리
구천에 사무치는 이 노래를 들었거든
어서 오라, 어서 오라, 고향으로 돌아오라

 오음과 육률이 서로 조화되어 오동의 잎새에 이슬이 떨어지는 듯하고 갈대밭에 바람이 부는 듯한 이 소리! 혹은 달래는 것도 같고 혹은 원망하는 것도 같으며 혹은 호소하는 것도 같고 혹은 슬피 우는 것도 같아서 초나라 군사들은 모두들 가슴이 찢어지는 듯했다.
 견디다 못한 군사들의 입에서 탄식 소리가 새어 나오기 시작했다.
 "고향의 처자식들이 오늘 따라 더욱 보고 싶구나."
 "한군이 밀려오면 우리는 다 죽은 목숨 아닌가."
 "여기서 굶어 죽느니 차라리 한군에게 항복하자."
 "잘들 있게나. 나는 먼저 고향으로 돌아가겠네."
 사방에서 들려 오는 초나라 노래로 말미암아 군사들의 마음은 여지없이 흐트러지고 어느새 하나 둘씩 혹은 삼삼오오 짝을 지어서 진영을 빠져 나가기 시작했다.
 각 부대의 장수들은 그들을 막을 수도 없었거니와 비절한 마음은 사졸들과 마찬가지여서 어찌 했으면 좋을지 몰라 어리둥절하고 있는 사이에 8천 군사들 중 거의가 다 도망을 가 버리고 남은 군사들이라곤 1천도 채 되지 않았다.
 그뿐 아니었다. 나중에는 장수들마저 하나 둘씩 슬금슬금 진영을 떠나기 시작했다. 더욱이 군사(軍師)로 있는 항백마저 장량의 진중을 향해 도망치고 말았다. 이러한 사실을 뒤늦게 알게 된 주란은 환초를 붙잡고 목놓아 울면서 탄식했다.
 "늙은 항백 장군이야 목숨에 연연하여 그랬다 해도 계포·종리매·우자기마저 도망을 치다니 어디 이럴 수가 있는 일입니까?"

환초도 소매로 눈물을 닦으며 말했다.

"사세가 이렇다고 곤히 주무시는 폐하를 깨울 수는 없겠지요. 아직 8백 군사가 남았으니 날이 새면 폐하와 함께 강동으로 가도록 합시다. 그 곳에서 다시 힘을 길러 이 철천지한을 씻도록 합시다."

"옳으신 말씀입니다. 하늘이 만약 우리 초나라를 버리시지 않는다면 훗날을 기약할 것이요, 설령 죽는다 하더라도 폐하와 혼백이라도 함께 하고 싶습니다."

"나도 동감이오."

두 장수는 이렇게 토로하면서 끝내 떠나지 않은 8백 군사와 함께 밤이 새도록 초나라 진영을 지켰다.

이른 새벽, 항우는 그제야 우후와 고달프고 괴로운 밤을 지새우고는 눈을 떴다. 그는 뜻밖에도 귓결에 사방에서 들려 오는 초나라의 애절한 가락을 듣고는 깜짝 놀라 장막 밖으로 나왔다. 그 자리에 환초와 주란이 비통한 얼굴로 서 있었다.

"사방에서 초나라 가락이 들려 오니 이 어인 일인고?"

"한신의 계교로 우리 초가를 통소로 애절하게 불어 군사 항백을 비롯하여 계포·종리매·우자기 등의 장수들과 군사들이 모두 고향을 그리워하는 마음을 이기지 못하고 도망 가게 만들었사옵니다. 이제 대장이라고는 신 등 두 사람뿐이고 군사들도 8백 명 정도만 남아 있을 따름이옵니다."

환초가 대답하는 동안 주란은 손등으로 눈물을 닦고 있었다.

"으음!"

항우는 땅이 꺼지게 한숨을 쉬고는 하늘을 우러러 비통하게 부르짖었다.

"이는 하늘이 짐을 버리시는 것이다! 어찌 이런 일이 있을 수 있단 말인가!"

이 때 항우의 장막이 열리면서 우후가 걸어 나오는데 그녀의 눈에도 눈물이 괴어 있었다. 아마도 장막 안에서 환초가 아뢰는 말을 다 들은 모양이었다.

우후가 항우를 쳐다보면서 애절한 목소리로 말했다.

"폐하께서는 어서 이 곳을 떠나시옵소서. 한시가 급하옵니다."

항우는 대답할 말을 잊고 한동안 망연히 그대로 서 있었다. 그러다가 비통한 심정을 이루 다 말로 할 수 없어 전쟁터의 장수답지 않게 굵은 눈물 방울을 뚝뚝 흘리며 한 수의 시를 읊었다. 후세 사람들이 '해하가(垓下歌)'라 일컫는 시이다.

힘은 산을 뽑고 기운은 세상을 덮었도다
시운 은 불리하나 오추마는 아직 있구나
오추마가 살아 있은들 어찌 할 것이냐
우후여, 우후여, 어찌 하면 좋은가

천하 대장부의 마지막 피눈물이 묻어 있는 이 '해하가'에 우후 역시 한 수의 시로써 답한다. 이들이 주고받는 애절한 시는 하늘에 사무쳐서 이제 막 먼동이 터 오는 동쪽 하늘을 붉게 물들이고 있었다.

한군이 이미 천하를 다 빼앗으매
사방에서 들리느니 초가뿐이네
폐하의 의기가 다하셨다면
이 몸 또한 살아서 무엇 하리요

항우와 우후는 이렇게 시가(詩歌)로 마음의 대화를 나눈 후 항우가 우후에게 말했다.

"나는 이제 가야 한다. 그대는 목숨을 보전하라. 만일 내 운명이 다하지 않았다면 우리 두 사람이 다시 만날 날이 있으리라."

"폐하께서 가실 때 소첩도 데리고 가소서. 소첩은 죽어도 폐하와 떨어져 있지는 않을 것이옵니다."

우후는 울면서 호소했다.

"그대는 공연한 말을 하지 말라. 지금 혼전 난군 중에 용맹무쌍한 장수도 빠져 나가기 어렵거늘 하물며 연약한 여인의 몸으로 어떻게 이 곳을 탈출한단 말인가."

우후는 항우가 끝내 자기를 데리고 가지 않을 것을 알고 조용히 말했다.

"그러면 폐하의 분부에 따르겠사오니 보검을 잠시 소첩에게 빌려 주소서! 소첩의 몸을 지키기 위해서이옵니다."

항우는 사랑하는 우후의 요청인지라 차고 있던 보검 하나를 풀어 주면서 이 절세가인의 신변을 스스로 보호하도록 해 주었다. 그러나 뉘 알았으랴. 우후는 보검을 받아들자마자 칼을 물고 엎어지며 자결해 버리고 말았다.

"아아, 우후여, 우후여…."

항우는 두 손으로 얼굴을 가리고 흐느껴 울었다. 집채 같은 거구가 격렬하게 요동치며 크게 비틀거렸다. 이 때 주란이 항우를 부축하며 간했다.

"폐하께서는 속히 눈물을 거두시고 천하 대사를 생각하소서."

이어서 환초도 항우를 재촉했다.

"폐하, 폐하를 믿고 따르는 8백 군사들이 기다리고 있사옵니다."

항우는 그제야 눈물을 멈추고 분연히 오추마에 올라탔다. 그의 두 눈은 분노와 비탄으로 인해 시뻘겋게 충혈되어 있었다. 그는 8백 명의 군사들을 2대로 나누어 자신이 선봉을 서고 환초와 주란은 후진을 맡게 했다.

"가자!"

항우는 그의 마지막 군사들과 더불어 말을 달려 나갔다. 그의 기세는 일월도 무색할 지경이었다. 한의 맹장 관영이 그의 앞을 가로막았으나 기세에 눌려 말 머리를 돌리고 말았다.

이에 항우는 포위망을 열면서 계속 앞으로 달렸다. 이를 산상에서 지켜본 번쾌가 깃발을 크게 흔들어 항우의 행로를 놓치지 않고 한군들에게 알려 주었다. 한의 대군은 여기저기서 벌 떼처럼 쏟아져 나와 몇 겹으로 초군들을 에워쌌다. 여기에 조참이 4명의 부장과 함께 대군을 휘동해 와서 얼마 남지 않은 초군의 마지막 군사들까지 사정없이 들이쳤다.

마침내 후군의 환초와 주란은 한 치도 더 나아갈 수 없는 포위망 속에 갇히고 말았다. 그들과 함께 최후까지 남은 군사는 20명도 채 되지 않았다. 주란과 환초는 이미 최후가 왔음을 깨달았다. 환초가 비통한 목소리로 조용히 말했다.

"우리 힘이 여기서 다했구나! 한군에게 붙잡혀 죽느니 차라리 깨끗하게 자결하고 말리라!"

이 말을 신호로 환초와 주란은 거의 동시에 칼로 목을 찔러 자결하고 말았다. 그러자 남은 강동의 자제 20명 역시 저마다 스스로 목숨을 끊었다.

이러한 사실을 전혀 모르는 선두의 항우는 계속해서 포위망을 뚫고 나아가 회하(淮河)에 이르렀다. 그를 따르고 있는 군사들이 아직도 백여 명은 남아 있었다.

마침 강가에 큰 배 두 척이 매여 있었다. 항우는 군사들과 함께 배를 나누어 타고 강을 건너 앞을 바라고 5리쯤 갔을 때였다. 여기서도 한군이 매복해 있다가 사방으로부터 짓쳐 나왔다.

항우가 다시 용맹을 뽐내며 겨우 한 줄기 혈로를 뚫고 10리쯤 달려 한숨 돌렸을 때 저만치에 농부 한 사람이 서 있었다. 길의 방향을 모르던 터라 항우가 반색을 하며 농부에게 물었다.

"강동으로 가려면 어느 길로 가야 하는가?"

농부가 흠칫 놀라는 품으로 보아 길을 묻는 사람이 항우임을 알아보는 것 같았다. 하긴 항우가 눈에 띄는 거구에 금갑녹포를 입었으니 알아볼 만도 했다. 그러나 농부는 얼른 대답을 하지 않고 머뭇거리기만 했다.

항우가 다시 물었다.

"짐은 초패왕이다. 그대는 두려워 말고 어서 길을 가르쳐 달라. 어느 길로 가야 강동으로 갈 수 있는고?"

농부는 전부터 항우를 미워해 오던 터라 그가 항우임을 확인하자 엉뚱한 길을 가리키며 능청스럽게 대답했다.

"여기서 왼편 길로 곧장 가시우."

그러나 농부의 이 말이 거짓말인 줄을 꿈에도 생각지 못한 항우는 군사들과 함께 왼편 길로 나아갔다. 이들이 얼마쯤 길을 갔을 때 넓은 소택지가 앞을 가로막았다. 그제야 농부에게 속은 것을 알았지만 되돌아갈 수도 없어 갖은 고생 끝에 가까스로 소택지를 건너 산길로 접어들었다.

이제 항우를 따르고 있는 군사들은 단지 28명에 불과했다. 그는 이들과 함께 길도 잘 모르면서 무턱대고 동쪽만 바라고 달릴 따름이었다. 일찍이 백만 대군을 거느리고 천하를 호령하던 그로서는 착잡한 심회를 금할 수 없었다.

그런 지 얼마 만에 수목이 울창한 숲 속에 들어 길을 찾아 헤매다 해가 질 무렵에 오래 된 절을 발견했다.

"폐하, 그 동안 수백 리를 물 한 모금 드시지 않고 여기까지 왔사옵니다. 피곤도 하시겠지만 시장하기도 하실 터이니 여기서 잠깐 쉬도록 하시옵소서."

　군사 하나가 이렇게 말하여 항우가 말에서 내리자 모두들 말에서 내렸다. 항우가 절의 문 앞에 서서 보니 안에서는 불빛이 흘러나오고 문 앞 언덕 아래에서는 졸졸졸 물 흐르는 소리가 들렸다.

　그는 물소리를 듣고 오추마를 끌어 언덕 아래로 내려갔다. 말에게 물을 먹이려 했으나 기암괴석들이 쌓여 있어 말이 물을 먹을 수가 없었다. 그가 팔을 걷고 허리를 굽혀 바윗돌들을 치우자 그 밑에서 비로소 옥수(玉水) 같은 맑은 물이 샘솟듯 솟아올랐다.

　이 곳은 흥교원(興敎院)이라는 곳으로 오강으로부터 75리 되는 곳인데 '항우의 음마천(飮馬泉)'이라는 고적(古蹟)이 있다.

　항우는 오추마에게 물을 배부르게 먹인 후 흥교원 안으로 들어갔다. 좌우로 긴 복도가 있는데 어디에도 사람이라고는 그림자도 보이지 않았다.

　그는 천천히 걸어서 흥교원의 뒷마당으로 갔다. 그 곳에 집이 한 채 있는데 7, 8명의 노인들이 불을 피워 놓고 둘러앉아 있는 모습이 보였다.

　항우가 물었다.

　"어인 일로 노인장들만 여기 계시오?"

　한 노인이 대답했다.

　"원래 이 절간에는 젊은이들이 20여 명이나 있었습니다만 난리통에 모두 달아나고 없소. 그래서 우리 늙은이들만 남아 있는데 댁께서는 뉘시오?"

　"나는 초패왕인데 싸움에 져서 이렇게 쫓기고 있소. 원컨대 먹을 것을 좀 주고 재워 주신다면 그 은혜는 잊지 않겠소이다."

　항우의 말에 노인들은 모두 일어나서 땅에 배복하며 사죄하였다.

　"황송하옵니다. 산야에 묻힌 촌부가 폐하께옵서 행림하신 것을 알지 못하고 죄를 지었사옵니다. 부디 용서하여 주소서."

　"아니오이다. 모르고 하신 일이 어찌 죄가 되겠소. 이렇게 예를 차리고 맞아 주시니 오히려 고맙소이다."

항우가 이같이 대답하자 노인들은 서둘러 항우와 그 군사들을 집 안으로 안내하는 한편으로 쌀 한 섬을 내어 밥을 짓고 야채를 씻어 국과 반찬을 만들어 내놓았다.

이에 항우는 노인들을 치하하고 나서 군사들과 함께 주린 배를 채웠다. 이어서 곧 잠자리에 들어 투구를 베개 삼아 어렴풋이 잠이 들려고 하는데 갑자기 바깥이 소란해지며 무수한 말발굽 소리가 가까이 다가왔다.

'또 한적들이로구나!'

항우는 급히 자리를 차고 일어나서 갑옷을 입고 창을 들어 오추마에 올라 홍교원에서 뛰쳐나갔다. 바깥은 이미 날이 새어 있었다. 항우가 말을 몰아 나가자 한 장수가 말을 타고 나서며 큰 소리로 외쳤다.

"항우야. 나는 한장 관영이다! 이젠 항복하여 목숨이나 구하라!"

항우가 대로하여 마주 호통을 쳤다.

"네 이놈! 내 너를 사로잡아 그 주둥아리를 찢어 놓고 말리라!"

항우는 창을 휘두르며 관영을 취했다. 두 필 말이 서로 사귀고 두 자루 창이 서로 어우러져 싸우기 10여 합에 이르렀을 때 근읍·시무·여마통·여승·양무의 다섯 장수가 일제히 항우를 향해 달려들었다.

막 잠에서 깬 항우였으나 그가 휘두르는 창끝은 편체분분(扁體紛紛)하고 살기는 새벽 어스름 속에서 차디차게 번득였다. 6명의 한장들이 항우 한 사람을 에워싸고 치는데 도무지 접근을 하지 못하고 오히려 막아 내기에만 급급하였다.

항우는 이들을 따돌리고 마치 무인지경을 가듯 포위망을 뚫고 나와 50여 리를 더 달려 마침내 오강의 강가에 이르렀다.

5. 오강자문(烏江自刎)

오강 가에 다다른 항우는 말고삐를 움켜쥔 채 사방을 휘돌아보았다. 바로 자기 뒤에서 추격해 오는 한군은 보이지 않았으나 이쪽저쪽 산모퉁이에서 뽀얗게 티끌이 일어나고 있으니 이는 한의 추격군이 틀림없었다.

항우는 착잡한 심정이 되어 혼자 생각해 보았다. 앞에는 강물이고 좌우와 뒤쪽은 모두 한군들이다. 설사 날개가 달렸다 한들 여기서 벗어나기란 지극히 어려운 일이다. 산과 들에 깔려 있는 것이 모두 다 한군이라면 이제 자기 운명은 다했다고 깨달았다.

항우는 홍교원을 떠난 뒤로 아직 1기도 꺾이지 않은 28명의 강동 군사들을 향해 비장한 목소리로 말하였다.

"군사들은 들어라! 그대들은 끝까지 짐을 따라온 영용한 충의지사들이다! 그 동안 참으로 고마웠다!"

항우는 목이 메어 잠시 말을 끊었다가 다시 이었다.

"짐이 회계 땅에서 군사를 일으킨 뒤로 8년! 그 동안 수백 번의 싸움을 치렀지만 이처럼 된 적이 없었다! 짐의 형세가 이같이 곤궁하게 된 것은 짐에게 용력이 없음이 아니라 천운이 없음이니 어이하랴!"

이렇게 말한 항우는 한 차례 좌우의 적진을 노려보았다. 그리고 다시 군사들에게로 고개를 돌려 말하였다.

"짐이 이제 적장을 베고 적군을 흩어 길을 열어 줄 터이니 그대들은 속속 여기를 빠져 나가 저편 동산(東山) 밑에서 짐을 기다리라!"

군사들이 일제히 대답했다.

"예, 폐하의 분부대로 하겠나이다!"

항우는 다시 기운을 뿜내어 벽력 같은 호통을 치며 한군을 향해 돌진하였다. 그의 위세에 놀란 한군들이 폭풍을 만난 덤불처럼 흩어졌다. 그는 번개같이 달려들어 적장의 목을 베어 땅에 떨어뜨리고 계속해서 말을 몰았다.

항우가 이렇게 해서 길을 열며 동산 아래 이르러 보니 28명의 군사들은 한 사람도 손상 없이 모두 와 있었다.

"오오, 잘들 왔구나!"

항우는 군사들을 둘러보고 안도하였다.

"자, 그럼 여기서 잠시 쉬도록 하라."

자신도 투구끈을 늦추며 쉬려고 하는데 바로 그 때 또 함성이 크게 일어나며 여승·양무·이우·왕항의 네 장수가 군사들을 이끌고 달려왔다.

항우는 다시 오추마에 올라 초천검을 휘두르며 네 장수를 상대로 싸우는데 두어 합이 미처 못 되어 이우와 왕항이 차례로 목이 달아났다. 이를 본 여승과 양무는 혼비백산하여 그대로 달아나 버렸다. 이 싸움에서 항우는 2명의 군사를 잃었다.

이 날 항우는 하루에 한군 대장과 9번 접전하여 9명을 베고 천여 명의 사졸들을 죽였다. 실로 기적 같은 승전이었다.

적의 포위가 흩어진 것을 보고 항우는 26명의 군사들과 함께 오강의 북쪽 기슭으로 갔다. 이 때 뜻밖에도 오강의 정장이 배 한 척을 준비하고 있다가 항우가 오는 것을 보고 그의 앞으로 와서 배복하고 아뢰었다.

"폐하께서 이 곳으로 오시리라 예측하고 기다리고 있었사옵니다. 강동이 비록 작은 지방이오나 옥야천리에 양식은 풍족하고 사람들 또한 많이 살고 있는 곳이옵니다. 폐하께옵서 다시 군사를 모으시면 수십만은 금방 될 터이니 속히 강을 건너시어 후일을 기약하시옵소서. 이 곳에는 신이 가지고 있는 배 한 척 외에 다른 배는 없으니 한군이 쫓아온들 강을 건널 수는 없사옵니다. 한군이 다시 추격해 오고 있으니 어서 이 배를 타시옵소서."

정장의 말은 구구절절이 옳은 말이었다. 항우는 잠시 묵묵히 서 있다가 그만 고개를 가로 저으며 말했다.

"그대의 말에도 일리는 있으나 하늘이 짐을 버리시는데 어찌 하랴. 짐이 무사히 강동으로 간다 한들 강동에서 따라온 8천 자제들 중 한 사람도 짐이 데리고 가지 못하니 강동의 부로(父老)들이 얼마나 짐을 원망하겠느냐. 설사 원망하지 않고 짐을 동정해서 왕으로 섬긴다 한들 짐이 무슨 면목으로 그 사람들을 대할 수 있단 말인가."

"폐하! 폐하께서는 생각을 돌이키옵소서. 승부는 병가의 상사가 아니옵니까. 한왕도 전일 팽성 대전에서 폐하께 참패하여 30만의 군사를 잃고 단신으로 도망 갔으나 마침내 오늘날에 이르지 아니하였사옵니까. 대사를 도모하시는 마당에 조그만 체면이나 인정에 구애되지 마시옵소서."

"그대의 말은 참으로 고마운 말이다. 하지만 아무래도 내 마음의 부끄러움이 나를 용납하지 않는구나. 이토록 마음의 가책이 크니 짐은 마침내 한군에게 짐의 목을 내어주어 이 부끄러움을 깨끗이 씻으려 한다."

항우의 목소리는 비통하게 떨려 나왔다. 더 할말을 찾지 못한 정장의 눈에 눈물이 글썽하였다.

항우가 정장에게 말했다.

"내 지금 그대에게 줄 것이 아무것도 없구나. 이 말은 오추마라는 천하의 명마로 하루에 능히 천리를 가는 말이다. 지금 여기에 내버린다면 한왕의 차지가 될 터인데 그렇다고 죽이는 것도 정리상 할 수 없어 그대에게 주는 것이니 그대가 이 말을 끌고 가라."

항우는 이같이 말하고 한 손에 쥐고 있던 말고삐를 정장에게 주었다. 정장은 두 번 절하고 말고삐를 받았다.

오추마를 배에 태운 정장은 마침내 항우를 향하여 멀리서 또 한 번 예를 올리고서 배를 띄웠다. 강동에서 정장을 따라왔던 몇 사람이 노를 저어서 배가 강 한가운데로 들어섰을 때였다.

"어흐흥! 어흐흥!"

배의 중간에 가만히 서 있던 오추마가 갑자기 세 번을 크게 울더니 껑충 하고 강물 속으로 뛰어들었다. 금시에 오추마는 오강의 급한 물결에 휩쓸려 모습을 감추고 말았다.

이 모양을 언덕에서 바라보는 항우의 가슴은 사뭇 찢어지는 것 같았다. 마지막까지 사랑했던 오추마마저 물 속에 장사 지내고 만 것이다.

이 때 또다시 함성이 천지를 진동하며 한군이 벌 떼처럼 몰려오고 있었다. 항우는 이를 갈며 땅 위에 힘차게 버티고 서서 26명의 부하들과 함께 대적할 태세를 갖추었다.

"와아! 와아!"

한군은 눈 깜짝할 사이에 항우와 그의 군사들을 빙 둘러쌌다. 워낙 비교도 안 되는 중과부적이었다. 항우가 좌충우돌하며 삽시간에 수백 명을 베어 넘겼으나 그 자신도 20여 군데나 상처를 입었다.

항우가 잠시 칼을 멈추고 가쁜 숨을 몰아쉬고 있을 때 저만치서 한군 대장 여마통이 창을 들고 자기를 향하여 달려오는 모습이 보였다.

항우는 그를 바라보며 소리를 질렀다.

"너는 옛날 내 친구가 아니냐!"

여마통은 그 소리에 말을 멈추고 우뚝 섰다. 그는 항우를 똑바로 보지 못하고 떨리는 목소리로 말했다.

"예, 신은 폐하의 옛날 친구이옵니다! 폐하께서 무슨 당부하실 말씀이라도 있사옵니까?"

이에 항우가 말했다.

"내 들으니 한왕이 삼군에 이르기를 항우의 목을 베어 오는 자에게는 천금의 상을 주고 만호후에 봉한다고 했더구나! 짐은 본시 그대와는 고우(故友)의 사이였으므로 내 목을 그대에게 줄 터이니 그대가 가지고 가라!"

말을 마치자 항우는 초천검을 높이 들어 자기의 목을 치고 말았다.

이리하여 마침내 항우가 오강에서 죽으니 때는 대한 5년(기원전 202년) 겨울 12월이었다. 진시황 15년(기원전 232년)에 태어난 항우는 그의 나이 불과 31세에 이 세상을 길이 떠났다.

6. 황제즉위(皇帝卽位)

여마통이 항우의 머리를 집어 들고 말 위에 올랐을 때 양희·양무·왕예·여승 등의 장수가 달려왔다. 그들은 군사들을 거두어 그 길로 회군했다.

그들이 중군으로 돌아와 유방에게 항우의 머리를 바치자 유방은 그 얼굴을 한동안 내려다보다가 눈물을 흘리며 말했다.

"짐이 전일에 항왕과 의형제를 맺고서 그 후에 천하를 다투느라 피차에 원수가 되고 말았소. 그러나 뜻밖에도 지금 항왕이 이처럼 세상을 떠난 걸 보니 짐의 마음이 찢어지듯 아프오."

유방은 이같이 말하면서 크게 소리 내어 울었다. 다른 신하들도 절로 흘러나오는 눈물에 모두 옷소매를 적셨다.

이튿날 유방은 약속대로 여마통을 비롯한 양희·양무·왕예·여승 등을 열후에 봉하고 항복해 온 초의 군사 항백도 사양후에 봉하여 항 씨의 핏줄을 잇게 해 주었다. 그리고 오강에는 항우의 묘(廟)를 세우고 1년에 네 차례씩 제사를 올리라는 분부를 내렸다.

이리하여 천하는 완전히 평정되었다. 하늘 밑에서 바다 끝까지 이제는 모두가 유방의 손 안에 들어왔다.

그러나 유방의 마음은 편치 않았다. 그것은 바로 한신에 대한 꺼림칙

한 생각 때문이었다. 제나라는 원래 큰 나라이다. 70여 성이나 되는 넓은 지방에 인구도 많고 물산이 풍부하니 그를 제왕으로 두었다가는 후일에 화근이 될지도 모른다는 생각이 그의 머리를 떠나지 않았다.

'그렇다! 한신을 그대로 둘 것이 아니라 그를 초왕(楚王)으로 옮겨 놓아야겠다! 초나라는 한가운데에 끼어 있어서 비록 수십만의 군사가 있다 할지라도 용이하게 작란(作亂)을 하지는 못할 것이다!'

유방은 이렇게 생각하고 한신을 불러 말했다.

"원수의 힘으로 짐이 천하를 통일하였으니 참으로 영세불망의 일이라 아니할 수 없소. 그러나 원수의 공이 크고 위엄이 무거운 만큼 소인배들이 시기하고 질투하여 그 지위를 오래 보전하지 못하게 할지도 모를 일이오. 그러니 원수는 원수의 인수를 도로 바치고 초왕이 되어서 그 지방을 다스리기 바라오."

한신은 천만 뜻밖의 말에 잠시 어리둥절했으나 유방의 명령을 거역할 수 없어 원수의 인수를 끌러 두 손으로 바치면서 말했다.

"황송한 말씀이오나 폐하께서 신을 제왕으로 봉하신 지 수 년이 지났사온데 지금 갑자기 다른 곳으로 옮기라 하심은 합당한 조치가 아닌 듯하옵니다."

"장군은 잘못 생각하시었소. 장군은 원래 회음 사람이 아니오? 그러니 초나라는 말하자면 장군의 부모의 땅이요 고향이오. 그뿐 아니라 초나라를 멸망시킨 공은 온전히 장군의 힘이었으니 장군이 초왕이 되는 것은 가장 적합한 조치가 아니겠소."

세상만사는 이현령 비현령이다. 유방의 이 말에 한신은 더 말을 하지 못하고 허리에 찬 제왕의 인수마저 끌러서 유방에게 바쳤다.

유방은 인수를 받고 나서 그 대신 초왕의 인수를 한신에게 주었다. 한신은 그것을 받아 유방 앞에서 물러나오자 즉시 초나라로 갔다.

유방은 제후들을 각각 본국으로 보낸 후에 자기는 낙양으로 갔다.

그러는 사이에 해가 바뀌어 대한 6년 정월이 되었다. 각국의 제후들은 유방에게 와서 새해 문안을 드렸다. 그 중에서도 조왕 장이와 초왕 한신이 유방 앞에 나와서 아뢰었다.

"이제 천하가 통일되고 백성이 태평하오니 폐하께서는 속히 황제의 위(位)에 오르시어 천하 백성들의 마음을 편하게 해 주시옵소서."

그러자 유방은 고개를 저었다.

"제위는 어질고 영명한 사람이 아니고서는 아무나 나아갈 수 있는 자리가 아니라고 생각하오. 내 본시 재주가 없고 덕이 부족한데 어찌 제위에 오른단 말이오."

그러자 여러 신하들이 한신과 장이의 말에 찬동하여 모두가 유방에게 제위에 나갈 것을 간곡히 아뢰었다.

"천하가 통일되고 공신들을 왕후(王侯)에 봉하시고서도 폐하께서 황제가 되지 않으신다면 무엇으로 천하에 신의를 보이시겠나이까?"

유방도 이 말에는 대답할 말이 없었다.

"정녕코 그렇게 하는 것이 나라에 유익하다면 내 어찌 사양하겠소?"

그리하여 마침내 황제가 될 것을 허락하였다.

이리하여 도읍을 낙양으로 정하고 그 해 2월 갑오일을 길일로 택하여 사수의 남쪽에 식장을 설비한 후 황제의 난가(鸞駕)를 봉영하고 천하에 조칙을 포고하였다.

짐은 본시 패현 사람으로서 위로 하늘의 보우하심과 선조 신령의 도우심을 받들고서 문무 제신들의 힘에 의지하여 진나라를 멸하고 초나라를 이겨 마침내 천하를 평정하였도다. 이제 여러 신하들이 짐을 높이어 황제로 받들기로 의논을 정하였으니 이는 오로지 천하 백성들의 뜻을 주장함이라. 대한 6년 갑오일에 사수의 남쪽에서 황제의 위에 오르며 천지신명께 제사하여 이 뜻을 고하는 바이로다. 이로써 나라 이름을 대한(大漢)이라 하는 터이니 이 날로 대묘(大廟)를 받들어 4대를 추존하여 태상황제로 하고 사직을 낙양에 건립하는 바이다. 또한 진나라와 초나라 때 가혹한 형벌을 받은 자를 남김없이 모두 석방하노니 이를 천하에 포고하여 널리 알리도록 하라.

식장에서는 즉위식에 이어 문무백관의 배하식(拜賀式)이 거행되고 잇달아 크게 잔치가 베풀어졌다. 그 자리에서 유방이 신하들을 둘러보며 말했다.

"짐은 본시 패현 사상 땅의 일개 정장에 불과하였는데 오늘날 천하를 얻게 되고 항우는 7천 근이나 되는 가마솥을 들어 올릴 만한 용력을 가졌건만 필경에는 천하를 잃고 말았으니 이는 무슨 까닭인고? 그대들은 기탄없이 말하라."

이에 고기(高起)가 일어나서 대답했다.

"항우는 배고픈 사람에게 밥을 주고 추위하는 사람에게 옷을 주는 것과 같이 불쌍한 사람에게 동정하는 아녀자의 인정은 있으나 어질고 능하고 착한 사람을 꺼리고 시기하며 공이 있는 자에게 상 주는 것을 싫어하였으므로 천하를 잃었던 것이옵니다."

"흐음, 그렇다면 그에 비해 짐은 어떠한고?"

유방이 궁금해 하며 묻자 이번에는 왕릉이 대답했다.

"그에 비해 폐하께서는 사람을 업신여기는 교만이 있사오나 성을 치고 땅을 빼앗은 후에는 공이 있는 자에게 반드시 상과 은혜를 베푸시고 천하와 이익을 함께 하시었으므로 천하를 얻으신 것으로 생각되옵니다."

유방은 듣고 나자 빙그레 웃으며 말했다.

"짐이 생각건대 장중에 앉아 계책을 꾸며 천리 밖의 승부를 결정짓는 일은 짐이 장량을 당하지 못하고, 백성을 편안하게 하면서도 어김없이 군량을 수송하여 삼군을 주리지 않게 하는 일은 짐이 소하보다 못하며, 대군을 지휘하여 싸우면 반드시 이기고 공격하면 틀림없이 점령하는 일에는 짐이 한신을 따르지 못한다. 그러므로 짐이 천하를 얻은 것은 사람들을 잘 쓴 까닭이다. 항우는 범증 한 사람도 제대로 쓰지 못했기 때문에 천하를 잃어버린 것이다."

이 말을 듣고 여러 신하들은 진심으로 배복하였다.

7. 토사구팽(兎死狗烹)

이제 천하는 유방의 것이었다. 그는 이런저런 일에 구애받지 않고 마음놓고 상작(賞爵)을 내릴 수가 있었다.

만일 항우가 살아 있다면 그를 꺾기 위해 신하들의 말도 들어 주어야 하고 때로는 그들의 비위도 맞추어 주어야 했지만 이젠 그럴 필요가 없었다. 그가 곧 천자이니 무엇이 두려우랴!

그래서 맨 먼저 한신의 문제를 해결했거니와 이어 다른 사람들에 대한 논공행상도 서둘러 행하였다.

형산왕 오예를 장사왕으로 옮기게 하여 임상에 도읍을 정하게 하는 동시에 회남왕 영포, 대량왕 팽월, 연왕 장도는 그대로 머물러 유임케 하고 유가(劉賈)를 비롯한 유 씨 일족을 모조리 왕적에 봉하며 장량·소하·번쾌 등 공신 20여 명도 모두 열후에 봉하는 조칙을 내렸다.

이같이 그 나름대로 장구지계를 매듭지은 후 어느 날 유방은 높은 누각에 올라 궁실 밖의 풍경을 관상하고 있었다. 그 때 이상하게도 대장들이 서너 명씩 모여 앉아서 무언가 수군거리는 모습이 그의 눈에 띄었다.

'무슨 밀담들을 저렇게 나누고 있을까?'

유방은 심중에 더럭 의심이 생겼다. 그는 근시를 돌아보고 속히 장량을 들라 하라 분부하였다.

이윽고 장량이 누각으로 올라오자 유방이 그 연고를 물었다.

"폐하께서 천하를 얻으신 것은 문무 제신들이 강약이나 친소 할 것 없이 모두 다 충성을 다해서 일심합력했기 때문이옵니다. 그런데 지금 와서 보니 친하고 가까운 사람에게는 봉작을 주시고 미워하던 사람에게는 죽음을 주시는 고로 저 사람들이 불평을 늘어놓고 있는 것이옵니다."

유방은 깜짝 놀랐다.

"그렇다면 이 일을 어찌 하면 좋겠소이까?"

"폐하께서 평소에 가장 미워하시고 또 모든 신하들도 그렇게 알고 있는 사람이 누구이옵니까?"

"옹치요."

"그러시다면 폐하께서 가장 사랑하시는 사람은 누구이옵니까?"

"정공이오."

"폐하께서 전일 팽성 대전에서 참패하여 도주하실 때 옹치는 항왕의 명령을 받들어 폐하를 끝까지 추격하였으니 이 사람은 충신이옵니다. 그와는 반대로 정공은 항우의 명령을 어기고 폐하를 도와 드렸으니 이는 불충이옵니다. 정공을 참수하시면 동요하던 군심(軍心)은 저절로 안정될 것이옵니다."

유방은 이 말을 듣고 즉시 미워하던 옹치를 불러 십만 후에 봉하고 사랑하는 정공은 참수형에 처하여 다른 사람들에게 본보기로 삼았다.

갑자기 이런 조치가 내리는 것을 보고 불만을 품고 있던 사람들은 모두 다 후회하면서 깨끗이 불만을 씻었다.

그 후 며칠이 지난 뒤에 장량이 조정에 나아가 유방에게 아뢰었다.

"전날 제나라의 전횡이 멀리 해도(海島)로 도망 가 기회를 엿보고 있사오니 이를 그대로 두었다가는 후환이 될 것이옵니다. 또한 산동의 노나라도 노공 항우의 마지막 거점이 되어 그를 흠모하는 백성들이 많이 있사옵니다. 이 두 곳을 무마하셔야만 천하가 완전히 평정될 것이옵니다."

이 제언에 따라 황제 유방은 대군을 거느리고 먼저 산동 땅 노나라로 가서 백성들을 위무했다. 그리고 백성들의 마음을 사기 위해 곡성에 항우의 사당을 세우고 친히 제향을 드린 후에 낙양으로 회군하였다.

낙양으로 돌아온 유방은 다시 장량을 불러 물었다.

"노나라의 인심은 거두었지만 해도의 전횡은 어찌 하면 좋겠소?"

"해도는 이 곳에서 떨어져 있기를 수천 리라 연파만경(煙波萬頃) 밖에 있사오니 군대를 보내신다 하더라도 용이하게 평정되지 않을 것 같사옵니다. 신이 생각하옵건대 조서를 가지고 사신이 찾아가서 전 씨를 제나라의 왕으로 봉하시고 전횡의 죄를 용서하겠노라 하시면 전횡은 폐하께 귀복할 것이옵니다."

"그리 하리다."

유방은 장량의 의견에 따라 육가를 사신으로 삼아 해도로 보냈다.

전횡은 육가가 가지고 온 조서를 받아 보고 여러 날 혼자 번뇌하였다.

"내가 한군에게 패하여 5백 명 군사와 함께 이 곳까지 와 있는 터에 어찌 유방의 봉책을 받을 수 있겠는가. 이제 초패왕도 가고 없으며 나 또한 5백 명의 군사밖에 없으니 어찌 재기하기를 바라리오. 내 항복해서 구차하게 목숨을 이어 가느니 차라리 이 자리에서 깨끗이 죽음으로써 대장부다운 일생을 마치리라."

그러고는 스스로 목을 찔러 자결하고 말았다. 이에 5백 명의 군사들도 모두 하나같이 나란히 누워 배를 갈라 죽고 말았다. 실로 장렬한 순사가 아닐 수 없었다.

육가로부터 이러한 사실을 전해 들은 유방은 한동안 탄식해 마지않다가 갑자기 뜻밖의 명령을 내렸다.

"짐이 팽성 대전에서 참패했을 때 초장 계포와 종리매는 끝까지 짐을 괴롭힌 자들이다! 이놈들을 잡아들이도록 하라!"

유방의 명령에 따라 전국 곳곳마다 계포와 종리매를 찾는 방문(榜文)이 나붙었다.

이 때 계포는 함양성 안의 주장이란 사람에게 몸을 의탁하고 있다가 이 소식을 듣고는 함양을 떠나 노나라의 주가에게 가서 몰래 머리를 자르고 그의 노복이 되었다.

그러나 주가는 이 범상치 않은 노복이 계포임을 알고 조용히 말했다.

"나는 그대가 초장 계포임을 진작부터 알고 있었소. 마침 한의 일등 공신인 등공 하후영이 이 사람의 죽마고우이니 내가 등공한테 가서 그대의 목숨을 부탁해 볼까 하는데 생각이 어떠하오?"

"그렇게만 해 주신다면 은혜는 평생 잊지 않겠습니다."

이에 주가는 낙양으로 가서 하후영을 만났다.

"이제 황제께서 천하를 다 얻으시고서도 한낱 사사로운 감정으로 계포를 죽이려 하심은 심히 속 좁은 일이네. 계포는 지용을 겸비한 장수로서 구하기 어려운 인물일세. 그가 만일 북방의 호(胡)나 남방의 월(越)로 도망이라도 가는 날에는 후환이 되기 쉬우니 귀공이 황제에게 나아가 그의 죄를 용서하도록 주청해 주게나."

하후영은 주가의 말을 옳게 여겨 이를 유방에게 고하고 계포의 죄를 용서받았다. 계포가 하후영에게 인도되어 유방 앞에 엎드렸다.

"네 어찌 일찍이 와서 죄를 청하지 않았는고?"

유방의 꾸짖음에 계포가 대답했다.

"나라는 망하고 주인은 죽었는데 무슨 면목으로 일월을 볼 수 있으며 항차 폐하를 뵈올 수 있겠사옵니까. 신은 다만 초패왕과 함께 오강에서 죽지 못했음을 후회하고 있을 따름이옵니다."

유방은 듣고 나자 고개를 두어 번 끄덕였다.

"계포는 충신이로고."

그리고 그를 거두어 낭중(郞中)으로 삼았다.

한편, 종리매는 그 때 초왕 한신에게 몸을 의탁하고 있었다. 그는 한신과 더불어 싸웠던 적장이면서도 일찍이 한신이 초의 집극랑으로 있을 때부터 교분이 두터웠으므로 그를 찾아왔던 것이다.

그러나 이러한 기밀을 뒤늦게 알게 된 유방은 부쩍 한신을 의심하는 마음이 생겼다. 그는 진평의 계교에 따라 사냥을 핑계 삼아 문무백관을 거느리고 운몽(雲夢)으로 순행을 나가 모든 제후들을 모이게 하였다.

유방의 속셈을 눈치챈 한신이 후원에 있는 종리매의 거처로 찾아가 전후 사정을 이야기했다. 종리매가 물었다.

"그래, 대왕은 어떻게 하실 작정입니까?"

"국법은 지켜야 하지 않겠소. 그대를 잡아들이라는 황제의 어명을 어떻게 어길 수 있단 말이오."

한신의 대답은 냉정하였다.

"허어, 대왕은 잘못 생각하시었소! 지금 황제가 운몽으로 대왕을 부른 까닭도 대왕을 의심해서인데 대왕이 그 곳으로 갔다가는 황제의 덫에 걸리고 말 것이오. 대왕이 여기서 요지부동하는 가운데 내가 살아 있다면 황제가 대왕을 해치지 못할 것이나 내가 만일 죽는다면 그 다음에 죽을 사람은 바로 대왕입니다. 이것을 모르십니까?"

종리매가 이같이 말했으나 한신의 대답은 여전히 싸늘하기만 했다.

"내가 충심을 보이는데 황제께서 나를 해치실 리가 있겠소. 또 설령 황제께서 나를 의심하신다 하더라도 내가 배반할 뜻을 갖고 있지 않다는 표적은 보여야 하지 않겠소."

한신의 말이 채 끝나기도 전에 종리매는 눈을 부릅뜨고 한신을 한참 동안 노려보다가 크게 호통을 쳤다.

"이놈아! 네가 용병은 잘한다마는 의리도 모르고 세상의 이치도 알지 못하는 놈이구나! 네놈이 죽는 꼴을 내가 보지 못하고 죽는 것이 한이다!"

종리매는 이렇게 한신을 꾸짖고는 스스로 목을 찔러 자결하고 말았다. 한신은 그의 목을 잘라서 목갑에 넣은 후 이를 가지고 운몽을 향하여 출발하였다.

그는 운몽에 채 닿기도 전에 노상에서 유방의 어가를 만났다. 그가 유방의 앞으로 종리매의 머리를 들고 가자마자 유방은 추상같이 호령을 하였다.

"짐이 오랫동안 종리매를 찾았건만 네가 숨겨 두고서 내놓지 아니하다가 짐이 운몽으로 부르니 죄상이 탄로날 것이 두려워 종리매를 죽여 가지고 왔구나! 이것은 결코 본심이 아니렷다! 한신을 결박하라!"

유방의 명령이 떨어지자 무사들이 한신에게 달려들어 순식간에 그를 묶어 버렸다.

"신에게 무슨 죄가 있기에 별안간 이같이 하시나이까?"

한신이 부르짖었다.

"네가 지금 와서 무슨 잔말이냐!"

유방은 또 꾸짖었다.

"신은 폐하의 개국 공신이옵니다. 죄도 없이 결박을 당하니 어찌 억울하지 않겠사옵니까."

"뭐, 네게 죄가 없다고? 그렇다면 들어 보아라! 짐이 전일 너에게 제나라를 정벌하라 하였을 때 속히 평정하지 못하기에 따로 역이기 노인으로 하여금 제왕을 설복시켰음에도 불구하고 너는 조칙을 어기고 제나라를 공격하여 마침내 역이기를 참살당하게 하였으니 그 죄가 하나요, 네가 제나라를 평정한 뒤에는 스스로 제왕이 되겠다고 짐을 위압하였으니 그 죄가 둘이다. 그 후 짐이 성고 땅에서 포위당해 있을 때 구원하러 오라 하였건만 너는 가만히 앉아서 승부만 구경하고 있었으니 그 죄가 셋이요, 짐이 영양성에서 초를 치기 위해 불렀는데 오지 않다가 짐이 항왕에게 항복한다 하니 비로소 왔으므로 그 죄가 넷이다. 뿐만 아니라 근자에 와서 초왕으로 봉한 데에 불만을 품고 종리매 등과 더불어 은밀히 모반을 꾀했으니 그 죄가 다섯이다. 이 외에도 너는 평소에도 오만방자하여 짐을 우습게 알고 능멸한 일이 한두 가지가 아닌데, 그래도 죄가 없다고 우길 셈이냐?"

한신은 다 듣고 나자 그만 길이 탄식하며 말했다.

"아아, 높이 나는 새가 없어졌으니 큰 활이 소용없고[高鳥盡而良弓藏] 토끼를 다 잡으니 개는 삶으며[狡兎死而走拘烹] 적국을 격파하니 모신이 망한다[敵國波而謀臣亡]더니 과연 이 말은 바로 나를 두고 한 말이로다! 천하가 평정되었으니 이제는 내가 죽을 차례가 되었구나! 이를 슬퍼한들 무엇 하리오!"

한신의 말을 들은 유방은 의심과 불안과 미워하는 마음이 크기는 하나 막상 땅바닥에 결박당한 채 앉아 있는 한신의 모습을 보자 그의 얼굴에 연민의 빛이 떠올랐다.

"초왕의 인수를 바쳐라!"

한신은 무사에게 자기 품속에 들어 있는 인수를 가져가라고 눈으로 가리켰다. 무사가 초왕의 인수를 꺼내 유방에게 바쳤다.

유방이 한신을 꾸짖은 말대로라면 역모에 관계되는 일이니 그 자리에서 목이 달아날 수도 있는 일이었지만 초왕의 인수를 거두는 선에서 일단 끝났으니 한신으로서는 고비를 넘긴 셈이었다. 하지만 그것도 그리

오래가지 못했다.

어쨌거나 한신을 결박해서 낙양으로 돌아온 유방은 대부 전긍을 비롯한 여러 신하들의 만류로 한신을 중죄로 다스리지 않고 당분간 연금 상태에 두었다.

어느 날 유방은 문득 한신의 일을 생각해 내고 근시를 시켜 한신을 궁중으로 들게 하였다. 한신이 들어와 예를 올리자 유방이 입을 열었다.

"경은 참으로 유능한 인물이오. 짐이 그것을 잘 알고 있으니 오래지 않아서 다시 중용하리라."

유방은 이같이 말하고 난 뒤 여러 대장들에 대해 그 인물됨이나 장단점에 대하여 물었다. 한신은 일일이 그의 질문에 응대하면서 누구는 어떠하고 누구는 지혜가 얼마나 되고 누구는 그릇이 어느 정도인가를 자세히 논평하였다.

유방은 그의 논평을 듣다 말고 불쑥 물었다.

"그럼, 짐과 같은 인물은 군사를 몇 명이나 거느릴 수 있는 재목이오?"

"폐하께서는 그저 10만 명쯤 거느리실 수 있는 대장이라고 생각되옵니다."

"짐과 경을 비교하면 어느 쪽이 더 많은 군사를 거느릴 수 있겠소?"

유방은 흥미 있다는 듯이 또 물었다.

"신은 군사들이 많으면 많을수록 좋습니다. 백만 대군도 능히 거느릴 수 있사옵니다."

한신이 이같이 대답하는 소리를 듣고 유방은 웃음을 참지 못하며 물었다.

"하하하, 그렇다면 경이 어째서 짐에게 사로잡혀 왔는가?"

"폐하께서는 군사는 잘 쓰시지 못하오나 대장들을 잘 쓰시는 까닭이옵니다. 그 때문에 신이 사로잡힌 것이옵니다. 또한 폐하에게는 천우신

조하사 그 누구도 폐하를 꺾지 못하나이다."

유방은 그 말을 듣고 껄껄 웃었다. 겉으로는 유쾌한 듯 크게 웃기는 하였으나 속으로는 한신이 자기를 업신여기고 있다는 것을 확실히 알고는 더욱 그를 의심하고 경계하는 마음이 들었다.

이 날 한신은 한신대로 유방 앞을 물러나와 집에 돌아가서도 마음이 유쾌하지 못하였다.

8. 적송자(赤松子)

장량은 근래에 와서 한 달이 넘도록 두문불출하고 있었다. 세상이 싫어지고 인간사가 덧없이 느껴졌기 때문이었다. 그가 이같이 된 직접적인 원인은 한(韓)나라 왕 희신의 모반에 있었다.

희신은 장량의 5대조 할아버지 때부터 섬겨 오던 한나라 왕실의 후손이었다. 그래서 장량은 부조 때의 은혜를 갚기 위해 유방에게 고하여 그를 한나라 왕으로 봉하도록 해 주었던 것이다. 말하자면 희신은 유방의 덕분으로 왕이 되었는데 유방을 배반했다. 어디 이럴 수가 있는 일인가!

또 장량으로 하여금 두문불출하게 만든 원인은 희신의 모반 사건 외에도 한신이 운몽에서 유방에게 사로잡혀 온 일이었다.

한신은 초패왕의 집극랑으로 있던 것을 자기가 추천한 인물이었다. 한신은 자기가 기대했던 바와 같이 대원수가 되어 항우를 격멸하기는 했지만 제나라 정벌 전후해서부터 자기의 기대에 어긋나는 행적이 한두 가지가 아니었다.

장량은 착잡한 심정으로 17년 전의 일을 떠올렸다. 진시황 29년에 박랑사 벌판에서 창해공을 보내 철퇴로 진시황을 죽이려다 실패하고 하비 땅 항백의 집에 숨어 있을 때 자기에게 천서를 주면서 이렇게 가르치던 노인의 말이 문득 생각났다.

'사람은 모름지기 때를 알아야 한다.'

장량은 이같이 계속 집에 들어앉아서 어떤 때는 하루 종일 아무것도 안 먹고 벽을 향해서 가만히 앉아 있기가 일쑤였다.

그러던 어느 날 황제의 근신이 찾아왔다. 폐하께서 부르신다는 전갈이었다. 장량은 황제가 부르신다니 피할 도리가 없어 부득이 일어나서 대궐로 들어갔다.

유방은 기다리고 있다가 예를 올리는 장량을 보고 말하였다.

"근자에는 신병이 좀 어떠하오? 짐이 궁금하여 물어 볼 때마다 몸이 불편한 것 같다고 하여 나을 때까지 기다리고 있었소이다."

"폐하의 성념(聖念)에 오직 황송할 따름이옵니다."

"짐이 다행히 선생을 만나서 좋은 가르침으로 마침내 천하의 주인이 되었소. 짐이 어찌 한시라도 선생의 공로를 잊을 수 있겠소? 그래서 전일 논공행상을 할 때 선생을 유후(留侯)에 봉하였건만 선생이 유후를 사퇴하신 고로 짐은 선생을 대국의 왕작에 봉하려 하오."

유방의 말을 듣고 장량은 조용히 아뢰었다.

"참으로 과분하신 분부이옵니다. 신이 폐하를 모신 이후로 폐하께서는 신이 드리는 말씀을 들어 주시고 신이 올리는 계책을 채용해 주신 까닭으로 혹 그 중에서 더러 적중된 것도 있었사옵니다만 이는 모두 하늘이 도우신 것이지 신이 재주 있는 까닭은 아니었사옵니다. 신의 봉작으로는 유후로도 성은이 하해와 같사오니 이 이상 더하실 필요가 없사옵니다."

"선생은 너무 겸사해서 말하지 마오."

"아니옵니다. 폐하, 신이 근자에 세상 사람들을 두고 보니 사람의 일생이 흡사 물 위에 뜬 거품과도 같사옵니다. 그래서 신은 어찌 하면 신농(神農) 시대에 있었다는 적송자(赤松子: 중국의 전설 시대의 신선의 이름)를 만나 장생불사하는 법을 배울 수 있을까 하고 그것만을 생각하고 있사옵니다. 사람들은 모두 고루거각에 앉아서 옥식 먹는 것을 바라고 있지만 신은 본시 몸이 쇠약하고 병 또한 많아서 도저히 부귀영화를 감당할 수 없사오니 하념치 마옵소서."

유방은 장량의 말을 듣고 몹시 서운해 하는 표정으로 진심으로 말하였다.

"선생이 그렇듯 왕작에 뜻이 없다 하니 심신을 편안히 쉬면서 병을 치료하도록 하오. 그리고 앞으로는 적어도 한 달에 한 번씩은 조정에 나와 주시기 바라오."

"황송하옵니다. 그러하겠사옵니다."

장량은 유방에게 은혜를 사례하고 대궐에서 나왔다.

며칠 후 장량은 집을 나섰다. 별로 작정한 곳도 없이 여행을 하고 싶었다. 그는 정처 없이 마음 내키는 대로 수레를 몰고 가다 보니 천곡성(天谷城)을 지나가게 되었다.

천곡성이라면 항우의 시신을 장사한 곡성 부근이었다. 끝없이 너른 벌판이 눈앞에 펼쳐져 있는데 적막하기 이를 데 없는 그 곳이 석양빛을 받아 더욱 쓸쓸해 보였다.

이 때 장량은 수레 안에 앉아서 밭 가운데에 있는 깎아 세운 듯한 크고 누런 돌을 발견하였다. 그는 수레를 멈추게 하고 밭 가운데로 걸어 들어갔다. 돌의 높이는 한 길 가량 되는데 전후좌우가 모두 누런 빛이었다.

장량은 돌 앞에 서서 생각에 잠겼다.

'앞으로 10년 후에 너는 반드시 크게 이룰 것이다. 13년 뒤에는 천곡성 동쪽에다 한 사람의 왕을 장사 지내게 되리라. 그 때 너는 그 빈터에서 커다란 누런 돌덩어리를 보게 될 것이다. 그것이 바로 지금의 나다.'

17년 전 하비 땅에서 이같이 말씀하던 그 노인의 음성이 귀에 들리는 듯하였다. 그는 땅에 무릎을 꿇고서 그 돌을 향해 두 번 절을 했다.
'이 돌을 보호하는 사당을 이 곳에 세우자.'
장량은 그 노인의 이름을 알 수 없어 이 돌의 이름을 노인의 이름 삼아 가만히 불러 보았다.
"황석공(黃石公)!"
장량은 석양이 어두워지도록 그 돌 앞에 망연히 서 있었다.

9. 한신(韓信)의 최후

태평스럽던 천하에 갑자기 전운이 감돌기 시작했다. 서북 오랑캐의 반왕이 군대를 이끌고 대주(代州)를 점령하였다는 급보가 올라온 것이었다.
유방은 진평에게 대책을 물었다.
"신이 생각하옵건대 지금 영포와 팽월을 부른다 할지라도 너무 멀리 있어 급히 오지 못할 것이옵니다. 다만 상국 진희는 한신의 막료로서 무용과 지략을 겸비한 사람이오니 이 사람을 대장으로 하여 반왕을 격파토록 하소서."
유방은 진희를 불러 그에게 대원수의 인수를 내리고 군사 10만을 주어 반왕을 치라는 명령을 내렸다. 한신은 기회는 바로 이 때다 하고 출진 중에 자기 집에 인사차 방문한 진희를 설득하기 시작했다.
"내가 하는 말을 냉정하게 잘 듣고 생각해 보게. 지금 족하가 반병을 정벌하는 일과는 비교도 안 되는 큰 공을 세운 내가 오늘날 이 모양이 되고 말았네. 족하가 이번 싸움에 나가서 개가를 올리고 돌아온다 하더라도 아침에 왕공이 되었다가 저녁에는 내침을 받고 일개 필부가 되고 말 것은 오늘날 내 꼴을 미루어보면 알 수 있을 걸세. 그렇지 않겠는가?"
 한신의 말을 듣고 진희는 자리를 고쳐앉으면서 걱정스러운 얼굴로 물었다.
 "그러면 어떻게 하는 것이 좋겠습니까?"
 한신은 잠시 입을 다물고 있다가 다시 말을 꺼냈다.
 "지금 족하에게는 10만의 군사가 있지 않은가. 따로 안신할 길을 찾는 도리밖에 없는 일일세. 족하가 가려는 대주 지방은 무(武)를 숭상하는 곳이라서 온전히 공을 세우기도 지난할 걸세. 그러니 족하는 대주에 들어가는 즉시 모반을 하게. 족하가 모반했다는 소식이 올라와도 폐하께서는 처음 얼마 동안은 믿지 않을 것일세. 폐하께서는 족하를 누구보다도 신임하시어 이번에 대임을 맡기신 것이니 말일세. 이 때 내가 족하를 위해 안으로 들고 일어나면 내외가 협공하게 되므로 족히 천하를 도모할 수 있을 것일세. 때를 놓치면 안 되네. 알아들었는가?"
 "예, 잘 알겠습니다."
 "중대한 일이니까 실수가 없도록 하게."
 "신중히 하겠습니다."
 두 사람이 이렇게 철석같이 약속을 했지만 정작 결정적인 실수를 한 사람은 바로 한신이었다.
 뒤늦게 진희의 모반을 알게 된 유방이 진희를 토멸하러 친히 대군을 이끌고 출정한 사이에 한신이 진희에게 밀서를 보냈다는 사실을 하인이 밀고하고 말았던 것이다.
 승상 소하의 계책에 따라 한신을 교묘히 속여 편전 뜰 안에까지 끌어들인 여후(呂后)는 한신을 묶어서 장락전 아래로 끌어 오게 했다.
 "이놈들! 감히 나를 묶다니 이게 무슨 짓이냐!"
 한신은 고함을 지르면서 끌려 왔다. 장락전 대청 위에서 여후는 한신을 내려다보며 큰 소리로 꾸짖었다.

"황제께서 너의 죄를 물어 진작 주륙하실 것을 그 동안의 너의 공훈을 생각하시어 차마 죽이시지 않고 회음후에 봉하시지 않았느냐! 너는 성은에 보답할 생각은 하지 않고 진희에게 권해서 그로 하여금 모반하게 하고 또 밀서를 보내 진희로 하여금 장안을 공격하게 하는 동시에 너는 내응하려고 음모를 꾸민단 말이냐! 이와 같은 죄악은 하늘도 용서치 않고 땅도 용납지 않으리라!"

"신은 결코 그런 일이 없사옵니다! 황후께서는 사실의 진위를 자세히 알아보시고 그런 말씀을 하시기 바라옵니다!"

한신은 여후를 올려다보며 항변하였다.

"거 무슨 소리! 너의 집 하인 사공저란 놈이 나에게 와서 이런 사실을 모두 말하였느니라! 구차한 변명일랑 말고 대장부답게 죽으라! 여봐라, 저놈의 목을 베어라!"

한신은 기가 막히는 듯 하늘을 우러러보며 길이 탄식하였다.

"아아, 내가 진작에 문통의 말을 들었더라면 오늘날 이렇게 일개 부녀자 때문에 목숨을 잃지는 않을 것을! 아아, 이는 어쩔 수 없는 천명이로구나!"

이렇게 탄식하고 있는 동안 무사들이 한신의 목을 베어 그 머리가 장락전 뜰 위에 굴렀다. 때는 대한 11년(서력 기원전 196년) 9월 11일이었다.

10. 권력무상(權力無常)

한신이 죽을 때 남긴 마지막 말은 유방의 귀에도 들어가게 되어 그 며칠 후에 미친 시늉을 하며 돌아다니던 괴철마저 유방 앞에 끌려 오는 신세가 되었다. 유방이 괴철을 꾸짖었다.

"이놈! 네가 일찍부터 한신에게 모반하기를 권했느냐!"

"신이 그 때 모반하라고 권한 것이 아니오라 천하를 얻으라고 권했을 뿐이옵니다. 신이 생각하옵건대 강아지가 요 임금을 보고 짖은 것은 요 임금이 어질지 못한 까닭이 아니었고 강아지는 다만 그가 자기 주인이 아니었기 때문에 짖었을 따름이옵니다. 그 때에 신은 오직 한신이 있음만을 알았고 폐하가 계신 줄은 몰랐을 뿐이옵니다. 한신이 그 때 신의 말을 들었던들 어찌 오늘날 저같이 참혹한 최후를 맞았겠사옵니까. 이제 신은 섬겨 받들었던 한신이 죽은 이상 더 살고 싶지 않사오니 죽여 주시옵소서."

이 말에 유방은 감탄하며 괴철을 칭찬하였다.

"사람마다 그 주인이 따로 있구나. 그대야말로 진정한 한신의 충신이로고."

괴철은 입을 다물고 아무 말이 없었다. 유방은 이어서 말했다.

"짐이 이제 전일의 죄를 용서하고 관작을 내리고자 하니 그대는 사양치 말라."

그러자 괴철이 머리를 저으며 아뢰었다.

"관작은 신의 바라는 바가 아니옵니다. 오직 바라옵기는 폐하께서 천하를 평정한 한신의 공로를 참작하시어 그의 목을 신에게 내려 주시옵고 초왕으로 추증하시어 회음 땅에 장사 지내게 해 주시옵소서. 그렇게 해 주신다면 신은 평생토록 그의 무덤이나 지킬까 하나이다."

유방은 괴철의 말을 듣고 깊은 감동을 받았다.

"장하도다, 문통! 그대의 소원을 들어주고말고!"

유방은 즉시 괴철에게 한신의 수급을 내어주면서 유사(有司)에게 명하여 한신의 묘를 회음 땅에 구축하고 왕례로써 장사하라고 분부하였다.

그런 뒤 천하는 한동안 고요한 물이 흐르듯 잠잠한 채 태평성대를 누렸다. 그러나 초나라에서 항복해 온 영포와 팽월에게도 그 말로가 닥쳐 마침내 이들마저도 목숨을 잃고 말았다.

먼저 팽월은 의심 많은 유방에게 모반으로 몰려 죽음을 당하고 말았다. 팽월을 죽이고 나자 여후가 유방 앞으로 나와 이렇게 말하였다.

"천하 제후들이 팽월을 본받아 자꾸만 모반할까 두렵사옵니다. 하오니 폐하께서는 죽은 팽월의 시신으로 장육(醬肉)을 담아 그것을 제후들에게 나누어 줌으로써 후일을 경계해야 할 것이옵니다."

너무도 끔찍한 말에 유방은 얼굴을 찌푸렸다.

"뭐, 그렇게까지야. 한신을 죽였을 때와 같이 팽월의 목을 베어서 무리들에게 보이면 될 것이 아니겠소?"

그러자 여후는 당치도 않다는 듯이 고집을 부렸다.

"폐하께서는 너무 인자하시므로 천하 제후들이 폐하를 우습게 알고 법을 무서워하지 않는 것이옵니다. 그러시다가는 천하를 잃기 십상이오니 꼭 소첩의 말대로 하시옵소서."

유방은 귀찮다는 듯이 한마디로 분부를 내렸다.

"그렇게 하오!"

유방은 여후의 말에 따라 팽월의 시신으로 담근 장육을 천하의 제후들에게 골고루 나누어 주었다.

이것을 받아 본 회남왕 영포는 인륜을 어긴 유방에게 반발하여 장육을 가지고 온 사자를 한칼에 베어 버리고 한나라에 대항하였다.

의외로 영포는 승승장구하여 유방의 일족인 초왕 유고를 사로잡고 대장 육가의 목을 베면서 동으로 오(吳)를 취하고 서로 상채(上蔡)를 빼앗아 그 세력을 자못 넓혔다.

그러나 그것도 한때의 물거품일 뿐 대세를 거스를 수는 없었다. 그는 마침내 크게 패하여 오예를 찾아갔다가 그의 조카 오성이 대접하는 술에 대취하여 잠든 끝에 그만 오성에게 머리를 베이고 말았다.

영포마저 이렇게 죽자 유방은 비로소 마음을 놓았다. 이제는 한(漢)의 천하에서 걸릴 것이라고는 아무것도 없었다. 천하는 모두 그의 것이고 그의 기침 소리 하나에도 산천초목이 벌벌 떨었다.

이럴 즈음에 장량이 유방 앞에 나와 아뢰었다.

"신 장량은 신병이 날로 무거워져 일을 볼 수 없을 정도로 불편하옵나이다. 신은 지금부터 종남산(終南山)에 들어가 신선이 되는 법을 배우면서 일체의 부귀공명을 버리고 하늘에 떠 있는 구름과 언덕 아래 흐르는 물과 더불어 유연히 여생을 마치고자 하옵니다. 이같이 할 수 있도록 폐하께서 허락하여 주시옵기를 엎드려 비나이다."

유방은 장량의 말을 듣고 크게 낙담하여 말하였다.

"선생이 짐을 따라 지난 수십 년 동안 여러 차례나 대공을 세웠건만 짐은 아직도 그 만분의 일도 보답하지 못했소. 연전에 짐이 선생을 유후에 봉하였으나 이를 받지 않고 사퇴하더니 지금에 와서는 또 짐으로부터 멀리 떠나겠다 하니 가슴이 무너지는 듯하오."

장량도 감정이 북받치는 듯 떨리는 소리로 말하였다.

"지금 조정에는 어진 이들이 많이 있사옵고 착한 사람들이 힘을 모아 일하고 있사오니 성려를 놓으시옵소서. 신은 이제 늙고 병든 몸으로 나라에 아무런 유익함이 없사옵니다. 엎드려 거듭 바라옵건대 신을 산으로 돌려보내 주시어 신이 여생을 산 속에서 보양하도록 해 주시면 신이 눈을 감는 날까지 폐하의 성은을 잊지 않겠나이다."

유방은 장량의 말이 간절하고 그 뜻이 굳음을 깨닫고 마침내 허락을 내렸다.

"그러면 하는 수 없소이다. 선생의 소원대로 산으로 돌아가도록 하오."

"폐하, 부디 만수무강하옵소서."

장량은 두 번 절하여 유방의 은혜에 사례했다.

유방은 근신을 불러 장량에게 많은 황금과 비단을 하사하였다. 장량은 다시 동궁으로 들어가 태자에게 작별 인사를 하고 행장을 수습하였다. 장량의 짐은 자기 집에서 나올 때 가지고 온 조그만 보따리 하나뿐이었다.

장량은 동궁에서 나와 소하·진평·조참·번쾌·관영·하후영 등 여러 사람들과 작별 인사를 마치고 유방 앞에 나아가 공손히 절하였다.

"신 장량, 이만 물러가옵니다."

유방은 뭐라고 작별할 말을 생각하다가 무거운 어조로 말하였다.

"선생! 잘 가시오!"

장량이 궁문 밖에 세워 둔 수레에 오르자 그의 수레는 이윽고 언덕의 비탈길을 달리기 시작했다. 장량이 탄 수레가 점점 멀어지는 모습을 바라보던 유방은 머리속에 떠오르는 천만 가지 생각에 가슴이 메는 것만 같았다.

마침내 수레는 보이지 않고 유방의 눈에는 다만 흰 구름만이 보일 뿐이었다. 무한히 넓고도 깊어 보이는 구름이었다.

한 권씩으로 엮은 中國 古典 十五選 ❹

초한지(楚漢志)

· 지은이 종산거사(鐘山居士)
〈초한지〉의 원제목은 〈서한연의(西漢演義)〉이며 저자는 종산거사(鐘山居士)로 알려져 있으나 본명이나 삶의 궤적을 알 수 없는 정체불명의 인물이다. 명대 후기에 쓴 것으로 추정된다. 〈삼국지〉처럼 독립된 작품으로 남아 있지 않아 항우와 유방에 대한 여러 가지 이야기를 모아서 후대의 작가들이 살을 붙인 번안(飜案)으로만 남아 있으므로 작품마다 이야기가 다르다.

· 평역 이언호
부산대에서 영문학을 전공했으나 중국 문학에 심취하여 중국 소설을 연구하였다. 평역 및 저서로는 〈공자를 알아야 나라가 산다〉〈수호지〉〈삼국지〉〈제자백가〉〈열국지〉〈금병매〉〈초한지〉 등 다수의 작품이 있다.

2019년 7월 31일 1쇄 발행
2022년 12월 10일 3쇄 발행

펴 낸 곳 | 학술편수관
펴 낸 이 | 조점숙
기획·편집·제작 | 그린하우스(GREEN HOUSE)
총   괄 | 방효균
표지 디자인 | 이관일
편   집 | 김 성·김미숙·이관일
디 자 인 | 세일포커스(주) (02)2275-6894~6
인   쇄 | ㈜한빛인쇄 (031)906-8591

등록번호 | 제388-2008-00022호
주   소 | 경기도 부천시 소사구 소사본동 181
전   화 | (02) 2618-0700
팩   스 | (032) 348-1240

ISBN 978-89-93039-26-9
ISBN 978-89-93039-38-2(전15권)

값 19,000원(전15권 260,000원)